# 中华人民共和国
# 治安管理处罚法
# 注解与配套

## 第六版

中国法制出版社
CHINA LEGAL PUBLISHING HOUSE

# 出版说明

中国法制出版社一直致力于出版适合大众需求的法律图书。为了帮助读者准确理解与适用法律，我社于 2008 年 9 月推出"法律注解与配套丛书"，深受广大读者的认同与喜爱，此后推出的第二、三、四、五版也持续热销。为了更好地服务读者，及时反映国家最新立法动态及法律文件的多次清理结果，我社决定推出"法律注解与配套丛书"（第六版）。

本丛书具有以下特点：

1. 由相关领域的具有丰富实践经验和学术素养的法律专业人士撰写适用导引，对相关法律领域作提纲挈领的说明，重点提示立法动态及适用重点、难点。

2. 对主体法中的重点法条及专业术语进行注解，帮助读者把握立法精神，理解条文含义。

3. 根据司法实践提炼疑难问题，由相关专家运用法律规定及原理进行权威解答。

4. 在主体法律文件之后择要收录与其实施相关的配套规定，便于读者查找、应用。

此外，为了凸显丛书简约、实用的特色，分册根据需要附上实用图表、办事流程等，方便读者查阅使用。

真诚希望本丛书的出版能给您在法律的应用上带来帮助和便利，同时也恳请广大读者对书中存在的不足之处提出批评和建议。

中国法制出版社
2023 年 7 月

# 适用导引

1986年9月5日第六届全国人大常委会第十七次会议通过了《中华人民共和国治安管理处罚条例》(以下简称《条例》),自1987年1月1日起实施以来,《条例》在维护社会治安秩序,保障公共安全,保护公民合法权益,预防和减少犯罪等方面发挥了重要作用。但是,随着经济和社会的不断发展,社会治安出现了新情况、新问题,《条例》已经不能适应社会治安管理的需要。1994年5月12日,第八届全国人大常委会第七次会议对《条例》作了个别内容的修改。

2005年8月28日发布的《治安管理处罚法》是在总结《条例》实施经验的基础上,对治安管理处罚制度的进一步完善。与《条例》相比,《治安管理处罚法》在维护社会治安秩序和公共安全、保护公民合法权益的基础上,增加了保护法人和其他组织合法权益、规范和保障公安机关及其人民警察依法履行治安管理职责的规定,赋予了公安机关更多的权限和手段。如将吊销公安机关发放的许可证和限期出境、驱逐出境新增为处罚种类,将违反治安管理行为由原来的73种增加到现在的238种,还赋予了公安机关办理治安案件必需的扣押、检查、追缴、收缴、取缔等强制措施。

## (一)《治安管理处罚法》增加的违反治安管理行为

《治安管理处罚法》增加的违反治安管理行为主要有:扰乱大型活动秩序的行为;扬言实施放火、爆炸、投放危险物质扰乱公共秩序的行为;投放虚假的危险物质扰乱公共秩序的行为;违法举办大型活动的行为;以滋扰他人的方式乞讨的行为;发送信息干扰他人正常生活的行为;强迫交易的行为;拒不执行人民政府在紧急状态情况下依法发布的决定、命令的行为;违法承接典当物品的行为；非法收购国家禁止收购的物品的行为；擅自经营需要由公安机关许可的行业的行为；饲养动物干扰他人正常生活的行为；等等。

**（二）《治安管理处罚法》对处罚程序所作的主要修改**

根据《行政处罚法》的规定和法治原则的要求，《治安管理处罚法》对违反治安管理行为的调查、决定、执行和救济都规定了具体、细致的程序。主要是：规范了检查、扣押等行政强制措施的适用程序；规定了公安机关作出治安管理处罚决定前的告知程序；明确了非法证据排除规则，以非法手段收集的证据不得作为处罚的根据；对2000元以上罚款、吊销许可证等处罚规定了听证程序；修改了治安管理处罚简易程序的适用条件，明确人民警察对于违反治安管理行为事实清楚，证据确凿，处警告或者200元以下罚款的，可以当场作出治安管理处罚决定；规定派出所可以作出警告或者500元以下罚款的决定；取消了行政复议前置的程序，明确当事人对治安管理处罚决定不服的，既可以依法申请行政复议，也可以直接提起行政诉讼；规定县级以上人民政府公安机关可以作出治安管理处罚决定；修改了行政拘留暂缓执行的规定等。

**（三）治安管理中的调解**

《治安管理处罚法》首次将化解社会矛盾、增进社会和谐写入了法律。对因民间纠纷引起的打架斗殴或者损毁他人财物等违反治安管理行为，情节较轻的，公安机关可以根据《治安管理处罚法》的规定，本着化解矛盾纠纷、维护社会稳定、构建和谐社会的要求，尽量予以调解处理。对因家庭、邻里、同事之间纠纷引起的其他违反治安管理行为，情节较轻，双方当事人愿意调解的，如制造噪声、饲养动物干扰他人正常生活等治安案件，公安机关也可以调解处理。为确保调解取得良好效果，调解前要及时依法做深入细致的调查取证工作，以便查明事实、收集证据、分清责任。调解要坚持合法、公正、自愿、及时的原则，除涉及个人隐私或者违反治安管理行为人和被侵害人都要求不公开调解的外，公安机关对治安案件进行调解时，要公开进行。

在《治安管理处罚法》出台后，根据实践中出现的问题，公安部先后颁布了《公安机关执行〈中华人民共和国治安管理处罚法〉有关问题的解释》（公通字〔2006〕12号）和《公安机关执行〈中华人民共和国治安管理处罚法〉有关问题的解释（二）》（公通字〔2007〕1号）两个文件。此外，对于一些特殊行业和活动的治安管理，国务院和公安部有一些专门的规定，例如《保安服务管理条例》《旅馆业治安管理办法》《废旧金属收购业治安管理办法》《大型群众性活动安全管理条例》《企业事业单位内部治安保卫条例》《公安机关实施保安服务管理条例办法》《公安机关监督检查企业事业单位内部治安保卫工作规定》《租赁房屋治安管理规定》《机动车修理业、报废机动车回收业治安管理办法》《沿海船舶边防治安管理规定》《台湾渔船停泊点边防治安管理办法》等，但是这些规定都不能与《治安管理处罚法》的规定相冲突。此外，2012年10月26日全国人大常委会对《治安管理处罚法》第60条第4项作了个别修改。

# 目 录

适用导引 ································································· 1

## 中华人民共和国治安管理处罚法

### 第一章 总 则

第一条 【立法目的】 ············································· 2
第二条 【违反治安管理行为的性质和特征】 ········· 2
  1. 如何区分违反治安管理行为和犯罪行为 ············· 3
  2. 公安机关在联合执法的过程中应注意什么问题 ··· 4
第三条 【处罚程序应适用的法律规范】 ··············· 4
  3. 对于治安管理处罚的程序，如何选择适用《治安管理处罚法》与《行政处罚法》 ······················ 4
  4. 如何区分治安管理处罚与其他治安行政处罚，从而适用不同的程序 ·············································· 5
第四条 【适用范围】 ············································· 6
  5. 外国人在中国违反治安管理的是否可以处罚 ······ 6
  6. 外国驻华使领馆内发生的治安案件是否可以适用本法处理 ······························································ 7
  7. 在中华人民共和国驻外使领馆内发生的治安案件是否可以适用《治安管理处罚法》处理 ··········· 7
第五条 【基本原则】 ············································· 8

1

8. 已经制定并经相关部门讨论通过但尚未公布的关于行政处罚的规定，能否作为行政处罚的依据 ……… 8

第六条 【社会治安综合治理】 ……………………… 8

第七条 【主管和管辖】 ……………………………… 9

9. 对同一违法案件多个公安机关都有管辖权的如何处理 ……………………………………………… 9

10. 铁路、港航、民航、森林公安机关对哪些案件行使管辖权 ……………………………………… 10

第八条 【民事责任】 ………………………………… 10

11. 治安管理案件中的受害人是否可以要求精神损害赔偿 ……………………………………………… 11

12. 损害赔偿如何确定和计算 ………………………… 11

13. 公安机关是否可以裁决违反治安管理行为人承担民事责任 ……………………………………… 12

第九条 【调解】 ……………………………………… 12

14. 根据相关规定，哪些治安案件可以进行调解，哪些不可以进行调解 ……………………………… 13

15. 公安机关在处理民间纠纷时，能否以民间纠纷以调解为主和违法行为人有认错悔改表现为由，对当事人不予处罚 ……………………………… 14

## 第二章 处罚的种类和适用

第十条 【处罚种类】 ………………………………… 15

16. 行政拘留前因同一行为已经被限制人身自由的，可否折抵拘留时间 ……………………………… 16

17. 公安机关依法吊销许可证时应当注意什么问题 …… 16

18. 对外国人如何适用治安管理处罚 ………………… 16

**第十一条　【查获违禁品、工具和违法所得财物的处理】** …… 17

19. 如何确定收缴非法财物和追缴违法所得的范围 …… 18

20. 公安机关对于被收缴的财物，如何处理 …… 18

**第十二条　【未成年人违法的处罚】** …… 19

21. 如何计算违反治安管理行为人的年龄 …… 19

22. 对不满 14 周岁的人违反治安管理造成他人损害的行为如何处理，对已满 14 周岁未满 16 周岁的未成年人不予刑事处罚的行为如何处理 …… 20

**第十三条　【精神病人违法的处罚】** …… 20

23. 实践中，如何判断是否给予精神病人治安管理处罚 …… 21

24. 精神病人违反治安管理造成他人损害的，由谁承担赔偿责任 …… 21

**第十四条　【盲人或聋哑人违法的处罚】** …… 22

**第十五条　【醉酒的人违法的处罚】** …… 22

25. 如何判断车辆驾驶人员是否醉酒 …… 23

26. 对醉酒的人采取的保护性措施包括哪些 …… 23

**第十六条　【有两种以上违法行为的处罚】** …… 24

27. 如何计算治安拘留的时间 …… 24

28. 有两种以上违反治安管理行为的，分别决定时，决定书如何制作 …… 25

**第十七条　【共同违法行为的处罚】** …… 25

29. 共同违反治安管理行为如何认定 …… 26

30. 对共同违反治安管理行为人在分别处罚时，具体如何操作 …… 26

**第十八条　【单位违法行为的处罚】** …… 26

31. 如何具体认定违反治安管理的单位 ·········· 27
**第十九条　【减轻处罚或不予处罚的情形】** ·········· 27
32. 如何认定"主动投案" ·········· 28
33. 违法行为轻微并且及时纠正的，是否适用《治安管理处罚法》第19条 ·········· 29
34. 如何理解"减轻处罚" ·········· 29
35. 目的未实现的违反治安管理行为如何承担法律责任 ·········· 29
36. 本条规定的从轻处罚和减轻处罚的内容与《行政处罚法》的规定不一致的，应如何适用 ·········· 30
**第二十条　【从重处罚的情形】** ·········· 30
**第二十一条　【应给予行政拘留处罚而不予执行的情形】** ·········· 31
37. 违反治安管理的行为人患有严重疾病的（比如传染性疾病）是否可以不予执行行政拘留处罚 ·········· 32
38. 哪些情形不属于"初次违反治安管理" ·········· 32
**第二十二条　【追究时效】** ·········· 32
39. 违反治安管理行为的被侵害人在追究时效内向公安机关提出控告，公安机关应受理而不受理的，如何计算追诉时效 ·········· 33
40. 违反治安管理行为超过法定追溯时效的，是否意味着将没有任何法律后果 ·········· 33

# 第三章　违反治安管理的行为和处罚

## 第一节　扰乱公共秩序的行为和处罚

**第二十三条　【对扰乱单位、公共场所、公共交通和选举秩序行为的处罚】** ·········· 34

41. 扰乱单位秩序的行为与聚众扰乱社会秩序罪的区别 …… 36

42. 扰乱公共交通工具秩序的行为与聚众扰乱交通秩序罪的区别 …… 36

43. 破坏选举秩序的行为与破坏选举罪的区别 …… 36

**第二十四条 【对扰乱文化、体育等大型群众性活动秩序行为的处罚】** …… 37

44. 如何理解责令12个月内禁止观看比赛 …… 38

**第二十五条 【对扰乱公共秩序行为的处罚】** …… 38

45. 投放虚假的危险物质扰乱公共秩序的行为与投放虚假危险物质罪的区别 …… 40

46. 认为他人编造的虚假传言为真而予以散布的，是否构成本条规定的违反治安管理的行为 …… 40

**第二十六条 【对寻衅滋事行为的处罚】** …… 40

47. 结伙斗殴的违法行为与聚众斗殴罪有什么区别 …… 41

48. 寻衅滋事行为与寻衅滋事罪有什么区别 …… 41

**第二十七条 【对利用封建迷信、会道门进行非法活动行为的处罚】** …… 42

**第二十八条 【对干扰无线电业务及无线电台（站）行为的处罚】** …… 43

49. 如何区分故意干扰无线电业务的违反治安管理行为与扰乱无线电通讯管理秩序罪的界限 …… 43

**第二十九条 【对侵入、破坏计算机信息系统行为的处罚】** …… 44

50. 如何理解"侵入"计算机信息系统 …… 44

51. 非法侵入计算机信息系统的违反治安管理行为与非法侵入计算机信息系统罪的区别 …… 45

52. 破坏计算机信息系统的违反治安管理行为与破坏计算机信息系统罪的区别 …………………………… 45

53. 利用互联网进行的违反治安管理的行为如何处理 ……… 46

## 第二节 妨害公共安全的行为和处罚

**第三十条 【对违反危险物质管理行为的处罚】** …………… 46

54. 如何区分违反危险物质管理的治安管理行为和犯罪行为 ……………………………………………… 47

**第三十一条 【对危险物质被盗、被抢、丢失不报行为的处罚】** ……………………………… 47

**第三十二条 【对非法携带管制器具行为的处罚】** ……… 48

55. 如何区分本行为与非法携带枪支、弹药、管制刀具、危险物品危及公共安全罪的界限 ………………… 48

**第三十三条 【对盗窃、损毁公共设施行为的处罚】** …… 50

56. 如何区分盗窃、损毁油气管道设施、电力电信设施行为与破坏电力设备罪、破坏易燃易爆设备罪、破坏广播电视设施、公用电信设施罪 ……… 51

57. 移动、损毁国家边境的界碑、界桩以及其他边境标志、边境设施与破坏界碑、界桩罪的区别是什么 ……… 51

**第三十四条 【对妨害航空器飞行安全行为的处罚】** …… 51

58. 在实践中应如何认定"航空设施" ……………………… 52

59. 如何认定"不听劝阻,在使用中的航空器上使用可能影响导航系统正常功能的器具、工具" ……… 52

60. 破坏航空设施的行为与破坏交通设施罪的区别 ……… 52

**第三十五条 【对妨害铁路运行安全行为的处罚】** ……… 53

61. 盗窃、损毁或者擅自移动铁路设施、机车设备的行为与破坏交通工具罪、破坏交通设施罪的区别 ……… 54

第三十六条 【对妨害列车行车安全行为的处罚】 …… 55
  62. 如何具体认定妨害火车安全的行为 …… 55
第三十七条 【对妨害公共道路安全行为的处罚】 …… 55
  63. 在实践中，如何具体认定妨害公共道路安全的行为 …… 56
  64. 违反安装、使用电网规定的违反治安管理行为
     与以危险方法危害公共安全罪的区别是什么 …… 57
第三十八条 【对违反规定举办大型活动行为的处罚】 …… 57
  65. 违反安全规定举办大型活动的具体情形有哪些？
     如何与犯罪行为区分 …… 58
  66. 如何认定"有发生安全事故危险" …… 58
第三十九条 【对违反公共场所安全规定行为的处罚】 …… 58
  67. 在实践中如何具体认定违反公共场所安全规定
     的行为 …… 59
  68. 旅馆、饭店等公共场所有哪些安全规定 …… 59

### 第三节 侵犯人身权利、财产权利的行为和处罚

第四十条 【对恐怖表演、强迫劳动、限制人身自由
         行为的处罚】 …… 60
  69. 非法限制他人人身自由的违反治安管理行为与
     非法拘禁罪的区别 …… 62
  70. 非法侵入他人住宅的违反治安管理行为与非法
     侵入住宅罪的区别 …… 62
  71. 非法搜查他人身体的违反治安管理行为与非法
     搜查罪的区别 …… 63
第四十一条 【对胁迫利用他人乞讨和滋扰乞讨行为
         的处罚】 …… 63
  72. 怎样处置流浪乞讨人员 …… 64

第四十二条 【对侵犯人身权利六项行为的处罚】 ............ 64
  73. 诽谤他人的违反治安管理行为与诽谤罪以及民事侵权行为的区别 ............ 66
  74. 打击报复证人的违反治安管理行为与打击报复证人罪的区别 ............ 67
  75. 如何区分侮辱他人的违反治安管理行为与侮辱罪的界限 ............ 67
  76. 诬告陷害他人的违反治安管理行为与诬告陷害罪的区别 ............ 67

第四十三条 【对殴打或故意伤害他人身体行为的处罚】 ... 67
  77. 如何区分故意伤害的违反治安管理行为与故意或过失伤害罪 ............ 68

第四十四条 【对猥亵他人和在公共场所裸露身体行为的处罚】 ............ 69

第四十五条 【对虐待家庭成员、遗弃被扶养人行为的处罚】 ............ 69
  78. 虐待行为与虐待罪的区别是什么 ............ 70
  79. 虐待家庭成员与父母管教子女不当的界限是什么 ...... 70
  80. 被虐待人没有告诉的，公安机关可以处理吗 ......... 70
  81. 遗弃被扶养人的违反治安管理行为与遗弃罪的区别 ............ 71

第四十六条 【对强迫交易行为的处罚】 ............ 71
  82. 如何区别强迫交易行为与强迫交易罪 ............ 71

第四十七条 【对煽动民族仇恨、民族歧视行为的处罚】 ... 72
  83. 煽动民族仇恨、民族歧视的违反治安管理行为与煽动民族仇恨、民族歧视罪的区别 ............ 73

84. 刊载民族歧视、侮辱内容作品的违反治安管理
行为与出版歧视、侮辱少数民族作品罪的区别 …… 73
**第四十八条 【对侵犯通信自由行为的处罚】** …… 74
85. 侵犯公民通信自由的违反治安管理行为与侵犯
公民通信自由罪的区别 …… 74
**第四十九条 【对盗窃、诈骗、哄抢、抢夺、敲诈勒
索、损毁公私财物行为的处罚】** …… 74
86. 如何具体认定盗窃、诈骗、哄抢、抢夺、敲诈
勒索行为 …… 75
87. 如何区分盗窃公私财物的违反治安管理行为与
盗窃罪的界限 …… 76
88. 诈骗公私财物的违反治安管理行为与诈骗罪的
区别 …… 77
89. 敲诈勒索的违反治安管理行为与敲诈勒索罪的
区别 …… 77

### 第四节 妨害社会管理的行为和处罚

**第五十条 【对拒不执行紧急状态决定、命令和阻碍
执行公务的处罚】** …… 78
90. 阻碍执行公务的违反治安管理行为与妨害公务
罪的区别 …… 79
**第五十一条 【对招摇撞骗行为的处罚】** …… 80
91. 招摇撞骗行为与诈骗行为的区别 …… 81
92. 招摇撞骗的违反治安管理行为与招摇撞骗罪的
区别 …… 81
**第五十二条 【对伪造、变造、买卖公文、证件、票
证行为的处罚】** …… 81

93. 伪造、变造、倒卖有价票证、凭证的违反治安管理行为与伪造、倒卖伪造的有价票证罪和倒卖车票、船票罪的区别 ............ 83

第五十三条 【对船舶擅自进入禁、限入水域或岛屿行为的处罚】 ............ 83

第五十四条 【对违法设立社会团体行为的处罚】 84

94. 在处理非法社团问题上如何与民政部门分工 ............ 85

第五十五条 【对非法集会、游行、示威行为的处罚】 ...... 85

95. 构成非法集会、游行、示威行为的条件有哪些 ............ 86

96. 哪些集会、游行、示威活动是非法的 ............ 86

第五十六条 【对旅馆工作人员违反规定行为的处罚】 86

第五十七条 【对违法出租房屋行为的处罚】 ............ 87

97. 《租赁房屋治安管理规定》如何具体规定公安机关对房屋租赁的治安管理工作 ............ 87

98. 承租人利用租赁房屋进行的违法行为，出租人是否要向公安机关报告 ............ 88

第五十八条 【对制造噪声干扰他人生活行为的处罚】 ...... 88

第五十九条 【对违法典当、收购行为的处罚】 ............ 89

99. 本条规定与《典当管理办法》的关系及冲突适用 ...... 89

100. 典当行不得收当哪些财物 ............ 90

第六十条 【对妨害执法秩序行为的处罚】 ............ 90

101. 非法处置扣押、查封、冻结的违反治安管理行为与非法处置查封、扣押、冻结的财产罪的区别 ...... 91

102. 窝藏、转移或者代为销售赃物的违反治安管理行为与窝藏、转移、收购、销售赃物罪的区别是什么 ............ 92

第六十一条 【对协助组织、运送他人偷越国（边）境行为的处罚】 ………… 92
  103. 协助组织他人偷越国（边）境行为与组织他人偷越国（边）境罪的区别 ………… 92

第六十二条 【对偷越国（边）境行为的处罚】 ………… 93
  104. 偷越国（边）境的违反治安管理行为与偷越国（边）境罪的区别是什么 ………… 94

第六十三条 【对妨害文物管理行为的处罚】 ………… 94

第六十四条 【对非法驾驶交通工具行为的处罚】 ………… 95
  105. 偷开机动车是否以占有为目的，具体情形包括哪些 ………… 95
  106. 偷开他人机动车与盗窃机动车有什么区别 ………… 95

第六十五条 【对破坏他人坟墓、尸体和乱停放尸体行为的处罚】 ………… 96
  107. 如何区分故意破坏、污损他人坟墓的违反治安管理行为与盗掘古墓葬罪 ………… 96

第六十六条 【对卖淫、嫖娼行为的处罚】 ………… 97
  108. 如何认定情节较轻的卖淫、嫖娼行为 ………… 97
  109. 拉客招嫖行为与卖淫、嫖娼行为的区别 ………… 98
  110. 抓获卖淫嫖娼人员时，需要在现场提取哪些证据 ………… 98

第六十七条 【对引诱、容留、介绍卖淫行为的处罚】 ………… 99
  111. 如何区分引诱、容留、介绍卖淫行为和引诱、容留、介绍卖淫罪 ………… 99

第六十八条 【对传播淫秽信息行为的处罚】 ………… 100
  112. 何谓淫秽书刊、图片、影片、音像制品等淫秽物品 ………… 100
  113. 实践中传播淫秽信息的途径有哪些 ………… 100

114. 如何区分制作、运输、复制、出售、出租淫秽物品行为和制作、复制、出版、贩卖、传播淫秽物品牟利罪 ……………………………………… 101

**第六十九条　【对组织、参与淫秽活动的处罚】** …… 102

115. 如何区分组织播放淫秽音像行为和组织播放淫秽音像制品罪 ……………………………………… 103

116. 如何区分组织或者进行淫秽表演行为与组织他人淫秽表演罪 …………………………………………… 103

117. 如何区分参与聚众淫乱活动行为与聚众淫乱罪 …… 104

**第七十条　【对赌博行为的处罚】** ………………………… 104

118. 如何区分本条规定的赌博行为与赌博罪 …………… 105

119. 无主赌资如何处理 …………………………………… 106

**第七十一条　【对涉及毒品原植物行为的处罚】** ……… 106

120. 非法种植毒品原植物的违反治安管理行为与非法种植毒品原植物罪的区别 …………………………… 107

**第七十二条　【对毒品违法行为的处罚】** ……………… 107

121. 如何区分非法持有毒品的行为和非法持有毒品罪 …… 108

122. 向他人提供毒品的违反治安管理行为与贩卖毒品罪的区别是什么 ……………………………………… 109

**第七十三条　【对教唆、引诱、欺骗他人吸食、注射毒品行为的处罚】** ……………………………… 109

123. 教唆、引诱、欺骗他人吸食、注射毒品的行为与刑法中规定的引诱、教唆、欺骗、强迫他人吸食、注射毒品犯罪的区别 …………………………… 109

**第七十四条　【对服务行业人员通风报信行为的处罚】** …… 110

124. 旅馆业、饮食服务业等单位的人员为违法犯罪行为人通风报信的行为与包庇罪的区别 …………… 110

第七十五条 【对饲养动物违法行为的处罚】 …… 111
　125. 认定饲养动物违法行为应注意哪些问题 …… 111
第七十六条 【对屡教不改行为的处罚】 …… 112

# 第四章 处罚程序

## 第一节 调　　查

第七十七条 【受理治安案件须登记】 …… 112
　126. 受案机关如何登记 …… 113
　127. 报案人、举报人、控告人、投案人提供的有关证据、物品应当如何处理 …… 113
　128. 公安机关不受理的，报案人、控告人、举报人、投案人是否可以申请行政复议 …… 114
第七十八条 【受理治安案件后的处理】 …… 114
　129. 如何认定是否属于违反治安管理的行为 …… 115
　130. 对于不属于违反治安管理的行为应该如何处理 …… 115
第七十九条 【严禁非法取证】 …… 115
第八十条 【公安机关的保密义务】 …… 116
　131. 人民警察在查处治安案件时有泄露因查验、扣押居民身份证而知悉的个人信息的行为的，是否构成对公民隐私权的侵犯 …… 117
第八十一条 【关于回避的规定】 …… 117
　132. 如何理解"近亲属"的含义 …… 118
　133. 具有应当回避的情形，但本人没有自行回避，也没有被申请回避的，如何处理 …… 119
　134. 人民警察对回避决定有异议的，是否可以申请复核 …… 119
第八十二条 【关于传唤的规定】 …… 119

13

135. 对现场发现的违反治安管理行为嫌疑人是否可以适用继续盘问 …………………………………… 120

　　136. 强制传唤时是否可以使用警械 ………………… 120

第八十三条　【传唤后的询问期限与通知义务】………… 121

　　137. 是否可以连续传唤违法嫌疑人 ……………… 122

　　138. 实践中，如何计算询问查证时间 …………… 122

第八十四条　【询问笔录、书面材料与询问不满十六周岁人的规定】…………………………… 122

　　139. 询问不满16周岁的违反治安管理行为人，其父母或者其他监护人不能到场的，如何处理 …… 123

第八十五条　【询问被侵害人和其他证人的规定】……… 124

　　140. 人民警察在询问被侵害人或者其他证人时应当注意哪些问题 …………………………… 124

第八十六条　【询问中的语言帮助】…………………… 125

　　141. 如何询问外国人 ………………………………… 126

第八十七条　【检查时应遵守的程序】………………… 126

　　142. 检查时应遵循哪些程序及要求 ……………… 127

第八十八条　【检查笔录的制作】……………………… 127

第八十九条　【关于扣押物品的规定】………………… 128

　　143. 公安机关在办理治安案件中，哪些物品可以扣押，哪些不得扣押 ……………………… 128

　　144. 公安机关在办理治安案件时，对物品进行扣押的程序是什么 …………………………… 129

　　145. 实践中，对于被扣押的物品通常有哪些处理方式 ……… 129

　　146. 扣押是否有时间限制 …………………………… 130

　　147. 司法实践中，哪些财产属于善意第三人合法占有的财产 …………………………………… 130

14

第九十条 【关于鉴定的规定】 …………………………… 131
  148. 多人参加的鉴定，鉴定意见不一致的如何处理 ……… 131
  149. 违反治安管理行为人或者被侵害人不服鉴定结
     论，是否可以申请重新鉴定 …………………………… 132

## 第二节 决 定

第九十一条 【处罚的决定机关】 …………………………… 132
  150. 公安派出所可否对违反治安管理的外国人附加
     作出限期出境或者驱逐出境的处罚 ………………… 133
  151. 公安派出所可否单就本法规定的"拘留并处罚
     款"以及"拘留可以并处罚款"中的罚款部
     分作出处罚决定 ………………………………………… 133
  152. 上级行政机关依法纠正下级行政机关错误的行
     政行为，不属于超越级别职权 ………………………… 133

第九十二条 【行政拘留的折抵】 …………………………… 134
  153. 被拘留人在被行政拘留前依法拘传、刑事拘
     留、逮捕的时间是否可以折抵行政拘留时间 ……… 134
  154. 被行政拘留前因同一行为被刑事拘留的时间已
     超过依法被决定的行政拘留时间，如何处理 ……… 135

第九十三条 【违反治安管理行为人的陈述与其他证
          据的关系】 …………………………………… 135
  155. 在共同违反治安管理案件中，只有共同违反治安
     管理行为人陈述的，可否作出治安管理处罚决定 …… 136

第九十四条 【陈述与申辩权】 ……………………………… 136
  156. 公安机关什么时候可以在没有听取违反治安管
     理行为人陈述、申辩的情况下作出治安管理处
     罚决定 …………………………………………………… 137

157. 当事人陈诉和申辩权的适用 ………………………… 138
**第九十五条　【治安案件的处理】**………………… 138
158. 公安机关在作出治安管理处罚后，发现违法行
为已涉嫌犯罪的，如何处理 ………………………… 139
**第九十六条　【治安管理处罚决定书的内容】**………… 139
159. 一人有两种以上违法行为时，如何制作决定书 …… 140
**第九十七条　【宣告、送达、抄送】**………………… 140
**第九十八条　【听证】**………………………………… 141
160. 违反治安管理行为人要求听证的，应当何时提出 …… 141
161. 共同违反治安管理行为人中的两人或者两人以
上都要求听证的，是否可以合并举行听证 ………… 142
**第九十九条　【期限】**………………………………… 142
162. 调解达成协议后不履行的治安案件的办案期限
如何计算 …………………………………………… 143
**第一百条　【当场处罚】**……………………………… 143
163. 哪些情形可以当场收缴罚款 ……………………… 144
164. 违反治安管理行为人对当场处罚决定是否可以
申请行政复议或者提起行政诉讼 ………………… 144
**第一百零一条　【当场处罚决定程序】**……………… 144
165. 人民警察当场作出治安管理处罚决定应当注意
哪些问题 …………………………………………… 145
**第一百零二条　【不服处罚提起的复议或诉讼】**……… 146
166. 被处罚人对治安管理处罚决定不服的，必须先
申请行政复议，然后才可以提起诉讼吗 …………… 146
167. 对治安管理处罚决定不服，被处罚人应当在什
么期限内申请行政复议、提起行政诉讼 …………… 147
168. 治安行政诉讼案件中，由谁出庭参加应诉 ………… 147

169. 被侵害人是否可以依法申请行政复议和提起行政诉讼 …………………………………………………… 147
170. 行政复议、行政诉讼期间，治安管理处罚决定是否可以停止或者暂缓执行 …………………… 148

### 第三节 执 行

**第一百零三条 【行政拘留处罚的执行】** ………… 148
171. 对县级以上人大代表治安拘留应履行何种手续 …… 149
172. 被拘留人在被拘留期间是否享有选举权和被选举权 ………………………………………………………… 149

**第一百零四条 【当场收缴罚款范围】** ………… 149
173. 在实践中，人民警察当场收缴罚款应注意哪些问题 ……………………………………………………… 150
174. 对依法可以当场收缴罚款而被处罚人拒不当场缴纳罚款的是否可以强制执行 ………………… 150
175. 被处罚人是否可以暂缓或者分期缴纳罚款 ……… 151

**第一百零五条 【罚款交纳期限】** ……………… 151
**第一百零六条 【罚款收据】** …………………… 152
**第一百零七条 【暂缓执行行政拘留】** ………… 152
176. 被处罚人是否可以口头提出暂缓执行行政拘留的申请 …………………………………………………… 153
177. 哪些情形不适用暂缓执行行政拘留 ……………… 153
178. 被拘留人申请行政拘留暂缓执行的，公安机关是否可以释放被拘留人 ………………………… 153
179. 行政拘留暂缓执行决定应当由哪一级公安机关作出 ……………………………………………………… 154

17

180. 被拘留人申请了行政复议、提起了行政诉讼，但未提供担保人或者交纳保证金的，行政拘留决定是否可以停止执行 ………………………… 154

181. 被决定行政拘留的人同时被并处罚款，且已被决定暂缓行政拘留执行的，罚款决定可否一并暂缓执行 ………………………………………………… 155

第一百零八条　【担保人的条件】………………… 155
第一百零九条　【担保人的义务】………………… 156

182. 担保人履行了担保义务，但被担保人仍逃避行政拘留处罚执行的，是否追究担保人的责任 ……… 157

183. 担保人中途是否可以退出担保 ………………… 157

第一百一十条　【没收保证金】…………………… 157

184. 行政拘留暂缓执行后，没收保证金、执行行政拘留是否以逃避行政拘留执行行为既遂为前提 … 158

185. 行政拘留暂缓执行后，执行行政拘留是否以行政复议决定或者人民法院判决为依据 …………… 158

第一百一十一条　【退还保证金】………………… 159

## 第五章　执法监督

第一百一十二条　【执法原则】…………………… 159
第一百一十三条　【禁止行为】…………………… 160

186. 打骂、虐待或者侮辱违反治安管理行为人的将受到何种处罚 ……………………………………… 160

第一百一十四条　【社会监督】…………………… 161
第一百一十五条　【罚缴分离原则】……………… 162

187. 《罚款决定与罚款收缴分离实施办法》是如何具体规定罚款收缴的 ……………………………… 162

188. 如何保证收缴的罚款全部上缴国库 …………… 163
第一百一十六条　【公安机关及其民警的行政责任和刑事责任】 ………………………… 163
第一百一十七条　【赔偿责任】 ………………… 164

## 第六章　附　则

第一百一十八条　【"以上、以下、以内"的含义】 ……… 165
第一百一十九条　【生效日期】 ………………… 165

# 配 套 法 规

公安机关执行《中华人民共和国治安管理处罚法》
　有关问题的解释 ……………………………… 166
　（2006年1月23日）
公安机关执行《中华人民共和国治安管理处罚法》
　有关问题的解释（二） ………………………… 172
　（2007年1月8日）
违反公安行政管理行为的名称及其适用意见（节录） ……… 175
　（2020年8月6日）
公安机关办理行政案件程序规定 ……………………… 214
　（2020年8月6日）
公安机关治安调解工作规范 …………………………… 270
　（2007年12月8日）
公安机关适用继续盘问规定 …………………………… 273
　（2020年8月6日）
公安机关执法公开规定 ………………………………… 283
　（2018年8月23日）

公安机关涉案财物管理若干规定 …… 290
　　（2015年7月22日）
公安机关受理行政执法机关移送涉嫌犯罪案件规定 …… 299
　　（2016年6月16日）
中华人民共和国刑法（节录） …… 301
　　（2023年12月29日）
最高人民检察院、公安部关于印发《最高人民检察
　　院、公安部关于公安机关管辖的刑事案件立案追
　　诉标准的规定（一）》的通知 …… 314
　　（2008年6月25日）
最高人民检察院、公安部关于印发《最高人民检察
　　院、公安部关于公安机关管辖的刑事案件立案追
　　诉标准的规定（一）的补充规定》的通知 …… 349
　　（2017年4月27日）
最高人民检察院、公安部关于印发《最高人民检察
　　院、公安部关于公安机关管辖的刑事案件立案追
　　诉标准的规定（二）》的通知 …… 361
　　（2022年4月6日）
最高人民检察院、公安部关于印发《最高人民检察
　　院、公安部关于公安机关管辖的刑事案件立案追
　　诉标准的规定（三）》的通知 …… 392
　　（2012年5月16日）

# 中华人民共和国
# 治安管理处罚法

（2005年8月28日第十届全国人民代表大会常务委员会第十七次会议通过 根据2012年10月26日第十一届全国人民代表大会常务委员会第二十九次会议《关于修改〈中华人民共和国治安管理处罚法〉的决定》修正）

## 目　　录

第一章　总　　则
第二章　处罚的种类和适用
第三章　违反治安管理的行为和处罚
　第一节　扰乱公共秩序的行为和处罚
　第二节　妨害公共安全的行为和处罚
　第三节　侵犯人身权利、财产权利的行为和处罚
　第四节　妨害社会管理的行为和处罚
第四章　处罚程序
　第一节　调　　查
　第二节　决　　定
　第三节　执　　行
第五章　执法监督
第六章　附　　则

# 第一章 总 则

**第一条 【立法目的】**\* 为维护社会治安秩序，保障公共安全，保护公民、法人和其他组织的合法权益，规范和保障公安机关及其人民警察依法履行治安管理职责，制定本法。

**第二条 【违反治安管理行为的性质和特征】** 扰乱公共秩序，妨害公共安全，侵犯人身权利、财产权利，妨害社会管理，具有社会危害性，依照《中华人民共和国刑法》的规定构成犯罪的，依法追究刑事责任；尚不够刑事处罚的，由公安机关依照本法给予治安管理处罚。

### 注解

关于《治安管理处罚法》的调整范围，本条作出了原则性的规定。本法只适用于扰乱公共秩序，妨害公共安全，侵犯人身权利、财产权利，妨害社会管理等尚不构成犯罪的行为。首先，违反治安管理行为是违反治安管理方面的行政法律、法规的违法行为。治安管理方面的行政法律、法规只限于那些与社会治安秩序相关的行政性法律和法规，所以并非所有的违反公安机关作为主管部门的法律、法规的违法行为都是违反治安管理的行为。其次，违反治安管理行为具有一定的社会危害性。行为的社会危害性应当是认定一个行为是否违法的实质性标准，有的行为虽然造成他人人身、财产的侵害，但是其实质上并不具有社会危害性，因此不属于违法行为，例如正当防卫行为、紧急避险行为等。再次，违反治安管理行为尚未构成犯罪的，应当受到治安管理处罚。违反治安管理处罚的行为的社会危害性在程度上又有一定的限制，即其只是侵犯了治安管理法律、法规所保护的利益，在性质上属于一种违法行为，超过了这一限度的，就构成犯罪行为。必须注意的是，并不是所有的由公安机关作出的行政处罚都是治安管理处罚，治安管理处罚只是行政处罚的一种。

---

\* 条文主旨为编者所加，下同。

> 应 用

### 1. 如何区分违反治安管理行为和犯罪行为

违反治安管理行为和犯罪行为都是危害社会的违法行为，有时甚至在行为表现上完全相同（我国的许多违反治安管理行为在一些国家直接被作为犯罪处理），在实际工作中，我们可以从以下几个方面区分违反治安管理行为和犯罪行为：

(1) 看情节是否严重。有些行为情节严重的，就构成犯罪；情节不严重的，就是违反治安管理行为。例如，强拿硬要或者任意损毁、占用公私财物的行为等。

(2) 看情节是否恶劣。有些行为情节恶劣的，就构成犯罪；情节不恶劣的，就是违反治安管理行为。例如，虐待家庭成员的行为、遗弃没有独立生活能力的被扶养人的行为等。

(3) 看后果是否严重。有些行为后果严重的，就构成犯罪；后果不严重的，就是违反治安管理行为。例如，故意伤害他人身体的行为，致人轻伤或者重伤的，是犯罪行为；致人轻伤以下的，是违反治安管理行为。

(4) 看数额是否较大。有些行为数额较大的，就构成犯罪；不是数额较大的，就是违反治安管理行为。

(5) 看次数是否多次。有些行为多次实施的，就构成犯罪；不是多次实施的，就是违反治安管理行为。

(6) 看是否使用暴力、威胁方法。有些行为使用暴力、威胁方法的，就构成犯罪；未使用暴力、威胁方法的，就是违反治安管理行为。例如，阻碍国家机关工作人员依法执行职务行为等。

(7) 看是否是特定主体。有些行为只有特定主体实施时才构成犯罪。例如，卖淫、嫖娼行为，如明知自己患有梅毒、淋病等严重性病卖淫、嫖娼的，是犯罪行为；其他人卖淫、嫖娼的，是违反治安管理行为。

(8) 看是否是特定对象。有些行为只有针对特定对象实施时才构成犯罪。

(9) 看是否以此为业。有些行为只有当行为人以此为业时，才构成犯罪。例如，赌博行为，如以赌博为业的，是犯罪行为；不以赌博为业，但参与赌博且赌资较大的，是违反治安管理行为。

此外，有些违反治安管理行为的表现形态，与犯罪行为完全一致，没有

3

后果、次数、情节、数额等区分。例如，本法第73条规定的"教唆、引诱、欺骗他人吸食、注射毒品"的行为，与《刑法》第353条第1款规定的"引诱、教唆、欺骗他人吸食、注射毒品"的行为，在行为表现上完全一致，只是个别用词顺序有细微差别。此时，就应当依照《刑法》第13条但书，即"但是情节显著轻微危害不大的，不认为是犯罪"的规定，综合考虑行为的性质、情节以及社会危害程度，准确判定是犯罪行为还是违反治安管理行为。

2. 公安机关在联合执法的过程中应注意什么问题

联合执法是两个以上的行政机关实行联合检查，共同查处违法行为的执法活动。联合执法的各个主体享有独立的地位，作出处罚时各个主体也是以自己的名义作出处罚决定，并独立承担责任。在实践中，公安机关与城管、卫生、文化等部门联合执法较多。需要注意：公安机关只能对属于自己管辖范围内的违法行为，以自己的名义依法进行处罚，并对自己的处罚决定独立地承担法律后果。此外，公安机关还可以对阻碍其他行政机关工作人员依法执行公务的行为，依照本法的有关规定给予处罚。

**第三条　【处罚程序应适用的法律规范】**治安管理处罚的程序，适用本法的规定；本法没有规定的，适用《中华人民共和国行政处罚法》的有关规定。

**注解**

本条对治安管理处罚程序适用的法律依据作了规定，即在实施治安管理处罚时，如果本法已经作出了专门性的规定，就应该适用本法，如果本法对某个事项未作出专门性的规定，就应当适用《行政处罚法》的相关规定。

**应用**

3. 对于治安管理处罚的程序，如何选择适用《治安管理处罚法》与《行政处罚法》

行政法是以大量的单行法的形式存在的，而且很多单行行政法具有实体和程序性规范结合在一起进行立法的特点，即在同一部行政法律中，往往既有关于行政权的设定等实体性规定，又有关于行政权行使的程序性规定，如《治安管理处罚法》《道路交通安全法》等。因而，在适用法律的时候可以根据行政管理领域管理事项的不同适用不同的程序性规定。本法中的程序性规定是按照《行政处罚法》所确定的基本原则，并结合治安管理处罚自身的特点作出的，是对治安管理处罚程序适用的衔接性规定，即在处罚程序方面本法有规定的，适用本法，本法没有规定的，适用《行政处罚法》规定的处罚程序。

此外，因为本法与《行政处罚法》之间是特别法与一般法的关系，根据特别法优于一般法原则，在两部法律出现内容上的冲突时，应当优先适用《治安管理处罚法》。

**4. 如何区分治安管理处罚与其他治安行政处罚，从而适用不同的程序**

实践中，可以从以下四个方面区分治安管理处罚和其他治安行政处罚：

第一，凡是本法明确规定给予治安管理处罚的违法行为，是违反治安管理行为，应当适用治安管理处罚的程序。

第二，凡是其他法律规定由公安机关给予行政拘留处罚的，应当适用治安管理处罚的程序。

第三，凡是其他法律、法规、规章规定由公安机关依照《治安管理处罚法》(此前规定依照《治安管理处罚条例》)给予治安管理处罚的，是违反治安管理行为，应当适用治安管理处罚的程序。例如，《公路法》第83条规定："阻碍公路建设或者公路抢修，致使公路建设或者抢修不能正常进行，尚未造成严重损失的，依照《中华人民共和国治安管理处罚法》的规定处罚。损毁公路或者擅自移动公路标志，可能影响交通安全，尚不够刑事处罚的，适用《中华人民共和国道路交通安全法》第九十九条的规定处罚。拒绝、阻碍公路监督检查人员依法执行职务未使用暴力、威胁方法的，依照《中华人民共和国治安管理处罚法》的规定处罚。"再如，《国内水路运输管理条例》第44条规定："违反本条例规定，构成违反治安管理行为的，依法给予治安管理处罚；构成犯罪的，依法追究刑事责任。"但是，这些法律、法规、规章一般没有具体规定处罚种类和幅度，同时还应当在本法中找到对应的条文，才能依法给予治安管理处罚。

第四，凡是直接关系公共安全和社会治安秩序的法律、法规、规章规定的由公安机关查处的行政违法行为，或者法律、法规、规章规定由公安机关查处的直接关系公共安全和社会治安秩序的行政违法行为，属于违反治安管理行为，需要给予行政处罚的，应当适用治安管理处罚的程序。例如，《枪支管理法》《集会游行示威法》《娱乐场所管理条例》等直接关系公共安全和社会治安秩序的法律、法规规定由公安机关查处的行政违法行为。另外，公安部制定的直接关系公共安全和社会治安秩序的规章规定的行政违法行为，属于违反治安管理行为，需要给予行政处罚的，应当适用治安管理处罚的程序。

**第四条** 【适用范围】在中华人民共和国领域内发生的违反治安管理行为，除法律有特别规定的外，适用本法。

在中华人民共和国船舶和航空器内发生的违反治安管理行为，除法律有特别规定的外，适用本法。

**注解**

本条是关于本法的适用范围的规定。

首先，中华人民共和国领域内的全部区域，是指我国行使国家主权的地域，包括领陆、领水和领空。在我国领域内违反治安管理的人，包括自然人、法人和其他组织。其中自然人包括中国公民、外国人和国籍不明的人。

其次，本法规定了《治安管理处罚法》适用的空间效力和对人的效力。在空间效力上，除法律有特别规定的外，本法适用于我国的整个领域；在对人效力上，除法律有特别规定的外，本法适用于所有在我国领域内违反治安管理的人。

再次，本条第1款规定的"除法律有特别规定的以外"是指两种情况：一是享有外交特权和豁免权的外国人在我国领域内，不适用本法，应该通过外交途径解决；二是我国香港、澳门两个特别行政区基本法中的例外规定和对我国台湾地区的例外规定。另外，我国的船舶和航空器，按照国际条约和国际惯例，被视为我国领土的延伸部分，在此范围内发生的违反治安管理行为，应当适用本法。

**应用**

**5. 外国人在中国违反治安管理的是否可以处罚**

按照本条的规定，不论违反治安管理行为人是中国公民还是外国人（含无国籍人），除享有外交特权和豁免权的外国人违反治安管理的法律责任通过外交途径解决外，均应适用本法。但办理外国人违反治安管理的案件与办理中国居民违反治安管理的案件有以下两点主要区别：

（1）对违反治安管理的外国人可以附加特定处罚。按照本法第10条的规定，对违反治安管理的外国人（含无国籍人），除了依法给予警告、罚款、行政拘留外（对违法的外国法人或者其他组织还可以依法吊销公安机关发放的许可证），还可以附加适用限期出境或者驱逐出境的处罚。

（2）办理外国人违反治安管理的案件有特殊的程序。按照有关规定，对违反治安管理的外国人给予行政拘留处罚的，公安机关应当通报同级人民政府外事部门，逐级上报公安部，并通报该外国人所属国家驻华大使馆或者领事馆。

### 6. 外国驻华使领馆内发生的治安案件是否可以适用本法处理

外国驻华领事馆的地位特殊，对其内部发生的治安案件，公安机关应当依照有关国际条约和我国法律，区别情况行使管辖权。如果违反治安管理的行为人享有领事特权与豁免权，公安机关应当在进行必要的调查后，层报公安部商外交部，通过外交途径解决；如果违反治安管理的行为人不享有领事特权与豁免权，公安机关应当依照有关国际条约和我国法律查处。根据《领事特权与豁免条例》第22条的规定，外国驻华领事馆服务人员如果是中国公民，除没有义务就其执行职务所涉及事项作证外，不享有其他领事特权与豁免权。因此，对外国驻华领事馆的中国籍服务人员在领事馆内打伤中国公民的案件，公安机关应当依法查处，但必须注意方式方法。根据《维也纳领事关系公约》和《领事特权与豁免条例》的有关规定，公安机关未经领事馆同意，不得进入领事馆执行公务。公安机关有必要对领事馆的中国籍服务人员依法采取传唤等措施的，应当视情况通知该领事馆。

对于我国公安机关对外国驻华大使馆内发生的治安案件是否有管辖权的问题，我们认为，可以根据《维也纳外交关系公约》和《外交特权与豁免条例》和本法等有关法律、行政法规的规定处理。

### 7. 在中华人民共和国驻外使领馆内发生的治安案件是否可以适用《治安管理处罚法》处理

驻外使领馆是本国领土的延伸，是本国的虚拟领土，本国的一切法律在本国的驻外使领馆均应当适用，同时，本国的驻外使领馆工作人员在所驻在国享有司法豁免权，因此，在中华人民共和国驻外使领馆内发生的违反治安管理的行为应当适用《治安管理处罚法》。

**第五条 【基本原则】**治安管理处罚必须以事实为依据，与违反治安管理行为的性质、情节以及社会危害程度相当。

实施治安管理处罚，应当公开、公正，尊重和保障人权，保护公民的人格尊严。

办理治安案件应当坚持教育与处罚相结合的原则。

### 注解

本条是关于本法的基本原则的规定。包括以事实为依据原则，与违反治安管理行为的性质、情节以及社会危害程度相当原则，公开、公正原则，尊重和保障人权原则等。

以事实为依据原则中的"事实"，主要有以下三种类型：第一，生活事实。也就是在引起《治安管理处罚法》的调整过程中的最基本的事实，比如发生了某个具体的违反本法的事实，如酗酒等。第二，法律事实。是指法律规定的，从生活事实中抽象出来的，构成某一法律后果的事实。一般体现在法律要件中。如本法第二节第8条到第16条对各种违法事实的描述。第三，案件事实。所谓案件事实，也就是经过行政机关的判断或法官的裁判，最终可用来进行法律裁判的事实依据。

### 应用

**8. 已经制定并经相关部门讨论通过但尚未公布的关于行政处罚的规定，能否作为行政处罚的依据**

根据《治安管理处罚法》第5条，以及《行政处罚法》第5条的规定，对于违法行为进行处罚的依据必须公开，否则不得作为处罚的依据，这就是公开性原则的一个方面的要求。因此，已经制定并经相关部门讨论通过但尚未公布的关于行政处罚的规定因为其并没有公布出来为行政相对人所知悉，所以不能作为行政处罚的依据。

### 配套

《公安机关办理行政案件程序规定》第4-5条

**第六条 【社会治安综合治理】**各级人民政府应当加强社会治安综合治理，采取有效措施，化解社会矛盾，增进社会和谐，维护社会稳定。

> 配 套

《全国人民代表大会常务委员会关于加强社会治安综合治理的决定》

**第七条** 【主管和管辖】国务院公安部门负责全国的治安管理工作。县级以上地方各级人民政府公安机关负责本行政区域内的治安管理工作。

治安案件的管辖由国务院公安部门规定。

> 注 解

本条第1款是关于治安管理工作的主管部门的规定。根据这一规定,全国的治安管理工作的主管部门是公安部。在地方,治安管理工作的主管部门是县级以上地方各级人民政府公安机关,具体包括各省、自治区、直辖市公安厅(局),各市、州公安局及其公安分局,各县(市)公安局等。

本条第2款是关于治安案件的管辖问题的授权性规定,即由国务院公安部门规定,具体可参见《公安机关办理行政案件程序规定》第二章。根据该章的规定,行政案件一般由违法行为地的公安机关管辖。由违法行为人居住地公安机关管辖更为适宜的,可以由违法行为人居住地公安机关管辖,但是涉及卖淫、嫖娼、赌博、毒品的案件除外,几个公安机关都有权管辖的行政案件,由最初受理的公安机关管辖。必要时,可以由主要违法行为地公安机关管辖。对管辖权发生争议的,报请共同的上一级公安机关指定管辖。对于重大、复杂的案件,上级公安机关可以直接办理或指定管辖。上级公安机关直接办理或者指定管辖的,应当书面通知被指定管辖的公安机关和其他有关的公安机关。原受理案件的公安机关自收到上级公安机关书面通知之日起不再行使管辖权,并立即将案卷材料移送被指定管辖的公安机关或者办理的上级公安机关,及时书面通知当事人。此外,该规定还对铁路、港航、民航、森林公安机关的管辖作出了规定。

> 应 用

9. 对同一违法案件多个公安机关都有管辖权的如何处理

《公安机关办理行政案件程序规定》第14条规定:"几个公安机关都有

权管辖的行政案件，由最初受理的公安机关管辖。必要时，可以由主要违法行为地公安机关管辖。"第15条第1、2款规定："对管辖权发生争议的，报请共同的上一级公安机关指定管辖。对于重大、复杂的案件，上级公安机关可以直接办理或者指定管辖。"据此，当多个公安机关都有权管辖行政违法案件时，由最初受理的公安机关管辖。但是，当由主要违法行为地公安机关管辖更为适宜时，可以由主要违法行为地公安机关管辖。管辖权发生争议的，报请共同的上一级公安机关指定管辖。存在特殊情形的，上级公安机关可以直接办理或者指定管辖。

**10. 铁路、港航、民航、森林公安机关对哪些案件行使管辖权**

《公安机关办理行政案件程序规定》第16条规定："铁路公安机关管辖列车上、火车站工作区域内、铁路系统的机关、厂、段、所、队等单位内发生的行政案件，以及在铁路线上放置障碍物或者损毁、移动铁路设施等可能影响铁路运输安全、盗窃铁路设施的行政案件。对倒卖、伪造、变造火车票案件，由最初受理的铁路或者地方公安机关管辖。必要时，可以移送主要违法行为发生地的铁路或者地方公安机关管辖。交通公安机关管辖港航管理机构管理的轮船上、港口、码头工作区域内和港航系统的机关、厂、所、队等单位内发生的行政案件。民航公安机关管辖民航管理机构管理的机场工作区域以及民航系统的机关、厂、所、队等单位内和民航飞机上发生的行政案件。国有林区的森林公安机关管辖林区内发生的行政案件。海关缉私机构管辖阻碍海关缉私警察依法执行职务的治安案件。"

### 配套

《公安机关办理行政案件程序规定》第10-16条；《行政处罚法》第22-27条

**第八条　【民事责任】违反治安管理的行为对他人造成损害的，行为人或者其监护人应当依法承担民事责任。**

### 注解

治安管理处罚在法律性质上属于行政法的范畴，本条的规定是《治安管理处罚法》与民事侵权法律之间的衔接，是为了保证违反治安管理行为的受害人因违反治安管理行为所遭受的损害能够及时得到民事赔偿。在《治安管理处罚法》规定的众多违法行为中，很多行为都兼具行政违法性和民事侵权性的双重特征。本条只是一种原则性规定，关于具体民事责任的范围、承担方式等问题，都需要依照有关民事法律来确定。值得注意的是，除本法第9条规定的情形以外，不得以民事责任的承担替代治安管理处罚。

**应用**

**11. 治安管理案件中的受害人是否可以要求精神损害赔偿**

违反治安管理的行为是一种侵权行为，即因过错侵害他人的财产或者人身权利，依法应当承担赔偿责任。关于民事责任中的精神损害赔偿问题，应当根据被害人的请求和违反治安管理的行为人的过错、行为方式、损害后果等情形来确定。要做到既保证被害人的精神损害得到应有的安抚和慰藉，又要注意被害人提出的要求的合理性，防止利用精神损害赔偿的要求高价索赔。《民法典》侵权责任编第1183条规定："侵害自然人人身权益造成严重精神损害的，被侵权人有权请求精神损害赔偿。因故意或者重大过失侵害自然人具有人身意义的特定物造成严重精神损害的，被侵权人有权请求精神损害赔偿。"《最高人民法院关于确定民事侵权精神损害赔偿责任若干问题的解释》第1条规定："因人身权益或者具有人身意义的特定物受到侵害，自然人或者其近亲属向人民法院提起诉讼请求精神损害赔偿的，人民法院应当依法予以受理。"可见，被害人是可以在合理的范围内得到精神损害赔偿的。

**12. 损害赔偿如何确定和计算**

（1）关于财产损失的赔偿。根据财产损失全部赔偿的原则，因侵害他人财产所有权而造成财产损失的，应当先返还原物或者恢复原状，或者用质量、数量相当的实物赔偿，或者折价赔偿。赔偿损失的多少，应当根据财产损失的大小来确定。赔偿全部财产损失，除了赔偿直接的财产损失外，还应当赔偿受害人失去的"可得利益"。

（2）关于人身损害的赔偿。对因人身损害所引起的财产损失的赔偿，应当依据损害的程度和情况的不同，依法作出不同的处理。人身损害分为三种情况：一般伤害、残废和死亡。违反治安管理行为只能是造成轻伤以下的伤害，如果造成受害人残废或者死亡，则应当立为刑事案件进行侦查。

关于损害赔偿的范围，根据《民法典》侵权责任编第1179条规定："侵

11

害他人造成人身损害的，应当赔偿医疗费、护理费、交通费、营养费、住院伙食补助费等为治疗和康复支出的合理费用，以及因误工减少的收入。造成残疾的，还应当赔偿辅助器具费和残疾赔偿金；造成死亡的，还应当赔偿丧葬费和死亡赔偿金。"

**13. 公安机关是否可以裁决违反治安管理行为人承担民事责任**

违反治安管理行为作为一种侵权行为，同犯罪行为一样，需要附带解决民事责任问题。针对犯罪行为，被害人如要求犯罪行为人承担民事责任，则应当向人民法院提起附带民事诉讼（被害人也可以在侦查、起诉阶段提出，由公安机关、人民检察院记录在案，并转告人民法院）。

针对违反治安管理行为，公安机关除对因民间纠纷引起的打架斗殴或者损毁他人财物等违反治安管理行为引起的损害赔偿可以进行调解外，对其他违反治安管理行为引起的损害赔偿，被侵害人如要求违反治安管理行为人承担民事责任，则应当向人民法院提起民事诉讼，请求人民法院判决违反治安管理行为人承担民事责任。

**配套**

《民法典》侵权责任编；《最高人民法院关于确定民事侵权精神损害赔偿责任若干问题的解释》

**第九条** 【调解】对于因民间纠纷引起的打架斗殴或者损毁他人财物等违反治安管理行为，情节较轻的，公安机关可以调解处理。经公安机关调解，当事人达成协议的，不予处罚。经调解未达成协议或者达成协议后不履行的，公安机关应当依照本法的规定对违反治安管理行为人给予处罚，并告知当事人可以就民事争议依法向人民法院提起民事诉讼。

**注解**

调解制度是我国法律制度的一个特色。《治安管理处罚法》保留了《治安管理处罚条例》规定的公安机关调解处理治安案件的做法，对公安机关可以调解处理的治安案件的范围，也未作实质性的调整，即对因民间纠纷引起的打架斗殴、损毁他人财物等违反治安管理行为，情节较轻的，都可以进行调解。民间纠纷是指公民之间、公民和单位之间，在生活、工作、生产经营等活动中产生的纠纷，如发生在家庭、邻里、同事等之间的较小争议。因这些争议而引起的打架斗殴或损毁他人财物等违反治安管理行为，情节一般较轻，公安机关可以以调解的方式处理。公安机关调解处理违反治安管理行为，主要是就违反治安管理行为所造成的对被侵害人的人身、财产等权利的损害应当如何赔偿等问题，在双方当事人之间进行斡旋。注意，公安机关可以调解处理，也可以不调解。为确保调解取得良好效果，调解前应当及时、依法做深入、细致的调查取证工作，以查明事实、收集证据、分清责任。调解达成协议的，应当制作调解书，交双方当事人签字。调解和裁决是不同的，在调解中，公安机关是以主持人的身份进行的，遵循纠纷双方自愿的原则，而裁决则有国家强制力在里面，当事人必须遵守。

**应用**

**14. 根据相关规定，哪些治安案件可以进行调解，哪些不可以进行调解**

《公安机关办理行政案件程序规定》第178条规定："对于因民间纠纷引起的殴打他人、故意伤害、侮辱、诽谤、诬告陷害、故意损毁财物、干扰他人正常生活、侵犯隐私、非法侵入住宅等违反治安管理行为，情节较轻，且具有下列情形之一的，可以调解处理：（一）亲友、邻里、同事、在校学生之间因琐事发生纠纷引起的；（二）行为人的侵害行为系由被侵害人事前的过错行为引起的；（三）其他适用调解处理更易化解矛盾。对不构成违反治安管理行为的民间纠纷，应当告知当事人向人民法院或者人民调解组织申请处理。对情节轻微、事实清楚、因果关系明确，不涉及医疗费用、物品损失或者双方当事人对医疗费用和物品损失的赔付无争议，符合治安调解条件，双方当事人同意当场调解并当场履行的治安案件，可以当场调解，并制作调解协议书。当事人基本情况、主要违法事实和协议内容在现场录音录像中明确记录的，不再制作调解协议书。"

《公安机关治安调解工作规范》第3条规定："对于因民间纠纷引起的殴打他人、故意伤害、侮辱、诽谤、诬告陷害、故意损毁财物、干扰他人正常生活、侵犯隐私等违反治安管理行为，情节较轻的，经双方当事人同意，公安机关可以治安调解……对不构成违反治安管理行为的民间纠纷，应当告知当事人向人民法院或者人民调解组织申请处理。"第4条规定："违反治安管理行为有下列情形之一的，不适用治安调解：(一) 雇凶伤害他人的；(二) 结伙斗殴的；(三) 寻衅滋事的；(四) 多次实施违反治安管理行为的；(五) 当事人在治安调解过程中又挑起事端的；(六) 其他不宜治安调解的。"

《公安机关执行〈中华人民共和国治安管理处罚法〉有关问题的解释》(部分失效) 第1条关于治安案件的调解问题规定："……根据《治安管理处罚法》第9条的规定，对因民间纠纷引起的打架斗殴或者损毁他人财物以及其他违反治安管理行为，情节较轻的，公安机关应当本着化解矛盾纠纷、维护社会稳定、构建和谐社会的要求，依法尽量予以调解处理。特别是对因家庭、邻里、同事之间纠纷引起的违反治安管理行为，情节较轻，双方当事人愿意和解的，如制造噪声、发送信息、饲养动物干扰他人正常生活，放任动物恐吓他人、侮辱、诽谤、诬告陷害、侵犯隐私、偷开机动车等治安案件，公安机关都可以调解处理。同时，为确保调解取得良好效果，调解前应当及时依法做深入细致的调查取证工作，以查明事实、收集证据、分清责任。调解达成协议的，应当制作调解书，交双方当事人签字。"

15. 公安机关在处理民间纠纷时，能否以民间纠纷以调解为主和违法行为人有认错悔改表现为由，对当事人不予处罚

在梁某富不服治安行政处罚复议决定案中，法院指出：《治安管理处罚条例》①承认公安机关调解处理案件的方式，但是在经多方多次调解未能达成协议的情况下，应作出裁决与处理。不能在没有新的事实与证据的情况下，仅以民间纠纷以调解为主和违法行为人有认错悔改表现为由，对其不予处罚。(《最高人民法院公报》1991年第3期)

### 配套

《公安机关执行〈中华人民共和国治安管理处罚法〉有关问题的解释》第1条；《公安机关办理行政案件程序规定》第178-186条；《公安机关治安调解工作规范》

---

① 该条例已经被《治安管理处罚法》废止。

# 第二章 处罚的种类和适用

**第十条 【处罚种类】**治安管理处罚的种类分为：

（一）警告；

（二）罚款；

（三）行政拘留；

（四）吊销公安机关发放的许可证。

对违反治安管理的外国人，可以附加适用限期出境或者驱逐出境。

> **注解**
>
> 本条规定了治安管理处罚的种类，其中"警告"属于声誉罚，"罚款"属于财产罚，"行政拘留"属于自由罚，"吊销公安机关发放的许可证"属于资格罚，以上四种处罚依法可单独或合并适用。但对于"限期出境或者驱逐出境"，本法只规定了"可以附加适用"。
>
> 警告是对违反治安管理行为的一种最轻的处罚，也是行政处罚中最轻的一种处罚。警告的目的在于对违法行为人提出告诫，指出危害，使其引起警觉，不致再犯。主要适用于一些初次违反治安管理，且情节轻微，态度较好的行为人。必须注意，警告作为一种行政处罚，也必须遵循本法第四章关于处罚程序的规定。
>
> 治安罚款是公安机关在处理治安管理案件中适用比较普遍的一种处罚形式，是对违反治安管理的人限令其在一定期限内向国家交纳一定数额金钱的行政处罚。罚款不同于罚金，罚金是刑法中规定的刑罚的一种。
>
> 行政拘留是公安机关对违反治安管理人依法在一定时间内拘禁留于法定处所，剥夺其人身自由的一种治安行政处罚方法，也是治安管理处罚种类中最重的处罚，主要适用于违反治安管理行为情节较严重的人。行政拘留不同于刑事拘留和司法拘留。
>
> 吊销公安机关发放的许可证是本法规定的一种资格罚。必须注意的是，许可证一般由颁发许可证照的机关予以吊销，所以公安机关吊销的只能是由

公安机关发放的许可证,而不能吊销由其他机关颁发的许可证照。

限期出境和驱逐出境,这两种附加处罚的适用对象仅限于外国人(包括无国籍人),不适用于我国公民(包括华侨)。限期出境属于责令自行离境,但负责执行的公安机关可以监督其离开。驱逐出境是强迫违反治安管理的外国人离开我国国境。《刑法》第35条规定驱逐出境为一种附加刑,但是刑法中的附加刑可以独立适用也可以附加适用。本法规定限期出境和驱逐出境可附加适用,而没有规定其是否可独立适用。这是与刑法规定的不同之处。对外国人依法决定警告、罚款、行政拘留,并附加适用限期出境、驱逐出境的,应当在警告、罚款、行政拘留执行完毕后,再执行限期出境、驱逐出境。

**应用**

**16. 行政拘留前因同一行为已经被限制人身自由的,可否折抵拘留时间**

根据《公安机关办理行政案件程序规定》第163条的规定:"对决定给予行政拘留处罚的人,在处罚前因同一行为已经被采取强制措施限制人身自由的时间应当折抵。限制人身自由一日,折抵执行行政拘留一日。询问查证、继续盘问和采取约束措施的时间不予折抵。被采取强制措施限制人身自由的时间超过决定的行政拘留期限的,行政拘留决定不再执行。"

**17. 公安机关依法吊销许可证时应当注意什么问题**

第一,公安机关依法吊销许可证只能是自己发放的许可证,对于其他行政机关发放的许可证,如市场监管机关发放的营业执照,其无权吊销。第二,吊销许可证不同于撤销、撤回、注销许可证。撤销许可证是针对不具备行政许可条件而取得行政许可的情形。对于具备行政许可条件但因为行政许可所依据的法律、法规、规章修改或者废止,或者准予行政许可所依据的客观情形发生重大变化,基于公共利益的需要,公安机关可以撤回许可证。当特定情形出现时,公安机关依据法定程序收回许可证或者使其失去法律效力的,则属于注销许可证。可见,吊销许可证属于行政处罚措施,撤销、撤回、注销许可证则属于行政管理措施。

**18. 对外国人如何适用治安管理处罚**

根据《公安机关执行〈中华人民共和国治安管理处罚法〉有关问题的解释》第2条规定,对外国人需要依法适用限期出境、驱逐出境处罚的,由承

16

办案件的公安机关逐级上报公安部或者公安部授权的省级人民政府公安机关决定,由承办案件的公安机关执行。对外国人依法决定行政拘留的,由承办案件的县级以上(含县级)公安机关决定,不再报上一级公安机关批准。对外国人依法决定警告、罚款、行政拘留,并附加适用限期出境、驱逐出境处罚的,应当在警告、罚款、行政拘留执行完毕后,再执行限期出境、驱逐出境。

### 配套

《公安机关执行〈中华人民共和国治安管理处罚法〉有关问题的解释》第2条

**第十一条 【查获违禁品、工具和违法所得财物的处理】** 办理治安案件所查获的毒品、淫秽物品等违禁品,赌具、赌资,吸食、注射毒品的用具以及直接用于实施违反治安管理行为的本人所有的工具,应当收缴,按照规定处理。

违反治安管理所得的财物,追缴退还被侵害人;没有被侵害人的,登记造册,公开拍卖或者按照国家有关规定处理,所得款项上缴国库。

### 注解

"非法财物"包括毒品、淫秽物品等违禁品,赌具、赌资,吸食、注射毒品的用具,以及直接用于实施违反治安管理行为的本人所有的工具,即涉案物品和工具。具体来讲,对于办理治安案件收缴的涉案物品、工具和财物规定了几种处理方式:一是对于违禁品、违禁用具和直接用于实施违反治安管理行为的本人所有的工具,收缴后按照规定处理;二是对于被处罚人因违反治安管理非法所得的财物,应当予以追缴并且将其退还给被侵害人;三是如果找不到被侵害人,则将追缴财物登记后,拍卖或按国家有关规定处理,所得款项上缴国库。公安部发布的《公安机关办理行政案件程序规定》第十一章(第187-197条)对"涉案财物的管理和处理"作了系统的规定,具体案件的处理适用这些规定。

**应 用**

**19. 如何确定收缴非法财物和追缴违法所得的范围**

在确定收缴非法财物和追缴违法所得的范围时，需要注意区分违反治安管理行为人的个人财产和家庭共同财产。当非法财物和违法所得事实上是违反治安管理行为人的个人财产时，对该部分个人财产予以收缴或者追缴，如非法财物和违法所得是用于或者被用于家庭生活而形成共同财产的，则相应地形成共同财产的部分应当予以收缴或者追缴，违法所得部分被家庭共同消费掉的，家庭成员应当承担连带赔偿责任。当违法所得的财物无法追回原物而责令违反治安管理行为人退赔时，财物的价值计算以违反治安管理行为人实施违反治安管理行为时的市场价格或者国家规定的相应价格折价计算。

对收缴非法财物和追缴违法所得的范围，《公安机关办理行政案件程序规定》规定，对在办理行政案件中查获的下列物品应当依法收缴：（1）毒品、淫秽物品等违禁品；（2）赌具和赌资；（3）吸食、注射毒品的用具；（4）伪造、变造的公文、证件、证明文件、票证、印章等；（5）倒卖的车船票、文艺演出票、体育比赛入场券等有价票证；（6）主要用于实施违法行为的本人所有的工具以及直接用于实施毒品违法行为的资金；（7）法律、法规规定可以收缴的其他非法财物。前款第6项所列的工具，除非有证据表明属于他人合法所有，可以直接认定为违法行为人本人所有。违法所得应当依法予以追缴或者没收。多名违法行为人共同实施违法行为，违法所得或者非法财物无法分清所有人的，作为共同违法所得或者非法财物予以处理。

**20. 公安机关对于被收缴的财物，如何处理**

《公安机关办理行政案件程序规定》第196条规定："对收缴和追缴的财物，经原决定机关负责人批准，按照下列规定分别处理：（一）属于被侵害人或者善意第三人的合法财物，应当及时返还；（二）没有被侵害人的，登记造册，按照规定上缴国库或者依法变卖、拍卖后，将所得款项上缴国库；（三）违禁品、没有价值的物品，或者价值轻微，无法变卖、拍卖的物品，统一登记造册后销毁；（四）对无法变卖或者拍卖的危险物品，由县级以上公安机关主管部门组织销毁或者交有关厂家回收。"第197条规定："对应当退还原主或者当事人的财物，通知原主或者当事人在六个月内来领取；原主不明确的，应当采取公告方式告知原主认领。在通知原主、当事人或者公告后六个月内，无人认领的，按无主财物处理，登记后上缴国库，或者依法变卖或者拍卖后，将所得款项上缴国库。遇有特殊情况的，可酌情延期处理，延长期限最长不超过三个月。"

### 配套

《公安机关办理行政案件程序规定》第187-197条

**第十二条　【未成年人违法的处罚】**已满十四周岁不满十八周岁的人违反治安管理的，从轻或者减轻处罚；不满十四周岁的人违反治安管理的，不予处罚，但是应当责令其监护人严加管教。

### 注解

对于已满18周岁的人违反治安管理的，是完全负治安法律责任能力者，应当承担责任。对于已满14周岁不满18周岁的人违反治安管理的，已基本具备与成年人相当的理解和判断力，因此在其有违法行为时，应当使其负法律责任。但是其仍然处于成长发育阶段，各方面还不是很成熟，控制自己的行为和辨别是非善恶的能力还比较差，有时候又容易冲动，因而对其应当从轻或减轻处罚，有利于挽救违反治安管理的青少年，保障其健康成长。对于不满14周岁的人违反治安管理的，《治安管理处罚法》规定对其不予治安处罚，同时规定加强其监护人的管教责任。同时，需要注意的是，2020年12月26日《刑法修正案（十一）》针对低龄未成年人实施严重犯罪的情况，在第17条增加第3款："已满十二周岁不满十四周岁的人，犯故意杀人、故意伤害罪，致人死亡或者以特别残忍手段致人重伤造成严重残疾，情节恶劣，经最高人民检察院核准追诉的，应当负刑事责任。"

"从轻处罚"，是指在法定的处罚种类和幅度范围内，处以比依其违法的性质和情节轻重本应受处罚较轻的处罚。"减轻处罚"是在法定的处罚种类和幅度以下给予处罚。其具体适用可参见本法第19条的规定。

### 应用

**21. 如何计算违反治安管理行为人的年龄**

在办理治安案件中，按照以下几个要点掌握"年龄"的计算方法。一是年龄一律按照公历的年、月、日计算；二是一周岁应当以12个月计算，每满12个月的为满1周岁;三是满12个月的为满1周岁的计算应当以日来计算,即从过生日的第二天起算是满了几周岁;四是如果行为人的年龄是以农历计算的,应当换算成公历。在实践中,核实行为人的年龄,应当以户口登记为基本的依据,结合其他相关资料认真核实,不能仅凭借自报的资料认定,必要的时候,可以委托有关的机关进行法医鉴定。此外,认定年龄时应当以实施违反治安管理行为的时间为准。

22. 对不满14周岁的人违反治安管理造成他人损害的行为如何处理,对已满14周岁未满16周岁的未成年人不予刑事处罚的行为如何处理

不满14周岁的人实施违反治安管理行为,对他人造成损害的,其监护人应当按照本法第8条的规定承担民事责任。有非法财物、违法所得的,应当按照本法第11条的规定予以收缴、追缴。收缴和追缴不是治安管理处罚,对不满14周岁的人违反治安管理的,可以适用。《公安机关办理行政案件程序规定》第157条规定:"不满十四周岁的人有违法行为的,不予行政处罚,但是应当责令其监护人严加管教,并在不予行政处罚决定书中载明。已满十四周岁不满十八周岁的人有违法行为的,从轻或者减轻行政处罚。"

此外,根据《公安机关执行〈中华人民共和国治安管理处罚法〉有关问题的解释(二)》第3条的规定,对已满14周岁不满16周岁不予刑事处罚的,应当责令其家长或者监护人加以管教;必要时,可以依照《治安管理处罚法》的相关规定予以治安管理处罚,或者依照《刑法》第17条的规定依法进行专门矫治教育。

### 配 套

《公安机关执行〈中华人民共和国治安管理处罚法〉有关问题的解释》第3条;《公安机关执行〈中华人民共和国治安管理处罚法〉有关问题的解释(二)》第3-4条;《公安机关办理行政案件程序规定》第6、157条

**第十三条** **【精神病人违法的处罚】**精神病人在不能辨认或者不能控制自己行为的时候违反治安管理的,不予处罚,但是应当责令其监护人严加看管和治疗。间歇性的精神病人在精神正常的时候违反治安管理的,应当给予处罚。

**注解**

间歇性精神病人，是指一个人的精神并非一直处于错乱状态而完全丧失辨认或者不能控制自己行为能力的精神病人。这种精神病人的精神时而正常，时而不正常，在精神正常的情况下，头脑是清醒的，具有辨认或者控制自己行为的能力，在发病的时候，就丧失了辨认是非和控制自己行为的能力，即其精神病是处于间断性发作的状态。基于精神病人的这一特点，本条对其处罚作了特别的规定，即当精神病人在不能辨认或者不能控制自己行为的时候违反治安管理的，不予处罚，在精神正常的时候违反治安管理的，应当给予处罚。

**应用**

23. 实践中，如何判断是否给予精神病人治安管理处罚

判断对违反行政管理的精神病患者是否要给予行政处罚，关键看发生违法行为时，行为人是否处于病态中。所谓精神病人处于病态中，是指精神病人在不能辨认和不能控制自己行为时，由于病症的驱使在客观上造成了行政违法。这是一种既无故意又无过失的病态行为。也就是说，精神病人实施违反治安管理的行为是基于病理的原因，是在其失去了正确的辨认和控制自己行为的能力时，不由自主地实施的，在主观上其不存在对所实施的违反治安管理行为的故意或者过失的态度。因此其不具有承担法律责任的能力，不应予以行政处罚。但在实践中，由于精神病的种类很多、发病原因很复杂、丧失意识和意志能力的轻重程度也各不相同，同时由于对于精神病人不予治安处罚是以精神病人在实施违反治安管理行为时不能辨认和控制自己行为为前提的，因此，在确定违反治安管理行为人无治安责任能力时，需要全面了解行为人及其实施违反治安管理行为当时的情况，并应当经法医或者其他有关医疗部门鉴定，同时向有关知情人了解调查，才可能准确把握，避免主观判断。

24. 精神病人违反治安管理造成他人损害的，由谁承担赔偿责任

精神病人是在不能辨认或者不能控制自己的行为的时候违反治安管理，对他人造成损害的，依据本法第8条的规定："违反治安管理的行为对他人造成损害的，行为人或者其监护人应当依法承担民事责任。"此外，《人民警察法》第14条规定："公安机关的人民警察对严重危害公共安全或者他人人

身安全的精神病人，可以采取保护性约束措施。需要送往指定的单位、场所加以监护的，应当报请县级以上人民政府公安机关批准，并及时通知其监护人。"可见，监护人对于精神病人造成的损害承担着赔偿责任。

**配套**

《公安机关执行〈中华人民共和国治安管理处罚法〉有关问题的解释》第3条；《公安机关办理行政案件程序规定》第158条

**第十四条　【盲人或聋哑人违法的处罚】** 盲人或者又聋又哑的人违反治安管理的，可以从轻、减轻或者不予处罚。

**注解**

本条是关于盲人和既聋又哑的人违反治安管理的处罚的规定。《刑法》第19条规定了相应的刑事责任，《行政处罚法》对此没有作出相应的规定。本条在适用的时候，需要注意：首先，由于盲人、既聋又哑的人本身精神是健全的，并不会因自身残疾而完全丧失分辨是非和控制行为的能力，所以当其为违反治安管理行为，给社会造成危害时，应当承担相应的法律责任。其次，这类特殊人群由于具有明显的生理缺陷，在接受教育、了解事物等方面都受到一定的限制和影响，其辨认事物和控制行为的能力可能会受到生理缺陷的影响，故可以对其从轻、减轻或不予处罚，注意这里是"可以"而非"应当"。再次，此处的"不予处罚"，主要是指盲人或者又聋又哑的人因生理原因违反治安管理的，应当不予处罚。

**配套**

《公安机关执行〈中华人民共和国治安管理处罚法〉有关问题的解释》第3条；《公安机关执行〈中华人民共和国治安管理处罚法〉有关问题的解释（二）》第4条

**第十五条　【醉酒的人违法的处罚】** 醉酒的人违反治安管理的，应当给予处罚。

醉酒的人在醉酒状态中，对本人有危险或者对他人的人身、财产或者公共安全有威胁的，应当对其采取保护性措施约束至酒醒。

## 注解

醉酒是行为人在清醒状态时不控制自己的饮酒量，放纵自己所致，完全是个人行为导致的辨别、控制能力下降的状态。醉酒人控制自己行为的能力减弱，是因为在酒精作用下，其神经系统发生一定程度的暂时性紊乱所致，与精神病人发病原理完全不同。所以醉酒的人违反《治安管理处罚法》，仍要处罚，不能从轻、减轻或免予追究其法律责任。

若醉酒的人由于酒精刺激而处于行为失控状态，耍酒疯、胡打乱闹，极易肇事，对其本人及他人的安全都有威胁，在这种情况下，公安机关有权依法对醉酒的人加以约束，直至其恢复常态。

## 应用

### 25. 如何判断车辆驾驶人员是否醉酒

目前鉴别车辆驾驶人员是否醉酒，主要是依靠医学鉴定手法。国家标准化管理委员会发布的《车辆驾驶人员血液、呼气酒精含量阈值与检验》（GB19522-2024）国家标准，为确定违反治安管理行为人提供了执法借鉴标准。根据该标准的规定，饮酒驾车是指车辆驾驶人员血液中的酒精含量大于或者等于20mg/100ml，小于80mg/100ml的驾驶行为；醉酒驾车是指车辆驾驶人员血液中酒精含量大于或者等于80mg/100ml的驾驶行为。同时，需要注意的是，2011年2月25日通过的《刑法修正案（八）》将醉驾入罪，规定"在道路上醉酒驾驶机动车的，处拘役，并处罚金"。

### 26. 对醉酒的人采取的保护性措施包括哪些

对醉酒的人采取的"保护性措施"，主要是指用软布、绳索等将醉酒的人固定在椅子上、床上等措施，既要防止其继续闹事，对他人的生命、健康和公共秩序构成威胁，也要防止其伤害自身。但这种措施不能简单地理解为用械具将其束缚，必须保证其身体不受到伤害或者非人待遇。

《公安机关办理行政案件程序规定》第58条第1款规定："违法嫌疑人在醉酒状态中，对本人有危险或者对他人的人身、财产或者公共安全有威胁的，可以对其采取保护性措施约束至酒醒，也可以通知其家属、亲友或者所属单位将其领回看管，必要时，应当送医院醒酒。对行为举止失控的醉酒人，可以使用约束带或者警绳等进行约束，但是不得使用手铐、脚镣等警械。"对醉酒的人实施保护性约束手段的目的，是防止其在醉酒的状态下做出伤害自己和他人的事情,因此,公安机关在对其实施约束时,可以采用约束带或者警绳,但要注意捆绑的方式、方法和力度,绝对不能使用手铐、脚镣。

**第十六条 【有两种以上违法行为的处罚】**有两种以上违反治安管理行为的,分别决定,合并执行。行政拘留处罚合并执行的,最长不超过二十日。

### 注解

对于不同的违法行为,要分别裁决,即公安机关对违反治安管理行为人所实施的数种违反治安管理行为,一种一种地分别进行裁决。分别裁决有利于分清违法行为的事实、明确责任,为当事人依法寻求救济提供方便。

合并执行也不是所有的处罚种类都可以合并到一起执行,比如不同种类的行政处罚无法合并执行、两个警告也无法合并执行。只有同是罚款或同是行政拘留的处罚才可以合并执行。两个以上的罚款可以将数额相加而合并执行;两个以上的拘留可以将拘留天数相加执行,当然合并执行两个以上的拘留,其实际拘留执行天数不应当超过法定最长期限20天。

首先,分别决定的前提是违反治安管理行为人实施了不同的违法行为,如果实施的是同种行为,不能适用分别决定的规定,也不存在合并拘留处罚问题。其次,根据法律所作出的决定结果必须都是行政拘留,如果既有拘留,还有罚款等治安处罚,只能是分别处罚,不得合并或者折合拘留执行。最后,合并拘留的最长期限为20天,即将对违反治安管理行为人的行政拘留期限合并后的执行期限最长不得超过20天,即使简单相加已经远远超出20天。

### 应用

27. 如何计算治安拘留的时间

根据本法相关规定,行政拘留的时间是1日以上15日以下,合并执行的最长不超过20日。从中可以看出,行政拘留的期限是以"日"为单位的,而不是以"时"为单位,所以执行行政拘留的时间也应当以"日"为单位计算。本法对于"行政拘留开始日是否计算在内"没有明确的规定,但是根据一般的计算方法，被决定行政拘留的人入所当日不计算在内，出所当日计算在内。比如，甲被拘留5日，从6月2日入所，6月2日当天不计算在拘留日期内，至6月7日当事人出所。

**28. 有两种以上违反治安管理行为的，分别决定时，决定书如何制作**

根据《公安机关办理行政案件程序规定》第161条的规定，"一人有两种以上违法行为的，分别决定，合并执行，可以制作一份决定书，分别写明对每种违法行为的处理内容和合并执行的内容。一个案件有多个违法行为人的，分别决定，可以制作一式多份决定书，写明给予每个人的处理决定，分别送达每一个违法行为人。"

### 配套

《公安机关办理行政案件程序规定》第161条

**第十七条　【共同违法行为的处罚】共同违反治安管理的，根据违反治安管理行为人在违反治安管理行为中所起的作用，分别处罚。**

**教唆、胁迫、诱骗他人违反治安管理的，按照其教唆、胁迫、诱骗的行为处罚。**

### 注解

共同违反治安管理，是指两人或两人以上共同违反治安管理的行为。

分别处罚，是指对共同违反治安管理行为人，根据他们在同一违反治安管理行为中的违法情节，明确应负的法律责任，分别给予不同的处罚。分别处罚是为自己行为负责原则的必然要求。

教唆是指以劝说、挑拨、煽动等多种方法故意实施的唆使他人违反治安管理的行为；胁迫是指用威逼、强制的手段迫使他人去违反治安管理，包括暴力胁迫和非暴力胁迫；诱骗是指用引诱、欺骗的方法使他人上当受骗而实施违反治安管理行为。以上三种行为，只要实施了其中一种即可处罚，即按照其教唆、胁迫、诱骗的行为处罚。换言之，三种行为可以单独实施，也可以交叉实施。此外，这三种行为必须是故意实施的，如果是行为人的过失引发的他人违反治安管理的行为的，则不属于此类行为。

**应用**

29. 共同违反治安管理行为如何认定

共同违反治安管理的行为一般具有以下特点：(1) 主观方面，各个违反治安管理的主体都有共同实施违反治安管理行为的故意；(2) 客观方面，共同违反治安管理的主体必须共同实施违反治安管理的行为，为了同一个目的，彼此联系、积极配合、共同实施；(3) 共同违反治安管理的主体必须是二人以上。"二人以上"是指二个以上达到法定治安法律责任年龄，具有责任能力，应当负法律责任的自然人。

30. 对共同违反治安管理行为人在分别处罚时，具体如何操作

对于"起主要作用"（组织、策划、领导、指挥）的行为人，按照其所参与的全部违反治安管理的行为处罚；对于"起次要作用"的行为人，应当比照处罚最轻的"起主要作用"的行为人的法律责任，予以从轻或者减轻处罚；对于"起辅助作用"的行为人，应当在比照"起主要作用"的行为人于共同违反治安管理行为本身应当负的法律责任的基础上，予以适当减轻处罚或者不予处罚；对于违反治安管理行为中所起作用相当的行为人，应当基于共同违反治安管理本身应负的法律责任，给予行为人相同或者相似的处罚。

**第十八条 【单位违法行为的处罚】单位违反治安管理的，对其直接负责的主管人员和其他直接责任人员依照本法的规定处罚。其他法律、行政法规对同一行为规定给予单位处罚的，依照其规定处罚。**

**注解**

单位违反治安管理是指公司、企业、事业单位、机关、团体实施了依法应当给予治安管理处罚的危害社会的行为。关于"单位"的范围，应当与《刑法》的规定相一致，即单位包括：公司、企业、事业单位、机关、团体，因为本法是与刑法相互衔接的一部法。单位违反治安管理是在单位意志的支配下，由单位成员实施违法行为，单位只是一个拟制人，但是其确实是一个独立的主体。关于单位违反治安管理的处罚，采取对自然人处罚为主，对单位处罚为辅的原则（双罚制），即主要针对直接负责的主管人员和其他直接责任人员进行处罚，如果有其他法律、行政法规对同一行为规定了对单位的

处罚的，则依照相关法律、行政法规的规定，即原则上对单位不予处罚，只有当法律、行政法规规定对单位给予处罚时，才得对单位进行处罚。

> 应 用

**31. 如何具体认定违反治安管理的单位**

实践中，在认定违反治安管理的单位时，需要特别注意以下几个问题：

（1）单位内部的组织机构和分支机构能否成为单位违反治安管理的主体问题。对此不能一概而论，而应当具体情况具体分析。如果这些机构和组织有决策自主权，对外能独立地承担法律责任，其所实施的违反治安管理行为应当认定单位违反治安管理行为；反之，则只能以个人共同违反治安管理行为依法给予处罚。

（2）承包、租赁企业违反治安管理的定性问题。对于承包、租赁企业实施的违反治安管理行为，应当以单位违反治安管理论处，但在追究直接负责的主管人员和其他直接责任人员的法律责任时，应当以承包人、承租人为准。

（3）个人合伙组织违反治安管理的定性问题。个人合伙不能成为单位违反治安管理的主体，当合伙行为构成违反治安管理行为时，这种合作的意图实际上便是各个合伙人的共同意图，这种合伙的违反治安管理行为实际上就是各个合伙人的共同违反治安管理行为。

（4）个人为进行违法犯罪活动而设立的公司、企业、事业单位实施违反治安管理行为的，或者公司、企业、事业单位设立后，以实施违反治安管理行为为主要活动的，不以单位违反治安管理论处，而应当个人共同违反治安管理依法给予处罚。

> 配 套

《公安机关执行〈中华人民共和国治安管理处罚法〉有关问题的解释》第4条

**第十九条 【减轻处罚或不予处罚的情形】** 违反治安管理有下列情形之一的，减轻处罚或者不予处罚：

（一）情节特别轻微的；

（二）主动消除或者减轻违法后果，并取得被侵害人谅解的；

（三）出于他人胁迫或者诱骗的；
（四）主动投案，向公安机关如实陈述自己的违法行为的；
（五）有立功表现的。

**注解**

情节特别轻微，是指行为人实施的违反治安管理行为情节显著轻微，其社会危害性尚未达到应当受治安处罚的程度。这种行为从程度上看，给被侵害人造成的损失或伤害较轻，危害后果较小，所以应当减轻或不予处罚。

主动消除或者减轻违法后果，并取得被侵害人谅解的。一是行为人认识到自己实施违反治安管理行为的社会危害后果，从而主动地、积极地去消除或者减轻违法后果，如积极将被殴打的被侵害人送往医院治疗等。二是违反治安管理行为人要主动做工作，承认自己的错误，以取得被侵害人的谅解，即被侵害人已经原谅了违反治安管理行为人的违法行为对其自身的损害。

出于他人胁迫或者诱骗的。这里的"胁迫"是指违反治安管理行为人受到他人以立即实施暴力或其他有损身心健康的行为的压力，如以冻饿、罚跪等相要挟，具体可以分为暴力胁迫和非暴力胁迫两种。"诱骗"是指违反治安管理行为被他人诱导、欺骗而实施违反治安管理的行为。

有立功表现是对出现违法行为后的悔改表现的规定。立功，一般是指揭发、检举其他违法行为人的违法行为，或者提供重要线索、证据等情形。从立法技术看，这种通过立功表现来获得从轻、减轻或免除处罚的行为已经被本法所肯定，它能够很好地激励违法行为人改过并有利于新的案件的侦破。

**应用**

**32. 如何认定"主动投案"**

违反治安管理行为人自觉主动地向公安机关如实陈述自己的违法行为，并积极配合公安机关的查处工作，属于主动投案的行为。既包括自己积极主动向公安机关投案，也包括在亲属规劝下的投案，既包括亲自到公安机关的投案，也包括电话形式的投案。除向公安机关投案以外，行为人还可以向其所在单位、城乡基层组织或者其他有关负责人员投案。具体讲，可分为以下几类：(1) 行为人系在职、在岗人员，有工作单位的，可以向所在单位投案；(2) 行为人系城镇无业居民，没有工作单位的，可以向其所在的街道办事处、居委会等基层组织投案；（3）行为人系从事农业生产劳动的农民及农村个体手工业者等，可以向其所在的乡村基层组织（如乡人民政府、村民委员会等）投案；（4）行为人系在校或不在校的未成年人，可以向其就读的学校或者监护人所在的单位投案；（5）行为人还可以向其他有关负责人员及某些个人投案。

### 33. 违法行为轻微并且及时纠正的，是否适用《治安管理处罚法》第19条

对于违法行为轻微并且及时纠正的情形，依据《公安机关办理行政案件程序规定》第159条第2款的规定"违法行为轻微并及时纠正，没有造成危害后果的，不予行政处罚"。可见其并不属于本条规定的不予处罚的情形，而是应当适用《公安机关办理行政案件程序规定》第159条第2款或者是《行政处罚法》第27条第2款的规定。

### 34. 如何理解"减轻处罚"

《公安机关执行〈中华人民共和国治安管理处罚法〉有关问题的解释（二）》第4条规定："违反治安管理行为人具有《治安管理处罚法》第十二条、第十四条、第十九条减轻处罚情节的，按下列规定适用：（一）法定处罚种类只有一种，在该法定处罚种类的幅度以下减轻处罚；（二）法定处罚种类只有一种，在该法定处罚种类的幅度以下无法再减轻处罚的，不予处罚；（三）规定拘留并处罚款的，在法定处罚幅度以下单独或者同时减轻拘留和罚款，或者在法定处罚幅度内单处拘留；（四）规定拘留可以并处罚款的，在拘留的法定处罚幅度以下减轻处罚；在拘留的法定处罚幅度以下无法再减轻处罚的，不予处罚。"

### 35. 目的未实现的违反治安管理行为如何承担法律责任

《公安机关执行〈中华人民共和国治安管理处罚法〉有关问题的解释（二）》第2条规定："行为人为实施违反治安管理行为准备工具、制造条件的，不予处罚。行为人自动放弃实施违反治安管理行为或者自动有效地防止违反治安管理行为结果发生，没有造成损害的，不予处罚；造成损害的，应当减轻处罚。行为人已经着手实施违反治安管理行为，但由于本人意志以外的原因而未得逞的，应当从轻处罚、减轻处罚或者不予处罚。"

36. 本条规定的从轻处罚和减轻处罚的内容与《行政处罚法》的规定不一致的,应如何适用

《行政处罚法》第32条规定:"当事人有下列情形之一,应当从轻或者减轻行政处罚:(一)主动消除或者减轻违法行为危害后果的;(二)受他人胁迫或者诱骗实施违法行为的;(三)主动供述行政机关尚未掌握的违法行为的;(四)配合行政机关查处违法行为有立功表现的;(五)法律、法规、规章规定其他应当从轻或减轻行政处罚的。"在针对具体同一行为时,采取特别法优于一般法的原则处理两者之间的不同。

**配套**

《公安机关执行〈中华人民共和国治安管理处罚法〉有关问题的解释》第3条;《公安机关执行〈中华人民共和国治安管理处罚法〉有关问题的解释(二)》第4条;《公安机关办理行政案件程序规定》第159条

**第二十条 【从重处罚的情形】** 违反治安管理有下列情形之一的,从重处罚:

(一)有较严重后果的;
(二)教唆、胁迫、诱骗他人违反治安管理的;
(三)对报案人、控告人、举报人、证人打击报复的;
(四)六个月内曾受过治安管理处罚的。

**注解**

从重处罚是指公安机关在法律、法规和规章规定的处罚方式和处罚幅度内,对于违反治安管理的行为人给予较重的处罚,具体来说有两种情形:一是在几种可能的处罚方式中,选择较重的处罚方式,例如对于一种违法行为可以处以警告、罚款、拘留的,选择拘留的处罚方式就是从重处罚;二是在同一种处罚方式允许的幅度内选择较高的幅度处罚,比如,公安机关对行为人可以"处10日以上15日以下的拘留",决定处以14日的拘留就是从重处罚。

本条规定了四种治安管理从重处罚的情形。注意以下两种情形:有较严重的后果,主要是从违反治安管理行为所造成的间接危害角度考虑其后果比

较严重；6个月内曾受过治安管理处罚的，包括了因违反治安管理而受到过警告、罚款、拘留等任何一种处罚，不论其是否属于同类处罚，是否由同一公安机关作出。

此外，关于从重处罚，《公安机关办理行政案件程序规定》第160条还规定：一年内因同类违法行为受到两次以上公安行政处罚的；刑罚执行完毕3年内，或者在缓刑期间，违反治安管理的。

配 套

《公安机关办理行政案件程序规定》第160条

**第二十一条　【应给予行政拘留处罚而不予执行的情形】** 违反治安管理行为人有下列情形之一，依照本法应当给予行政拘留处罚的，不执行行政拘留处罚：

（一）已满十四周岁不满十六周岁的；
（二）已满十六周岁不满十八周岁，初次违反治安管理的；
（三）七十周岁以上的；
（四）怀孕或者哺乳自己不满一周岁婴儿的。

注 解

本条规定了应当给予行政拘留处罚，但不执行该行政拘留处罚的四种法定情形。理解和适用上述规定需要注意几点：行为人的行为已经违反《治安管理处罚法》，而且《治安管理处罚法》对该行为规定了拘留的处罚，并且从违法行为人的违法情节、危害后果等方面考虑应当给予行政拘留处罚；只有对本条规定的四种情形下的违法主体才不适用拘留，除此之外应当执行；在本条四种情形下对违反治安管理行为人，只规定了拘留的行政处罚，则对行为人不再追究处罚责任，如果行为人的违法行为，由法律规定了拘留之外的其他处罚，仍然要执行。此外，对这几类人不执行行政拘留，并不意味着不采取措施。根据《公安机关执行〈中华人民共和国治安管理处罚法〉有关问题的解释》第5条，被处罚人居住地公安派出所应当会同被处罚人所在单位、学校、家庭、居（村）民委员会、未成年人保护组织和有关社会团体进行帮教。

**应用**

37. 违反治安管理的行为人患有严重疾病的（比如传染性疾病）是否可以不予执行行政拘留处罚

根据本条的规定，应给予行政拘留处罚而不予执行的情形只是适用于四类主体，无其他例外性规定，因而，本条并未规定对于患有严重疾病的违法行为人可以不予执行行政拘留。公安机关在对患有严重疾病的违法行为人进行行政拘留的时候，应当根据本地的具体情况和条件，单独设置关押患有严重疾病的人，特别是对于有严重传染性疾病的人，暂时不具备条件的可以在居留所里设置专门的区域关押。

38. 哪些情形不属于"初次违反治安管理"

根据《公安机关执行〈中华人民共和国治安管理处罚法〉有关问题的解释（二）》第5条规定，"初次违反治安管理"，是指行为人的违反治安管理行为第一次被公安机关发现或者查处。但具有下列情形之一的，不属于"初次违反治安管理"：

（1）曾违反治安管理，虽未被公安机关发现或者查处，但仍在法定追究时效内的；

（2）曾因不满16周岁违反治安管理，不执行行政拘留的；

（3）曾违反治安管理，经公安机关调解结案的；

（4）曾被收容教养、劳动教养的；

（5）曾因实施扰乱公共秩序，妨害公共安全，侵犯人身权利、财产权利，妨害社会管理的行为被人民法院判处刑罚或者免除刑事处罚的。

**配套**

《公安机关执行〈中华人民共和国治安管理处罚法〉有关问题的解释》第5条；《公安机关执行〈中华人民共和国治安管理处罚法〉有关问题的解释（二）》第5条

**第二十二条** 【追究时效】违反治安管理行为在六个月内没有被公安机关发现的，不再处罚。

前款规定的期限，从违反治安管理行为发生之日起计算；违反治安管理行为有连续或者继续状态的，从行为终了之日起计算。

### 注解

追究时效是指追究违反治安管理行为人法律责任的有效期限。追究违反治安管理行为人的责任，必须在本款规定的期限（6个月）内，如果违反治安管理行为在6个月内没有被公安机关发现的，过了6个月就不再追究和处罚。所谓"被公安机关发现"，不能仅仅理解为公安机关直接发现，需由公安机关人民警察亲眼所见，还包括间接发现，如受害人向公安机关报告，单位或者群众举报等。这里的未被"发现"，既包括违反治安管理行为没有被发现，也包括虽然发现了违反治安管理行为，但不知该行为是由何人实施的两种情形。本条第2款规定的追究时效期限的起算时间因违反治安管理行为的状态不同而不同。本法与《行政处罚法》是特别法与一般法的关系，本法有特殊规定的，适用本法而不适用《行政处罚法》的规定。

### 应用

**39. 违反治安管理行为的被侵害人在追究时效内向公安机关提出控告，公安机关应受理而不受理的，如何计算追诉时效**

《公安机关办理行政案件程序规定》第154条规定："违反治安管理行为在六个月内没有被公安机关发现，其他违法行为在二年内没有被公安机关发现的，不再给予行政处罚。前款规定的期限，从违法行为发生之日起计算，违法行为有连续、继续或者持续状态的，从行为终了之日起计算。被侵害人在违法行为追究时效内向公安机关控告，公安机关应当受理而不受理的，不受本条第一款追究时效的限制。"因此，违反治安管理行为的被侵害人在追究时效内向公安机关提出控告，公安机关应受理而不受理的，违反治安管理的追究时效应当终止，即违反治安管理行为人要受到永久性的、无期限的追究。因为，违反治安管理行为的被侵害人在追究时效内向公安机关提出控告，表明该行为已经被公安机关发现。

**40. 违反治安管理行为超过法定追溯时效的，是否意味着将没有任何法律后果**

《公安机关执行〈中华人民共和国治安管理处罚法〉有关问题的解释》第3条规定："……公安机关对超过追究时效的违反治安管理行为不再处罚，但有违禁品的，应当依法予以收缴。"可见对于违法行为不予追究并不代表着没有任何法律后果。

配套

《公安机关执行〈中华人民共和国治安管理处罚法〉有关问题的解释》第3条;《公安机关办理行政案件程序规定》第154条

# 第三章 违反治安管理的行为和处罚

## 第一节 扰乱公共秩序的行为和处罚

**第二十三条** 【对扰乱单位、公共场所、公共交通和选举秩序行为的处罚】有下列行为之一的,处警告或者二百元以下罚款;情节较重的,处五日以上十日以下拘留,可以并处五百元以下罚款:

(一)扰乱机关、团体、企业、事业单位秩序,致使工作、生产、营业、医疗、教学、科研不能正常进行,尚未造成严重损失的;

(二)扰乱车站、港口、码头、机场、商场、公园、展览馆或者其他公共场所秩序的;

(三)扰乱公共汽车、电车、火车、船舶、航空器或者其他公共交通工具上的秩序的;

(四)非法拦截或者强登、扒乘机动车、船舶、航空器以及其他交通工具,影响交通工具正常行驶的;

(五)破坏依法进行的选举秩序的。

聚众实施前款行为的,对首要分子处十日以上十五日以下拘留,可以并处一千元以下罚款。

注解

本条是关于扰乱机关单位、公共场所、公共交通和选举秩序的行为及其处罚的规定。

本条第1款第(1)项规定了扰乱单位秩序的行为,表现为实施扰乱机关、团体、企业、事业单位秩序的行为，并造成这些单位的工作、生产、营业、医疗、教学、科研不能正常进行，尚未造成严重损失。行为人扰乱单位秩序的具体手段是多种多样的，既可以是暴力性的扰乱，也可以是非暴力性的扰乱。如在机关、单位门前、院内哄闹、大肆喧嚣，强占或者封锁机关、单位的办公室、会议室、实验室、生产车间、营业所、教室，辱骂、威胁、殴打负责人或者其他工作人员等。村委会由于属于基层群众性自治组织，因此并不属于此处的"机关、团体、企业、事业单位"。应注意将扰乱单位秩序行为与聚众扰乱社会秩序罪区别开来。

第1款第（2）项规定了扰乱公共场所秩序的行为。本项行为侵犯的客体是公共场所的秩序，侵犯的对象是公共场所。所谓公共场所，是指具有公共性的特点，对公众开放，供不特定多数人出入、停留、使用的场所。本项行为具体表现为在公共场所内打架斗殴、损毁财物、制造混乱、阻碍干扰维持秩序人员依法履行职务，影响活动的正常进行等，一般尚未达到情节严重的程度。应注意将扰乱公共场所秩序的行为与聚众扰乱公共场所秩序罪区别开来。

第1款第（3）项规定了扰乱公共交通工具秩序的行为。此类行为侵犯的客体是公共交通工具上的秩序，而非交通管理秩序。公共交通工具是指正在运营的公共汽车、电车、火车、船舶、航空器或其他公共交通工具。应注意将扰乱公共交通工具秩序的行为与聚众扰乱交通秩序罪区别。

第1款第（4）项规定的是非法拦截、扒乘交通工具的行为。行为表现为采用非法拦截或者强登、扒乘等方法影响机动车、船舶、航空器以及其他交通工具正常行驶的行为。本项行为的侵犯对象包括机动车、船舶、航空器以及其他交通工具，不限于公共交通工具。

第1款第（5）项规定的是破坏选举秩序的行为。这里规定的选举是广义的法律规定的各类选举。包括选举各级人民代表大会代表或者国家机关领导人，也包括农村村民委员会、城市居民委员会的选举等。破坏选举秩序的行为不要求"情节严重"，只要使得选举无法正常进行或者影响正常的选举结果即可。注意应将其与破坏选举秩序罪区别开来。

聚众实施扰乱公共秩序行为，是指组织、纠集他人实施本条第1款规定的五类行为。所谓首要分子，主要是指在行为过程中起组织、策划、指挥作用的人。由于聚众实施扰乱公共秩序行为会相应加重扰乱公共秩序的后果，甚至构成扰乱社会治安的群体性事件，因此对于实施此类行为的首要分子规定了更加严厉的处罚，拘留最高可达15日，可以并处1000元以下的罚款。

**应用**

**41. 扰乱单位秩序的行为与聚众扰乱社会秩序罪的区别**

聚众扰乱社会秩序罪，是指聚众扰乱社会秩序，情节严重，致使工作、生产、营业或教学、科研、医疗无法进行，造成严重损失的行为。我国刑法规定，聚众扰乱社会秩序，情节严重，致使工作、生产、营业和教学、科研、医疗无法进行，造成严重损失的，对首要分子，处3年以上7年以下有期徒刑；对其他积极参加的，处3年以下有期徒刑、拘役、管制或者剥夺政治权利。构成犯罪的严重损失，一般是指行为人聚众扰乱社会秩序的行为导致生产、营业单位较长时间不能正常生产或营业，从而造成经营损失；导致党政机关不能正常办公，造成不良影响；导致教学、科研机构不能正常进行教学、科研工作，从而严重阻碍了教学、科研工作等情形。聚众扰乱社会秩序罪的主体仅限于聚众的首要分子和积极参加者，对于一般的参与者，不以犯罪论处，视情节可以扰乱单位秩序的违反治安管理行为论，给予治安管理处罚。

**42. 扰乱公共交通工具秩序的行为与聚众扰乱交通秩序罪的区别**

聚众扰乱交通秩序罪，是指聚众堵塞交通或者破坏交通秩序，抗拒、阻碍国家治安管理工作人员依法执行职务，情节严重的行为。

二者的主要区别是：一是侵犯的客体不同，前者侵犯的是公共交通工具上的秩序，后者的客体是交通秩序；二是发生的地点不同，前者发生在公共交通工具上，后者可以发生在道路或交通工具上；三是主体不同，前者的主体可以包括一般参加人员，而后者仅限于首要分子；四是情节不同，前者情节较轻，未造成严重后果，后者情节严重，如导致交通秩序严重破坏，造成严重经济损失等。

**43. 破坏选举秩序的行为与破坏选举罪的区别**

破坏选举罪，是指在选举各级人民代表大会代表和国家机关领导人员时，以暴力、威胁、欺骗、贿赂、伪造选举文件、虚报选举票数等手段破坏选举或者妨害选民和代表自由行使选举权和被选举权，破坏依法进行的选举活动，情节严重的行为。

二者的主要区别在于情节的轻重和造成的后果上。情节不恶劣，没有造成严重后果的，如破坏选举的行为没有致使选举结果严重违背民意，没有造成重大不良社会、政治影响，则构成破坏选举秩序的违反治安管理行为，否则构成破坏选举罪。我国《刑法》规定，在选举各级人民代表大会代表和国家机关领导人员时，以暴力、威胁、欺骗、贿赂、伪造选举文件、虚报选举票数等手段破坏选举或者妨害选民和代表自由行使选举权和被选举权，情节严重的，处3年以下有期徒刑、拘役或者剥夺政治权利。

### 配套

《公安机关执行〈中华人民共和国治安管理处罚法〉有关问题的解释（二）》第6条；《违反公安行政管理行为的名称及其适用意见》第24-33条；《全国人民代表大会和地方各级人民代表大会选举法》；《刑法》第256、290、291条

**第二十四条　【对扰乱文化、体育等大型群众性活动秩序行为的处罚】**有下列行为之一，扰乱文化、体育等大型群众性活动秩序的，处警告或者二百元以下罚款；情节严重的，处五日以上十日以下拘留，可以并处五百元以下罚款：

（一）强行进入场内的；

（二）违反规定，在场内燃放烟花爆竹或者其他物品的；

（三）展示侮辱性标语、条幅等物品的；

（四）围攻裁判员、运动员或者其他工作人员的；

（五）向场内投掷杂物，不听制止的；

（六）扰乱大型群众性活动秩序的其他行为。

因扰乱体育比赛秩序被处以拘留处罚的，可以同时责令其十二个月内不得进入体育场馆观看同类比赛；违反规定进入体育场馆的，强行带离现场。

### 注解

大型群众性活动的举行需要有一个良好的秩序的保障。大型群众性活动的主办方会设定一些条件，确定其与参与者之间的权利义务，以及入场的凭

证等。此外，为了保证活动的顺利进行，对于参与活动的主要参加者，比如运动员、裁判员和其他工作人员，应当保证他们的人身和财产安全。因此，本条第1款规定了应当给予罚款、拘留行政处罚的扰乱大型群众性活动秩序行为的具体情形。这六项所列行为虽然形式各异，但都对大型群众性活动的秩序产生不良影响，干扰了活动的正常进行，甚至会导致更加严重的后果，造成人身伤害和财产损失，故应当予以禁止和处罚。

第2款是针对因扰乱体育比赛秩序被处以拘留处罚的人所作的特别规定，即对其可以同时责令12个月内不得进入体育场馆观看同类比赛；违反进入者，强行带离。

**应用**

**44. 如何理解责令12个月内禁止观看比赛**

本条规定了公安机关的两种行政强制措施，即禁止进入特定场所和强行带离现场。适用本条法律首先需要注意的是扰乱体育比赛的秩序，并且被处以行政拘留处罚，二者缺一不可。其次，本条规定的是"可以"责令其12个月内不得进入体育场馆观看同类比赛，而不是"应当"。最后，只能责令行为人不得进入体育场馆观看同类比赛，如某行为人因扰乱篮球比赛秩序，而受到行政处罚的，公安机关只能禁止其12个月内不得进入体育场馆观看篮球比赛，但行为人可以进入体育场馆观看排球、网球等其他比赛。

**配套**

《违反公安行政管理行为的名称及其适用意见》第34-39条；《烟花爆竹安全管理条例》第3、5、28-35、42条

**第二十五条 【对扰乱公共秩序行为的处罚】**有下列行为之一的，处五日以上十日以下拘留，可以并处五百元以下罚款；情节较轻的，处五日以下拘留或者五百元以下罚款：

（一）散布谣言，谎报险情、疫情、警情或者以其他方法故意扰乱公共秩序的；

（二）投放虚假的爆炸性、毒害性、放射性、腐蚀性物质或者传染病病原体等危险物质扰乱公共秩序的；

（三）扬言实施放火、爆炸、投放危险物质扰乱公共秩序的。

## 注解

本条规定的违反治安管理行为包括以下三个方面的内容：

（1）散布谣言，谎报险情、疫情、警情或者以其他方法故意扰乱公共秩序的行为。散布谣言，是指捏造并散布没有事实根据的谎言用以迷惑不明真相的群众，扰乱社会公共秩序的行为。谎报险情、疫情、警情，是指编造火灾、水灾、地质灾害以及其他危险情况和传染病传播的情况以及有违法犯罪行为发生或明知是虚假的险情、疫情、警情，向有关部门报告的行为。本项规定的行为在主观上是出于故意，是为了扰乱社会公共秩序而散布谣言，谎报险情、疫情、警情。如果行为人主观上不是出于故意，则不构成违反治安管理行为。如对道听途说信以为真或者由于认识判断上的失误，而出于责任心向有关部门报错了险情、疫情、警情的，不能视为违反治安管理的行为。此外，还应当明确，无论行为人是否实现扰乱公共秩序的目的，不影响对本项规定的行为的认定。

（2）投放虚假的危险物质。投放虚假的危险物质，是指明知是虚假的危险物质而以邮寄、放置等方式将虚假的类似于爆炸性、毒害性、放射性、腐蚀性物质或者传染病病原体等物质置于他人或者公众面前或者周围的行为。这种投放虚假的危险物质的行为，虽然不至于发生真正的爆炸、毒害、放射后果以及传染性疾病的传播，但是会造成一定范围的恐慌，严重扰乱社会公共秩序，特别是在恐怖分子投放真的危险物质的情况下，这种投放虚假的危险物质的行为，会使人真假难辨，危害更大，应当予以适当的处罚。

（3）散布恐怖信息的行为。散布恐怖信息的行为，是指扬言实施放火、爆炸、投放危险物质，扰乱公共秩序的行为。放火是指故意纵火焚烧公私财物，严重危害公共安全的行为；投放危险物质，是指向公共饮用水源、食品或公共场所、设施或者其他场所投放能够致人死亡或者严重危害人体健康的毒害性、放射性、传染病病原体等物质的行为。扬言实施，是指以公开表达的方式使人相信其将实施上述行为。

此外，《刑法修正案（九）》在第291条中增加了一款作为第2款，"编造虚假的险情、疫情、灾情、警情，在信息网络或者其他媒体上传播，或者明知是上述虚假信息，故意在信息网络或者其他媒体上传播，严重扰乱社会秩序的，处三年以下有期徒刑、拘役或者管制；造成严重后果的，处三年以上七年以下有期徒刑。"《刑法修正案（九）》将此种行为入罪，注意区分治安管理处罚行为和犯罪行为。

**应用**

45. 投放虚假的危险物质扰乱公共秩序的行为与投放虚假危险物质罪的区别

我国刑法规定，投放虚假的爆炸性、毒害性、放射性、传染病病原体等物质，或者编造爆炸威胁、生化威胁、放射威胁等恐怖信息，或者明知是编造的恐怖信息而故意传播，严重扰乱社会秩序的，处5年以下有期徒刑、拘役或者管制；造成严重后果的，处5年以上有徒刑。二者的主要区别在于造成后果的严重程度，如果行为严重扰乱社会秩序的，如给国家、集体、公民造成较大经济损失、造成较大的社会影响或者造成人员的伤亡，则构成犯罪，否则，构成违反治安管理行为。

46. 认为他人编造的虚假传言为真而予以散布的，是否构成本条规定的违反治安管理的行为

散布谣言，是指捏造并散布没有事实根据的谎言用以迷惑不明真相的群众，扰乱社会公共秩序的行为。本项规定的行为在主观上是出于故意，是为了扰乱社会公共秩序而散布谣言。如果行为人主观上不是出于故意，则不构成违反治安管理行为。如对道听途说信以为真或者由于认识判断上的失误，而出于责任心向有关部门报错了险情、疫情、警情的，不能视为违反治安管理的行为。因此，认为他人编造的虚假传言为真而予以散布的行为不适用本条规定。

**配套**

《刑法》第291条之一；《违反公安行政管理行为的名称及其适用意见》第40-42条

**第二十六条 【对寻衅滋事行为的处罚】** 有下列行为之一的，处五日以上十日以下拘留，可以并处五百元以下罚款；情节较重的，处十日以上十五日以下拘留，可以并处一千元以下罚款：

（一）结伙斗殴的；

（二）追逐、拦截他人的；
（三）强拿硬要或者任意损毁、占用公私财物的；
（四）其他寻衅滋事行为。

## 注解

寻衅滋事行为，是指在公共场所无事生非，起哄闹事，肆意挑衅，横行霸道，打群架，破坏公共秩序，尚未造成严重后果的行为。本类行为表现为行为人公然蔑视国家法纪、社会公德，破坏公共场所秩序和生活中人们应当遵守的共同准则，实施寻衅滋事行为扰乱公共秩序。寻衅滋事行为主要表现为以下几种形式：（1）追逐、拦截他人，即出于取乐、寻求精神刺激等不健康动机，无故追赶、拦挡、侮辱、谩骂他人，以及追逐、拦截异性等。（2）强拿硬要或者任意损毁、占用公私财物，即以蛮不讲理的流氓手段，强行索要市场、商店的商品以及他人的财物，或者随心所欲损坏、毁灭、占用公私财物。（3）结伙斗殴的。一般是指出于私仇宿怨、争霸一方或者其他动机而以结成团伙的方式打群架。（4）其他寻衅滋事行为，比如，在公共场所起哄闹事，造成公共场所秩序混乱的；行为人出于取乐、寻求精神刺激等目的在公共场所无事生非，制造事端，扰乱公共秩序。

## 应用

**47. 结伙斗殴的违法行为与聚众斗殴罪有什么区别**

根据《刑法》第292条的规定，聚众斗殴罪是指（在首要分子的组织、策划、指挥下）出于私仇、争霸或者其他不正当目的而纠集多人成帮结伙地进行打架斗殴的行为。二者的区别主要体现在情节和危害结果不同。结伙斗殴行为虽然有时也会侵犯他人的人身权利和财产权利，但情节较轻，危害不大；聚众斗殴罪情节严重，社会影响恶劣，而且常常造成人身伤亡和重大财产损失的严重后果。

**48. 寻衅滋事行为与寻衅滋事罪有什么区别**

根据《刑法》第293条的规定，寻衅滋事罪，是指随意殴打他人，追逐、拦截、辱骂、恐吓他人情节恶劣的，强拿硬要或者任意损毁、占用公私财物情节严重的，在公共场所起哄闹事，造成公共场所秩序严重混乱的行为。两者区别的关键在于情节是否恶劣。寻衅滋事行为的情节较轻，尚未造成严重后果；构成寻衅滋事罪必须是情节恶劣、后果严重，如多次殴打他人取乐，引起公愤；多次殴打他人致人轻伤等，结伙、持械追逐、拦截他人，追逐、拦截妇女造成恶劣影响或后果严重等。

### 配套

《违反公安行政管理行为的名称及其适用意见》第43条

**第二十七条 【对利用封建迷信、会道门进行非法活动行为的处罚】**有下列行为之一的，处十日以上十五日以下拘留，可以并处一千元以下罚款；情节较轻的，处五日以上十日以下拘留，可以并处五百元以下罚款：

（一）组织、教唆、胁迫、诱骗、煽动他人从事邪教、会道门活动或者利用邪教、会道门、迷信活动，扰乱社会秩序、损害他人身体健康的；

（二）冒用宗教、气功名义进行扰乱社会秩序、损害他人身体健康活动的。

### 注解

邪教，是指冒用宗教教义而建立的，不受国家法律承认和保护的非法组织。其发展教徒、筹集活动经费、传教方式是反社会的、反道德的、邪恶的，故称之为邪教组织。会道门，是封建迷信活动组织的总称，带有封建迷信色彩或反社会性质。在理解本条时，注意迷信行为与邪教行为的区别，迷信行为往往并不涉及政治野心，更多是利用其他人的迷信心理为自己敛财，而且也很少发展成严密的组织体系，没有完整的"歪理邪说"，因此社会危害性相对较少。

正常的宗教活动以及以强身健体为目的的气功活动受到国家保护，任何人不得冒用宗教、气功名义进行破坏社会秩序、损害公民身体健康的活动，否则应当承担相应的法律责任。

### 配套

《宗教事务条例》；《刑法》第300条；《违反公安行政管理行为的名称及其适用意见》第44-46条

**第二十八条 【对干扰无线电业务及无线电台（站）行为的处罚】**违反国家规定，故意干扰无线电业务正常进行的，或者对正常运行的无线电台（站）产生有害干扰，经有关主管部门指出后，拒不采取有效措施消除的，处五日以上十日以下拘留；情节严重的，处十日以上十五日以下拘留。

### 注解

故意干扰无线电业务的正常进行和干扰无线电台（站）的行为，是指行为人违反国家规定，故意干扰无线电业务的正常进行，或者对正常运行的无线电台（站）产生有害干扰，经有关主管部门指出后，拒不采取有效措施消除的行为。实践中，一般发生的各种干扰事件绝大多数是由于非法使用无线通信设备或者违规产品造成的，比如擅自使用大功率的无绳电话、机动车擅自安装无线通信设施和设备、有线电视放大器、私设电台等行为。

### 应用

**49. 如何区分故意干扰无线电业务的违反治安管理行为与扰乱无线电通讯管理秩序罪的界限**

我国《刑法》第288条规定："违反国家规定，擅自设置、使用无线电台（站），或者擅自使用无线电频率，干扰无线电通讯秩序，情节严重的，处三年以下有期徒刑、拘役或者管制，并处或者单处罚金；情节特别严重的，处三年以上七年以下有期徒刑，并处罚金。单位犯前款罪的，对单位判处罚金，并对其直接负责的主管人员和其他直接责任人员，依照前款的规定处罚。"构成扰乱无线电通讯管理秩序罪必须具备三个条件：一是违反国家规定，擅自设置、使用无线电台（站），或者擅自占用频率；二是经责令停止使用后拒不停止使用；三是干扰无线电通讯正常进行，造成严重后果。二者的主要区别：一是行为方式不同，前者只要对正常的无线电业务进行了干扰，经指出后拒不消除的，就可以构成；而后者的行为只限定于违反国家规定，擅自设置、使用无线电台（站），或者擅自占用频率，不包括使用大功率无绳电话、对讲机等情形。二是后果不同，前者不要求造成严重的后果，后者要求造成严重后果才能构成。

> 配套

《违反公安行政管理行为的名称及其适用意见》第47-48条

**第二十九条　【对侵入、破坏计算机信息系统行为的处罚】** 有下列行为之一的，处五日以下拘留；情节较重的，处五日以上十日以下拘留：

（一）违反国家规定，侵入计算机信息系统，造成危害的；

（二）违反国家规定，对计算机信息系统功能进行删除、修改、增加、干扰，造成计算机信息系统不能正常运行的；

（三）违反国家规定，对计算机信息系统中存储、处理、传输的数据和应用程序进行删除、修改、增加的；

（四）故意制作、传播计算机病毒等破坏性程序，影响计算机信息系统正常运行的。

> 注解

非法侵入计算机信息系统的行为是指违反国家规定，侵入计算机信息系统，且造成一定损害后果的行为。注意，仅仅是侵入并不构成违法行为，需要造成一定的损害。

破坏计算机信息系统的行为是指违反国家有关规定，对计算机信息系统功能或计算机信息系统中存贮、处理或者传输的数据和应用程序进行破坏，使得计算机信息系统不能正常运行，后果尚不严重的行为。目前，此种行为主要有：破坏计算机信息系统功能的行为，破坏计算机信息系统数据和应用程序的行为，制作、传播计算机病毒的行为等。

> 应用

50. 如何理解"侵入"计算机信息系统

目前，"侵入"的方法有：（1）冒充。冒充的方式：一是利用网络设计缺陷，冒充合法用户；二是使用他人的防伪代码冒充进入他人的计算机网络；三是乘机而入，即利用合法用户输入口令之际获取访问，或者合法用户结束使用尚未退出联机之前获取访问的一种方法；四是利用非法程序或方法蒙骗正在向计算机登陆的合法用户以进入系统。（2）技术攻击。即使用技术打败技术，而不采取其他方法。(3) 后门，后门一般是由软件作者以维护或其他理由设置的一个隐秘或伪装的程序或系统的一个入口。例如，一个操作系统的口令机构可能隐含这样一个后门，它可以是一定序列的控制字符允许访问经理的账号。当一个后门被人发现后，就可能被未授权用户恶意使用等。

### 51. 非法侵入计算机信息系统的违反治安管理行为与非法侵入计算机信息系统罪的区别

非法侵入计算机信息系统罪，是指违反国家规定，侵入国家事务、国防建设、尖端科学技术领域的计算机信息系统的行为。我国《刑法》第285条规定，违反国家规定，侵入国家事务、国防建设、尖端科学技术领域的计算机信息系统的，处3年以下有期徒刑或者拘役。

二者的区别有两点：一是侵入的对象不同，非法侵入计算机信息系统罪侵入的是国家事务、国防建设、尖端科学领域的计算机信息系统，前者侵入的是这三种以外的其他的计算机信息系统。二是侵入计算机信息系统罪是行为犯，只要一非法侵入就构成犯罪，而前者要造成一定的危害才能构成。

### 52. 破坏计算机信息系统的违反治安管理行为与破坏计算机信息系统罪的区别

破坏计算机信息系统罪，是指违反国家规定，对计算机信息系统功能和信息系统中存储、处理、传输的数据和应用程序进行破坏，造成计算机信息系统不能正常运行，后果严重的行为。我国《刑法》第286条规定："违反国家规定，对计算机信息系统功能进行删除、修改、增加、干扰，造成计算机信息系统不能正常运行，后果严重的，处五年以下有期徒刑或者拘役；后果特别严重的，处五年以上有期徒刑。违反国家规定，对计算机信息系统中存储、处理或者传输的数据和应用程序进行删除、修改、增加的操作，后果严重的，依照前款的规定处罚。故意制作、传播计算机病毒等破坏性程序，影响计算机系统正常运行，后果严重的，依照第一款的规定处罚。"

二者主要的区别在于后果是否严重。后果严重，是指国家重要的计算机信息系统功能受到破坏，给国家、集体、个人造成重大经济损失，造成恶劣的社会影响，影响正常的工作和生活等情形。行为人的行为，没有达到严重后果的，依照本条规定给予治安处罚。

### 53. 利用互联网进行的违反治安管理的行为如何处理

根据《全国人民代表大会常务委员会关于维护互联网安全的决定》第6条的规定，利用互联网实施违法行为，违反社会治安管理，尚不构成犯罪的，应当依据治安管理法规根据其所违反的相应的条文处罚。对直接的负责的主管人员和其他直接责任人员，依法给予行政处分或者纪律处分。

### 配套

《违反公安行政管理行为的名称及其适用意见》第49-52条；《计算机信息系统安全保护条例》第7、20、23-24、26条；《互联网上网服务营业场所管理条例》第15条；《计算机信息网络国际联网安全保护管理办法》第6、20条；《刑法》第285、286条

## 第二节 妨害公共安全的行为和处罚

**第三十条 【对违反危险物质管理行为的处罚】**违反国家规定，制造、买卖、储存、运输、邮寄、携带、使用、提供、处置爆炸性、毒害性、放射性、腐蚀性物质或者传染病病原体等危险物质的，处十日以上十五日以下拘留；情节较轻的，处五日以上十日以下拘留。

### 注解

违反危险物质管理的行为，主要是指违反国家有关规定，制造、买卖、储存、运输、邮寄、携带、使用、提供、处置爆炸性、毒害性、放射性、腐蚀性物质或者传染病病原体等危险物质的行为。本条规定的危险物质主要是指法条中列明的爆炸性、毒害性、放射性、腐蚀性物质或者传染病病原体等危险物质。违反危险物质管理的行为方式主要有制造、买卖、储存、运输、邮寄、携带、使用、提供、处置。本法对上述行为的处罚，仅仅规定了拘留处罚。需要说明的是，对同一违法行为，有关部门按照其他法律、行政法规进行了拘留以外行政处罚的，不影响公安机关按照本条的规定给予拘留的处罚。

> 应用

54. 如何区分违反危险物质管理的治安管理行为和犯罪行为

依据本条规定，违反危险物质管理的行为必须是情节较轻，尚不够刑事处罚的，才能根据本条的规定给予治安处罚。如果该行为危及公共安全的，即有危害不特定多数人生命、健康和重大公私财产的现实危险性，则已经构成犯罪，应当按照《刑法》第125条规定的非法制造、买卖、储存、运输危险物质罪和第130条规定的非法携带危险物品危及公共安全罪以及第338条规定的污染环境罪等规定定罪处刑。

> 配套

《违反公安行政管理行为的名称及其适用意见》第53条；《民用爆炸物品安全管理条例》第44条、第46-47条；《危险化学品安全管理条例》第55-70条

**第三十一条** 【对危险物质被盗、被抢、丢失不报行为的处罚】爆炸性、毒害性、放射性、腐蚀性物质或者传染病病原体等危险物质被盗、被抢或者丢失，未按规定报告的，处五日以下拘留；故意隐瞒不报的，处五日以上十日以下拘留。

> 注解

这里的"未按规定报告"中的"规定"是广义概念，包括法律、法规、规章、各级人民政府颁布的规范性文件、命令以及有关行业主管部门、行业协会、企事业单位自身制定的规章制度等。这些"规定"中课以了相关单位或责任人的报告义务，如违反相关报告义务，即未按规定报告或故意隐瞒不报的，应当依照本法予以拘留。"未按规定报告"，是指有关单位或者个人，未按照规定的时间或者规定的程序及时向主管部门或者本单位报告危险物质被盗、被抢或者丢失的情形。如果其及时如实报告，则不得适用本条的规定。"故意隐瞒不报"，是指发生危险物质被盗、被抢或者丢失后，责任人意图通过自身的努力而将危险物质追回而不报告，或者隐瞒实际情况，意图逃避责任，而不如实报告的行为。

**配套**

《违反公安行政管理行为的名称及其适用意见》第54条;《危险化学品安全管理条例》第67条

**第三十二条** 【对非法携带管制器具行为的处罚】非法携带枪支、弹药或者弩、匕首等国家规定的管制器具的,处五日以下拘留,可以并处五百元以下罚款;情节较轻的,处警告或者二百元以下罚款。

非法携带枪支、弹药或者弩、匕首等国家规定的管制器具进入公共场所或者公共交通工具的,处五日以上十日以下拘留,可以并处五百元以下罚款。

**注解**

按照本条第1款的规定,行为人只要违反有关规定,具有非法携带枪支、弹药或弩、匕首等国家规定的管制器具的行为,即构成本条规定的违法行为。"非法"是指违反有关管制器具管理的法律、法规、规章及相关规范性文件的行为。注意,本法将原条例规定的管制刀具改为管制器具,但管制刀具属于管制器具的重要组成部分。这里的"管制器具",是指国家依法进行管制,只能由特定人员持有、使用,禁止私自生产、买卖、持有的弩、匕首、三棱刮刀、弹簧刀以及类似的单刃刀、双刃刀等。

本条第2款是关于非法携带枪支、弹药或弩、匕首等国家管制器具进入公共场所,如中心广场、影剧院、体育运动场、公园、车站等大众进行公开活动的地方,或者公共交通工具,如火车、公共汽车、轮船、电车、民用航空器等的规定。

**应用**

55. 如何区分本行为与非法携带枪支、弹药、管制刀具、危险物品危及公共安全罪的界限

两者的界限主要在于非法行为情节的轻重上,《刑法》第130条规定:"非法携带枪支、弹药、管制刀具或者爆炸性、易燃性、放射性、毒害性、腐蚀性物品,进入公共场所或者公共交通工具,危及公共安全,情节严重

的,处三年以下有期徒刑、拘役或者管制。"《最高人民法院关于审理非法制造、买卖、运输枪支、弹药、爆炸物等刑事案件具体应用法律若干问题的解释》第6条规定:"非法携带枪支、弹药、爆炸物进入公共场所或者公共交通工具,危及公共安全,具有下列情形之一的,属于刑法第一百三十条规定的'情节严重':(一)携带枪支或者手榴弹的;(二)携带爆炸装置的;(三)携带炸药、发射药、黑火药五百克以上或者烟火药一千克以上、雷管二十枚以上或者导火索、导爆索二十米以上的;(四)携带的弹药、爆炸物在公共场所或者公共交通工具上发生爆炸或者燃烧,尚未造成严重后果的;(五)具有其他严重情节的。行为人非法携带本条第一款第(三)项规定的爆炸物进入公共场所或者公共交通工具,虽未达到上述数量标准,但拒不交出的,依照刑法第一百三十条的规定定罪处罚;携带的数量达到最低数量标准,能够主动、全部交出的,可不以犯罪论处。"

《最高人民检察院、公安部关于公安机关管辖的刑事案件立案追诉标准的规定(一)》第7条规定:"非法携带枪支、弹药、管制刀具或者爆炸性、易燃性、放射性、毒害性、腐蚀性物品,进入公共场所或者公共交通工具,危及公共安全,涉嫌下列情形之一的,应予立案追诉:(一)携带枪支一支以上或者手榴弹、炸弹、地雷、手雷等具有杀伤性弹药一枚以上的;(二)携带爆炸装置一套以上的;(三)携带炸药、发射药、黑火药五百克以上或者烟火药一千克以上、雷管二十枚以上或者导火索、导爆索二十米以上,或者虽未达到上述数量标准,但拒不交出的;(四)携带的弹药、爆炸物在公共场所或者公共交通工具上发生爆炸或者燃烧,尚未造成严重后果的;(五)携带管制刀具二十把以上,或者虽未达到上述数量标准,但拒不交出,或者用来进行违法活动尚未构成其他犯罪的;(六)携带的爆炸性、易燃性、放射性、毒害性、腐蚀性物品在公共场所或者公共交通工具上发生泄漏、遗洒,尚未造成严重后果的;(七)其他情节严重的情形。"

在具体认定是否构成犯罪时,应当对行为人非法携带危险品的数量、危害后果等情节综合分析。情节严重与否可以从以下几个方面认定:(1)行为人经常携带枪支、弹药、管制刀具、危险物质进入公共场所或者公共交通工具,屡教不改的;(2)非法携带大量危险物品的,具体数量参照相关的司法解释;(3)造成危害后果的;(4)行为人携带枪支、弹药、管制刀具、危险物质虽未达到规定的数量标准，但拒不交出的。如果数量刚达到规定的数量标准，但行为人进入公共场所或者公共交通工具后，能主动、全部交出的，也可以不按犯罪处罚，而给予治安管理处罚即可。

**配 套**

《违反公安行政管理行为的名称及其适用意见》第55条

**第三十三条 【对盗窃、损毁公共设施行为的处罚】**有下列行为之一的，处十日以上十五日以下拘留：

（一）盗窃、损毁油气管道设施、电力电信设施、广播电视设施、水利防汛工程设施或者水文监测、测量、气象测报、环境监测、地质监测、地震监测等公共设施的；

（二）移动、损毁国家边境的界碑、界桩以及其他边境标志、边境设施或者领土、领海标志设施的；

（三）非法进行影响国（边）界线走向的活动或者修建有碍国（边）境管理的设施的。

**注 解**

公共设施是为国民经济运行、产业发展、居民生活提供交通、通讯、能源、税务、教育、医疗、文化体育等公共性服务的设施。盗窃是指以非法占有为目的，采用秘密窃取等手段取得，尚不构成刑事处罚的行为。毁损是指行为人出于故意或过失损坏或毁坏公私财物的行为。

界碑、界桩以及其他边境标志是我国领土范围的重要标志，标志着我国的主权和领土完整，事关国家利益，所以要保证其不被移动或损坏。对于违反本条规定，移动、损坏界碑、界桩及其他边境标志的行为，应当予以处罚。

非法进行影响国（边）界线走向的活动，或者修建有碍国（边）境管理设施的行为，主要是指行为人的行为已经影响了国（边）界限的走向或妨碍了国（边）境管理，例如，在临近国境线附近挖沙、耕种、采伐树木等，或在国边境位置修建房屋、挖鱼塘等。

### 应用

**56. 如何区分盗窃、损毁油气管道设施、电力电信设施行为与破坏电力设备罪、破坏易燃易爆设备罪、破坏广播电视设施、公用电信设施罪**

主要区别在于行为产生的后果不同,对公共安全危害的程度不一样。如果行为严重危害公共安全或者造成严重后果,致他人重伤、死亡或者致使公私财产遭受重大损失,公共生产、生活秩序受到严重破坏,则要追究行为人的刑事责任;如果行为情节不严重,没有严重危害公共安全或者造成较轻后果,则可以只给予治安管理处罚。

**57. 移动、损毁国家边境的界碑、界桩以及其他边境标志、边境设施与破坏界碑、界桩罪的区别是什么**

破坏界碑、界桩罪,是指明知是国家设立在边境上的界碑、界桩而故意加以破坏的行为。《刑法》第323条规定:"故意破坏国家边境的界碑、界桩或者永久性测量标志的,处三年以下有期徒刑或者拘役。"二者的区别在于情节的严重性以及后果的大小不同等方面,如果行为人破坏国家边境的界碑、界桩的数量较多,破坏程度较大,造成边界纠纷的,构成犯罪;如果情节轻微的,则构成违反治安管理的行为。

### 配套

《违反公安行政管理行为的名称及其适用意见》第56-59条;《刑法》第118、124、323条

**第三十四条 【对妨害航空器飞行安全行为的处罚】**盗窃、损坏、擅自移动使用中的航空设施,或者强行进入航空器驾驶舱的,处十日以上十五日以下拘留。

在使用中的航空器上使用可能影响导航系统正常功能的器具、工具,不听劝阻的,处五日以下拘留或者五百元以下罚款。

### 注解

第1款规定的四种针对使用中的航空器的违法行为包括盗窃、损坏、擅自移动、强行进入舱内的,都要受到拘留的行政处罚。

第2款规定的违法行为将受到拘留或罚款的处罚。主要是指在使用中的

航空器上经乘务人员的劝阻，仍然坚持自己的意愿，故意使用可能影响航空飞行安全的禁止在航空器上使用的器具、工具，如移动电话、游戏机等。行为人主观上是出于故意，因其直接威胁航空器上人员生命和财产的安全及其他重大公共利益，故应当予以制止和处罚。构成该项违反治安管理行为的条件如下：一是行为人持主观故意心态，即明知在使用中的航空器中使用可能影响导航系统正常功能的器具、工具，会危及航空器飞行安全，仍积极从事该行为。二是行为人必须是在使用中的航空器上使用上述器具、工具。

**应 用**

58. 在实践中应如何认定"航空设施"

在实践中，"航空设施"，通常包括以下几个方面：（1）飞行区设施，包括跑道、升降带、跑道端安全地区、滑行道系统、机坪、目视助航系统设施、机场围界及巡场路、净空障碍物限制等设施。（2）空中交通管理系统，包括航管、通信、导航、气象等设施。（3）货运区设施，包括货运机坪、生产用房、业务仓库、集装箱库（场）、停车场等设施。（4）航空器维修区设施，包括机库、维修机坪、航空器及发动机修理车间、发动机试车台、外场工作间、航材仓库等设施。（5）供油设施，包括油品接收、中转、储存、加油及管网等设施。（6）公用设施，包括供水、供电、供气、供暖、制冷、排水、防洪、通信等设施，以及其他与飞行安全有关的各类设施。

59. 如何认定"不听劝阻，在使用中的航空器上使用可能影响导航系统正常功能的器具、工具"

认定此项违法行为，必须具备两个条件：一是行为人持主观故意心态，即明知在使用中的航空器中使用可能影响导航系统正常功能的器具、工具，会危及航空器飞行安全，仍积极从事该行为。二是行为人必须是在使用中的航空器上使用上述器具、工具。

60. 破坏航空设施的行为与破坏交通设施罪的区别

破坏交通设施罪，是指破坏轨道、桥梁、隧道、公路、机场、航道、灯塔、标志或者进行其他破坏活动，足以使火车、汽车、电车、船只、航空器发生倾覆、毁坏危险，危害公共安全的行为。我国《刑法》第117条规定，破坏轨道、桥梁、隧道、公路、机场、航道、灯塔、标志或者进行其他破坏活动，足以使火车、汽车、电车、船只、航空器发生倾覆、毁坏危险，尚未造成严重后果的，处3年以上10年以下有期徒刑。

破坏交通设施罪和本条规定行为的主要区别在于行为的后果不同，前者行为人对交通设施的破坏程度已经达到了可以使交通工具发生倾覆、毁坏的现实可能和危险，而后者的行为人盗窃、损坏、擅自移动使用中的航空设施，尚没有造成使航空器发生倾覆、毁坏的现实，也没有构成倾覆、毁坏的危险。

### 配套

《违反公安行政管理行为的名称及其适用意见》第60-62条

**第三十五条 【对妨害铁路运行安全行为的处罚】**有下列行为之一的，处五日以上十日以下拘留，可以并处五百元以下罚款；情节较轻的，处五日以下拘留或者五百元以下罚款：

（一）盗窃、损毁或者擅自移动铁路设施、设备、机车车辆配件或者安全标志的；

（二）在铁路线路上放置障碍物，或者故意向列车投掷物品的；

（三）在铁路线路、桥梁、涵洞处挖掘坑穴、采石取沙的；

（四）在铁路线路上私设道口或者平交过道的。

### 注解

本条是关于妨害铁路运行安全的行为及其处罚的规定，具体包括：

（一）盗窃、损毁或者擅自移动铁路设施、设备、机车车辆配件或者安全标志的。这里的"铁路设施、设备"，是指构成铁路路网的固定设施、设备，包括线路、桥涵、站场、电力系统、通信信号系统等，如信号机抗流变压器、铁路信号接线盒、钢轨扣件等。"机车车辆配件"，是指蒸汽、内燃、电力机车车轴、油罐车底架、各类机车轮对、主变压器、受电弓、电机座等零部件。

（二）在铁路线路上放置障碍物，或者故意向列车投掷物品的。本项所列行为没有造成现实危害或者不足以构成现实危险，尚不构成犯罪。这是罪与非罪的重要界限。如果在铁路线路上放置障碍物足以使列车发生倾覆危险，则要按照刑法的相关规定定罪处刑。

（三）在铁路线路、桥梁、涵洞处挖掘坑穴、采石取沙的。根据本条的规定，构成本项违反治安管理行为的主观心态既包括故意，也包括过失，有的行为人明知在铁路线路、桥梁、涵洞处挖掘坑穴、采石取沙，会危及铁路路基安全，但仍从事该行为。至于挖掘坑穴、采石取沙的目的如何，不影响本项规定的违反治安管理行为的构成。

（四）在铁路线路上私设道口或者平交过道的。实践中，设道口或者平交过道，往往要依据铁路线路两侧居民数量、聚集区情况、生产生活的实际、地形地势等因素综合确定。出于自身便利的考虑，个别人会在铁路线路上私设道口或者平交过道，但这种行为的危害较大，既影响铁路运行安全，也关系过往机动车、非机动车和行人的生命安全，必须予以相应的惩处。

应用

**61. 盗窃、损毁或者擅自移动铁路设施、机车设备的行为与破坏交通工具罪、破坏交通设施罪的区别**

破坏交通工具罪，是指故意破坏火车、汽车、电车、船只、航空器，足以使火车、汽车、电车、船只、航空器发生倾覆、毁坏危险，危害公共安全的行为。我国《刑法》第116条规定，破坏火车、汽车、电车、船只、航空器，足以使火车、汽车、电车、船只、航空器发生倾覆、毁坏危险，尚未造成严重后果的，处3年以上10年以下有期徒刑。

破坏交通设施罪，是指故意破坏轨道、桥梁、隧道、公路、机场、航道、灯塔、标志或者进行其他破坏活动，足以使火车、汽车、电车、船只、航空器发生倾覆、毁坏危险，危害公共安全的行为。我国《刑法》第117条规定，破坏轨道、桥梁、隧道、公路、机场、航道、灯塔、标志或者进行其他破坏活动，足以使火车、汽车、电车、船只、航空器发生倾覆、毁坏危险，尚未造成严重后果的，处3年以上10年以下有期徒刑。

主要区别在于行为是否具有造成列车倾覆、毁坏的危险。如果有足以使列车发生倾覆、毁坏的危险，就构成了犯罪；反之，构成违反治安管理行为。

配套

《违反公安行政管理行为的名称及其适用意见》第63-67条

**第三十六条** 【对妨害列车行车安全行为的处罚】擅自进入铁路防护网或者火车来临时在铁路线路上行走坐卧、抢越铁路,影响行车安全的,处警告或者二百元以下罚款。

> 注解

根据本条的规定,妨害火车行车安全的行为主要有以下三种情形:一是擅自进入铁路防护网;二是火车来临时在铁路线路上行走坐卧,影响行车安全的;三是火车来临时抢越铁路,影响行车安全的。

> 应用

62. 如何具体认定妨害火车安全的行为

(1) 擅自进入铁路防护网,即行为人明知铁路防护网对于保障火车安全行车的重要性,是禁止进入的,但为了个人便利,未经铁路工作人员的允许而进入。

(2) 火车来临时在铁路线路上行走坐卧,影响行车安全的。这种行为的发生有的是出于某种目的,如自杀、劳资纠纷、居民拆迁等,也有的是无意间实施了本项行为,即行为人的主观心理可能是故意,也可能是过失,无论行为人是何种主观心理状态,这种行为已对火车行车安全造成严重影响,必须予以惩处。当然,从化解社会矛盾的角度出发,在实施本条规定时,需要分不同的情形予以相应的惩处。

(3) 火车来临时抢越铁路,影响行车安全的。这种行为属于妨害火车行车安全的最常见的类型。行为人往往心存侥幸心理,认为自己的速度能抢在火车到达前穿过线路。因此,为了保障火车行车安全和公民的人身权利免遭不必要的损失,避免火车行车事故的发生,本法对该项违反治安管理行为作出了明确的处罚规定。

> 配套

《违反公安行政管理行为的名称及其适用意见》第 68-69 条

**第三十七条** 【对妨害公共道路安全行为的处罚】有下列行为之一的,处五日以下拘留或者五百元以下罚款;情节严重的,处五日以上十日以下拘留,可以并处五百元以下罚款:

（一）未经批准，安装、使用电网的，或者安装、使用电网不符合安全规定的；

（二）在车辆、行人通行的地方施工，对沟井坎穴不设覆盖物、防围和警示标志的，或者故意损毁、移动覆盖物、防围和警示标志的；

（三）盗窃、损毁路面井盖、照明等公共设施的。

**注解**

本条规定了三种妨害公共道路安全的行为：（1）违法安装、使用电网。（2）不设或破坏覆盖物、防围和警示标志。（3）盗窃、损毁公共设施。

**应用**

**63. 在实践中，如何具体认定妨害公共道路安全的行为**

（1）违反安装、使用电网规定的行为。实践中，有些单位和个人未经批准，私自安装电网，如在房屋、牲畜圈舍、农田、林地周围等地使用电网，对人民群众的安全构成严重威胁。本条中"未经批准"是指未经主管部门批准，而安装和使用电网的。"不符合安全规定"是指虽然经过批准，但安装、使用电网不符合警示装置、保险设备、电压标准等安全要求。

（2）不设或破坏覆盖物、防围和警示标志的行为。施工的时候，建设施工方必须采取相应的安全防范措施，如在车辆、行人通行的地方施工时，要对沟井坎穴设置覆盖物、防围和警示标志，以免车辆和行人发生危险。否则将严重危及不特定人的生命健康和财产安全，属于危及公共安全的行为。这里的"覆盖物、防围"，是指在道路施工中为了防止非机动车、行人跌落或者机动车损毁的发生，用于遮拦开凿挖掘的沟井坎穴所盖的铁板、帆布、毡布、护栏、塑料布等。"警示标志"，是指警示灯、旗帜、标志杆、警告牌等。可见，设置覆盖物、防围和警示标志是建设施工方的强制义务，而且，其他任何人不得故意损毁、移动覆盖物、防围和警示标志。

（3）盗窃、损毁公共设施的行为。路面井盖、路灯、邮筒、公用电话等公用设施，是我们生产生活的重要组成部分，是社会经济发展的重要基础设施。盗窃或损毁这些公共设施无疑会对社会公众的利益产生不良影响，甚至危及公众的生命健康，对这种行为应当依法予以处罚。

64. 违反安装、使用电网规定的违反治安管理行为与以危险方法危害公共安全罪的区别是什么

以危险方法危害公共安全罪，是指使用除放火、决水、爆炸、投放危险物质以外的其他方法，造成不特定多数人的伤亡或者公私财产重大损失，危害公共安全的行为。我国《刑法》第114条规定，放火、决水、爆炸以及投放毒害性、放射性、传染病病原体等物质或者以其他危险方法危害公共安全，尚未造成严重后果的，处3年以上10年以下有期徒刑。

以危险方法危害公共安全常见的行为有驾驶汽车向人群冲撞、私架电网等。如果行为人私架电网，造成他人伤亡或重大损失的，则构成犯罪；反之，构成违反治安管理的行为。

### 配 套

《违反公安行政管理行为的名称及其适用意见》第70-74条

**第三十八条　【对违反规定举办大型活动行为的处罚】** 举办文化、体育等大型群众性活动，违反有关规定，有发生安全事故危险的，责令停止活动，立即疏散；对组织者处五日以上十日以下拘留，并处二百元以上五百元以下罚款；情节较轻的，处五日以下拘留或者五百元以下罚款。

### 注 解

举办文化、体育等大型群众性活动危及公共安全的行为，是指举办大型群众性活动违反有关规定，由此发生安全事故危险的行为。本条规定的行为的主要特征：一是行为的主体是大型活动的组织者，包括主办单位及负责人，组织者应当在公安机关的协助和指导下，拟定安全方案，落实安全措施；二是行为人有违反有关规定的行为，包括举办活动未经许可或者虽经许可，但现场仍存在安全隐患或者在申请举办大型活动时承诺采取的安全措施和方案在申请被批准后就置于脑后等情形。"有关规定"是指有关大型群众性活动的批准、审查、治安保卫、法律责任等事项的法律、行政法规、部门规章及有关人民政府发布的决定、命令等。

**应用**

**65. 违反安全规定举办大型活动的具体情形有哪些？如何与犯罪行为区分**

违反安全规定举办大型活动具体包括：（1）未经许可，擅自举办大型群众性活动的；（2）超过核准人数的，如核准3万人，实际参加人为4万的；（3）场地及设施不符合安全标准的，存在隐患，如场地建筑不坚固，存在倒塌的可能性的；各种线路老化，可能引发火灾的；（4）消防设施不符合法律规定，如灭火器超过使用年限的；消防通道被占用的；（5）没有指定安全保卫工作方案的。根据《最高人民检察院公安部关于公安机关管辖的刑事案件立案追诉标准的规定（一）》的规定，当出现下列情形时，不应作为治安案件而应作为刑事案件立案追诉：（1）造成死亡一人以上，或者重伤三人以上；（2）造成直接经济损失50万元以上的；（3）其他造成严重后果的情况。

**66. 如何认定"有发生安全事故危险"**

实践中，这种"有发生安全事故危险"应当是一种可能性，且是一种现实可能性，是否"有发生安全事故危险"，应当由公安机关依据相应的证据推定。以举办文化、体育等大型群众性活动，违反有关安全许可规定的为例，公安机关不需要待其正式举办活动时，再认定"有发生安全事故危险"，只要有证据证明，如该项活动举办的场地与预计容纳的人数（发放的门票情况）不符合核定人员的有关规定，即可以"有发生安全事故危险"责令其停止活动。

**配套**

《违反公安行政管理行为的名称及其适用意见》第75条；《大型群众性活动安全管理条例》

**第三十九条** 【对违反公共场所安全规定行为的处罚】旅馆、饭店、影剧院、娱乐场、运动场、展览馆或者其他供社会公众活动的场所的经营管理人员，违反安全规定，致使该场所有发生安全事故危险，经公安机关责令改正，拒不改正的，处五日以下拘留。

## 注解

公共活动场所经营管理人员违反安全规定的行为，是指旅馆、饭店、影剧院、娱乐场、运动场、展览馆或者其他供社会公众活动的场所的经营管理人员，违反安全规定，致使该场所有发生安全事故危险，经公安机关责令改正，拒不改正的行为。

公安机关责令改正，需要以书面的形式告知场所的经营管理人员，防止因告知不当、处罚前置的条件不充分，影响处罚的有效实施。对经公安机关通知即对安全隐患进行整改的场所，不应予以处罚。

## 应用

### 67. 在实践中如何具体认定违反公共场所安全规定的行为

违反公共场所安全规定的行为有如下特征：一是行为的主体是社会公众活动场所的经营者、管理者，比如这些场所的法定代表人、业务经理等。二是违反安全规定，这些社会公众活动场所有发生安全事故的危险。三是这些社会公众场所的经营管理人员明知该场所违反安全规定，有发生安全事故的危险，并经公安机关责令改正，采取措施消除危险，但拒不提出整改措施，拒绝予以改正。本行为在客观上表现为违反安全规定，有发生安全事故危险，经公安机关责令改正但是拒不改正的。这三个条件缺一不可。

### 68. 旅馆、饭店等公共场所有哪些安全规定

《旅馆业治安管理办法》第3条规定："开办旅馆，要具备必要的防盗等安全设施。"

《娱乐场所管理条例》第20-22条规定：娱乐场所的法定代表人或者主要负责人应当对娱乐场所的消防安全和其他安全负责。娱乐场所应当确保其建筑、设施符合国家安全标准和消防技术规范，定期检查消防设施状况，并及时维护、更新。娱乐场所应当制定安全工作方案和应急疏散预案。营业期间，娱乐场所应当保证疏散通道和安全出口畅通，不得封堵、锁闭疏散通道和安全出口，不得在疏散通道和安全出口设置栅栏等影响疏散的障碍物。娱乐场所应当在疏散通道和安全出口设置明显指示标志，不得遮挡、覆盖指示标志。任何人不得非法携带枪支、弹药、管制器具或者携带爆炸性、易燃性、毒害性、放射性、腐蚀性等危险物品和传染病病原体进入娱乐场所。迪斯科舞厅应当配备安全检查设备，对进入营业场所的人员进行安全检查。

《娱乐场所治安管理办法》第8-18条也规定了有关娱乐场所安全设施方面的要求。

《互联网上网服务营业场所管理条例》第24条规定：互联网上网服务营业场所经营单位应当依法履行信息网络安全、治安和消防安全职责，并遵守下列规定：（一）禁止明火照明和吸烟并悬挂禁止吸烟标志；（二）禁止带入和存放易燃、易爆物品；（三）不得安装固定的封闭门窗栅栏；（四）营业期间禁止封堵或者锁闭门窗、安全疏散通道和安全出口；（五）不得擅自停止实施安全技术措施。

### 配套

《违反公安行政管理行为的名称及其适用意见》第76条；《旅馆业治安管理办法》第3条；《娱乐场所管理条例》第20-22条；《娱乐场所治安管理办法》第8-18条；《互联网上网服务营业场所管理条例》第24条

## 第三节 侵犯人身权利、财产权利的行为和处罚

**第四十条 【对恐怖表演、强迫劳动、限制人身自由行为的处罚】**有下列行为之一的，处十日以上十五日以下拘留，并处五百元以上一千元以下罚款；情节较轻的，处五日以上十日以下拘留，并处二百元以上五百元以下罚款：

（一）组织、胁迫、诱骗不满十六周岁的人或者残疾人进行恐怖、残忍表演的；

（二）以暴力、威胁或者其他手段强迫他人劳动的；

（三）非法限制他人人身自由、非法侵入他人住宅或者非法搜查他人身体的。

### 注解

关于组织、胁迫、诱骗不满16周岁的人或者残疾人进行恐怖、残忍表演的处罚规定。"组织"是指行为人通过纠集、控制不满16周岁的人、残疾人或者以雇用、招募等手段让不满16周岁的人、残疾人表演恐怖、残忍的

节目的行为。"胁迫"是指行为人以立即实施暴力或其他有损身心健康的行为，例如冻饿、体罚等相要挟，逼迫不满16周岁的人、残疾人按照其要求表演恐怖、残忍节目的行为。"诱骗"是指行为人利用不满16周岁的人年幼无知的弱点或其他人身依附关系，或者利用残疾人的自身弱点，以许愿、诱惑、欺骗等手段使他们按要求表演恐怖、残忍节目的行为。恐怖表演，是指营造凶杀、暴力等恐怖气氛的表演节目，如表演刀劈活人、大卸人体组织等。残忍表演是指对人的身体进行残酷折磨，以营造残忍气氛的表演项目，如吞宝剑、吞铁球、汽车过人等。这些表演项目严重摧残了不满16周岁的人和残疾人的身心健康，影响其正常身体发育，并且造成很坏的社会影响。

关于以暴力、威胁或者其他手段强迫他人劳动的处罚规定。强迫他人劳动主要表现为：第一，行为人必须采用暴力、威胁或者其他手段。所谓"暴力"手段，是指行为人对他人人身实行殴打、捆绑等强制手段，使他人不得不按行为人的要求进行劳动；"威胁"手段，是指行为人对他人实行恐吓、要挟等精神强制手段，如以人身伤害、毁坏财物、损害名誉等相要挟，使他人产生恐惧心理，不敢做真实的意思表示，而不得不按行为人的要求进行劳动；"其他手段"，是指使用暴力、胁迫以外的使他人不知抗拒、无法抗拒的强制手段，如禁止离厂、不让回家等。第二，行为人实施了强迫他人劳动的行为。这种强迫他人劳动的行为，是以暴力、威胁或者其他手段，且违背他人的主观意志，强迫他人进行劳动的行为。需要注意，这种强迫必须是使用了暴力的强迫。

关于非法限制他人人身自由、非法侵入他人住宅或者非法搜查他人身体的处罚规定。在我国，对逮捕、拘留、拘传等限制他人人身自由的强制措施有严格的法律规定，必须由专门机关按照法律规定的程序进行。非法限制他人人身自由的方式多种多样，既可以是拘禁的方法，如捆绑、关押、扣留身份证件不让随意外出或者与外界联系等，还可以是办"学习班""隔离审查"等，其实质都是非法剥夺或变相剥夺他人行动自由的行为。非法侵入他人住宅，是指未经住宅主人同意，非法强行闯入他人住宅，或者无正当理由进入他人住宅，经住宅主人要求其退出仍拒不退出等行为。"非法搜查"有两层意思：一层意思是指无权进行搜查的单位和个人，非法对他人身体进行搜查；另一层意思是指有搜查权的侦查人员，滥用职权，擅自决定对他人身体进行搜查或者搜查的程序和手续不符合法律规定。违反治安管理，非法搜查他人身体的行为，主要是指无权进行搜查的单位或者个人，非法对他人身体进行搜查的行为。

同时，需要注意的是，2011年2月25日通过的《刑法修正案（八）》对强迫劳动罪作出了修改，规定："以暴力、威胁或者限制人身自由的方法强迫他人劳动的，处三年以下有期徒刑或者拘役，并处罚金；情节严重的，处三年以上十年以下有期徒刑，并处罚金。"修订后的强迫劳动罪删除了原有构成要件中"情节严重的"要求，即不再要求情节严重才可构成本罪。此时，对于强迫劳动罪与强迫他人劳动的违反治安管理行为如何予以区分，需要司法解释等予以进一步的界定。

应用

**69. 非法限制他人人身自由的违反治安管理行为与非法拘禁罪的区别**

从司法实践看，以拘禁或者其他强制方法非法剥夺他人人身自由，具有下列情形之一的，应以非法拘禁罪论处：（1）非法拘禁他人，并实施捆绑、殴打、侮辱等行为的；（2）多次非法拘禁他人，或非法拘禁多人，或非法拘禁时间较长的；（3）非法拘禁，致人重伤、死亡、精神失常或自杀的；（4）非法拘禁，造成其他严重后果的。

国家机关工作人员利用职权非法拘禁他人，具有下列情形之一的，构成非法拘禁罪，可以由人民检察院立案侦查：（1）非法拘禁持续时间超过24小时的；（2）3次以上非法拘禁他人或者一次非法拘禁3人以上的；（3）非法拘禁他人，并实施捆绑、殴打、侮辱等行为的；（4）非法拘禁，致人伤残、死亡、精神失常的；（5）为索取债务非法扣押、拘禁他人，具有上述情形之一的；（6）司法工作人员对明知是无辜的人而非法拘禁的。

非法拘禁行为只有达到相当严重的程度，才构成犯罪。如果非法拘禁行为情节显著轻微，危害不大的则不构成犯罪。因此，应当根据情节的轻重、危害大小、动机和目的、拘禁时间的长短等因素，综合分析，来确定行为的性质。

**70. 非法侵入他人住宅的违反治安管理行为与非法侵入住宅罪的区别**

非法侵入住宅罪，是指未经法定机关批准或者未经住宅主人同意，非法强行侵入他人住宅的行为。我国《刑法》第245条规定，非法搜查他人身体、住宅，或者非法侵入他人住宅的，处3年以下有期徒刑或者拘役。司法工作人员滥用职权，犯前款罪的，从重处罚。

司法实践中，具有下列情形之一的，一般认定构成非法侵入住宅罪：(1) 非法强行侵入他人住宅，经要求或教育仍拒不退出，严重影响他人正常生活和居住安全的；(2) 非法强行侵入他人住宅，毁损、污损或搬走他人生活用品，严重影响他人正常生活的；(3) 非法强行侵入并封闭他人住宅，致使他人无法居住的；(4) 非法强行侵入住宅，引起其他严重后果的。

构成非法侵入住宅罪的行为所采取的方法、手段恶劣，侵入他人住宅时间长，甚至经行政机关、司法机关介入仍不退出。非法侵入他人住宅的违反治安管理行为没有采用上述恶劣手段，一般没有造成危害后果或危害后果极小。

71. 非法搜查他人身体的违反治安管理行为与非法搜查罪的区别

非法搜查罪，是指非法地对他人的身体或者住宅进行搜查的行为。司法实践中，具有下列情形之一的，一般认定构成非法搜查罪：(1) 非法搜查他人身体、住宅，手段恶劣的；(2) 非法搜查引起被搜查人精神失常、自杀或者造成财物严重损坏的；(3) 司法工作人员对明知是与涉嫌犯罪无关的人身、场所非法搜查的；(4) 3次以上或者3人（户）以上非法搜查的。

非法搜查罪既包括非法搜查他人人身，也包括非法搜查他人住宅，一般造成了较为严重的后果，而前者只包括非法搜查他人人身的行为，并没有造成严重的后果。

## 配套

《违反公安行政管理行为的名称及其适用意见》第77-81条；《刑法》第238、244、245条

**第四十一条　【对胁迫利用他人乞讨和滋扰乞讨行为的处罚】** 胁迫、诱骗或者利用他人乞讨的，处十日以上十五日以下拘留，可以并处一千元以下罚款。

反复纠缠、强行讨要或者以其他滋扰他人的方式乞讨的，处五日以下拘留或者警告。

## 注解

第1款规定了胁迫、诱骗或利用他人乞讨行为，侵犯的客体是被侵害人

的人身权利,行为在客观上表现为:胁迫、诱骗被侵害人乞讨,其中被侵害人多为未成年人和残疾人。所谓"胁迫"他人乞讨,是指行为人以立即实施暴力或其他有损身心健康的行为,如冻饿、罚跪等相要挟,逼迫他人进行乞讨的行为。"诱骗"他人乞讨,是指行为人利用他人的弱点或亲属等人身依附关系,或者以许愿、诱惑、欺骗等手段指使他人进行乞讨的行为。"利用"他人乞讨,是指行为人怀有个人私利,使用各种手段让他人自愿地按其要求进行乞讨的行为。

第2款规定了冒犯性的乞讨行为,指反复纠缠、强行讨要或者以其他滋扰他人的方式乞讨的总称。这里所说的"反复纠缠",是指一次又一次、不断地缠着他人进行乞讨的行为。具体表现为拽衣服、抱腿、不给钱就不松手等方式纠缠路人。"强行讨要",是指以蛮不讲理的方式,向他人乞讨,致使他人不得不满足其乞讨要求的行为。"其他滋扰他人的方式",是指采用除反复纠缠、强行讨要以外的其他方式进行乞讨的行为,如尾随讨要等。

**应用**

**72. 怎样处置流浪乞讨人员**

公安机关在实践中要注意区分一般的流浪乞讨人员和有违法行为的流浪乞讨人员。对于一般的流浪乞讨人员,人民警察应当按照《城市生活无着的流浪乞讨人员救助管理办法》第5条的规定执行,公安机关和其他有关行政机关的工作人员在执行职务时发现流浪乞讨人员的,应当告知其向救助站求助;对其中的残疾人、未成年人、老年人和行动不便的其他人员,还应当引导、护送到救助站。对于有违法行为的流浪乞讨人员,应根据本条的具体规定进行处理。

**配套**

《违反公安行政管理行为的名称及其适用意见》第82-83条;《刑法》第262条之一

**第四十二条 【对侵犯人身权利六项行为的处罚】**有下列行为之一的,处五日以下拘留或者五百元以下罚款;情节较重的,处五日以上十日以下拘留,可以并处五百元以下罚款:

(一)写恐吓信或者以其他方法威胁他人人身安全的;

（二）公然侮辱他人或者捏造事实诽谤他人的；

（三）捏造事实诬告陷害他人，企图使他人受到刑事追究或者受到治安管理处罚的；

（四）对证人及其近亲属进行威胁、侮辱、殴打或者打击报复的；

（五）多次发送淫秽、侮辱、恐吓或者其他信息，干扰他人正常生活的；

（六）偷窥、偷拍、窃听、散布他人隐私的。

## 注解

本条第1项是关于写恐吓信或者以其他方法威胁他人人身安全的处罚规定。写恐吓信是比较常见的一种威胁他人人身安全的方式，恐吓信的内容大多具有扬言使用暴力或其他方法恐吓、威胁他人的内容。当然，除写恐吓信以外，还可采取其他方式威胁他人人身安全，如投寄恐吓物（如子弹、匕首等），在夜晚往他人卧室的窗户扔砖头，携带管制刀具尾随他人等。

本条第2项是关于公然侮辱他人或者捏造事实诽谤他人的处罚规定。公然侮辱他人和诽谤他人都是损害他人人格权和名誉权的行为。"侮辱"是指公然诋毁他人人格、破坏他人名誉，侮辱的方法可以是暴力或非暴力的其他方法。所谓"公然"是指当众或者利用能够使多人听到或看到的方式，对他人进行侮辱。"诽谤"是指故意捏造事实，并且进行散布，损害他人人格和名誉。"捏造事实"就是无中生有，凭空制造虚假事实。但是我们应当要划清正当的舆论监督与文字侮辱的界限；划清正当的文字创作与贬损人格、破坏名誉的界限；划清当事人所在单位依职权对个人的政绩、品德等所作的考核、评价、审查行为与侮辱行为的界限；划清通过正当、合法的渠道向有关部门反映、举报、揭发不道德行为、违法行为、犯罪行为与侮辱行为的界限；划清出于善意的批评同恶意的侮辱行为的界限，等等。

本条第3项是关于诬告陷害他人的处罚规定。诬告陷害他人，是指捏造事实诬告陷害他人，企图使他人受到刑事追究或者受到治安管理处罚的行为。这里的"捏造事实"具体而言就是捏造他人违反治安管理的事实或者犯罪事实，即根本不存在的、可能引起公安机关、司法机关给予治安管理处罚或追究刑事责任的事实强加给被诬陷者，以使被诬陷者受到治安管理处罚或刑事处罚。诬告是手段，陷害是目的。

本条第4项是关于对证人及其近亲属进行威胁、侮辱、殴打或者打击报复的处罚规定。"威胁"是指实行恐吓、要挟等精神强制手段，如以伤害、毁坏财物、损害名誉等相要挟，使人产生恐惧；"侮辱"是指公然诋毁证人及其近亲属人格，破坏其名誉；"殴打"是指采用拳打脚踢等方式打人；"打击报复"包括多种方式，如利用职权降薪、降职、辞退等。

本条第5项关于发送淫秽、侮辱、恐吓或者其他信息，干扰他人正常生活的处罚规定。此行为的客观方面表现为通过信件、电话、计算机信息网络或者其他途径多次传送淫秽、侮辱、恐吓或者其他骚扰信息，干扰他人正常生活。淫秽信息是指具体描绘性行为或露骨宣扬色情淫秽性信息。侮辱信息是指含有恶意攻击、谩骂、羞辱等有损他人人格尊严的信息。恐吓信息是指威胁或要挟他人，使他人精神受到恐慌的信息。其他信息包括违法信息，如虚假广告、虚假中奖、倒卖违禁品等；也包括合法信息，如商品、服务广告等。

本条第6项是关于偷窥、偷拍、窃听、散布他人隐私的处罚规定。这里的"偷窥"他人隐私，是指对他人的隐私活动进行偷看的行为；"偷拍"他人隐私，是指对他人的隐私进行秘密摄录的行为；"窃听"他人隐私，是指对他人的谈话或者通话等进行秘密录音的行为；"散布"他人隐私，是指以文字、语言或者其他手段将他人的隐私在社会或一定范围内加以传播的行为，包括口头散布，或者通过媒体、信函、短信、网络等书面方式散布。

**应 用**

### 73. 诽谤他人的违反治安管理行为与诽谤罪以及民事侵权行为的区别

诽谤他人，只有导致被侵害人自杀或者精神障碍等严重后果的，才构成诽谤罪。民事性质的侵权行为，不仅在违法程度上轻于违反治安管理的诽谤行为，还具有以下不同点：(1) 诽谤行为散布的必须是捏造的虚假的事实。如果散布的是客观存在的事实，即使有损于他人的人格、名誉，也不构成诽谤行为。而名誉侵权行为，即使所述的内容是真实的，但只要是法律禁止公开宣扬的，公开了将有损于他人人格、名誉的，也可以构成名誉侵权；(2) 诽谤行为在主观方面必须是故意，而民事侵权的主观过错还包括过失。另外，还要注意和侮辱行为的区分。两行为的不同之处在于诽谤行为必须是捏造的事实，而侮辱行为不是以捏造的方式进行；诽谤行为只能用语言、文字进行，不能用暴力进行，而侮辱行为可以使用暴力性质手段，也可以用语言、文字进行。

**74. 打击报复证人的违反治安管理行为与打击报复证人罪的区别**

打击报复证人，只有严重损害证人及其亲属的合法权益的才构成打击报复证人罪。实践中一般具体表现为以下情形：（1）殴打、侮辱证人及其亲属，造成身体伤害的；（2）对证人及其亲属进行威胁、骚扰，严重影响其正常工作、生活的；（3）严重损害证人的人身权利、民主权利或其他合法权益的；（4）致人自杀、精神失常或突发严重疾病的；（5）打击报复手段恶劣，造成其他严重后果的。

打击报复行为情节轻微，没有造成严重损害后果的，构成违反治安管理行为。

**75. 如何区分侮辱他人的违反治安管理行为与侮辱罪的界限**

侮辱他人，只有情节特别严重的才构成侮辱罪。情节特别严重，是指手段恶劣，引起被害人精神失常、自杀等严重后果的；造成其他恶劣的政治影响和社会影响的。一般性的侮辱，如以猥亵的言语侮辱妇女的；污秽他人身体、衣物的等属于违反治安管理行为。

**76. 诬告陷害他人的违反治安管理行为与诬告陷害罪的区别**

诬告陷害他人的行为，必须是情节严重的才构成犯罪。情节严重，主要是指捏造的犯罪事实情节严重，诬陷手段恶劣，严重影响了司法机关的正常活动或者在社会上造成了恶劣的影响等情形。另外，也要注意诬告和错告的界限。诬告与错告在主观方面有着质的不同，诬告是故意捏造事实，作虚假告发，属于违法犯罪行为；错告则是由于情况不明，或者认识片面而在控告、检举中发生的错误。是否具有诬陷的故意，是诬告和错告最根本的区别。

**配套**

《刑法》第243、246、308条；《违反公安行政管理行为的名称及其适用意见》第84-90条

**第四十三条 【对殴打或故意伤害他人身体行为的处罚】**殴打他人的，或者故意伤害他人身体的，处五日以上十日以下拘留，并处二百元以上五百元以下罚款；情节较轻的，处五日以下

拘留或者五百元以下罚款。

有下列情形之一的，处十日以上十五日以下拘留，并处五百元以上一千元以下罚款：

（一）结伙殴打、伤害他人的；

（二）殴打、伤害残疾人、孕妇、不满十四周岁的人或者六十周岁以上的人的；

（三）多次殴打、伤害他人或者一次殴打、伤害多人的。

**注解**

殴打、伤害他人的行为侵犯的客体是他人的身体权和健康权。身体权是自然人为维持身体的完整并支配其肢体、器官和其他组织的人格权。健康权是自然人以其器官乃至整体的功能利益为内容的人格权。所谓"殴打他人"，是指行为人公然打人，其行为方式主要是采用拳打脚踢，一般只是造成他人身体皮肉暂时的疼痛，被打的人并不一定会受伤。"故意伤害他人身体"是指非法损害他人身体健康的行为。伤害他人的形式是多种多样的，包括用石头、棍棒打人、驱使动物咬人、用针扎人、用开水烫人等。这种伤害行为已经给他人的身体造成了轻微伤害，但尚不够刑事处罚。

注意，对违反本条第2款第2项规定行为的处罚，不要求行为人主观上必须明知殴打、伤的对象为残疾人、孕妇、不满14周岁的人或者60周岁以上的人。

**应用**

**77. 如何区分故意伤害的违反治安管理行为与故意或过失伤害罪**

前者在主观上只能由故意构成，过失不构成该行为；后者包括故意伤害罪和过失伤害罪，所以在主观方面既有故意又有过失。在客观方面，前者在客观上造成他人的伤害是轻微伤；而故意伤害罪在客观上造成他人的伤害是轻伤以上程度；过失伤害罪在客观上造成他人的伤害必须是重伤以上程度。在一般情况下，对被害人造成的损伤是轻伤还是轻微伤，决定对行为人应否追究刑事责任，应否认定为故意伤害罪。区分轻微伤和轻伤的主要原则是：凡是损伤伴有轻度器官功能障碍，受伤当时或治疗过程中对生命均无危险，或治疗后致使劳动能力有轻度下降的，都属于轻伤；凡是损伤仅仅引起身体暂时和轻微的反应,基本不影响器官功能,一般均能自行修复的,就属于轻微伤(表皮擦伤、剥脱、小范围的皮下血肿以及一些极轻微的骨折等)。轻伤的鉴定详见《人体损伤程度鉴定标准》。

### 配套

《公安机关执行〈中华人民共和国治安管理处罚法〉有关问题的解释(二)》第7-8条;《违反公安行政管理行为的名称及其适用意见》第91-92条

**第四十四条 【对猥亵他人和在公共场所裸露身体行为的处罚】猥亵他人的,或者在公共场所故意裸露身体,情节恶劣的,处五日以上十日以下拘留;猥亵智力残疾人、精神病人、不满十四周岁的人或者有其他严重情节的,处十日以上十五日以下拘留。**

### 注解

猥亵他人,是指以强制或者非强制的方法,违背对方意志,实施的正常性接触以外的能够满足行为人淫秽下流欲望的行为,主要包括以抠摸、指奸、鸡奸等淫秽下流的手段对他人身体的性接触行为。被猥亵的对象既可能是女性,也可能是男性,既可能是对同性的猥亵,也可能是对异性的猥亵。行为侵犯的客体是他人的人格尊严,行为在客观方面表现为违背他人意志,使用暴力、威胁或其他手段来猥亵他人,如果对方对于行为人的猥亵行为表示同意,则不是猥亵他人的行为。

公共场所裸体行为,是指行为人在公共场所故意实施裸露身体,情节恶劣的行为。这里的"公共场所"主要是指公众进行公开活动的场所,如商店、影剧院、体育场、公共交通工具、街道等场所。这里的"裸露身体",不仅包括赤裸全身,也包括比较常见的赤裸下身或者暴露隐私部位,或者女性赤裸上身等情形。所谓情节恶劣,主要是公共场所的裸体行为超越了道德的底线,造成了对他人的伤害,譬如在公共场所大规模裸体,公共场所裸体行为给多人造成伤害,裸体行为中伴随威胁行为等。

### 配套

《违反公安行政管理行为的名称及其适用意见》第93-94条

**第四十五条 【对虐待家庭成员、遗弃被扶养人行为的处**

罚】有下列行为之一的，处五日以下拘留或者警告：

（一）虐待家庭成员，被虐待人要求处理的；

（二）遗弃没有独立生活能力的被扶养人的。

### 注解

虐待家庭成员，是指经常用打骂、冻饿、禁闭、强迫过度劳动、有病不给治疗等方法，摧残折磨家庭成员，情节尚不恶劣，尚不构成刑事犯罪的行为。注意，对此类行为的处罚必须以被虐待人提出处理要求为前提。

遗弃，是指对于年老、年幼、患病或者其他没有独立生活能力的人，负有扶养义务而拒绝扶养的行为。这里的扶养，是指广义上的扶养，即包括抚养，赡养及狭义扶养。"没有独立生活能力"，是指不具备或者丧失劳动能力，无生活来源而需要他人照顾等情况，包括年老、年幼、患病或者其他没有独立生活能力的人。

### 应用

**78. 虐待行为与虐待罪的区别是什么**

虐待行为与虐待罪的主要区别在于虐待情节是否恶劣，这应当根据以下几个方面来认定：虐待行为持续的时间、虐待行为的次数、手段、后果是否严重等。但同时，对于一般家庭纠纷，如一两次的打骂、偶尔的不给吃饭、禁闭等，情节轻微，后果不严重，不构成本行为。

**79. 虐待家庭成员与父母管教子女不当的界限是什么**

实践中应当注意划清虐待家庭成员与父母管教子女不当的界限。虐待家庭成员是经常性地对家庭成员进行肉体或精神上的折磨；而日常生活中父母为管教子女而采取打骂等方式，不能作为虐待行为进行处罚，因为在这种情况下，父母主观上多出于望子成龙的好意，不具有折磨、伤害子女的故意，只是管教方法不当，当然对于这种不当的管教行为也应予以谴责与制止。

**80. 被虐待人没有告诉的，公安机关可以处理吗**

根据本条的规定，虐待家庭成员，被虐待人要求处理的，公安机关才可以处理虐待家庭成员的违反治安管理处罚的行为。即对于虐待行为一般采取"不告不理"的原则。需要注意的是，要求处理的主体是"被虐待人"，原则上仅仅限于"被虐待人"本人提出要求，公安机关才可以对此行为进行处理。但是如果"被虐待人"是无行为能力人或者限制行为能力人时，则其法定代理人有权要求处理，没有法定代理人或者法定代理人是施虐者时，其他近亲属应当有权要求处理。

**81. 遗弃被扶养人的违反治安管理行为与遗弃罪的区别**

遗弃罪，是指对于年老、年幼、患病或者其他没有独立生活能力的人，负有抚养义务而拒绝抚养，情节恶劣的行为。

根据刑法规定，只有遗弃行为情节恶劣的，才构成遗弃罪。情节恶劣，主要是由于遗弃造成被害人重伤、死亡等严重后果；有遗弃行为屡教不改；或者遗弃手段、情节特别恶劣的；等等。

### 配 套

《刑法》第260、261条

## 第四十六条 【对强迫交易行为的处罚】强买强卖商品，强迫他人提供服务或者强迫他人接受服务的，处五日以上十日以下拘留，并处二百元以上五百元以下罚款；情节较轻的，处五日以下拘留或者五百元以下罚款。

### 注 解

强迫交易的违反治安管理行为，是指以暴力、威胁手段强买强卖、强迫他人提供服务或者强迫他人接受服务，情节不严重的行为。暴力，是指行为人对于被害人的身体实施强制或者殴打，如强拉硬拽、捆绑拘禁等，致使被害人不得不购买或者接受服务。威胁，是对被害人实施精神上的强制，如以实施暴力相恐吓或者以损害名誉相要挟，致使被害人不得不购买或者接受服务。强迫进行交易的行为，违背了自愿、平等、公平、诚实信用的民事活动基本原则，侵犯了经营者或者消费者的合法权益，扰乱了正常的市场交易秩序，具有严重的社会危害性。

### 应 用

**82. 如何区别强迫交易行为与强迫交易罪**

《最高人民检察院、公安部关于公安机关管辖的刑事案件立案追诉标准的规定（一）》第28条规定："以暴力、威胁手段强买强卖商品、强迫他人提供服务或者强迫他人接受服务，涉嫌下列情形之一的，应予立案追诉：（一）造成被害人轻微伤或者其他严重后果的；（二）造成直接经济损失二千元以上的；（三）强迫交易三次以上或者强迫三人以上交易的；（四）强迫交易数额一万元以上，或者违法所得数额二千元以上的；（五）强迫他人购买伪劣商品数额五千元以上，或者违法所得数额一千元以上的；（六）其他情节严重的情形。"符合这一规定的情形按照刑事案件立案追诉，其他情形的则作为治安案件依法处罚。

同时，需要注意的是，2011年2月25日通过的《刑法修正案（八）》对强迫交易罪作出了修改：一是将以暴力、威胁手段强迫他人参与或者退出投标、拍卖，强迫他人转让或者收购公司、企业的股份、债券或者其他资产，强迫他人进入、退出特定的经营领域行为具体列举增加规定为犯罪；二是将法定最高刑由3年有期徒刑提高到7年有期徒刑。对于新增加的几种具体情形的追诉标准如何确定，还需要司法解释等予以进一步的界定。

**第四十七条 【对煽动民族仇恨、民族歧视行为的处罚】**煽动民族仇恨、民族歧视，或者在出版物、计算机信息网络中刊载民族歧视、侮辱内容的，处十日以上十五日以下拘留，可以并处一千元以下罚款。

### 注解

本条规定了以下一些违法行为的处罚：

（1）煽动民族仇恨、民族歧视的行为。煽动，是指以激起民族之间的仇恨、歧视为目的，公然以语言、文字等方式诱惑、鼓动群众的行为。民族仇恨，是指基于民族的来源、历史、风俗习惯等的不同而产生的民族间的相互敌对、仇视状态。民族歧视，是指基于民族的来源、历史、风俗习惯等的不同，民族间的相互排斥、限制、损害民族平等地位的状况。此行为的主观状态是出于故意。煽动的方式包括书写、张贴、散发民族仇恨、民族歧视的传单、标语、大小字报，印刷、散发宣扬民族仇恨、民族歧视的诗刊、书画、非法出版物，发表民族仇恨、民族歧视的演讲，呼喊口号，制造、散布民族仇恨、民族歧视的谣言等行为。

（2）在出版物、计算机信息网络中刊载民族歧视、侮辱内容。这里的出版物，包括报纸、期刊、图书、音像制品和电子出版物等。计算机信息网络，主要包括局域网和互联网。行为人明知在出版物、计算机信息网络中刊载民族歧视、侮辱的内容会发生危害社会的后果，却希望或者放任此种结果的发生，构成本条规定的第二种违法行为，应当依法予以处罚。本行为中的侮辱、歧视民族的内容，一般是针对一些民族在生产、工作、居住、饮食、服饰、婚姻、丧葬、节庆、礼仪等物质生活和精神生活领域的喜好、崇尚和禁忌进行丑化、蔑视，贬低人格、损害名誉的行为；对民族的来源、历史、文化进行贬低、诬蔑等。

**应 用**

**83. 煽动民族仇恨、民族歧视的违反治安管理行为与煽动民族仇恨、民族歧视罪的区别**

煽动民族仇恨、民族歧视只有情节严重的，才构成犯罪。情节严重，是指煽动群众人数众多、范围较大、影响较大；煽动数个民族之间的歧视、仇恨；多次进行煽动的；造成严重后果的等。行为人的煽动行为达不到情节严重程度的，不构成犯罪，构成违反治安管理行为。

**84. 刊载民族歧视、侮辱内容作品的违反治安管理行为与出版歧视、侮辱少数民族作品罪的区别**

根据刑法的规定，在出版物中刊载歧视、侮辱少数民族的内容，只有情节恶劣，造成严重后果的，才追究刑事责任。"情节恶劣，造成严重后果的"包括以下情形：（1）在出版物中刊载歧视、侮辱少数民族的内容，引起民族纠纷的；（2）在出版物中刊载歧视、侮辱少数民族的内容，造成其他严重后果。1998年12月17日最高人民法院《关于审理非法出版物刑事案件具体应用法律若干问题的解释》第7条规定："出版刊载歧视、侮辱少数民族内容的作品，情节恶劣，造成严重后果的，依照刑法第二百五十条的规定，以出版歧视、侮辱少数民族作品罪定罪处罚。"在出版物、网络中刊载民族歧视、侮辱内容的作品情节不恶劣，没有造成严重后果的，按照本条规定给予治安管理处罚。

> **配 套**

《互联网上网服务营业场所管理条例》第14条;《刑法》第249、250条

**第四十八条 【对侵犯通信自由行为的处罚】**冒领、隐匿、毁弃、私自开拆或者非法检查他人邮件的,处五日以下拘留或者五百元以下罚款。

> **注解**

本条规定了五种非法侵犯公民通信自由的应当予以处罚的行为。公民的通信自由是宪法规定的一项基本权利,包括通信自由和通信秘密两个方面。所谓"冒领"是指假冒他人名义领取邮件的行为。"隐匿"是指将他人投寄的邮件秘密隐匿起来,使收件人无法查收的行为。"毁弃"是指将他人的邮件予以丢弃、撕毁、焚毁等,致使他人无法查收的行为。"非法开拆"是指违反国家有关规定,未经投寄人或者收件人的同意,私自开拆他人邮件的行为。"非法检查"是指违反国家有关规定,擅自检查他人邮件的行为。如果行为人误将他人的邮件当作自己的邮件拿走,或者误将他人的邮件当作自己的而开拆,或因疏忽大意丢失他人邮件等行为,不属于本条规定的违反治安管理行为。

> **应用**

**85. 侵犯公民通信自由的违反治安管理行为与侵犯公民通信自由罪的区别**

侵犯公民通信自由罪,是指隐匿、毁弃或者非法开拆他人信件,侵犯公民通信自由权利,情节严重的行为。情节严重,是指以下情形:(1)隐匿、毁弃或者非法开拆他人信件,次数较多或者数量较大的;(2)隐匿、毁弃或者非法开拆他人信件,致使他人工作、生活受到严重影响或者身体、精神受到严重损害的;(3)非法开拆他人信件,涂改信中内容,或者公开他人隐私、侮辱他人人格、破坏他人名誉的;(4)隐匿、毁弃或者非法开拆他人信件,造成其他严重后果的。对于侵犯公民通信自由,尚不够刑事处罚的,依照本条规定给予治安管理处罚。

**第四十九条 【对盗窃、诈骗、哄抢、抢夺、敲诈勒索、损毁公私财物行为的处罚】**盗窃、诈骗、哄抢、抢夺、敲诈勒索或

者故意损毁公私财物的,处五日以上十日以下拘留,可以并处五百元以下罚款;情节较重的,处十日以上十五日以下拘留,可以并处一千元以下罚款。

> 注 解

盗窃行为,是指以非法占有为目的,秘密窃取少量公私财物,尚不够刑事处罚的行为。

哄抢行为,是指以非法占有为目的,乘乱夺取少量公私财物,尚不够刑事处罚的行为。

抢夺行为,是指以非法占有为目的,公然夺取公私财物的行为。

敲诈勒索,是指以非法占有为目的,对公私财物的所有人、管理人使用威胁或要挟的方法,勒索少量公私财物,尚不够刑事处罚的行为。

故意损毁公私财物的行为,是指故意非法损毁公私财物,情节轻微,尚不够刑事处罚的行为。所谓"损毁",是指使物品部分或全部丧失其价值或使用价值。损毁公私财物的方法,有多种多样。故意损毁公私财物行为,必须达到数额较大或有其他严重情节的才构成犯罪。

> 应 用

**86. 如何具体认定盗窃、诈骗、哄抢、抢夺、敲诈勒索行为**

盗窃行为的构成要件包括:第一,行为人要有非法占有公私财物的目的;第二,行为人实施了秘密窃取的行为;第三,行为侵犯的对象是少量公私财物。注意与盗窃罪区别。

诈骗行为的主要特征是:行为人实施了以虚构事实或隐瞒事实真相的欺骗方法,使财物所有人、管理人产生错觉,信以为真,从而"自愿"地交出少量财物的行为。注意诈骗行为与诈骗罪的区别。诈骗行为只是骗取少量公私财物,诈骗罪则要求数额较大或者情节严重。

哄抢行为的构成要件是:(1)该行为主体为一般主体,即符合法律规定,能够承担违反治安管理责任的任何自然人。(2)该行为在主观方面表现为直接故意,以非法占有为目的。实践中,有的人因与他人发生债务或财产纠纷,采用纠集多人强行夺取对方财物的方法,用以抵债,可以本行为论处。(3)该行为的客观方面表现为乘乱夺取少量公私财物的行为。(4)该行为侵犯的客体是公私财物的所有权。

抢夺行为，行为人主观出于故意，客观实施了乘人不备、公然夺取他人少量财物的行为。所谓"公然夺取"，是指当着公私财物所有人、保管者、使用者的面而公然对物采取有形的、使他人来不及抗拒而夺取财物的行为。至于"少量公私财物"，相对于刑法规定的抢夺罪的数额而定。

敲诈勒索中的威胁或要挟，是通过对公私财物所有人、管理人及其近亲属实行精神上的强制，使其在心理上产生恐惧或者压力，不得已而交出财物。行为人必须具有非法占有他人财物的目的，如果是其他目的，如债权人为讨债而威胁债务人的，则不属于敲诈勒索。敲诈勒索行为只有数额巨大或者有其他严重情节，才构成犯罪。

**87. 如何区分盗窃公私财物的违反治安管理行为与盗窃罪的界限**

秘密窃取的公私财物必须达到数额较大或者虽然没有达到数额较大但实行了多次盗窃的，才构成犯罪。数额较大，是指实际窃取数额较大的财物。实际取得的财物以所有人或持有人失去对被盗财物的控制作为盗窃既遂的标准。数额较大，根据《最高人民法院、最高人民检察院关于办理盗窃刑事案件适用法律若干问题的解释》的规定，是指个人盗窃公私财物价值1千元至3千元以上。多次，是指在一定时间内即2年内盗窃3次以上的。但根据《解释》第2条规定，盗窃公私财物，具有下列情形之一的，"数额较大"的标准可以按照前述规定标准的50%确定：（1）曾因盗窃受过刑事处罚的；（2）一年内曾因盗窃受过行政处罚的；（3）组织、控制未成年人盗窃的；（4）自然灾害、事故灾害、社会安全事件等突发事件期间，在事件发生地盗窃的；（5）盗窃残疾人、孤寡老人、丧失劳动能力人的财物的；（6）在医院盗窃病人或者其亲友财物的；（7）盗窃救灾、抢险、防汛、优抚、扶贫、移民、救济款物的；（8）因盗窃造成严重后果的。根据《解释》第7条的规定，盗窃公私财物虽已达到"数额较大"的起点，行为人认罪、悔罪、退赃、退赔，且具有下列情形之一，情节轻微的，可以不起诉或者免予刑事处罚；必要时，由有关部门予以行政处罚：（1）具有法定从宽处罚情节的；（2）没有参与分赃或者获赃较少且不是主犯的；（3）被害人谅解的；（4）其他情节轻微、危害不大的。

对于盗窃尚不够刑事处罚的不作为犯罪处理，构成违反治安管理行为的，依照本法给予治安管理处罚。

## 88. 诈骗公私财物的违反治安管理行为与诈骗罪的区别

我国《刑法》第 266 条规定，诈骗公私财物，数额较大的，处 3 年以下有期徒刑、拘役或者管制，并处或者单处罚金；数额巨大或者有其他严重情节的，处 3 年以上 10 年以下有期徒刑，并处罚金；数额特别巨大或者有其他特别严重情节的，处 10 年以上有期徒刑或者无期徒刑，并处罚金或者没收财产。本法另有规定的，依照规定。

根据《最高人民法院、最高人民检察院关于办理诈骗刑事案件具体应用法律若干问题的解释》的规定，诈骗公私财物价值 3000 元至 1 万元以上、3 万元至 10 万元以上、50 万元以上的，应当分别认定为刑法第 266 条规定的"数额较大"、"数额巨大"、"数额特别巨大"。诈骗公私财物虽已达到该《解释》第 1 条规定的"数额较大"的标准，但具有下列情形之一，且行为人认罪、悔罪的，可以根据《刑法》第 37 条的规定不起诉或者免予刑事处罚：（1）具有法定从宽处罚情节的；（2）一审宣判前全部退赃、退赔的；（3）没有参与分赃或者获赃较少且不是主犯的；（4）被害人谅解的；（5）其他情节轻微、危害不大的。诈骗未遂，以数额巨大的财物为诈骗目标的，或者具有其他严重情节的，应当定罪处罚。利用发送短信、拨打电话、互联网等电信技术手段对不特定多数人实施诈骗，诈骗数额难以查证，但具有下列情形之一的，应当认定为《刑法》第 266 条规定的"其他严重情节"，以诈骗罪（未遂）定罪处罚：（1）发送诈骗信息 5000 条以上的；（2）拨打诈骗电话 500 人次以上的；（3）诈骗手段恶劣、危害严重的。实施前款规定行为，数量达到前款第（1）（2）项规定标准 10 倍以上的，或者诈骗手段特别恶劣、危害特别严重的，应当认定为《刑法》第 266 条规定的"其他特别严重情节"，以诈骗罪（未遂）定罪处罚。

从以上规定可以看出，骗取公私财物数额的多少以及情节是否恶劣是构成犯罪与否的重要标准。对于骗取公私财物，尚不够刑事处罚，构成违反治安管理行为的，依照本法规定给予治安管理处罚。

## 89. 敲诈勒索的违反治安管理行为与敲诈勒索罪的区别

敲诈勒索罪，是指以非法占有为目的，对被害人实施威胁或者要挟的方法，强行索取数额较大或者多次敲诈勒索公私财物的行为。需要注意的是，2011 年 2 月 25 日通过的《刑法修正案（八）》对《刑法》第 274 条规定的敲诈勒索罪作出了修改：将敲诈勒索罪的构成条件由"数额较大"修改为

"数额较大或者多次敲诈勒索";将敲诈勒索罪的法定最高刑由10年有期徒刑提高到15年有期徒刑;并增加罚金刑。最新条文为:"敲诈勒索公私财物,数额较大或者多次敲诈勒索的,处三年以下有期徒刑、拘役或者管制,并处或者单处罚金;数额巨大或者有其他严重情节的,处三年以上十年以下有期徒刑,并处罚金;数额特别巨大或者有其他特别严重情节的,处十年以上有期徒刑,并处罚金。"

对于敲诈勒索公私财物数额较大的认定,2013年4月23日最高人民法院、最高人民检察院公布的《关于办理敲诈勒索刑事案件适用法律若干问题的解释》规定,敲诈勒索公私财物"数额较大",以2000元至5000元为起点。各省、自治区、直辖市高级人民法院、人民检察院可以根据本地区经济发展状况和社会治安状况,在上述规定的数额幅度内,共同研究确定本地区执行的具体数额标准,报最高人民法院、最高人民检察院批准。

而对于多次敲诈勒索的行为,即使敲诈勒索的财物数额没有较大的标准,也应当依法定罪处罚。

**配套**

《违反公安行政管理行为的名称及其适用意见》第101-106条;《刑法》第263-267、274、275条

## 第四节 妨害社会管理的行为和处罚

**第五十条 【对拒不执行紧急状态决定、命令和阻碍执行公务的处罚】**有下列行为之一的,处警告或者二百元以下罚款;情节严重的,处五日以上十日以下拘留,可以并处五百元以下罚款:

(一)拒不执行人民政府在紧急状态情况下依法发布的决定、命令的;

(二)阻碍国家机关工作人员依法执行职务的;

(三)阻碍执行紧急任务的消防车、救护车、工程抢险车、警车等车辆通行的;

(四)强行冲闯公安机关设置的警戒带、警戒区的。

阻碍人民警察依法执行职务的,从重处罚。

**注解**

紧急状态是指当国家或国家中的某一地区出现暴乱、动乱或者大规模传染性疾病、疫情,国家有关机关依法宣布该国家或者该地区进入紧急状态,同时采取必要措施来应对危机。进入紧急状态后,有关国家机关必然要发布一些紧急状态情况下的决定和命令,这些决定和命令可能会对公民的人身自由和财产作出一定限制,但为了维护国家和地区的稳定,为了维护公共利益,公民对此负有容忍和遵守的义务。

"国家机关工作人员依法执行职务"是指国家立法机关、行政机关以及司法机关等单位的工作人员,依照法律规定,执行职务。如人民警察维护道路交通秩序,依法对犯罪嫌疑人进行逮捕,税务机关的工作人员依法征税等行为,都属于国家机关工作人员依法执行职务的行为。"阻碍"行为表现为拒绝、阻碍国家机关工作人员依法执行职务。此外,行为人主观上必须出于故意,即行为人明知对方是国家机关工作人员而拒绝。

依据我国有关法律法规的规定,消防车、救护车、警车等车辆在执行紧急任务的过程中享有优先通行权,其目的就是最大限度地挽回人民群众的损失,保障人民群众的合法权益。

公安机关在执行某些特定职务的过程中,为了确保公共场所或者大型活动的安全,需要设置警戒带和警戒区。这些警戒带和警戒区给附近居民和来往行人的生活可能会带来一些不便,但是公民有遵守和容忍的义务。因此,强行冲闯公安机关设置的警戒带、警戒区的行为,应当受到处罚。

同时,需要注意的是,2020年12月26日《刑法修正案(十一)》对《刑法》第277条第5款作了修改:"暴力袭击正在依法执行职务的人民警察的,处三年以下有期徒刑、拘役或者管制;使用枪支、管制刀具,或者以驾驶机动车撞击等手段,严重危及其人身安全的,处三年以上七年以下有期徒刑。"具体规定了暴力袭警罪的法定刑。

**应用**

**90. 阻碍执行公务的违反治安管理行为与妨害公务罪的区别**

阻碍执行公务行为和妨害公务罪的主要区别是:(1)行为的客体和对象

不同。阻碍执行公务的违反治安管理行为的客体是国家机关进行社会管理的正常活动，行为的对象是国家机关工作人员；妨害公务罪的客体是国家机关、红十字会等正常的公务活动，行为的对象是依法执行职务、履行职责的国家机关工作人员、人大代表、红十字会工作人员、国家安全机关、公安机关工作人员。(2) 行为的客观方面不同。阻碍执行公务的违反治安管理行为在行为上没有使用暴力、威胁方法，行为结果如何不影响行为的成立；而妨害公务罪在客观方面分三种情况：一是阻碍国家机关工作人员、人大代表依法执行职务，必须以暴力、威胁方法进行阻碍；二是阻碍红十字会工作人员依法履行职责，必须是在自然灾害和突发事件中，并使用暴力、威胁方法；三是故意阻碍国家安全机关、公安机关依法执行国家安全工作任务，虽未使用暴力、威胁方法，但造成严重后果的。

**配套**

《违反公安行政管理行为的名称及其适用意见》第107-110条；《刑法》第277条

**第五十一条 【对招摇撞骗行为的处罚】**冒充国家机关工作人员或者以其他虚假身份招摇撞骗的，处五日以上十日以下拘留，可以并处五百元以下罚款；情节较轻的，处五日以下拘留或者五百元以下罚款。

冒充军警人员招摇撞骗的，从重处罚。

**注解**

国家机关工作人员，是指国家立法、行政、司法等部门中依法代表国家履行公务的工作人员。冒充国家机关工作人员的"冒充"包括两种情况：一是指行为人本身并不具备国家机关工作人员的身份，而是通过一定的方式，以国家机关工作人员的名义对外开展活动。该特定的方式可以包括口头宣称自己是国家机关工作人员；或者通过伪造、变造有关公文、身份证件以及其他证明文件等方式，证明自己是国家机关工作人员；二是行为人本身是国家机关工作人员，但是其冒充其他国家机关工作人员的身份或者职位，尤其是冒充比其本人身份或者职位更高或者更重要的国家机关工作人员。招摇撞骗，是指行为人为了达到骗取财物、吃喝以及其他非法目的，或者为了谋取其他非法利益，利用其假冒的国家工作人员的特殊身份，向他人炫耀，骗取他人信任，从而骗取他人财物或者其他利益的行为。"以其他身份招摇撞骗"是指除冒充国家机关工作人员的情形以外，行为人借助于其他虚假的身份来实施招摇撞骗行为。例如，社会无业游民编造虚假的学历证明，冒充某著名高校的博士毕业生到另一地的高校求职；某人冒充我国革命战争年代某著名将领的后人来骗取钱财等，都是属于此类行为。

军警人员即军人和警察。所谓"军人"，是指中国人民解放军和武警部队的现役军（警）官、文职干部、士兵、具有军籍的学员以及执行军事任务的预备役人员和其他人员。所谓"警察"，是指公安机关、国家安全机关、监狱等机关的人民警察和人民法院、人民检察院的司法警察。只要行为人冒充的国家机关工作人员身份是上述军警人员，就从重处罚。

**应 用**

**91. 招摇撞骗行为与诈骗行为的区别**

二者的主要区别是：（1）侵犯的客体不同。招摇撞骗行为侵犯的客体主要是国家机关的威信及其正常活动；诈骗行为侵犯的客体仅限于公私财物的所有权。（2）客观方面不一样。招摇撞骗的客观方面表现为冒充国家机关工作人员和其他虚假的身份进行诈骗；诈骗行为则是编造虚假理由或者隐瞒事实真相来骗取公私财物。（3）主观方面不一样。招摇撞骗行为的主观目的是追求非法利益，包括非法占有公私财物，也包括骗取其他非法利益；诈骗行为的主观目的只是非法占有公私财物。

**92. 招摇撞骗的违反治安管理行为与招摇撞骗罪的区别**

招摇撞骗行为和招摇撞骗罪有共同的行为方式，二者的区别在于：一是行为的情节和危害后果的不同，冒充国家机关工作人员招摇撞骗情节轻微，危害不大的属于违反治安管理行为；情节严重，危害较大的，则构成招摇撞骗罪，应依据刑法追究刑事责任。二是冒充的对象不一样，招摇撞骗罪冒充的对象仅限于国家机关工作人员；而招摇撞骗行为的冒充对象除了国家机关工作人员外，还包括医生、记者、教授等其他人员。

**第五十二条 【对伪造、变造、买卖公文、证件、票证行为的处罚】**有下列行为之一的，处十日以上十五日以下拘留，可以并处一千元以下罚款；情节较轻的，处五日以上十日以下拘留，可以并处五百元以下罚款：

（一）伪造、变造或者买卖国家机关、人民团体、企业、事业单位或者其他组织的公文、证件、证明文件、印章的；

（二）买卖或者使用伪造、变造的国家机关、人民团体、企业、事业单位或者其他组织的公文、证件、证明文件的；

（三）伪造、变造、倒卖车票、船票、航空客票、文艺演出票、体育比赛入场券或者其他有价票证、凭证的；

（四）伪造、变造船舶户牌，买卖或者使用伪造、变造的船舶户牌，或者涂改船舶发动机号码的。

**注解**

伪造，是指无权制作公文、证件、证明文件、印章、有价票证、凭证、船舶户牌的人，非法制作国家机关、人民团体、企业、事业单位或者其他组织的公文、证件、证明文件、印章、有价票证、凭证、船舶户牌的行为。变造，是指采用涂改、擦消、拼接等方法，对真实合法的公文、证件、证明文件、印章、有价票证、凭证、船舶户牌等进行改造，变更其原来真实内容的行为。倒卖，是指为了某种目的，非法购买或销售国家机关、人民团体、企业、事业单位或者其他组织的公文、证件、证明文件、印章、有价票证、凭证、船舶户牌的行为。

此外，《刑法修正案（九）》将《刑法》第280条修改为："伪造、变造、买卖或者盗窃、抢夺、毁灭国家机关的公文、证件、印章的，处三年以下有期徒刑、拘役、管制或者剥夺政治权利，并处罚金；情节严重的，处三年以上十年以下有期徒刑，并处罚金。伪造公司、企业、事业单位、人民团体的印章的，处三年以下有期徒刑、拘役、管制或者剥夺政治权利，并处罚金。伪造、变造、买卖居民身份证、护照、社会保障卡、驾驶证等依法可以用于证明身份的证件的，处三年以下有期徒刑、拘役、管制或者剥夺政治权利，并处罚金；情节严重的，处三年以上七年以下有期徒刑，并处罚金。"之后，伪造驾驶证、社会保障卡等也依法入罪，注意区分治安管理处罚行为和犯罪行为。

**应用**

93. 伪造、变造、倒卖有价票证、凭证的违反治安管理行为与伪造、倒卖伪造的有价票证罪和倒卖车票、船票罪的区别

本行为和《刑法》第227条规定的伪造、倒卖伪造的有价票证罪、倒卖车票罪、船票罪的区别是：（1）倒卖车票、船票以外的其他有价票证、凭证不构成犯罪，只构成违反治安管理行为；（2）情节严重、数额较大是罪与非罪的主要界限。情节严重，一般是指倒卖车票、船票的数量较大，或者倒卖车票、船票获利数量较大，或者倒卖车票、船票经多次处理屡教不改的等。1999年9月6日最高人民法院公布的《关于审理倒卖车票刑事案件有关问题的解释》规定：高价、变价、变相加价倒卖车票或者倒卖坐席、卧铺签字号及订购车票凭证，票面数额在5000元以上，或者非法获利数额在2000元以上的，构成《刑法》第227条第2款规定的"倒卖车票情节严重"。对于铁路职工倒卖车票或者与其他人员勾结倒卖车票；组织倒卖车票的首要分子；曾因倒卖车票受过治安处罚两次以上或者被劳动教养一次以上，两年内又倒卖车票，构成倒卖车票罪的，依法从重处罚。此外，《最高人民检察院公安部关于公安机关管辖的刑事案件立案追诉标准的规定（一）》第30条也规定："倒卖车票、船票或者倒卖车票坐席、卧铺签字号以及订购车票、船票凭证，涉嫌下列情形之一的，应予立案追诉：（一）票面数额累计五千元以上的；（二）非法获利累计二千元以上的；（三）其他情节严重的情形。"

**第五十三条　【对船舶擅自进入禁、限入水域或岛屿行为的处罚】**船舶擅自进入、停靠国家禁止、限制进入的水域或者岛屿的，对船舶负责人及有关责任人员处五百元以上一千元以下罚款；情节严重的，处五日以下拘留，并处五百元以上一千元以下罚款。

**注解**

从本条规定的行为的特征来看，船舶擅自进入禁、限入水域或岛屿的行为包括两种类型：一是擅自进入国家禁止、限制进入的水域。该特定的水域可能是有关法律、行政法规规定禁止或者限制进入的水域，也有可能是为了

特定的需要，例如防洪安全、桥梁安全等的需要而由交通或者水利管理部门临时规定禁止或者限制进入的水域；二是船舶在国家限制禁止的水域靠岸或者在国家限制进入的岛屿停靠。禁止停靠的原因可能是涉及国防安全，也可能是涉及海洋自然资源的保护等等。此违法行为的主体即处罚对象是船舶的负责人及有关责任人员。船舶包括在我国领海海域内或内水水域停泊、航行和从事生产作业的各类船舶。我国军用船舶、公务执法船舶以及国家另有规定的除外。而且，因为避险或者不可抗力的原因进入或者停靠禁止、限制进入的水域或者岛屿，在原因消除后立即离开，抵港后及时向公安边防部门报告的，不构成该行为。

### 配套

《违反公安行政管理行为的名称及其适用意见》第118条

**第五十四条** 【对违法设立社会团体行为的处罚】有下列行为之一的，处十日以上十五日以下拘留，并处五百元以上一千元以下罚款；情节较轻的，处五日以下拘留或者五百元以下罚款：

（一）违反国家规定，未经注册登记，以社会团体名义进行活动，被取缔后，仍进行活动的；

（二）被依法撤销登记的社会团体，仍以社会团体名义进行活动的；

（三）未经许可，擅自经营按照国家规定需要由公安机关许可的行业的。

有前款第三项行为的，予以取缔。

取得公安机关许可的经营者，违反国家有关管理规定，情节严重的，公安机关可以吊销许可证。

### 注解

社会团体，是指中国公民自愿组成，为实现会员共同意愿，按照其章程开展活动的非营利性社会组织，如各种协会、联合会、商会等。在我国境内成立社会团体，必须向民政部门提出申请，由民政部门依据有关法律、法规的规定进行审查批准后，才能开展活动。因此本条第1款规定的三种情形都是违反国家关于社会团体登记管理的规定的行为,对此应当予以行政处罚。

本条第2款是关于取得公安机关许可的经营者违反有关规定,公安机关可以吊销许可证的规定。在实践中,经营旅馆、典当、保安服务及废旧物品回收等行业,需要根据国家有关规定,得到公安机关的许可。如果得不到许可则不得营业。

### 应用

94. 在处理非法社团问题上如何与民政部门分工

《社会团体登记管理条例》第32条规定,未经登记擅自以社会团体名义进行活动,以及被主管部门撤销登记的社会团体继续以社会团体名义进行活动的,由登记机关予以取缔,没收非法财产。由此可见,取缔非法社团的职责在于民政部门,公安机关的职责是依照本法对非法社团给予治安管理处罚。即对违反国家规定,未经注册登记,以社会团体名义进行活动,被民政部门取缔后,仍进行活动的和被民政部门依法撤销登记的社会团体,仍以社会团体名义进行活动的,由公安机关依照本条规定予以处罚。

### 配套

《公安机关执行〈中华人民共和国治安管理处罚法〉有关问题的解释》第4、6条;《违反公安行政管理行为的名称及其适用意见》第119-120条

**第五十五条 【对非法集会、游行、示威行为的处罚】**煽动、策划非法集会、游行、示威,不听劝阻的,处十日以上十五日以下拘留。

### 注解

在本条规定中,所谓"非法的"集会、游行、示威活动,主要就是指违反《集会游行示威法》的有关规定举行的集会、游行、示威活动,包括未经批准组织的集会、游行、示威活动以及在集会、游行、示威活动过程中,出现违反法律、法规规定的过激行为,包括借助集会、游行、示威活动之机,打、砸、抢夺公私财物,侵害他人的人身财产权利或者有其他破坏社会秩序的行为。

## 应用

**95. 构成非法集会、游行、示威行为的条件有哪些**

构成本条规定的违反治安管理行为必须符合以下几个条件：一是行为人实施了煽动或者策划集会、游行、示威的行为；二是该集会、游行或者示威活动必须是非法的，也就是违反了宪法以及集会游行示威法等有关法律的规定，未经有关主管部门批准；三是行为人"不听劝阻"，也就是在公安机关在对行为人的煽动或者策划行为提出批评、警告或者责令其立即停止煽动或者策划活动之后，行为人依然我行我素，继续实施违法行为。上述三方面的条件必须同时具备，才能构成本条规定的违反治安管理行为。

**96. 哪些集会、游行、示威活动是非法的**

《集会游行示威法》第12条规定："申请举行的集会、游行、示威，有下列情形之一的，不予许可：（一）反对宪法所确定的基本原则的；（二）危害国家统一、主权和领土完整的；（三）煽动民族分裂的；（四）有充分根据认定申请举行的集会、游行、示威将直接危害公共安全或者严重破坏社会秩序的。"依据《集会游行示威法》第7条规定，未经主管机关许可举行集会、游行、示威活动也是非法的。《最高人民检察院公安部关于公安机关管辖的刑事案件立案追诉标准的规定（一）》第38条至第40条规定：举行集会、游行、示威，未依照法律规定申请或者申请未获许可，或者未按照主管机关许可的起止时间、地点、路线进行，又拒不服从解散命令，严重破坏社会秩序的，应予立案追诉。违反法律规定，携带武器、管制刀具或者爆炸物参加集会、游行、示威的，应予立案追诉。扰乱、冲击或者以其他方法破坏依法举行的集会、游行、示威，造成公共秩序严重混乱的，应予立案追诉。

**第五十六条 【对旅馆工作人员违反规定行为的处罚】** 旅馆业的工作人员对住宿的旅客不按规定登记姓名、身份证件种类和号码的，或者明知住宿的旅客将危险物质带入旅馆，不予制止的，处二百元以上五百元以下罚款。

旅馆业的工作人员明知住宿的旅客是犯罪嫌疑人员或者被公安机关通缉的人员，不向公安机关报告的，处二百元以上五百元以下罚款；情节严重的，处五日以下拘留，可以并处五百元以下罚款。

> **注解**

旅馆接待旅客住宿必须登记。登记时，应当查验旅客的身份证件，按规定的项目如实登记。登记的内容包括旅客的姓名、身份证件种类和号码。接待境外旅客住宿，还应当在 24 小时内向当地公安机关报送住宿登记表。此外，根据《旅馆业治安管理办法》第 9 条的规定，旅馆工作人员发现违法犯罪分子，形迹可疑的人员和被公安机关通缉的罪犯，应当立即向当地公安机关报告，不得知情不报或隐瞒包庇。这是旅馆业工作人员的义务，违反此义务的应当接受处罚。

> **配套**

《旅馆业治安管理办法》第 9 条；《违反公安行政管理行为的名称及其适用意见》第 123-125 条

**第五十七条　【对违法出租房屋行为的处罚】**房屋出租人将房屋出租给无身份证件的人居住的，或者不按规定登记承租人姓名、身份证件种类和号码的，处二百元以上五百元以下罚款。

房屋出租人明知承租人利用出租房屋进行犯罪活动，不向公安机关报告的，处二百元以上五百元以下罚款；情节严重的，处五日以下拘留，可以并处五百元以下罚款。

> **注解**

根据公安部 1995 年 3 月颁布的《租赁房屋治安管理规定》，房屋出租人承担以下义务：（1）不准将房屋出租给无合法有效证件的承租人；（2）必须准确登记承租人身份证的号码和种类；（3）明知承租人是利用出租房屋进行犯罪活动的，必须向公安机关报告。本条即是据此规定的三项违法出租房屋的行为。

> **应用**

**97.《租赁房屋治安管理规定》如何具体规定公安机关对房屋租赁的治安管理工作**

公安部于 1995 年 3 月 6 日颁布了《租赁房屋治安管理规定》，依据该规定，公安机关对租赁房屋实行治安管理，建立登记、安全检查等管理制度。

房屋出租人不得将房屋出租给无合法有效证件的承租人；房屋出租人应当与承租人签订租赁合同，承租人是外来暂住人员的，应当带领其到公安派出所申报暂住户口登记，并办理暂住证；房屋出租人对承租人的姓名、性别、年龄、常住户口所在地、职业或者主要经济来源、服务处所等基本情况进行登记并向公安派出所备案；房屋出租人发现承租人有违法犯罪活动或者有违法犯罪嫌疑的，应当及时报告公安机关。房屋出租人发现承租人有违法犯罪活动或者违法犯罪嫌疑的，应当报告公安机关。此要求有两个条件：一是承租人利用出租房屋所进行的活动是犯罪活动，例如，利用出租人的房屋大量生产、加工毒品或者有毒、有害物质或者开设赌场等。如果承租人利用出租房屋所进行的活动只是一般的违法活动，则出租人没有向公安机关报告的义务；二是出租人必须"明知"，即出租人知道承租人利用了其房屋从事犯罪活动，如果出租人不知道承租人的此种情况，自然也不存在向公安机关报告的事由，也就不应当承担相应的治安管理处罚。

98. 承租人利用租赁房屋进行的违法行为，出租人是否要向公安机关报告

依据本条之规定，出租人承担报告义务的前提条件是承租人利用出租房屋所进行的活动是犯罪活动或者有违法犯罪嫌疑，对于一般的违法行为，出租人并不承担报告义务，而且出租人不报告的，不应当依据本条对其进行处罚。

**第五十八条【对制造噪声干扰他人生活行为的处罚】**违反关于社会生活噪声污染防治的法律规定，制造噪声干扰他人正常生活的，处警告；警告后不改正的，处二百元以上五百元以下罚款。

> 注 解

此处的噪声指的是社会生活噪声。社会生活噪声，是指人为活动所产生的除工业噪声、建筑施工噪声和交通运输噪声之外的干扰周围生活环境的声音。噪声声源主要包括商业经营活动、娱乐场所、家庭使用的各种音响器材，如音箱、高音喇叭、乐器等，音量过大或者在休息时间装修房屋噪声过大，影响他人正常休息等。行为人在主观上是故意或者过失都可以，只要干

扰了他人的正常生活就构成本行为。

**第五十九条** 【对违法典当、收购行为的处罚】有下列行为之一的，处五百元以上一千元以下罚款；情节严重的，处五日以上十日以下拘留，并处五百元以上一千元以下罚款：

（一）典当业工作人员承接典当的物品，不查验有关证明、不履行登记手续，或者明知是违法犯罪嫌疑人、赃物，不向公安机关报告的；

（二）违反国家规定，收购铁路、油田、供电、电信、矿山、水利、测量和城市公用设施等废旧专用器材的；

（三）收购公安机关通报寻查的赃物或者有赃物嫌疑的物品的；

（四）收购国家禁止收购的其他物品的。

**注解**

根据中国人民银行1996年4月3日发布的《典当行管理暂行办法》规定，典当业，是指以实物占有权转移形式为非国有中、小企业和公民个人提供临时性质押贷款的特殊金融行业。由于典当行业容易被违法犯罪分子利用进行销赃活动，为了加强治安管理，保护群众的合法利益和典当行的合法经营，将其纳入特种行业管理。

**应用**

99. 本条规定与《典当管理办法》的关系及冲突适用

2005年2月9日商务部、公安部联合发布了《典当管理办法》，该办法对典当业的规范管理做了全面的规定，商务主管部门对典当业实施监督管理，公安机关对典当业进行治安管理。

办理出当与赎当，当户均应当出具本人的有效身份证件。当户为单位的，经办人员应当出具单位证明和经办人的有效身份证件；委托典当中，被委托人应当出具典当委托书、本人和委托人的有效身份证件。此外，出当时，当户应当如实向典当行提供当物的来源及相关证明材料。典当行应当查验当户出具的上述证明文件。典当行发现公安机关通报协查的人员或者赃物以及其他不得收当的财物的，应当立即向公安机关报告有关情况。本条规定基本上吸收了典当管理办法的上述规定，并作了补充和完善。与典当管理办法相比较，本条规定新增了典当业工作人员在明知是违法犯罪嫌疑人、赃物时，应当向公安机关报告的义务。其中，针对同样的违法行为，典当管理办法与本法规定的处罚规定不一致的，应当以本法的规定为准。

**100. 典当行不得收当哪些财物**

典当行不得收当下列财物：（1）依法被查封、扣押或者已经被采取其他保全措施的财产；（2）赃物和来源不明的物品；（3）易燃、易爆、剧毒、放射性物品及其容器；（4）管制刀具，枪支、弹药，军、警用标志、制式服装和器械；（5）国家机关公文、印章及其管理的财物；（6）国家机关核发的除物权证书以外的证照及有效身份证件；（7）当户没有所有权或者未能依法取得处分权的财产；（8）法律、法规及国家有关规定禁止流通的自然资源或者其他财物。

**配 套**

《典当管理办法》；《违反公安行政管理行为的名称及其适用意见》第130-134条

**第六十条 【对妨害执法秩序行为的处罚】**有下列行为之一的，处五日以上十日以下拘留，并处二百元以上五百元以下罚款：

（一）隐藏、转移、变卖或者损毁行政执法机关依法扣押、查封、冻结的财物的；

（二）伪造、隐匿、毁灭证据或者提供虚假证言、谎报案情，影响行政执法机关依法办案的；

（三）明知是赃物而窝藏、转移或者代为销售的；

（四）被依法执行管制、剥夺政治权利或者在缓刑、暂予监外执行中的罪犯或者被依法采取刑事强制措施的人，有违反法律、行政法规或者国务院有关部门的监督管理规定的行为。

**注解**

　　隐藏、转移、变卖或者损毁行政执法机关依法扣押、查封、冻结的财物的行为。行政机关在依法强制执行的过程中，可以采取必要的行政强制措施，例如对财产的查封、扣押，对违法行为人在银行的账户予以冻结等。对于已经采取行政强制措施的财物，非经行政执法机关的同意，任何人不得随意变动、处置，否则侵犯了执法行政机关的办案权。行为人实施隐藏、转移、变卖或者损毁的行为，构成对行政机关权利的蔑视，应当受到处罚。

　　伪造、隐匿、毁灭证据或者提供虚假证言、谎报案情，影响行政执法机关依法办案的行为。行政执法机关在其执法活动过程中，为了调查案件的需要，往往要向有关的行政相对人调查取证，公民有如实作证的义务，这种如实作证的义务，一方面是基于法律的规定，另一方面也是行政执法活动的客观需要。有关单位和个人不履行法定义务的，应当依法承担相应的法律责任。从本项条文的规定来看，实际上包含三方面的行为，一是伪造、隐匿、毁灭证据；二是提供虚假证言；三是谎报案情。这三方面的行为只有足以影响行政执法机关依法办案的，才能予以处罚。

　　明知是赃物而窝藏、转移或者代为销售的行为。在本项规定中，所谓"赃物"，是指行为人利用非法手段取得的各种物品、资料，包括以抢劫、抢夺、诈骗、敲诈勒索和偷盗、哄抢等方式取得的各种物品。"窝藏"，是指明知是赃物，而帮助违法行为人把物品隐藏起来，以防止失主或者公安机关查询的行为；"转移"，是指变更赃物所在的位置，使得公安机关等部门无法有效地追查赃物的行为；"代为销售"，是指接受赃物拥有人的委托，意图将赃物卖出去的行为。

**应用**

### 101. 非法处置扣押、查封、冻结的违反治安管理行为与非法处置查封、扣押、冻结的财产罪的区别

　　二者的主要区别是非法处置的对象不一样，非法处置查封、扣押、冻结的财产罪的非法处置对象仅限于司法机关查封、扣押、冻结的财产，而不包括行政执法机关查封、扣押、冻结的财产。而本行为非法处置的对象仅限于行政执法机关查封、扣押、冻结的财产，不包括司法机关查封、扣押、冻结的财产。

## 102. 窝藏、转移或者代为销售赃物的违反治安管理行为与窝藏、转移、收购、销售赃物罪的区别是什么

《刑法》第 312 条规定："明知是犯罪所得及其产生的收益而予以窝藏、转移、收购或者代为销售或者以其他方法掩饰、隐瞒的，处三年以下有期徒刑、拘役或者管制，并处或者单处罚金……"

区分二者的关键在于行为情节和危害后果，如果行为涉及的赃物数量较大，或者造成其他严重后果的，则应依法追究刑事责任，否则以违反治安管理行为论处。

### 配套

《违反公安行政管理行为的名称及其适用意见》第 135—140 条；《刑法》第 312、314 条

## 第六十一条 【对协助组织、运送他人偷越国（边）境行为的处罚】协助组织或者运送他人偷越国（边）境的，处十日以上十五日以下拘留，并处一千元以上五千元以下罚款。

### 注解

所谓"组织他人偷越国（边）境"是指未经办理有关出国、出境证件和手续，领导、策划、组织他人偷越国境、边境或者在首要分子指挥下，实施拉拢、引诱、介绍他人偷越国境、边境的行为。所谓"协助"，主要是指为犯罪分子组织或者运送他人偷越国（边）境的犯罪行为提供帮助或者便利条件。例如，负责为犯罪分子通风报信、侦查国境或者边境地形、帮助伪造出入境人员的身份证件等。

### 应用

## 103. 协助组织他人偷越国（边）境行为与组织他人偷越国（边）境罪的区别

我国《刑法》第 318 条规定："组织他人偷越国（边）境的，处二年以上七年以下有期徒刑，并处罚金；有下列情形之一的，处七年以上有期徒刑或者无期徒刑，并处罚金或者没收财产：（一）组织他人偷越国（边）境集团的首要分子；（二）多次组织他人偷越国（边）境或者组织他人偷越国

（边）境人数众多的；（三）造成被组织人重伤、死亡的；（四）剥夺或者限制被组织人人身自由的；（五）以暴力、威胁方法抗拒检查的；（六）违法所得数额巨大的；（七）有其他特别严重情节。犯前款罪，对被组织人有杀害、伤害、强奸、拐卖等犯罪行为，或者对检查人员有杀害、伤害等犯罪行为的，依照数罪并罚的规定处罚。"

它们的主要区别在于行为人在违法活动中所起的作用和情节是否轻微。在组织他人偷越国（边）境的行为中，如果行为人只是起一般的协助作用，而且参与的次数少，协助组织偷越国（边）境的人数也少，则按违反治安管理行为处罚。

### 配套

《公安机关执行〈中华人民共和国治安管理处罚法〉有关问题的解释（二）》第9条

**第六十二条 【对偷越国（边）境行为的处罚】** 为偷越国（边）境人员提供条件的，处五日以上十日以下拘留，并处五百元以上二千元以下罚款。

偷越国（边）境的，处五日以下拘留或者五百元以下罚款。

### 注解

为偷越国（边）境人员提供条件，是指行为人为了达到帮助他人偷越国境、边境的目的，为其提供便利条件，包括为其办理护照、签证以及其他出入境证件，或者提供金钱、食宿、交通工具等条件。这里的提供可以是有偿的，也可以是无偿的，且本行为在情节上应是轻微的，否则就构成了犯罪行为。

偷越国（边）境，主要表现为行为人在边境口岸采取伪造、涂改、冒用出入境证件或者企图用蒙骗手段蒙混过关，偷越国境、边境，也可以是行为人在非边境口岸秘密出入国境、边境。本行为手段和方法多种多样，无论采取什么方法，只要实施了非法出入境行为的，都是属于偷越国（边）境的行为。

> 应用

**104. 偷越国（边）境的违反治安管理行为与偷越国（边）境罪的区别是什么**

我国《刑法》第322条规定了偷越国（边）境罪。二者的区别在于情节是否严重。根据2012年《最高人民法院、最高人民检察院关于办理妨害（边）境管理刑事案件应用法律若干问题的解释》，情节严重必须具备以下情形：（1）在境外实施损害国家利益行为的；（2）偷越国（边）境三次以上或者三人以上结伙偷越国（边）境的；（3）拉拢、引诱他人一起偷越国（边）境的；（4）勾结境外组织、人员偷越国（边）境的；（5）因偷越国（边）境被行政处罚后一年内又偷越国（边）境的；（6）其他情节严重的情形。

> 配套

《公安机关执行〈中华人民共和国治安管理处罚法〉有关问题的解释（二）》第9条

**第六十三条　【对妨害文物管理行为的处罚】**有下列行为之一的，处警告或者二百元以下罚款；情节较重的，处五日以上十日以下拘留，并处二百元以上五百元以下罚款：

（一）刻划、涂污或者以其他方式故意损坏国家保护的文物、名胜古迹的；

（二）违反国家规定，在文物保护单位附近进行爆破、挖掘等活动，危及文物安全的。

> 注解

本条规定的行为侵犯的客体是国家对文物、名胜古迹的管理秩序。此行为侵犯的对象是国家保护的文物和名胜古迹，例如，具有历史、艺术、科学价值的古文化遗址、古墓葬、古建筑、艺术品、图书资料等。具体来讲，本条规定的妨害文物管理的行为有：刻划、涂污国家保护的文物、名胜古迹的行为；以其他方式故意损坏国家保护的文物、名胜古迹的行为；违反国家规定，在文物保护单位附近进行爆破、挖掘等活动，危及文物安全的行为。可见这些规定都是行为犯，只要实施了违法行为，就应当承担责任，而不要求造成严重后果。

**第六十四条** 【对非法驾驶交通工具行为的处罚】有下列行为之一的，处五百元以上一千元以下罚款；情节严重的，处十日以上十五日以下拘留，并处五百元以上一千元以下罚款：

（一）偷开他人机动车的；

（二）未取得驾驶证驾驶或者偷开他人航空器、机动船舶的。

### 注解

"偷开"指在不为机动车、航空器、机动船舶所有人知晓的情况下，行为人秘密开走机动车、航空器、机动船舶，使其不受所有人控制的行为。

"未取得驾驶证驾驶"是指没有经过专门的训练，没有取得合法的驾驶机动车、航空器、机动船舶的专业驾驶证书而从事驾驶的行为。

### 应用

**105. 偷开机动车是否以占有为目的，具体情形包括哪些**

偷开并不以占有机动车、航空器、机动船舶为目的，行为人的动机一般是出于乐、好奇、摆阔气等，行为人往往在偷开取乐后，将其送回原处或随手丢弃，一般不构成盗窃罪。偷开机动车的行为有两种情形：第一种是指隐瞒车主偷拿钥匙去实施偷开的行为；第二种是撬开他人机动车车门或者趁车门没有锁实实施偷开的行为。在这两种情形下，即使当事人有合法的驾驶执照，也构成本条规定的违法行为。

**106. 偷开他人机动车与盗窃机动车有什么区别**

二者的区别主要在于行为人对于机动车是否具有非法占有的目的并实施了相应的行为。如果行为人将机动车私自开走后予以改装、变卖或者遗弃的，则构成盗窃罪。相反如果行为人在实施该行为时，不以非法占有为目的，并且事后将偷开的机动车放在原处的，应当按照偷开机动车的违反治安管理行为处罚。同时，依据《最高人民法院、最高人民检察院关于办理盗窃刑事案件适用法律若干问题的解释》第10条的规定："偷开机动车，导致车辆丢失的，以盗窃罪定罪处罚；为盗窃其他财物，偷开机动车作为犯罪工具使用后非法占有车辆,或者将车辆遗弃导致丢失的,被盗车辆的价值计入盗窃数额;为实施其他犯罪,偷开机动车作为犯罪工具使用后非法占有车辆,或者将车辆遗弃导致丢失的,以盗窃罪和其他犯罪数罪并罚;将车辆送回未造成丢失的,按照其所实施的其他犯罪从重处罚。"

**第六十五条 【对破坏他人坟墓、尸体和乱停放尸体行为的处罚】** 有下列行为之一的,处五日以上十日以下拘留;情节严重的,处十日以上十五日以下拘留,可以并处一千元以下罚款:

(一)故意破坏、污损他人坟墓或者毁坏、丢弃他人尸骨、骨灰的;

(二)在公共场所停放尸体或者因停放尸体影响他人正常生活、工作秩序,不听劝阻的。

### 注解

本条规定了妨碍尸体管理的三种行为:故意破坏、污损他人坟墓;毁坏、丢弃他人尸骨、骨灰;在公共场所停放尸体或者因停放尸体影响他人正常生活、工作秩序,不听劝阻。这三种行为虽然客观表现不同,行为对象不同,但均是出于主观故意。破坏他人坟墓是指挖掘、破坏他人坟墓、毁坏他人墓碑等行为。污损他人坟墓是指用污秽物品泼洒在他人的坟墓上,也包括污损他人墓碑的行为。毁坏、丢弃他人尸骨、骨灰是指将他人的尸骨进行破坏或者陈尸野外,将他人骨灰丢弃的行为。在公共场所停放尸体或者因停放尸体影响他人正常生活、工作秩序,不听劝阻的行为,不仅要有停放尸体的行为,该行为必须达到了足以影响他人的正常生活、工作秩序的程度,而且必须有不听他人或组织的劝阻的情节。

### 应用

**107. 如何区分故意破坏、污损他人坟墓的违反治安管理行为与盗掘古墓葬罪**

我国《刑法》第328条规定了盗掘古墓葬罪。盗掘具有历史、艺术、科学价值古文化遗址、古墓葬的,处3年以上10年以下有期徒刑,并处罚金;情节较轻的,处3年以下有期徒刑、拘役或者管制,并处罚金。故意破坏、污损他人坟墓行为与盗掘古墓葬行为有两个方面的不同：一是行为表现不同。盗掘是指以出卖或者非法占有为目的，私自秘密挖掘古墓葬的行为。破坏和污损是以毁损坟墓为目的。二是盗掘古墓葬的对象是具有历史、艺术、科学价值的古代墓葬。破坏和污损他人的坟墓是除去具有历史、艺术、科学价值的古墓葬以外的古代墓葬和现代墓葬。

**第六十六条 【对卖淫、嫖娼行为的处罚】** 卖淫、嫖娼的，处十日以上十五日以下拘留，可以并处五千元以下罚款；情节较轻的，处五日以下拘留或者五百元以下罚款。

在公共场所拉客招嫖的，处五日以下拘留或者五百元以下罚款。

### 注解

卖淫、嫖娼是不特定的异性之间或者同性之间以金钱、财物为媒介，发生性关系的行为，包括手淫、口淫、鸡奸等行为。客观上，卖淫嫖娼的行为可以发生在异性之间，也可以发生在同性之间，发生性行为的方式也有多种。但是要注意将此行为区别于一般娱乐业、饮食服务业等一些场所，为了招揽生意，引诱、组织一些女子同顾客进行不雅举动和行为，如进行猥亵行为，但是没有发生性关系，对这些行为就不应当按照卖淫嫖娼处理。

拉客招嫖行为，是指行为人在公共场所，如宾馆、饭店、娱乐场所、街道等区域，以语言挑逗或者肢体动作强拉硬拽等方式，意图使他人嫖娼的行为。构成该行为需要同时满足三个条件：公共场所、拉客、招嫖。

### 应用

**108. 如何认定情节较轻的卖淫、嫖娼行为**

认定卖淫、嫖娼行为的情节轻重，要从行为人的主观恶性、行为方式、行为地点、赢利情况等多方面加以考量。以卖淫人员为例，对行为人确因生活所迫，在公共场所以流动人口为卖淫对象，且所得不多的情况，应按照情节较轻的幅度处罚，并予以批评教育。对以卖淫为主要生活来源、有固定住所专门从事卖淫的，应从重处罚。同时，对已经给付钱物并着手实施，但尚未发生性关系；或者已经发生性关系，但尚未给付钱物的，也可以按照情节较轻的予以处罚。此外，对于被诱骗、胁迫卖淫的，以及因一时冲动而嫖娼，且认错态度较好、社会危害不大的，也可以按情节较轻的予以处罚。

### 109. 拉客招嫖行为与卖淫、嫖娼行为的区别

卖淫、嫖娼，是指以财物为媒介，发生不正当性关系的行为。行为主体之间主观上已经就卖淫、嫖娼达成一致，已经谈好价钱或者已经给付金钱、财物，并且着手实施，但由于本人主观意志以外的原因，尚未发生性关系的；或者已经发生性关系，但尚未给付金钱、财物的，都应当按卖淫、嫖娼行为依法处理。拉客，是指通过语言、动作等各种方式，拉拢、引诱他人的行为。这里要正确理解"拉"的含义，"拉"必须有主动的语言、动作，或者是反复纠缠的行为。招嫖，是指招引嫖娼、意图卖淫行为。意图卖淫，也就是本人通过拉拢、引诱等方法，与他人搭识、谈价，表达卖淫之目的。认定"招嫖"行为，只需要对其拉客"卖淫"的目的进行定性分析，不必形成事实的卖淫、嫖娼行为，其关键在于抓住"谈价"等能够体现"卖淫、嫖娼行为将不正当性关系商业化"这一本质特征。如果谈好价钱，着手实施但未发生关系的，属于情节较轻的卖淫、嫖娼行为；如果谈价未成，就符合"招嫖"行为的构成要件。

### 110. 抓获卖淫嫖娼人员时，需要在现场提取哪些证据

现场抓获卖淫嫖娼人员，应制作现场笔录，提取避孕工具、性药等物证和记载卖淫嫖娼款项账单等书证，有条件的话，应对现场进行录像和拍照；另外，可对现场执勤的民警制作笔录，了解现场抓获情况。

讯问笔录应当包括：违法行为发生的时间、地点、双方如何结识、讲价及交易的具体过程，嫖娼人员支付钱物的具体数额；卖淫人员主观上是否具有获取物质利益的故意；卖淫嫖娼人员是第几次卖淫嫖娼，是否有性病；若在娱乐场所卖淫的，还应写清楚该场所负责人与卖淫人员的关系，该场所是否与卖淫人员事先约定，以及避孕工具、性药等物品的来源；核实卖淫嫖娼人员的真实身份等。

需要说明的是，抓获卖淫嫖娼人员时，在现场提取的证据不仅是为了方便讯问，更主要的是作为案件定性的依据，这些证据必须与讯问笔录相互印证，是讯问笔录的佐证；二者与其他证据一起起着证明案件真实情况的作用。

**配套**

《违反公安行政管理行为的名称及其适用意见》第151-153条；《娱乐场所管理条例》第14条、第30条

**第六十七条　【对引诱、容留、介绍卖淫行为的处罚】**引诱、容留、介绍他人卖淫的，处十日以上十五日以下拘留，可以并处五千元以下罚款；情节较轻的，处五日以下拘留或者五百元以下罚款。

### 注解

引诱他人卖淫，是指行为人为了达到某种目的，以金钱诱惑或者通过宣扬腐朽生活方式等手段，诱使没有卖淫习性的人从事卖淫活动的行为。介绍他人卖淫，是指行为人为了获取非法利益，在卖淫者与嫖娼者之间牵线搭桥，使卖淫者与嫖客相识并进行卖淫嫖娼活动，俗称"拉皮条"。容留他人卖淫，是指行为人出于故意为卖淫嫖娼者的卖淫、嫖娼活动提供场所，使该活动得以进行的行为。容留他人卖淫的场所多种多样，如私人住宅、汽车、自己管理的饭店、宾馆等。容留他人卖淫的期限可以是长期的，如将房屋长期租给卖淫嫖娼者使用，也可以是短期的或者临时的。

### 应用

**111. 如何区分引诱、容留、介绍卖淫行为和引诱、容留、介绍卖淫罪**

我国《刑法》第359条规定："引诱、容留、介绍他人卖淫的，处五年以下有期徒刑、拘役或者管制，并处罚金；情节严重的，处五年以上有期徒刑，并处罚金。"引诱、介绍、容留卖淫行为和引诱、容留、介绍卖淫罪在行为上都表现为引诱、介绍、容留卖淫的行为，行为人的主观上都是出于故意，两者的区别主要在于情节轻微还是情节严重。《最高人民检察院公安部关于公安机关管辖的刑事案件立案追诉标准的规定（一）》第78条规定："引诱、容留、介绍他人卖淫，涉嫌下列情形之一的，应予立案追诉：（一）引诱、容留、介绍二人次以上卖淫的；（二）引诱、容留、介绍已满十四周岁未满十八周岁的未成年人卖淫的；（三）被引诱、容留、介绍卖淫的人患有艾滋病或者患有梅毒、淋病等严重性病。（四）其他引诱、容留、介绍卖淫应予追究刑事责任的情形。"

### 配套

《刑法》第358、359条

**第六十八条 【对传播淫秽信息行为的处罚】**制作、运输、复制、出售、出租淫秽的书刊、图片、影片、音像制品等淫秽物品或者利用计算机信息网络、电话以及其他通讯工具传播淫秽信息的，处十日以上十五日以下拘留，可以并处三千元以下罚款；情节较轻的，处五日以下拘留或者五百元以下罚款。

### 注解

"制作"，是指生产、录制、编写、翻译、绘画、印刷、刻印、摄制、洗印等行为。"运输"，是指利用飞机、火车、汽车、轮船等交通工具或采用随身携带的方式，将物品从一处运往另一处的行为。"复制"，是指通过翻印、翻拍、复印、复写、复录等方式重复制作的行为。"出售"，是指销售，包括批发和零售。"出租"，是指不改变物品所有权，以收取租金获利的行为。以上五种行为方式都是以淫秽物品为载体，侵犯社会管理秩序和良好社会风尚的行为。只要实施了其中的一种，便可以给予治安管理处罚。

### 应用

**112. 何谓淫秽书刊、图片、影片、音像制品等淫秽物品**

较详尽、具体地描写性行为的过程及其心理感受；具体描写通奸、淫乱、乱伦、强奸等过程细节，足以诱发犯罪的都属于淫秽物品，而有关人体的解剖生理知识、生育知识、疾病防治和其他有关性知识、性道德等自然科学和社会科学作品以及具有较高文学、艺术价值但有对性行为、色情等内容的文学、艺术作品不属于淫秽物品。

**113. 实践中传播淫秽信息的途径有哪些**

传播淫秽信息的行为侵犯的客体也是社会管理秩序和良好社会风尚。其行为方式呈多样化趋势，如利用网站、BBS、聊天室、FTP服务器、留言版、电子广告栏等计算机信息网络，或利用固定电话及其他通讯工具，传播淫秽信息。总体说来，传播淫秽信息的途径主要包括：一是计算机信息网络，即互联网。利用互联网，犯罪分子可以贩卖、张贴、发送淫秽的电影、表演、动画、声音、照片、文章、短信息等各种电子信息；利用聊天室、BBS、电子邮件等方式也可以实施该违法行为。二是利用移动通信终端实施的传播淫秽信息的行为，主要是发送淫秽的短信。三是利用声讯台，违法分子传播的主要是语音信息。

## 114. 如何区分制作、运输、复制、出售、出租淫秽物品行为和制作、复制、出版、贩卖、传播淫秽物品牟利罪

两者的相同点大致有两方面：一是主观方面都是故意，即明知是淫秽物品而有意进行制作等行为的主观心理状态。二是行为的对象都是淫秽物品。两者的区别有三个方面：一是前提不同，构成制作、复制、出版、贩卖、传播淫秽物品牟利罪，必须以牟利目的为前提，而制作、运输、复制、出售、出租淫秽物品行为既可以牟利为目的，也可不以牟利为目的。二是具体的行为不尽相同，除了运输行为外，总体而言，制作、运输、复制、出售、出租淫秽物品行为的行为形式包含于制作、复制、出版、贩卖、传播淫秽物品牟利罪的行为形式中。贩卖包括发行、批发、零售、盗卖等行为。出租只是传播的一种方式，传播还可以通过播放、出借、承运、邮寄等方式进行。三是情节不同。构成制作、复制、出版、贩卖、传播淫秽物品牟利罪的情节要重。《最高人民检察院公安部关于公安机关管辖的刑事案件立案追诉标准的规定（一）》第82条规定："以牟利为目的，制作、复制、出版、贩卖、传播淫秽物品，涉嫌下列情形之一的，应予立案追诉：（一）制作、复制、出版淫秽影碟、软件、录像带五十至一百张（盒）以上，淫秽音碟、录音带一百至二百张（盒）以上，淫秽扑克、书刊、画册一百至二百副（册）以上，淫秽照片、画片五百至一千张以上的；（二）贩卖淫秽影碟、软件、录像带一百至二百张（盒）以上，淫秽音碟、录音带二百至四百张（盒）以上，淫秽扑克、书刊、画册二百至四百副（册）以上，淫秽照片、画片一千至二千张以上的；（三）向他人传播淫秽物品达二百至五百人次以上，或者组织播放淫秽影、像达十至二十场次以上的；（四）制作、复制、出版、贩卖、传播淫秽物品，获利五千至一万元以上的。以牟利为目的，利用互联网、移动通讯终端制作、复制、出版、贩卖、传播淫秽电子信息，涉嫌下列情形之一的，应予立案追诉：（一）制作、复制、出版、贩卖、传播淫秽电影、表演、动画等视频文件二十个以上的；（二）制作、复制、出版、贩卖、传播淫秽音频文件一百个以上的；（三）制作、复制、出版、贩卖、传播淫秽电子刊物、图片、文章、短信息等二百件以上的；（四）制作、复制、出版、贩卖、传播的淫秽电子信息，实际被点击数达到一万次以上的；（五）以会员制方式出版、贩卖、传播淫秽电子信息，注册会员达二百人以上的；（六）利用淫秽电子信息收取广告费、会员注册费或者其他费用，违法所得一万元以上

的；(七) 数量或者数额虽未达到本款第 (一) 项至第 (六) 项规定标准，但分别达到其中两项以上标准的百分之五十以上的；(八) 造成严重后果的。利用聊天室、论坛、即时通信软件、电子邮件等方式，实施本条第二款规定行为的，应予立案追诉。以牟利为目的，通过声讯台传播淫秽语音信息，涉嫌下列情形之一的，应予立案追诉：(一) 向一百人次以上传播的；(二) 违法所得一万元以上的；(三) 造成严重后果的。明知他人用于出版淫秽书刊而提供书号、刊号的，应予立案追诉。"

### 配套

《刑法》第363-367条；《违反公安行政管理行为的名称及其适用意见》第155-156条；《互联网上网服务营业场所管理条例》第14条

**第六十九条　【对组织、参与淫秽活动的处罚】**有下列行为之一的，处十日以上十五日以下拘留，并处五百元以上一千元以下罚款：

(一) 组织播放淫秽音像的；
(二) 组织或者进行淫秽表演的；
(三) 参与聚众淫乱活动的。

明知他人从事前款活动，为其提供条件的，依照前款的规定处罚。

### 注解

组织播放淫秽音像，是指播放淫秽电影、录像、幻灯片、录音带、激光唱片、存储有淫秽内容的计算机软件等音像制品，并召集多人观看、收听的行为。这里要追究的是组织多人观看淫秽音像的播放者，而不是向个人播放淫秽音像制品或者参与观看的人。行为人组织播放行为并不是以营利为目的，其具体目的在认定本行为时并不考虑。另外，如果行为人播放淫秽物品给自己看而没有组织他人观看的行为的，不构成本行为。

组织淫秽表演，是指组织他人当众进行淫秽性的表演。组织行为是指策划表演的过程，纠集、招募、雇佣表演者，寻找、租用表演场地，招揽群众等组织演出的行为。进行淫秽表演，是指自己参与具体的淫秽表演。所谓淫秽表演，主要是指跳脱衣舞、裸体舞、性交表演、手淫口淫等表演。

聚众淫乱，是指在组织者或首要分子的组织、纠集下，多人聚集在一起进行淫乱活动，如进行性交表演、聚众奸宿等，且性别不限。因其造成非常不良的社会影响，伤风败俗，扰乱正常的社会管理秩序，应予惩罚。本行为处罚的对象是聚众淫乱活动的参加者，行为人参与的次数不能超过三次，超过的则构成了犯罪，对于组织者的，只要有组织行为即构成犯罪。

**应 用**

### 115. 如何区分组织播放淫秽音像行为和组织播放淫秽音像制品罪

我国《刑法》第364条第2款规定，组织播放淫秽的电影、录像等音像制品的，处3年以下有期徒刑、拘役或者管制，并处罚金。两者从行为方式、主观方面、行为对象等都完全一致，两者的区别在于违法情节不同。根据1998年最高人民法院颁布的《关于审理非法出版物刑事案件具体应用法律若干问题的解释》第10条第2款规定，组织播放淫秽的电影、录像等音像制品达15至30场次以上或者造成恶劣社会影响的，依照《刑法》第364条第2款的规定，以组织播放淫秽音像制品罪定罪处罚。此外，2008年最高人民检察院和公安部联合发布的《最高人民检察院公安部关于公安机关管辖的刑事案件立案追诉标准的规定（一）》第85条也规定："组织播放淫秽的电影、录像等音像制品，涉嫌下列情形之一的，应予立案追诉：（一）组织播放十五至三十场次以上的；（二）造成恶劣社会影响的。"未达到上述标准的，依据本条规定按照违反治安管理的行为处罚。

### 116. 如何区分组织或者进行淫秽表演行为与组织他人淫秽表演罪

《刑法》第365条规定，组织进行淫秽表演的，处3年以下有期徒刑、拘役或者管制，并处罚金；情节严重的，处3年以上10年以下有期徒刑，并处罚金。组织或者进行淫秽表演行为与组织他人淫秽表演罪有共同点，行为人在主观上都是故意，行为对象都是淫秽表演。两者的区别在于：一是违法行为不尽相同。组织他人淫秽表演罪中的违法行为是组织他人表演，并不包括淫秽表演的参与行为。换言之，淫秽表演的表演者不构成组织他人淫秽表演罪，对于既是组织者又是表演者的，应该按照组织者处理。二是情节轻重程度不同。组织他人进行淫秽表演的行为的情节比较轻，只有情节较重的才构成组织他人淫秽表演罪。此外，《最高人民检察院公安部关于公安机关管辖的刑事案件立案追诉标准的规定（一）》第86条规定："以策划、招募、强迫、雇佣、引诱、提供场地、提供资金等手段，组织进行淫秽表演，涉嫌下列情形之一的，应予立案追诉：（一）组织表演者进行裸体表演的；（二）组织表演者利用性器官进行诲淫性表演的；（三）组织表演者半裸体或者变相裸体表演并通过语言、动作具体描绘性行为的；（四）其他组织进行淫秽表演应予追究刑事责任的情形。"该规定为我们区分进行淫秽表演行为与组织他人淫秽表演罪提供了标准。

117. 如何区分参与聚众淫乱活动行为与聚众淫乱罪

《刑法》第301条第1款规定，聚众进行淫乱活动的，对首要分子或者多次参加的，处五年以下有期徒刑、拘役或者管制。只有首要分子或者多次参加聚众淫乱活动的人才构成聚众淫乱罪。对聚众淫乱活动的首要分子必须追究其刑事责任。这里的首要分子是指在聚众淫乱活动中起到策划、组织、指挥、纠集作用的为首分子。对于参与聚众淫乱活动的人员，是追究其聚众淫乱罪还是对其进行治安管理处罚，视违法情节而定，这里的违法情节主要是指参加聚众淫乱活动的次数，多次参加的，构成聚众淫乱罪，偶尔参加的，进行批评教育或者给予必要的治安管理处罚。《最高人民检察院公安部关于公安机关管辖的刑事案件立案追诉标准的规定（一）》第41条规定："组织、策划、指挥三人以上进行淫乱活动或者参加聚众淫乱活动三次以上的，应予立案追诉。"可见，参加聚众淫乱活动3次或者3次以上的，就构成聚众淫乱罪。

**第七十条 【对赌博行为的处罚】**以营利为目的，为赌博提供条件的，或者参与赌博赌资较大的，处五日以下拘留或者五百元以下罚款；情节严重的，处十日以上十五日以下拘留，并处五百元以上三千元以下罚款。

注解

本条规定了违反治安管理的两种有关赌博的行为，一是以营利为目的，为赌博提供条件的。行为人的主观动机是营利，客观行为表现为为赌博提供条件：第一，提供赌具，即提供麻将、牌九、纸牌、骰子、扑克等。第二，提供赌场，即为赌博份子提供进行赌博的场所。这些场所可以是行为人自己的家中，也可以在其亲戚朋友家，还可以是在办公室、仓库以及其他不容易被人发现但可用于赌博的场所。第三，提供赌资，即为赌博份子提供用于赌博的资金，一般情况下这种提供赌资行为都是有偿的，很多情况下都是高利贷。第四，为赌博活动提供其他便利条件的行为，如为赌博份子提供交通工具、食宿等便利条件的行为。

二是参与赌博赌资较大的行为，即行为人本人参加赌博，且赌资较大者。关于赌资较大的标准有待今后的立法予以确定。家庭成员、亲属之间在娱乐中带有少量财物输赢的活动，不以赌博论处。

**应用**

**118. 如何区分本条规定的赌博行为与赌博罪**

《刑法》第303条规定，以营利为目的，聚众赌博或者以赌博为业的，处3年以下有期徒刑、拘役或者管制，并处罚金。赌博行为与赌博罪都是以营利目的作为前提条件，涉及的都是赌博行为，尽管为赌博提供条件包含了聚众赌博和开设赌场行为，但两者在行为性质的恶性程度上不同。除了聚众赌博和开设赌场以外的为赌博提供条件的行为，都构成了本项所讲的赌博行为。

2005年最高人民法院、最高人民检察院颁布的《关于办理赌博刑事案件具体应用法律若干问题的解释》对聚众赌博作了界定：（1）组织3人以上赌博，抽头渔利数额累计达到5000元以上的；（2）组织3人以上赌博，赌资数额累计达到5万元以上的；（3）组织3人以上赌博，参赌人数累计达到20人以上的；（4）组织中华人民共和国公民10人以上赴境外赌博，从中收取回扣、介绍费的。

《最高人民检察院公安部关于公安机关管辖的刑事案件立案追诉标准的规定（一）》第43条规定："以营利为目的，聚众赌博，涉嫌下列情形之一的，应予立案追诉：（一）组织三人以上赌博，抽头渔利数额累计五千元以上的；（二）组织三人以上赌博，赌资数额累计五万元以上；（三）组织三人以上赌博，参赌人数累计二十人以上的；（四）组织中华人民共和国公民十人以上赴境外赌博，从中收取回扣、介绍费的；（五）其他聚众赌博应予追究刑事责任的情形。"

119. 无主赌资如何处理

赌博当场陈置于赌台上或存放在兑换筹码处无人认领的赌资，可先按所有参赌人员名义登记保存，待进一步查证。参与赌博的有关违法犯罪嫌疑人均不承认是属于自己所有的财物，应继续加大对有关违法犯罪嫌疑人的审查，同时注意搜集其他旁证，查清该财物的来源和归属。经查证，对的确属于无主赌资的，依据公安部《公安机关办理行政案件程序规定》第194条的规定，予以收缴。

### 配套

《刑法》第303条；《娱乐场所管理条例》第14条

**第七十一条 【对涉及毒品原植物行为的处罚】** 有下列行为之一的，处十日以上十五日以下拘留，可以并处三千元以下罚款；情节较轻的，处五日以下拘留或者五百元以下罚款：

（一）非法种植罂粟不满五百株或者其他少量毒品原植物的；

（二）非法买卖、运输、携带、持有少量未经灭活的罂粟等毒品原植物种子或者幼苗的；

（三）非法运输、买卖、储存、使用少量罂粟壳的。

有前款第一项行为，在成熟前自行铲除的，不予处罚。

### 注解

本条规定了针对毒品原植物进行违法活动的行为，其与刑法中规定的犯罪行为的不同在于数量少，因而不够刑事处罚。行为的方式主要有非法种植、买卖、携带、持有、储存、使用等，由于毒品原植物及其种子、幼苗，甚至罂粟壳都可以用来制造毒品，严重危害人身健康和社会安定，故应当对这些非法行为予以处罚。需要注意的是本条第2款的规定，毒品原植物成熟之前，不是在执法人员强制下铲除，而是自行铲除的，不予处罚。不予处罚，是指只要有本款规定的情形，一律不予处罚。

**应用**

120. 非法种植毒品原植物的违反治安管理行为与非法种植毒品原植物罪的区别

我国《刑法》第351条规定："非法种植罂粟、大麻等毒品原植物的，一律强制铲除。有下列情形之一的，处五年以下有期徒刑、拘役或者管制，并处罚金：（一）种植罂粟五百株以上不满三千株或者其他毒品原植物数量较大的；（二）经公安机关处理后又种植的；（三）抗拒铲除的。非法种植罂粟三千株以上或者其他毒品原植物数量大的，处五年以上有期徒刑，并处罚金或者没收财产。非法种植罂粟或者其他毒品原植物，在收获前自动铲除的，可以免除处罚。"可见，非法种植毒品原植物行为是否构成犯罪主要在于非法种植毒品原植物的数量以及其他情节是否严重。如果非法种植罂粟超过500株或者其他毒品原植物数量较大的，或者经公安机关处理后又种植的以及抗拒铲除的，构成非法种植毒品原植物罪。反之，构成非法种植毒品原植物的违反治安管理行为。

**第七十二条　【对毒品违法行为的处罚】**有下列行为之一的，处十日以上十五日以下拘留，可以并处二千元以下罚款；情节较轻的，处五日以下拘留或者五百元以下罚款：

（一）非法持有鸦片不满二百克、海洛因或者甲基苯丙胺不满十克或者其他少量毒品的；

（二）向他人提供毒品的；

（三）吸食、注射毒品的；

（四）胁迫、欺骗医务人员开具麻醉药品、精神药品的。

**注解**

本条规定的违法行为共有四类：一是非法持有毒品的行为。非法持有毒品的行为，指违反法律和有关国家规定，未经有权部门批准，占有、携带、贮存或者以其他方式持有少量毒品而尚不够刑事处罚的行为。行为人持有可以是带在自己身上，也可以是将毒品藏在某处，还可以是将毒品委托他人保管。二是向他人提供毒品的行为。该行为一般情况是指向他人免费提供毒品，如果行为人通过交易向他人提供毒品的，则构成贩毒罪；另一种向他人提供毒品的行为是指依法从事生产、运输、管理、使用国家管制的麻醉药品、精神药品的人员，违反国家规定，向吸食、注射毒品的人员提供能使人形成瘾癖的麻醉药品、精神药品，包括赠与和出售。三是吸食、注射毒品的行为。行为人的吸食、注射毒品的行为本身就具有违法性。如果是为了治疗疾病合理使用吗啡等药物的，则不构成违反治安管理的行为。四是胁迫、欺骗医务人员开具麻醉药品、精神药品的行为，比如胁迫医务人员开具度冷丁的行为。本条中毒品包括鸦片、海洛因、甲基苯丙胺、吗啡、大麻、可卡因以及国家规定管制的其他能够使人形成瘾癖的麻醉药品和精神药品。

**应用**

**121. 如何区分非法持有毒品的行为和非法持有毒品罪**

非法持有的毒品数量的多少是本项违反治安管理行为与非法持有毒品罪的区分界限。我国《刑法》第348条规定，非法持有鸦片200克以上不满1000克、海洛因或者甲基苯丙胺10克以上不满50克或者其他毒品数量较大的，处3年以下有期徒刑、拘役或者管制，并处罚金。根据2016年《最高人民法院关于审理毒品犯罪案件适用法律若干问题的解释》的规定，其他毒品数量较大是指以下内容："走私、贩卖、运输、制造、非法持有下列毒品，应当认定为刑法第三百四十七条第三款、第三百四十八条规定的'其他毒品数量较大'：（一）可卡因十克以上不满五十克；（二）3,4-亚甲二氧基甲基苯丙胺（MDMA）等苯丙胺类毒品（甲基苯丙胺除外）、吗啡二十克以上不满一百克；（三）芬太尼二十五克以上不满一百二十五克；（四）甲卡西酮四十克以上不满二百克；（五）二氢埃托啡二毫克以上不满十毫克；（六）哌替啶（度冷丁）五十克以上不满二百五十克；（七）氯胺酮一百克以上不满五百克；（八）美沙酮二百克以上不满一千克；（九）曲马多、γ-羟丁酸四百克以上不满二千克；（十）大麻油一千克以上不满五千克、大麻脂二千克以上不满十千克、大麻叶及大麻烟三十千克以上不满一百五十千克；（十一）可待因、丁丙诺啡一千克以上不满五千克；（十二）三唑仑、安眠酮十千克以上不满五十千克；（十三）阿普唑仑、恰特草二十千克以上不满一百千克；（十四）咖啡因、罂粟壳四十千克以上不满二百千克；（十五）巴比妥、苯巴比妥、安钠咖、尼美西泮五十千克以上不满二百五十千克；（十六）氯氮䓬、艾司唑仑、地西泮、溴西泮一百千克以上不满五百千克；（十七）上述毒品以外的其他毒品数量较大的。"

122. 向他人提供毒品的违反治安管理行为与贩卖毒品罪的区别是什么

两者的关键区别在于有偿与否。向他人提供毒品的行为是无偿的，即行为人只能以赠送、供给、非法批准等方式给予吸食、注射毒品者毒品。如果是有偿的，无论是附条件的等价交换行为还是出售行为，均以贩卖毒品论处，而不再属于本条所指的"提供"行为。

**配套**

《公安机关执行〈中华人民共和国治安管理处罚法〉有关问题的解释（二）》第9条；《禁毒法》第19-29条；《戒毒条例》第25-36条

**第七十三条** 【对教唆、引诱、欺骗他人吸食、注射毒品行为的处罚】教唆、引诱、欺骗他人吸食、注射毒品的，处十日以上十五日以下拘留，并处五百元以上二千元以下罚款。

**注解**

在本条中，教唆，指以劝说、怂恿、激将等方法，唆使他人吸食、注射毒品的行为。引诱，指采取勾引、诱使、拉拢他人吸食注射毒品的行为，例如向他人讲述吸食毒品的快感等。欺骗，指采取隐瞒事实真相的语言和行为，使他人在不知道是毒品的情况下吸食、注射毒品，例如行为人把毒品放入卷烟中让其他不明真相的人吸食。依据本条的规定，只要行为人实施了教唆、引诱、欺骗他人吸食、注射毒品的行为，不论被教唆、被引诱以及被欺骗的人是否最终吸食或者注射了毒品，都构成违法，应当依法给予处罚。

**应用**

123. 教唆、引诱、欺骗他人吸食、注射毒品的行为与刑法中规定的引诱、教唆、欺骗、强迫他人吸食、注射毒品犯罪的区别

根据我国《刑法》第353条的规定，引诱、教唆、欺骗他人吸食、注射毒品的，处3年以下有期徒刑、拘役或者管制，并处罚金；情节严重的，处

3年以上7年以下有期徒刑，并处罚金。强迫他人吸食、注射毒品的，处3年以上10年以下有期徒刑，并处罚金。引诱、教唆、欺骗或者强迫未成年人吸食、注射毒品的，从重处罚。对比刑法条文的上述规定来看，本条规定的行为模式与刑法的规定基本相同。对于引诱、教唆、欺骗他人吸食、注射毒品的行为来说，两者主要区别在于两者的违法性的程度不同，前者是一种行政违法行为，应当依照本法的规定给予治安管理处罚；后者是一种犯罪行为，应当依照刑法的规定给予刑事处罚。而对于强迫他人吸食、注射毒品的行为，不论其社会危害性与违法性的大小，一律构成刑事犯罪。

根据本条的规定，教唆、引诱、欺骗、胁迫他人吸食、注射毒品的，处10日以上15日以下拘留，并处500元以上2000元以下罚款。

### 配套

《公安机关执行〈中华人民共和国治安管理处罚法〉有关问题的解释（二）》第9条

**第七十四条** 【对服务行业人员通风报信行为的处罚】旅馆业、饮食服务业、文化娱乐业、出租汽车业等单位的人员，在公安机关查处吸毒、赌博、卖淫、嫖娼活动时，为违法犯罪行为人通风报信的，处十日以上十五日以下拘留。

### 注解

此类违反治安管理行为的主体具有特殊性，仅指旅馆业、饮食服务业、文化娱乐业、出租汽车业等单位的人员。本条规定的公安机关查处的违法行为的范围具有特定性，即只有在公安机关查处吸毒、赌博、卖淫、嫖娼活动时通风报信的，才依照本条规定处罚，为其他违法犯罪活动通风报信的，不按照本条规定处罚。另外，对于行为人仅给予拘留处罚，不得进行罚款处罚或者以罚代拘。

### 应用

124. 旅馆业、饮食服务业等单位的人员为违法犯罪行为人通风报信的行为与包庇罪的区别

根据《刑法》第362条规定："旅馆业、饮食服务业、文化娱乐业、出租

汽车业等单位的人员，在公安机关查处卖淫、嫖娼活动时，为违法犯罪分子通风报信，情节严重的，依照本法第三百一十条的规定定罪处罚。"即按照包庇罪处罚。本条规定的行为与包庇罪的主要区别：一是只有情节严重的才构成包庇罪。情节严重，一般是指导致违法犯罪分子逃跑或者有其他严重情节的；二是仅限于在公安机关查处卖淫、嫖娼活动时，为违法犯罪分子通风报信，情节严重的，才构成包庇罪。在公安机关查处吸毒、赌博时，为违法犯罪分子通风报信，即使情节严重也只能给予治安管理处罚，而不构成包庇罪。

**第七十五条 【对饲养动物违法行为的处罚】**饲养动物，干扰他人正常生活的，处警告；警告后不改正的，或者放任动物恐吓他人的，处二百元以上五百元以下罚款。

驱使动物伤害他人的，依照本法第四十三条第一款的规定处罚。

**注解**

本条规定要求造成一定的后果，即要求饲养动物的行为必须干扰了他人的正常生活，例如，饲养的一些动物因为生性凶猛，对附近居民的出行和心理健康造成影响，或者饲养的动物经常偷吃附近群众的东西，给他人造成一定的经济损失的，或者是饲养的动物吼叫的声音非常大，影响周围居民的休息。这里的动物也是广义的概念，既包括狗、猫等家庭常见动物，也包括蛇、蜥蜴等动物。放任动物恐吓他人的行为是指，动物饲养人对于所养的动物不加以约束，对其恐吓他人的情形予以放任自流的等。驱使动物伤害他人，行为人主观出于故意，主观恶性程度较深，动物已经成为其伤害他人的工具，其行为性质应定性为故意伤害他人身体的行为，按照本法第43条第1款的规定处罚。

**应用**

125. 认定饲养动物违法行为应注意哪些问题

在适用本条规定时，对于饲养动物干扰他人正常生活的，应当先予警告，只有经警告后还不改正的，才可以处以罚款。而对于放任动物恐吓他人的，则必须给予罚款的处罚，而不能给予警告。对于驱使动物伤害他人的，即动物的主人或者饲养人员利用各种方式唆使动物伤害他人。如果造成的伤害经鉴定在轻伤以上，则构成了故意伤害他人的犯罪，此时，饲养的动物就成为了犯罪的工具；如果造成的伤害不够轻伤，则按照故意伤害他人身体的违反治安管理行为来处罚。

**第七十六条　【对屡教不改行为的处罚】**有本法第六十七条、第六十八条、第七十条的行为，屡教不改的，可以按照国家规定采取强制性教育措施。

### 注解

"强制性教育措施"是指国家通过强制教育的方式来改造违法行为人的一种措施。在我国，劳动教养是一种典型的强制性教育措施，也是一项具有中国特色的矫治制度。该规定针对的是行为人实施了本法第67条、第68条、第70条规定的行为，屡教不改的情形。本法第67条是关于引诱、介绍、容留卖淫的行为的规定；第68条是关于制作、运输、复制、出售、出租淫秽书刊、图片、影片、音像制品等淫秽物品或者利用计算机信息网络、电话以及其他通讯工具传播淫秽信息的行为的规定；第70条是关于为赌博提供条件或者参与赌博行为的规定。行为人只有实施了上述三类行为之一的，才能被依法采取强制性教育措施。

### 配套

《公安机关执行〈中华人民共和国治安管理处罚法〉有关问题的解释》第7条

# 第四章　处罚程序

## 第一节　调　　查

**第七十七条　【受理治安案件须登记】**公安机关对报案、控告、举报或者违反治安管理行为人主动投案，以及其他行政主管部门、司法机关移送的违反治安管理案件，应当及时受理，并进行登记。

**注解**

"控告",是指被害人及其近亲属对侵犯自己人身权利、财产权利的违反治安管理行为向公安机关控诉,要求追究违反治安管理行为人的法律责任的行为。注意,当被害人及其近亲属知道具体侵害人时,则为"控告";如果只知道侵害行为发生,而不知具体侵害人,则为"报案"。

"移送",是指除公安机关以外的其他行政主管部门、司法机关移送过来的违反治安管理案件。如无线电业务主管部门将执法中发现的属于违反治安管理的案件移送给公安机关,人民法院在办理案件过程中发现了违反治安管理的案件移送给公安机关。这主要是基于根据本法的规定,治安案件的管辖权由公安机关统一行使,防止管辖权混乱、多头执法。在此过程中,公安机关应当做好登记工作,以备检查核对。

**应用**

126. 受案机关如何登记

在登记时,要尽量问清违法行为发生的时间、地点、方法、后果,违反治安管理行为人的身体特征等有关情节,做好笔录,并向报案人、控告人、举报人、投案人宣读,经确认无误后,由报案人、控告人、举报人、投案人签名,以便查证和防止诬告陷害。为了保证报案、控告、举报的真实性,准确地揭露违法行为,既防止诬告好人,又能充分保障单位或者公民行使报案、控告、举报权,接受报案、控告、举报并作登记工作的工作人员应当向报案人、控告人、举报人说明进行诬告应负的法律责任,即要向报案人、控告人、举报人说明报案、控告、举报应当实事求是,不得诬告陷害他人,违者要依照有关法律追究其法律责任。

127. 报案人、举报人、控告人、投案人提供的有关证据、物品应当如何处理

报案、举报、控告、投案,是公民与违法犯罪作斗争的重要方式,也是治安案件的重要来源,公安机关应当认真受理和登记。如果报案人、举报人、控告人、投案人提供了有关证据、物品,公安机关应当进行登记和妥善保管。这些物品可能就是认定案情的重要证据,也可能对查明案具有重要作用。登记,就是要写明物品的名称、规格、数量、特征、新旧程度、有无破损和明显标记等。对报案人、举报人、控告人、投案人提供的文字材料,

要写明份数、起止页码等。同时，对这些物品应当妥善保管，不得损毁、转移、丢失、侵吞或者挪作他用。对认定不属于治安案件，公安机关将案件移交有关主管部门依法处理的，应当同时将上述物品一并移交，并将有关情况告知报案人、举报人、控告人、投案人。对认定不属于治安案件，公安机关告知报案人、举报人、控告人、投案人向有管辖权的机关报案、举报、控告、投案的，应当将上述物品退还报案人、举报人、控告人、投案人。

**128. 公安机关不受理的，报案人、控告人、举报人、投案人是否可以申请行政复议**

公安机关对报案、控告、举报、投案不受理的，报案人、控告人、举报人、投案人可以根据《行政复议法》第6条第9项"申请行政机关履行保护人身权利、财产权利、受教育权利的法定职责，行政机关没有依法履行的"或者《行政诉讼法》第12条第6项"申请行政机关履行保护人身权、财产权等合法权益的法定职责，行政机关拒绝履行或者不予答复的"的规定，依法申请行政复议或者提起行政诉讼。

### 配 套

《公安机关办理行政案件程序规定》第60-65条

**第七十八条 【受理治安案件后的处理】** 公安机关受理报案、控告、举报、投案后，认为属于违反治安管理行为的，应当立即进行调查；认为不属于违反治安管理行为的，应当告知报案人、控告人、举报人、投案人，并说明理由。

### 注 解

对于治安案件，首先由公安机关受理并予以登记，但受理不等于立案，还要经过一个受理后的审查程序，即通过公安机关及其人民警察的审查，来决定是否立案进行调查。经审查，如果公安机关认为属于违反治安管理行为的，则应当立案调查；如果公安机关认为不属于违反治安管理行为的，则应当告知相关人并说明理由。注意，此处的用词是"应当"，即公安机关在此情形下有调查、告知并说明理由的义务。

> 应用

**129. 如何认定是否属于违反治安管理的行为**

违反治安管理的行为应当满足以下条件：首先，具有违法性和一定的社会危害性，即此行为应当对本法或者其他治安管理法律、行政法规、规章所保护的社会关系产生威胁或者损害。其次，尚不够刑事处罚。这是区分违反治安管理的行为与刑法的犯罪行为之间最重要的区别。再次，依照法律、法规、规章，应当予以行政处罚的行为。以上三个条件，缺一不可。

**130. 对于不属于违反治安管理的行为应该如何处理**

公安机关受理的报案、控告、举报、投案中，有一部分不属于违反治安管理行为。对于这类案件不能作为治安案件进行查处，应视案件事实、性质、情节等，依法分别处理：（1）没有违反治安管理的事实或者违反治安管理行为情节轻微，不需要予以治安管理处罚，或者具有其他依法不予治安管理处罚情形的，或者已经超过本法规定的追究时效的，不予调查处理。（2）报案、控告、举报、投案的行为符合刑事案件立案条件，应依法追究刑事责任，且属于公安机关管辖的，应依法移交公安机关刑事办案部门立案侦查。（3）报案、控告、举报、投案的行为构成了犯罪行为，但属于检察、国家安全等机关管辖范围内的，应依法移送有管辖权的机关立案侦查。例如，《刑事诉讼法》第19条中规定，"刑事案件的侦查由公安机关进行，法律另有规定的除外。人民检察院在对诉讼活动实行法律监督中发现的司法工作人员利用职权实施的非法拘禁、刑讯逼供、非法搜查等侵犯公民权利、损害司法公正的犯罪，可以由人民检察院立案侦查。对于公安机关管辖的国家机关工作人员利用职权实施的重大犯罪案件，需要由人民检察院直接受理的时候，经省级以上人民检察院决定，可以由人民检察院立案侦查。自诉案件，由人民法院直接受理。"（4）有违法事实发生，但不属于公安机关职权范围的，应当移送有管辖权的其他行政主管部门依法调查处理。

> 配套

《公安机关办理行政案件程序规定》第4-5条、第49-59条

**第七十九条 【严禁非法取证】**公安机关及其人民警察对治安案件的调查，应当依法进行。严禁刑讯逼供或者采用威胁、引

诱、欺骗等非法手段收集证据。

以非法手段收集的证据不得作为处罚的根据。

### 注解

刑讯逼供，是指采取刑讯或其他使人在肉体上剧烈痛苦的方法取得当事人的供述，例如用棍子打、用鞭子抽、烙铁烫等残酷手段，达到屈打成招的目的。以刑讯逼供或者采用威胁、引诱、欺骗等非法手段收集的证据，往往是当事人在迫于压力的情形下作出的，因而其虚假性极大，极易造成冤假错案，且与尊重和保障人权的基本原则不符，因此应当禁止。非法手段包括很多种，除了刑讯逼供、威胁、引诱、欺骗以外，还包括冻饿、不允许休息、服用药物使其不清醒以及其他不人道的残忍或有辱人格的手段。注意，此处"非法证据"的范围相当广泛，包括使用"非法手段"收集的一切证据。对于这些非法证据应当予以排除，不应作为处罚的依据。此外，如果办案人员刑讯逼供，构成犯罪的，还应当依据刑法有关规定追究刑事责任。

### 配套

《公安机关办理行政案件程序规定》第27条

**第八十条　【公安机关的保密义务】** 公安机关及其人民警察在办理治安案件时，对涉及的国家秘密、商业秘密或者个人隐私，应当予以保密。

### 注解

国家秘密，是指关系国家的安全和利益，依照法定程序确定，在一定时期内只限于一定范围的人知悉的事项。国家秘密分为绝密、机密、秘密三级。商业秘密，是指不为公众所知悉，能为权利人带来经济利益，具有实用性并经权利人采取保密措施的技术信息和经营信息。个人隐私，主要是指纯粹个人的，与公众无关的，当事人不愿意让他人知道或他人不便知道的信息。涉及治安案件，个人隐私主要包括以下内容：病历、身体缺陷、健康状况、财产、收入状况、社会关系、家庭情况、婚恋情况、爱好、心理活动、未来计划、姓名、肖像、家庭电话号码、住址、政治倾向、宗教信仰、储蓄、档案材料、计算机储存的个人资料、被违法犯罪分子所侵犯的记录、域名、网名、电子邮件地址、即时通信号码等。

**应用**

131. 人民警察在查处治安案件时有泄露因查验、扣押居民身份证而知悉的个人信息的行为的，是否构成对公民隐私权的侵犯

公民的居民身份证上登记有姓名、性别、民族、出生日期、常住户口所在地地址、公民身份证号码等公民个人信息，这些个人信息是个人隐私的重要内容。保护公民的个人信息不被泄露和滥用，是保护公民隐私权的重要保证，也是让公民获得社会安全感的重要前提。由此可见，依法保护公民的个人信息，既是公安机关及其人民警察的法定职责，也是义不容辞的法定义务。人民警察在查处治安案件时依法可以查验、扣押居民身份证，获取公民的有关信息。根据《居民身份证法》第6条"……公安机关及其人民警察对因制作、发放、查验、扣押居民身份证而知悉的公民的个人信息，应当予以保密"的规定，公安机关及其人民警察对此负有保密的义务。同时，根据《居民身份证法》第19条规定，人民警察有泄露因制作、发放、查验、扣押居民身份证而知悉的公民个人信息，侵害公民合法权益的行为，将根据情节轻重，依法给予行政处分；构成犯罪的，依法追究刑事责任。

**配套**

《公安机关办理行政案件程序规定》第8条

**第八十一条　【关于回避的规定】**人民警察在办理治安案件过程中，遇有下列情形之一的，应当回避；违反治安管理行为人、被侵害人或者其法定代理人也有权要求他们回避：

（一）是本案当事人或者当事人的近亲属的；

（二）本人或者其近亲属与本案有利害关系的；

（三）与本案当事人有其他关系，可能影响案件公正处理的。

人民警察的回避，由其所属的公安机关决定；公安机关负责人的回避，由上一级公安机关决定。

## 注解

本条第1款是关于回避的提出及回避的条件的规定。回避是指办理治安案件的人民警察等与案件有法定的利害关系或者其他可能影响案件公正处理的关系，不得参与该治安案件活动的一种制度。本法赋予了违反治安管理行为人、被侵害人及其法定代理人遇有法定情形时的申请回避权，以保障他们的合法权益。当事人提出申请回避的，可以书面提出也可以口头提出。

本条第2款规定的是回避的决定机关。根据本款的规定，回避的决定机关是公安机关而不是公安机关负责人。

## 应用

### 132. 如何理解"近亲属"的含义

当事人的近亲属，是指与当事人联系较密、相互之间影响较大的亲属关系，包括：

（1）夫妻关系。夫妻是男女双方以永久共同生活为目的依法结合的伴侣。法律承认的婚姻关系的双方，互为夫妻关系。夫妻是已婚成年人的亲属群中的重要亲属，是任职回避的首要对象。

（2）直系血亲关系。直系血亲关系是指生育自己的和自己所生育的上下各代亲属，他们和自己有着直接的血缘关系，包括父母、祖父母、外祖父母、曾祖父母、外曾祖父母、高祖父母、外高祖父母、子女、孙子女、外孙子女、曾孙子女、外曾孙子女、玄孙子女、外玄孙子女等。由于自然原因，直系血亲一般指父母子女之间、祖父母、外祖父母与孙子女、外孙子女之间的关系。他们之间的联系紧密，相互之间影响较大，属于任职回避的范围。

（3）三代以内旁系血亲关系。旁系血亲，是指具有间接血缘关系的亲属，即非直系血亲，但在血缘上和自己同出一源的亲属。三代以内旁系血亲关系包括同源于父母的兄弟姐妹之间（含同父异母、同母异父的兄弟姐妹）；同源于祖父母的堂兄弟姐妹或者表兄弟姐妹；同源于外祖父母的姨表或舅表兄弟姐妹之间以及不同辈分的叔、伯、姑、舅、姨与侄（侄女）、甥（甥女）之间。属于上述范围之列的亲属亦应进行任职回避。

（4）近姻亲关系。姻亲是指以婚姻关系为中介而形成的亲属关系。姻亲关系可以分为三类，一是血亲的配偶，即自己的血亲的配偶，如直系血亲的配偶包括儿媳、女婿等；旁系血亲的配偶，如兄弟之妻、姐妹之夫、伯母、姑父、舅母、姨父等；二是配偶的血亲，即自己的配偶的血亲，如配偶的直系血亲即配偶之父母、祖父母；配偶的旁系血亲即配偶的兄弟姐妹、叔、伯、姑、舅、姨等；三是配偶的血亲的配偶以及血亲的配偶的血亲，前者如妻或者夫的兄弟之妻，后者如儿媳之父母等。

**133. 具有应当回避的情形，但本人没有自行回避，也没有被申请回避的，如何处理**

公安机关负责人、办案人民警察具有应当回避的情形之一，虽然本人未自行回避，违反治安管理行为人、被侵害人及其法定代理人也未申请其回避，但是，如果有权作出回避决定的公安机关负责人接到举报或者通过其他方式知道上述情况后，为了保证案件得到公正处理，保护当事人的合法权益，有回避决定权限的公安机关应及时调查，确认该公安机关负责人、承办案件的人民警察具有法定回避情形的，应当按照《公安机关办理行政案件程序规定》第22条的规定，指令他们回避。

**134. 人民警察对回避决定有异议的，是否可以申请复核**

《人民警察法》第32条规定："人民警察必须执行上级的决定和命令。人民警察认为决定和命令有错误的，可以按照规定提出意见，但不得中止或者改变决定和命令的执行；提出的意见不被采纳时，必须服从决定和命令；执行决定和命令的后果由作出决定和命令的上级负责。"因此，人民警察对回避决定有异议的，可以提出并保留自己的意见，但必须执行已经作出的回避决定，立即停止参与该案件的查处工作。

**配 套**

《公安机关办理行政案件程序规定》第17—25条

**第八十二条 【关于传唤的规定】**需要传唤违反治安管理行为人接受调查的，经公安机关办案部门负责人批准，使用传唤证传唤。对现场发现的违反治安管理行为人，人民警察经出示工作证件，可以口头传唤，但应当在询问笔录中注明。

公安机关应当将传唤的原因和依据告知被传唤人。对无正当理由不接受传唤或者逃避传唤的人，可以强制传唤。

### 注解

传唤违法嫌疑人是公安机关调查取证的一种主要方式。传唤，是公安机关的办案人员对违反治安管理行为人或者嫌疑人，限令其在指定的时间、指定的地点接受询问的一项法律措施。为了限制公安机关对公民的传唤，本条专门规定了公安机关的办案人员传唤所需要遵循的严格的程序。传唤只适用于违反治安管理行为的人，而对于被害人以及其他证人不得适用。

传唤分为三种：书面传唤、口头传唤、强制传唤。书面传唤必须由公安机关办案部门负责人批准。"公安机关办案部门负责人"是指在公安机关中，具体负责办理违反治安管理案件部门的负责人，如公安局里的治安科、治安股的负责人，派出所所长等。口头传唤是指对于现场发现的违反治安管理行为人的情形，人民警察可以在出示工作证件后口头传唤。这体现了行政行为的公正和效率原则的要求。强制传唤是对无正当理由不接受传唤或者逃避口头传唤和书面传唤的人，例如被传唤人无理取闹拒不前往，或者态度粗暴坚决不到指定的地点等，可以采取的强制传唤措施。注意，对于强制传唤，本条规定的是"可以"，而不是"应当"。

### 应用

**135. 对现场发现的违反治安管理行为嫌疑人是否可以适用继续盘问**

根据《人民警察法》第9条和《公安机关适用继续盘问规定》第8条、第9条的规定，公安机关的人民警察在执行巡逻执勤、维护公共场所治安秩序、现场调查、追捕逃犯、侦查案件等执法执勤活动中，对当场发现的违反治安管理行为人，经表明人民警察身份后，可以对违反治安管理行为人进行当场盘问、检查，以排除或者证实被盘问人的违法嫌疑。经当场盘问、检查后，已经排除其违法嫌疑的，也就无需再适用口头传唤或者采取其他调查手段了。对经过当场盘问、检查后，不能排除其违法嫌疑，且具有身份不明或者携带的物品可能是违反治安管理的赃物等符合继续盘问适用条件的，人民警察可以依法将现场发现的违反治安管理行为人带至公安机关适用继续盘问。当然，人民警察对明知被盘问人所涉案件已经作为治安案件受理的，按照《公安机关适用继续盘问规定》第9条的规定，不能适用继续盘问，只能适用口头传唤。

**136. 强制传唤时是否可以使用警械**

依据《人民警察使用警械和武器条例》第8条规定，人民警察在依法执行逮捕、拘留、看押、押解、审讯、拘传、强制传唤，遇有违法犯罪分子可能脱逃、行凶、自杀、自伤或者有其他危险行为时，可以使用手铐、脚镣、警绳等约束性警械。可见，在执行强制传唤时，人民警察是可以使用警械的，但是，应当严格按照有关规定执行。

### 配套

《公安机关执行〈中华人民共和国治安管理处罚法〉有关问题的解释》第8条；《公安机关办理行政案件程序规定》第55-56、58条；《公安机关适用继续盘问规定》第8、9条

**第八十三条 【传唤后的询问期限与通知义务】** 对违反治安管理行为人，公安机关传唤后应当及时询问查证，询问查证的时间不得超过八小时；情况复杂，依照本法规定可能适用行政拘留处罚的，询问查证的时间不得超过二十四小时。

公安机关应当及时将传唤的原因和处所通知被传唤人家属。

### 注解

本条是关于公安机关询问查证期限以及通知家属的规定。根据本条规定，对违反治安管理的行为人，公安机关传唤后应当及时询问查证，不应有任何耽误，否则既不利于对案件的取证，也不利于对当事人权益的保护。一般情况下，询问查证要在8小时内完成。这是询问查证的基本原则。"情况复杂"的情形是：一是情况复杂，即短时间内难以完成询问查证工作，如涉案人数众多、违反治安管理行为人流窜作案；涉及伤情鉴定或者物品鉴定问题，等等。二是依照本法规定可能适用行政拘留处罚的，即违反治安管理行为人的违法情节较重，社会危害性大，依照本法的规定可能被处以行政拘留处罚的。具有这些情形的，询问查证的时间才可能超过8小时，但无论如何不得超过24小时。"依照本法规定可能适用行政拘留处罚"是指本法第三章对行为人实施的违反治安管理行为设定了行政拘留处罚，且根据其行为的性质和情节轻重，可能依法对违反治安管理的行为人决定予以行政拘留的案件。

传唤在一定时间内限制了被传唤人的人身自由，因此为了避免给被传唤人及其家属和他人的生活、工作带来不便，法律规定合理、及时地通知被传

唤人的家属是必要的。

**应用**

**137. 是否可以连续传唤违法嫌疑人**

《公安机关办理行政案件程序规定》第 69 条 2 款规定："不得以连续传唤的形式变相拘禁违法嫌疑人。"因此，在原则上不允许连续传唤。但是，在一次传唤的询问查证时间届满后，如果案情还未查清或者有证据需要核实的，是可以再次传唤违反治安管理行为的行为人的，但是不得以连续传唤的形式限制其人身自由。即在两次传唤之间应有一个合理的间隔时间，这段时间以行为人有一定的自由活动、休息的时间为宜。

**138. 实践中，如何计算询问查证时间**

根据本条规定，询问查证时间的起点应从被传唤人到案时开始计算，而不能从公安机关传唤违反治安管理行为人时开始，也不能从公安机关对被传唤人开始询问时计算。当然，在有些特殊情况下，因被传唤人的原因无法开展询问查证的，如醉酒的违反治安管理行为人，其询问查证的时间就可以从其酒醒能够接受询问时开始计算。询问查证的终止时间是结束询问查证、被传唤人可以自由离开公安机关或者指定询问地点的时间。结束询问查证，并不是指终止对案件的询问查证，而是结束本次传唤的询问查证。

**配套**

《公安机关执行〈中华人民共和国治安管理处罚法〉有关问题的解释》第 8 条；《公安机关办理行政案件程序规定》第 67、69 条

**第八十四条 【询问笔录、书面材料与询问不满十六周岁人的规定】**询问笔录应当交被询问人核对；对没有阅读能力的，应当向其宣读。记载有遗漏或者差错的，被询问人可以提出补充或者更正。被询问人确认笔录无误后，应当签名或者盖章，询问的人民警察也应当在笔录上签名。

被询问人要求就被询问事项自行提供书面材料的，应当准许；必要时，人民警察也可以要求被询问人自行书写。

询问不满十六周岁的违反治安管理行为人，应当通知其父母

或者其他监护人到场。

**注解**

询问笔录,是行政执法机关调查行政案件的重要证据来源。行政执法机关及其执法人员询问当事人,应当制作询问笔录。本条规定了办理治安案件的人民警察对被询问人进行询问、制作询问笔录时所应当遵循的程序性事项。根据本条规定,办理治安案件的人民警察在对被询问人询问完毕后,应当将询问笔录交被询问人核对;对没有阅读能力的,应当向其宣读。如果经过核对,被询问人发现询问笔录的记载有遗漏或者差错的,其有权提出补充或者更正。如果经过对询问笔录的核对,确认笔录无误后,被询问人应当签名或者盖章,询问的人民警察也应当在笔录上签名。在特殊情况下,被询问人可以自行书写提供书面材料。如被询问人表述不清、不能口头陈述自己的意见;被询问人认为询问人不能准确理解和记录自己的回答等情况。在询问不满16周岁的违法行为人时,必须通知其父母或其他监护人到场,否则其询问笔录不得作为行政诉讼中的证据使用。实践中,应当事先做好未成年人的父母或者其他监护人的思想工作,配合人民警察作好询问工作,如协助人民警察教育未成年人消除顾虑,如实陈述等,同时还要告诫其不得干扰询问等。

**应用**

**139. 询问不满16周岁的违反治安管理行为人,其父母或者其他监护人不能到场的,如何处理**

《公安机关执行〈中华人民共和国治安管理处罚法〉有关问题的解释》第9条规定:"……《治安管理处罚法》第84条、第85条规定,询问不满16周岁的违反治安管理行为人、被侵害人或者其他证人,应当通知其父母或者其他监护人到场。上述人员父母双亡,又没有其他监护人的,因种种原因无法找到其父母或者其他监护人的,以及其父母或者其他监护人收到通知后拒不到场或者不能及时到场的,办案民警应当将有关情况在笔录中注明。为保证询问的合法性和证据的有效性,在被询问人的父母或者其他监护人不能到场时,可以邀请办案地居(村)民委员会的人员,或者被询问人在办案地有完全行为能力的亲友,或者所在学校的教师,或者其他见证人到场。询问笔录应当由办案民警、被询问人、见证人签名或者盖章。有条件的地方，还可以对询问过程进行录音、录像。"

> 配套

《公安机关执行〈中华人民共和国治安管理处罚法〉有关问题的解释》第9条；《公安机关办理行政案件程序规定》第77条

**第八十五条 【询问被侵害人和其他证人的规定】**人民警察询问被侵害人或者其他证人，可以到其所在单位或者住处进行；必要时，也可以通知其到公安机关提供证言。

人民警察在公安机关以外询问被侵害人或者其他证人，应当出示工作证件。

询问被侵害人或者其他证人，同时适用本法第八十四条的规定。

> 注解

证人与被侵害人都不是违反治安管理行为的人，因此对他们进行询问不得使用传唤的方式。原则上询问被侵害人或者其他证人，应到其所在单位或者住处进行。对于"必要情形"，可以通知其到公安机关提供证言。此处的"必要情形"要根据实际情况决定，比如案情涉及国家秘密，为了防止泄密的；或者证人与被侵害人的近亲属与此案有利害关系的等。人民警察询问被侵害人或者其他证人时应当出示工作证，消除当事人的戒备心理，放下包袱，配合询问工作。

> 应用

**140. 人民警察在询问被侵害人或者其他证人时应当注意哪些问题**

实践中，为了保护被侵害人或者其他证人的合法权益，确保证人证言的合法性和有效性，人民警察在询问被侵害人或者其他证人时应当注意以下问题：

（1）询问前要做好必要的准备。如了解被侵害人和其他证人的身份以及他们与违反治安管理行为之间的关系，并分析这种关系是否可能影响其如实提供证据，以及如何消除这种影响。对需要询问的问题要进行梳理，确保询问能抓住关键，突出重点，有的放矢。

（2）询问时，应当告知被侵害人和其他证人必须如实提供证据，以及有意作伪证、陷害他人或者隐匿证据所要承担的法律责任。

（3）要注意保证被侵害人和其他证人的人身、财产安全，尽量不要影响其正常的生活、工作。

（4）要对被侵害人和其他证人的身份及提供的证据予以保密，防止被侵害人和其他证人因此受到伤害或者造成其他不良影响。

（5）不得向侵害人或者其他证人泄露案情或者透露自己对案件的倾向性看法。

（6）严禁使用刑讯逼供、暴力、胁迫或者其他方法迫使被侵害人和其他证人提供证据，也不能诱导、暗示被侵害人或者其他证人按照询问人的意图提供证据。

（7）询问同一案件的几个被侵害人或者其他证人时，应当单独进行。

（8）法律对询问被侵害人和其他证人没有时限要求，公安机关问明情况后，应当立即允许被侵害人和其他证人离开。询问中，如果被侵害人和其他证人要求离开的，公安机关就不能采取强制措施询问。被侵害人和其他证人要求提供书面证言的，公安机关应当允许。

▍配 套

《公安机关执行〈中华人民共和国治安管理处罚法〉有关问题的解释》第9条；《公安机关办理行政案件程序规定》第72-80条

**第八十六条　【询问中的语言帮助】**询问聋哑的违反治安管理行为人、被侵害人或者其他证人，应当有通晓手语的人提供帮助，并在笔录上注明。

询问不通晓当地通用的语言文字的违反治安管理行为人、被侵害人或者其他证人，应当配备翻译人员，并在笔录上注明。

▍注 解

聋哑人因生理缺陷以及不通晓当地通用语言文字的人由于语言不通的原因，在接受询问、回答问题时都会受到一定理解和沟通上的限制。为了保证询问工作的正常、顺利进行，保证全面查清案情，正确地处理治安案件，应当为其分别配备通晓手语的人员和翻译人员。注意此种情形的适用对象仅限于"违反治安管理行为人、被侵害人或者其他证人"，对于其他人如委托代理人则不适用。另外，此种情形应当在笔录中注明，否则影响其作为证据使用的可能性。实践中，不仅要注明询问聋哑人的情况、不通晓当地通用语言文字的情况，而且要注明相关翻译人员的姓名、工作单位、住址、职业等基本情况，并要求通晓手语和当地语言文字的人员签名。此外，翻译人员的费用应当由公安机关负责，并且，公安机关不得要求违反治安管理行为人、被侵害人或者其他证人支付。

**应用**

**141. 如何询问外国人**

询问外国人也应当遵守《公安机关办理行政案件程序规定》第76条的规定。对不通晓当地通用的语言文字的被询问人，应当为其配备翻译人员，并在询问笔录中注明翻译人的姓名、住址、工作单位和联系方式。也就是说，公安机关询问时应当配有翻译。

**配套**

《公安机关办理行政案件程序规定》第76条

**第八十七条　【检查时应遵守的程序】** 公安机关对与违反治安管理行为有关的场所、物品、人身可以进行检查。检查时，人民警察不得少于二人，并应当出示工作证件和县级以上人民政府公安机关开具的检查证明文件。对确有必要立即进行检查的，人民警察经出示工作证件，可以当场检查，但检查公民住所应当出示县级以上人民政府公安机关开具的检查证明文件。

检查妇女的身体，应当由女性工作人员进行。

**注解**

检查，是公安机关及其人民警察办理治安案件时，对场所、物品以及人身进行检验查看的一项调查取证的强制性措施。

"确有必要立即检查的情形"，主要指现场发现的违反治安管理行为人、具有违反治安管理行为可能，如非法携带管制刀具，以及逃避治安处罚的违反治安管理行为等情形。对于当场检查的，不需要再补办检查证，但是应当在制作检查笔录时注明情况。

### 应用

**142. 检查时应遵循哪些程序及要求**

检查权力的行使应当遵守下列程序及要求：

（1）检查的对象仅限于与违反治安管理行为有关的场所、物品和人身，对于与违反治安管理行为无关的场所、物品、人身不可检查。

（2）检查的人数要求。检查时，人民警察不得少于2人。

（3）检查的证件要求。在一般情况下，人民警察只需出示工作证件和检查证明文件即可进行检查，但存在两种特殊情况：第一，对"确有必要立即进行检查的"，只需出示工作证件即可检查，而不需要开具检查证明文件。"确有必要"，主要包括现场发现的违反治安管理行为人、具有违反治安管理行为的可能，如非法携带管制刀具，以及逃避治安处罚的违反治安管理行为等情形。对于当场检查的，不需要再补办检查证，但是应当在制作检查笔录时，载明当场检查的具体情况、检查原因，并由检查人、被检查人、见证人签名。第二，无论在何种情况下，检查公民的住所时都应当有检查证明文件并出示。这是对公民住所的特殊保护。注意检查证明文件只能由县级以上公安机关开具。值得注意的是，这里的检查证明文件属于一次一申请，并不是类似于工作证的日常执法证件。

（4）检查人员的要求，即检查妇女的身体，只能由女性工作人员进行。这是对妇女权益的保护。

### 配套

《公安机关执行〈中华人民共和国治安管理处罚法〉有关问题的解释（二）》第10条；《公安机关办理行政案件程序规定》第53、82—84条

**第八十八条　【检查笔录的制作】**检查的情况应当制作检查笔录，由检查人、被检查人和见证人签名或者盖章；被检查人拒绝签名的，人民警察应当在笔录上注明。

> 注解

检查笔录作为一种现场笔录，是指人民警察依法对违反治安管理的行为有关的场所、物品、人身检查后，将检查过程按照检查的顺序如实地记录下来，写明检查的时间、地点、过程、发现的证据、提取和扣押证据的名称、数量、特征及其他与违反治安管理行为有关的线索等，以便存查和分析案情。为了保证检查笔录的真实性、合法性、客观性，执行检查的人民警察、被检查人和见证人应当签名或者盖章，拒绝的，由人民警察在检查笔录上注明。

> 配套

《公安机关办理行政案件程序规定》第86条

**第八十九条　【关于扣押物品的规定】**公安机关办理治安案件，对与案件有关的需要作为证据的物品，可以扣押；对被侵害人或者善意第三人合法占有的财产，不得扣押，应当予以登记。对与案件无关的物品，不得扣押。

对扣押的物品，应当会同在场见证人和被扣押物品持有人查点清楚，当场开列清单一式二份，由调查人员、见证人和持有人签名或者盖章，一份交给持有人，另一份附卷备查。

对扣押的物品，应当妥善保管，不得挪作他用；对不宜长期保存的物品，按照有关规定处理。经查明与案件无关的，应当及时退还；经核实属于他人合法财产的，应当登记后立即退还；满六个月无人对该财产主张权利或者无法查清权利人的，应当公开拍卖或按照国家有关规定处理，所得款项上缴国库。

> 应用

**143. 公安机关在办理治安案件中，哪些物品可以扣押，哪些不得扣押**

扣押的范围。对于某一物品是否扣押的判断依据是：该物品与案件有关且需要作为证据使用，即对与案件有关的需要作为证据的物品，可以扣押；对与案件无关的物品，不得扣押。公安机关及其人民警察扣押物品是为了查处违反治安管理行为人的违法行为，因而需要将与违反治安管理行为有关的物品用作证据。

不得扣押的物品。对被侵害人或者善意第三人合法占有的财产，不得扣押，应当予以登记。实践中往往会出现善意第三人掌握的物品对调查本案具有重要的证据效力的情况，我们不能因其具有证据效力而忽视善意第三人的权益（占有、使用），如果第三人控制该物品属于恶意持有，则不受本条之限。

**144. 公安机关在办理治安案件时，对物品进行扣押的程序是什么**

办理治安案件的人民警察对扣押的物品，应当会同在场见证人和被扣押物品持有人查点清楚，当场开列清单，一式二份，由调查人员、见证人和持有人签名或者盖章，一份交给持有人，另一份附卷备查。在清单上应写明扣押物品的名称、规格、特征、质量、数量，以及物品发现的地点、扣押的时间等，并由办理该治安案件的人民警察、持有人和在场见证人签名或者盖章。

**145. 实践中，对于被扣押的物品通常有哪些处理方式**

根据本法第11条和本条第3款规定，结合办案实践，对被扣押的物品通常有以下几种处理方式：

（1）由办案部门妥善保管。这类物品主要是违反治安管理行为人的作案工具，以及找不到失主的赃物等。

（2）退还所有权人。这类物品通常是指不宜长期保存的赃物，如容易腐烂、灭损或者无法保管的物品；经查明与案件无关的物品；经核实属于他人（包括被侵害人）合法财产的物品等。

（3）拍卖或者变卖。对不宜长期保存的赃物，如找不到失主，经县级以上公安机关负责人批准，可以在拍照或者录像后进行拍卖或变卖，拍卖、变卖所得款项上缴国库。对满6个月无人对该财产主张权利或者无法查清权利人的，也可以拍卖，所得款项上缴国库。

（4）收缴。赌具、赌资、吸食、注射毒品的用具以及经查证属于直接用于实施违反治安管理行为且属于违反治安管理行为人所有的工具，应当予以收缴，并按照规定处理。

（5）销毁。扣押后，经鉴定属于毒品、淫秽物品或者其他违禁品的，应当一律收缴、销毁。

（6）上缴国库。对于找不到原主的赃款，应上缴国库。赃物应当经拍卖或者变卖后，将所得款项上缴。

（7）拍卖被处罚人的财物抵缴罚款。根据《行政处罚法》第72条的规定，被处罚人逾期不缴纳罚款的，作出罚款决定的公安机关，可以将依法扣押的被处罚人的财物拍卖抵缴罚款。

### 146. 扣押是否有时间限制

《公安机关办理行政案件程序规定》第112条规定，扣押期限为30日，情况复杂的，经县级以上公安机关负责人批准，可以延长30日；法律、行政法规另有规定的除外。延长扣押期限的，应当及时书面告知当事人，并说明理由。可见对于扣押的财产，公安机关不得无限期的扣押，应当在法定期限内处理。

### 147. 司法实践中，哪些财产属于善意第三人合法占有的财产

根据我国相关立法规定的精神，借鉴司法实践中的成功经验，"善意第三人合法占有的财产"必须同时具备以下条件：

（1）财产的占有者是财产侵权关系中的第三人。本条规定中的第三人是财产侵权关系中的第三人，而不是其他法律关系中的第三人，如商业秘密侵权关系中的第三人。在财产侵权法律关系中，第一人是权利人，即财产的合法所有权人，第二人、第三人都是参照第一人提出的。第二人，是指以非法或者不正当手段获取财产的侵权者。第三人，是指从第二人处占有财产的人。

（2）第三人所占有的，即公安机关不得扣押的物品，作为财产的表现形式只能是动产、有形资产以及含经济价值的权利凭证。不动产、无形资产因其不能成为扣押物品，显然不在其列。

（3）第三人取得该财产时必须具有善意。这是认定是否属于"善意第三人合法占有的财产"的关键所在。首先，要分清第三人是否善意。民法意义上的善意是指不知情，即行为人不知道存在足以影响其法律行为效力的事实而为的法律行为。这里的善意，是指第三人即财产受让人不知道转让人无所有权或处分权的事实。实践中，是否具有善意可从以下几个方面综合判断：受让人有无法定了解义务；受让人的专业知识水平如何；受让人对转让人的熟悉和了解程度怎样，等等。这是从正面来认定。还可以换个角度，从反面来认定，即如果能够证明第三人是恶意的，显然就不属于"善意第三人合法占有的财产"。可从以下几个方面来认定：受让人明知转让人是无权处分人或非所有权人，或者明知转让人身份可疑而与之交易或者接受赠与；受让人明知该物是赃物或者遗失物，或者不可流通物；受让人与转让人是近亲属关

系或者有其他利害关系,恶意串通,具有损害所有人利益的故意的。

(4)第三人必须是合法取得该财产的,即通过合法手段从转让人手中获取该财产的。

**第九十条　【关于鉴定的规定】为了查明案情,需要解决案件中有争议的专门性问题的,应当指派或者聘请具有专门知识的人员进行鉴定;鉴定人鉴定后,应当写出鉴定意见,并且签名。**

> **注解**
>
> 鉴定,是公安机关在查处违反治安管理的案件时,为了解决案件的专门性问题,指派或者聘请具有专门知识的人进行鉴定,并提供鉴定意见的活动。可见,鉴定的对象限于"案件的专门性问题。"实践中,需要通过鉴定解决的专门性问题包括:伤情鉴定、价格鉴定、违禁品和危险品鉴定、精神病鉴定、毒品尿样鉴定、声像资料鉴定。鉴定人可以由公安机关指派或者聘请,但必须是"具有专门知识的人员"。鉴定人在鉴定活动结束后,必须出具鉴定意见。鉴定意见必须是书面的并且由鉴定人签名。在案件的审理过程中,鉴定意见只是众多的证据材料中的一种,需要经过双方当事人的质证才能作为定案的依据。

> **应用**
>
> **148. 多人参加的鉴定,鉴定意见不一致的如何处理**
>
> 《全国人民代表大会常务委员会关于司法鉴定管理问题的决定》第10条规定:"司法鉴定实行鉴定人负责制度。鉴定人应当独立进行鉴定,对鉴定意见负责并在鉴定书上签名或者盖章。多人参加的鉴定,对鉴定意见有不同意见的,应当注明。"因此,一案有几个鉴定人的,可以共同研究,提出共同的鉴定结论;如果鉴定人之间的意见不一致,可以分别写出自己的鉴定意见,并在鉴定意见的最后签名,以示负责。公安机关办案部门如果认为鉴定意见有问题,可以要求鉴定人作出解释,或者补充鉴定、重新鉴定。此外,只有自然人才能承担鉴定人的义务和责任。因此,具体承担鉴定任务的人是自然人,而不是单位。在鉴定意见上签字的,应当是具体承担鉴定的人,而不是鉴定人所在的单位。

149. **违反治安管理行为人或者被侵害人不服鉴定结论，是否可以申请重新鉴定**

为了保护违反治安管理行为人或者被侵害人的合法权益，《公安机关办理行政案件程序规定》第98条、第99条对重新鉴定作了明确规定，违反治安管理行为人或者被侵害人对鉴定结论不服、有异议的，可以申请重新鉴定。如果违反治安管理行为人或者被侵害人提出的重新鉴定申请有合法合理根据，经县级以上公安机关负责人批准后，进行重新鉴定。但是，申请重新鉴定以一次为限。违反治安管理行为人或者被侵害人对重新鉴定结论不服，再次申请重新鉴定的，公安机关不予批准。同时，为了保证鉴定结论的公平、公正，保证重新鉴定的质量，重新鉴定的，公安机关应当另行指派或者聘请鉴定人员或者鉴定机构进行鉴定。

### 配套

《公安机关办理行政案件程序规定》第87-100条

## 第二节 决　　定

**第九十一条　【处罚的决定机关】** 治安管理处罚由县级以上人民政府公安机关决定；其中警告、五百元以下的罚款可以由公安派出所决定。

### 注解

本条规定了治安管理处罚要由县级以上人民政府公安机关决定。这里要说明的有两点：一是治安管理案件的处罚权只能由公安机关行使，而且级别应当是县级以上人民政府公安机关。二是对于违反治安管理行为处以较轻的处罚，即警告和500元以下的罚款时，可以由公安派出所决定。在此种情况下，公安派出所是作为"法律法规授权的组织"来行使职权的。也就是说，被处以警告、500元以下罚款的治安管理处罚相对人可以以公安派出所为行政复议被申请人或行政诉讼被告人。具体哪些行为属于应当被处以警告、500元以下罚款的，本法第三章"违反治安管理的行为和处罚"中作了明确的规定，公安派出所应当严格依照法律规定实施。值得注意的是，由于公安派出所无独立的财政，所以如果此两类行为给相对人造成损害需要行政赔偿的，行政赔偿的义务履行机关应当是该派出所的领导机关，即公安派出所所在市、县级公安局或者公安分局。

**应 用**

**150. 公安派出所可否对违反治安管理的外国人附加作出限期出境或者驱逐出境的处罚**

根据本法第 10 条规定，对违反治安管理的外国人在依法作出警告、罚款、行政拘留等治安管理处罚的同时，可以附加适用限期出境或者驱逐出境处罚。从理论上讲，附加处罚的决定权应当与警告、罚款、行政拘留的审批权一致。但是，由于本法未赋予公安派出所限期出境或者驱逐出境处罚的决定权，所以，公安派出所只能依法作出警告和 500 元（含 500 元）以下罚款的处罚决定，对于需要对违反治安管理的外国人附加适用限期出境或者驱逐出境的，应当逐级上报有处罚权的公安机关决定。

**151. 公安派出所可否单就本法规定的"拘留并处罚款"以及"拘留可以并处罚款"中的罚款部分作出处罚决定**

按照本法规定，公安派出所可以依法作出警告和 500 元（含 500 元）以下的罚款，但是，由于"拘留并处罚款""拘留可以并处罚款"是针对同一被处罚人的，且两种处罚是具有内在联系的一个整体，不可以分开由两个决定机关作出处罚决定，依法应当由具有行政拘留处罚决定权的公安机关根据案件的具体情况，统一作出处罚决定。因此，尽管公安派出所依法享有"五百元以下的罚款"的处罚决定权，但不可以单就本法规定的"拘留并处罚款""拘留可以并处罚款"中的 500 元或者 500 元以下罚款部分作出治安管理处罚决定。

**152. 上级行政机关依法纠正下级行政机关错误的行政行为，不属于超越级别职权**

法律、法规明确授予下级行政机关的职权或者人民政府的某部门行政机关行使的行政管理职权，上级行政机关或者人民政府原则上不得行使。例如，《治安管理处罚法》第 91 条规定："治安管理处罚由县级以上人民政府公安机关决定；其中警告、五百元以下的罚款可以由公安派出所决定。"根据该条的规定，各级人民政府均不能直接对违反治安管理的行为人作出处罚决定。这里需要特别指出，根据我国宪法关于上级行政机关有权改变或者撤销下级行政机关的不适当的决定和命令的规定，上级行政机关发现下级行政机关作出的行政行为错误，在当事人未申请复议或者当事人已经丧失申请复议权的情况下，依法作出纠正原错误行政行为的决定，不属于超越级别职权的行政行为。（参见蔡小雪：《行政行为的合法性审查》，中国民主法制出版社2020年版，第51页。）

### 配套

《公安机关执行〈中华人民共和国治安管理处罚法〉有关问题的解释》第10条

**第九十二条 【行政拘留的折抵】对决定给予行政拘留处罚的人，在处罚前已经采取强制措施限制人身自由的时间，应当折抵。限制人身自由一日，折抵行政拘留一日。**

### 注解

本条是关于行政拘留的折抵的规定。依据本条规定：首先，只有被采取强制措施限制人身自由的时间才可以折抵行政拘留处罚，而其他措施是不可以折抵的，比如询问查证和继续盘问的时间就不可以折抵。其次，被折抵的处罚只能是行政拘留，而不能是警告、罚款等其他处罚措施。再次，折抵计算是限制人身自由一日，折抵行政拘留一日，即"一日对一日"。需要注意的是，本条的限制人身自由的强制措施与行政拘留必须是基于同一违法行为，如果是不同的行为导致的不同的处罚，则不能折抵。这里的"强制措施限制人身自由的时间"，包括被行政拘留人在被行政拘留前因同一行为被依法刑事拘留、逮捕时间。如果被行政拘留人被刑事拘留、逮捕的时间已超过被行政拘留的时间的，则行政拘留不再执行，但办案部门必须将《治安管理处罚决定书》送达被处罚人。

### 应用

153. 被拘留人在被行政拘留前依法拘传、刑事拘留、逮捕的时间是否可以折抵行政拘留时间

《刑法》第41条、第44条、第47条规定，先行羁押期限折抵刑罚的，

都以"日"为计算单位。拘传作为一种限制人身自由的刑事强制措施，因其期限为 12 小时，不足 1 日，所以，在刑事司法实践中，拘传的时间并不能折抵刑期。因此，如果被行政拘留的人在被行政拘留前因同一行为被拘传的，其被拘传的时间不应折抵行政拘留时间。

**154. 被行政拘留前因同一行为被刑事拘留的时间已超过依法被决定的行政拘留时间，如何处理**

公安部经征得全国人民代表大会常务委员会法制工作委员会同意，于 2004 年 3 月 4 日印发的《公安部关于刑事拘留时间可否折抵行政拘留时间问题的批复》（公复字〔2004〕1 号），对这一问题作出了明确规定：（1）如果行为人依法被刑事拘留的时间已超过依法被裁决的行政拘留时间的，则其行政拘留不再执行，但必须将《行政拘留裁决书》送达被处罚人。（2）对没有犯罪事实或者没有事实证明有犯罪重大嫌疑的人错误刑事拘留的，应当依法给予国家赔偿。但是，如果因同一行为依法被决定行政拘留，且刑事拘留时间已经折抵行政拘留时间的，已经折抵的刑事拘留时间不再给予国家赔偿。

### 配套

《公安机关执行〈中华人民共和国治安管理处罚法〉有关问题的解释》第 11 条；《公安机关办理行政案件程序规定》第 163 条

**第九十三条 【违反治安管理行为人的陈述与其他证据的关系】公安机关查处治安案件，对没有本人陈述，但其他证据能够证明案件事实的，可以作出治安管理处罚决定。但是，只有本人陈述，没有其他证据证明的，不能作出治安管理处罚决定。**

### 注解

本条规定了公安机关查处治安案件时"重证据不轻信口供"的原则。该原则要求公安机关作出治安管理处罚决定时，必须以事实清楚、证据确凿为前提。本条规定了两种情况：一是没有本人陈述，但其他证据能够证明案件事实。此时，其他证据确实充分，而且相互吻合，能够证明案件事实，已经达到了"事实清楚、证据确凿"的要求，因而可以据此作出治安管理处罚决定。如某人实施了冒充国家机关工作人员招摇撞骗的行为，被公安机关抓获，其本人既不主动交代，又不承认实施过这种行为，但有多名受害者指认，并且有其为了实施冒充国家机关工作人员进行招摇撞骗而制作的相关假证件等。二是只有本人陈述，没有其他证据证明的。此时虽说本人陈述也是证据的一种，但仅凭其陈述而无其他相关证据，不能据此认定当事人实施了违反治安管理的行为，因为当事人在陈述的时候，很自然地会考虑到陈述内容与其处罚结果之间的关系，如作这样的陈述或者作那样的陈述，对其是否有利等，这样就会产生当事人可能避重就轻，或者提供掺有虚假成分的陈述，甚至完全是虚假的陈述。而且，现实生活中，还存在有的公安人员采用打骂、诱供等手段，导致当事人提供虚假的陈述的现象。

**应用**

155. 在共同违反治安管理案件中，只有共同违反治安管理行为人陈述的，可否作出治安管理处罚决定

根据本条立法的精神，"重证据不轻信口供"原则，不仅适用于单独违反治安管理的治安案件，而且也适用于共同违反治安管理的案件。在共同违反治安管理的案件中，只有共同违反治安管理行为人的陈述，而没有其他证据印证，一般也不能作出治安管理处罚决定；没有共同违反治安管理行为人的陈述，只要其他证据确实充分，能够相互印证，形成证据链的，也可以依法作出治安管理处罚决定。

**第九十四条** 【陈述与申辩权】公安机关作出治安管理处罚决定前，应当告知违反治安管理行为人作出治安管理处罚的事实、理由及依据，并告知违反治安管理行为人依法享有的权利。

违反治安管理行为人有权陈述和申辩。公安机关必须充分听取违反治安管理行为人的意见，对违反治安管理行为人提出的事实、理由和证据，应当进行复核；违反治安管理行为人提出的事实、理由或者证据成立的，公安机关应当采纳。

公安机关不得因违反治安管理行为人的陈述、申辩而加重处罚。

**注解**

　　所谓公安机关的告知义务，是指公安机关作出治安管理处罚决定前，应当告知违反治安管理行为人作出治安管理处罚的事实、理由及依据，并告知违反治安管理行为人依法享有的权利。本条规定公安机关履行告知义务的时间，必须是在作出治安管理处罚决定之前，这样可以保证当事人行使其陈述和申辩的权利。告知的对象是违反治安管理行为人，主要是被处罚人。告知的内容包括事实、理由以及依据。

　　陈述权，是指违反治安管理行为人对公安机关给予治安管理处罚所认定的事实及适用法律是否准确、适当，陈述自己的看法和意见，同时也可以提出自己的主张和权利要求。申辩权，是指违反治安管理行为人对公安机关的指控、证据等提出不同意见，进行申辩，以正当手段，如采取包括要求召开听证会等方式，驳斥公安机关的指控以及驳斥公安机关提出的不利证据。陈述权和申辩权是当事人重要的权利，为确保权利的实现，公安机关应当依照法定程序给予当事人行使权利的机会。同时，为了切实维护当事人的权利，消除当事人顾虑，保证治安管理处罚决定的公正性和合法性，本条还规定了公安机关不得因违反治安管理行为人的陈述、申辩而加重处罚。需要注意的是，即使当事人的陈述、申辩与事实不符，也不得加重对于当事人的处罚。

**应用**

**156. 公安机关什么时候可以在没有听取违反治安管理行为人陈述、申辩的情况下作出治安管理处罚决定**

　　有的违反治安管理行为人自己已经很清楚地认识到自己的违法行为为事实清楚、证据确凿，没有什么好陈述、申辩的，就不再陈述和申辩了；也有的违反治安管理行为人则觉得，自己也不太懂法律，陈述什么、申辩什么，也搞不太明白，甚至错误地认为陈述、申辩也没有什么用处，虽然公安机关已告诉其可以陈述、申辩，也不进行陈述、申辩，任由公安机关作出治安管理处罚；还有的违反治安管理行为人，在公安机关通知其到场并明确告知有关事项或者宣读行政处罚决定时，拒不到场等。在这些情况下，公安机关可以不经违反治安管理行为人的陈述、申辩，而直接作出治安管理处罚决定。

157. 当事人陈诉和申辩权的适用

《治安管理处罚法》第94条第2款的规定是:"违反治安管理行为人有权陈述和申辩。公安机关必须充分听取违反治安管理行为人的意见,对违反治安管理行为人提出的事实、理由和证据,应当进行复核;违反治安管理行为人提出的事实、理由或者证据成立的,公安机关应当采纳。"第3款的规定是:"公安机关不得因违反治安管理行为人的陈述、申辩而加重处罚。"治安管理处罚决定权掌握在行政机关手中。只有在处罚程序中始终贯彻允许当事人陈述和申辩的原则,才能有利于事实的查明和法律的正确适用,不会混淆是非,更不会因此而使违法行为人逃脱应有的惩罚。法律规定不得因当事人申辩而加重处罚,就是对当事人申辩进行鼓励的手段。无论是治安管理处罚程序还是行政复议程序,都不得因当事人进行申辩而加重对其处罚。认为"不得因当事人申辩而加重处罚"不适用于行政复议程序,是对法律的误解。(《最高人民法院公报》2006年第10期:焦某刚诉某公安分局治安管理处罚决定行政纠纷案)

**配 套**

《公安机关办理行政案件程序规定》第167-169条

**第九十五条 【治安案件的处理】** 治安案件调查结束后,公安机关应当根据不同情况,分别作出以下处理:

(一)确有依法应当给予治安管理处罚的违法行为的,根据情节轻重及具体情况,作出处罚决定;

(二)依法不予处罚的,或者违法事实不能成立的,作出不予处罚决定;

(三)违法行为已涉嫌犯罪的,移送主管机关依法追究刑事责任;

(四)发现违反治安管理行为人有其他违法行为的,在对违反治安管理行为作出处罚决定的同时,通知有关行政主管部门处理。

> 注解

需要注意的是,法定的不予处罚的情形是:不满14周岁的人违反治安管理的;精神病人在不能辨认或者不能控制自己行为的时候违反治安管理的;违法行为轻微并及时纠正,没有造成危害后果的。

> 应用

158. 公安机关在作出治安管理处罚后,发现违法行为已涉嫌犯罪的,如何处理

对于违法行为已涉嫌犯罪的,按照本条规定,公安机关应当将案件移送有关主管部门依法追究刑事责任,不得作出治安管理处罚,也不得在移交有关主管部门的同时作出治安管理处罚。但是,如果公安机关在作出治安管理处罚后,发现违法行为已涉嫌犯罪的,应当撤销已作出的治安管理处罚决定,并将案件移交有关主管部门依法追究刑事责任。对于已执行的治安管理处罚是否折抵刑罚,《行政处罚法》第35条作了明确规定:"违法行为构成犯罪,人民法院判处拘役或者有期徒刑时,行政机关已经给予当事人行政拘留的,应当依法折抵相应刑期。违法行为构成犯罪,人民法院判处罚金时,行政机关已经给予当事人罚款的,应当折抵相应罚金;行政机关尚未给予当事人罚款的,不再给予罚款。"当然,上述规定仅指治安管理处罚决定已执行的部分,对于治安管理处罚决定尚未执行的部分,则不应折抵。

> 配套

《公安机关办理行政案件程序规定》第172条

**第九十六条** 【治安管理处罚决定书的内容】公安机关作出治安管理处罚决定的,应当制作治安管理处罚决定书。决定书应当载明下列内容:

(一)被处罚人的姓名、性别、年龄、身份证件的名称和号码、住址;

(二)违法事实和证据;

(三)处罚的种类和依据;

(四)处罚的执行方式和期限;

（五）对处罚决定不服，申请行政复议、提起行政诉讼的途径和期限；

（六）作出处罚决定的公安机关的名称和作出决定的日期。

决定书应当由作出处罚决定的公安机关加盖印章。

**注解**

无论是当场处罚还是依照一般程序作出处罚，都应当制作行政处罚决定书，并应当交付当事人。本条明确规定了行政处罚决定书应当列明的内容。

注意，处罚决定书必须加盖公安机关印章，而不能只有执法人员的签名或盖章。但在本法第100条规定的当场处罚情况下，可由人民警察签名或盖章。

**应用**

159. 一人有两种以上违法行为时，如何制作决定书

一人有两种以上违法行为的，分别决定，合并执行，可以制作一份决定书，分别写明对每种违法行为的处理内容和合并执行的内容。另外，一个案件有多个违法行为人的，分别决定，可以制作一式多份决定书，写明给予每个人的处理决定，分别送达每一个违法行为人。

**配套**

《公安机关办理行政案件程序规定》第161条

**第九十七条　【宣告、送达、抄送】**公安机关应当向被处罚人宣告治安管理处罚决定书，并当场交付被处罚人；无法当场向被处罚人宣告的，应当在二日内送达被处罚人。决定给予行政拘留处罚的，应当及时通知被处罚人的家属。

有被侵害人的，公安机关应当将决定书副本抄送被侵害人。

**注解**

交付和送达是治安管理处罚决定发生效力的前提，未交付和送达的治安管理处罚决定书，对被处罚人不具有法律效力。如果当事人对处罚没有异议的，应当按照处罚决定书的要求及时履行；如果对处罚决定不服的，应当按

照处罚决定书载明的途径和期限，及时申请行政复议或者提起行政诉讼。对于处罚决定书，应当当场交付，但无法当场交付时，应当在2日内送达。"当场"是宣布处罚决定的现场，而不仅仅是当场处罚的现场。送达有多种形式，如直接送达、邮寄送达、留置送达、委托送达等。

### 配套

《公安机关办理行政案件程序规定》第36、176条

**第九十八条 【听证】**公安机关作出吊销许可证以及处二千元以上罚款的治安管理处罚决定前，应当告知违反治安管理行为人有权要求举行听证；违反治安管理行为人要求听证的，公安机关应当及时依法举行听证。

### 注解

听证程序，是行政机关在作出行政处罚决定之前听取当事人的陈述和申辩，由听证程序参加人就有关问题相互进行质问、辩论和反驳，从而查明事实的过程。听证程序赋予了当事人为自己辩护的权利，为当事人充分维护和保障自己的权益，提供了程序上的条件。本条中规定了治安管理处罚决定之前需要告知当事人听证权利的两种情况：公安机关作出吊销许可证以及处2000元以上罚款的治安管理处罚决定。吊销许可证是指公安机关对违反治安管理的公民、法人或其他组织，依法实行撤销其许可证，剥夺其继续从事某项活动的权利的处罚，其后果是比较严重的。所以，为了防止公安机关随意实施吊销许可证的处罚，给许可证持有者造成不必要的损失，本法规定了在作出吊销许可证的处罚决定之前，公安机关有告知义务，违反治安管理行为人有要求依法举行听证的权利。违反治安管理行为人要求举行听证的，公安机关有及时举行听证的义务。

### 应用

**160. 违反治安管理行为人要求听证的，应当何时提出**

本法对此没有规定，按照《行政处罚法》第63条、第64条的有关规定，治安案件的当事人要求听证的，应当在公安机关告知其享有要求举行听证权后的5日内提出。违反治安管理行为人超过上述法定期限要求听证的，

公安机关则不举行听证。

实践中，应当注意以下问题：（1）如果违反治安管理行为人因不可抗力，不能在法定期限内要求听证的，可以在障碍消除后的5日内提出听证申请。但是，如果违反治安管理行为人提出听证时，公安机关已经作出治安管理处罚决定的，就不再组织听证了。如果尚未作出治安管理处罚决定的，公安机关可以根据案件具体情况决定是否组织听证，不是必须举行听证。（2）违反治安管理行为人向公安机关明确表示不要求听证或者提出听证申请后又撤回，但在法定期限内又要求听证的，无论公安机关是否已作出治安管理处罚决定，公安机关都应当依法举行听证，并在举行听证后依法作出处理决定。

**161. 共同违反治安管理行为人中的两人或者两人以上都要求听证的，是否可以合并举行听证**

为节省公安机关有限的执法资源，提高行政执法效率，对共同违反治安管理行为人中的两人或者两人以上都要求听证，且符合举行听证条件的，公安机关可以合并举行听证。同时，为了防止共同违反治安管理行为人听证时串供，举行听证时，主持人应当分别听取共同违反治安管理行为人的陈述、申辩和质证，不能让共同违反治安管理行为人同庭进行申辩和质证。

**配套**

《公安机关办理行政案件程序规定》第123-153条

**第九十九条　【期限】**公安机关办理治安案件的期限，自受理之日起不得超过三十日；案情重大、复杂的，经上一级公安机关批准，可以延长三十日。

为了查明案情进行鉴定的期间，不计入办理治安案件的期限。

**注解**

为了体现行政执法效率原则，依法及时有效地办理治安案件，有效地维护社会秩序，本条对于公安机关办理治安案件的时间给以规定。（1）一般情况下的治安案件的办案期限为30日，从受理时起计算。（2）案情重大、复杂的治安案件最长为60日，条件是经过上级机关的批准，可以延长30日。所谓案情重大、复杂，主要是指该治安案件涉及面广、影响大。（3）鉴定时间不计入办案期限。在有些治安案件中，为了查明案情，需要对某些专门性的问题进行鉴定。由于鉴定需要占用一定的时间，而无论是 30 日还是 60 日都是一个固定的时限，鉴定占用时间将直接影响公安机关能否在规定的办案期限内完成案件的办理。所以，为了查明案情进行鉴定的时间，不计入办理治安案件的期限。

> 应用

162. 调解达成协议后不履行的治安案件的办案期限如何计算

按照本法第 9 条的规定，对于因民间纠纷引起的打架斗殴或者损毁他人财物等违反治安管理行为，情节较轻的，公安机关可以调解处理。经公安机关调解，当事人达成协议的，不予处罚。经调解未达成协议或者达成协议后不履行的，公安机关应当依法对违反治安管理行为给予处罚。在这种情况下，如果从公安机关受理该案之日起计算时间，有的案件可能已经超过 30 日甚至 60 日了。所以，调解达成协议后不履行的治安案件的办案期限，应当从调解未达成协议或者达成协议后不履行之日起开始计算，而不能从治安案件受理之日起计算。公安机关在调解时，应将调解情况记录在案，以备查。

> 配套

《公安机关执行〈中华人民共和国治安管理处罚法〉有关问题的解释》第 12 条；《公安机关办理行政案件程序规定》第 165 条

**第一百条 【当场处罚】违反治安管理行为事实清楚，证据确凿，处警告或者二百元以下罚款的，可以当场作出治安管理处罚决定。**

> 注解

当场处罚，是指人民警察对于违反治安管理行为人不再传唤到公安机关而直接当场作出治安管理处罚决定的一种处罚程序。当场处罚的法定条件是：一是证据条件，即违反治安管理行为事实清楚，证据确凿；二是处罚条件，即处警告或者 200 元以下罚款，三是当场处罚只能由人民警察作出。只有当这几个条件同时具备时，才"可以"（而非"必须"）当场处罚。注意在此种情况下作出的处罚决定书只需由人民警察签名或盖章，不需按本法第

96条的规定由公安机关加盖印章。

**应用**

163. 哪些情形可以当场收缴罚款

根据《公安机关办理行政案件程序规定》第214条规定："公安机关作出罚款决定，被处罚人应当自收到行政处罚决定书之日起十五日内，到指定的银行缴纳罚款。有下列情形之一的，公安机关及其办案人民警察可以当场收缴罚款，法律另有规定的，从其规定：（一）对违反治安管理行为人处五十元以下罚款和对违反交通管理的行人、乘车人和非机动车驾驶人处罚款，被处罚人没有异议的；（二）对违反治安管理、交通管理以外的违法行为人当场处二十元以下罚款的；（三）在边远、水上、交通不便地区以及旅客列车上或者口岸，被处罚人向指定银行缴纳罚款确有困难，经被处罚人提出的；（四）被处罚人在当地没有固定住所，不当场收缴事后难以执行的。对具有前款第一项和第三项情形之一的，办案人民警察应当要求被处罚人签名确认。"

164. 违反治安管理行为人对当场处罚决定是否可以申请行政复议或者提起行政诉讼

法律规定当场处罚程序只是为了简化行政处罚程序，提高行政执法效率，并不是要排除当事人的法律救济权，为了切实保障被处罚人的合法权益，根据《行政处罚法》第7条"对行政处罚不服的，有权依法申请行政复议或者提起行政诉讼"的规定，违反治安管理行为人对当场处罚决定不服的，可以依照本法第102条的规定向本级人民政府或者上一级公安机关申请行政复议，也可以直接向人民法院提起行政诉讼。

**配套**

《公安机关办理行政案件程序规定》第37-38条

**第一百零一条 【当场处罚决定程序】** 当场作出治安管理处罚决定的，人民警察应当向违反治安管理行为人出示工作证件，并填写处罚决定书。处罚决定书应当当场交付被处罚人；有被侵害人的，并将决定书副本抄送被侵害人。

前款规定的处罚决定书，应当载明被处罚人的姓名、违法行为、处罚依据、罚款数额、时间、地点以及公安机关名称，并由经办的人民警察签名或者盖章。

当场作出治安管理处罚决定的，经办的人民警察应当在二十四小时内报所属公安机关备案。

> **注解**

当场处罚作为处罚程序中的一种简易程序，具有简便、迅速的特点，但其仍然是代表国家实施的一种执法行为，所以并不意味着只要当场处罚就可以想怎么处罚就怎么处罚，可以不受任何限制、不守任何规定。恰恰相反，作为一种处罚程序，当场处罚具有相应的程序要求，实施当场处罚，必须严格遵守当场处罚程序的规定。因此，依据本条规定，人民警察在作出当场处罚决定时应当出示工作证、告知被处罚人依法享有的权利、制作并交付处罚通知书、向所在机关备案。

> **应用**

**165. 人民警察当场作出治安管理处罚决定应当注意哪些问题**

（1）要注意依法收集证人证言、物证等各种证据，不能因为当事人对违法事实没有异议而忽视了证据的收集。否则，一旦当事人申请行政复议或者提起行政诉讼，当场处罚决定将可能因证据不足而被撤销。

（2）在当场作出治安管理处罚决定前，要严格执行本法第94条的规定，不仅要执行告知程序，而且要充分听取违反治安管理行为人的陈述和申辩。对违反治安管理行为人提出的事实、理由和证据，应当进行复核。对行为人提出的事实、理由或者证据成立的，应当采纳。不能为节约时间而不听违反治安管理行为人的陈述和申辩，更不能因违反治安管理行为人陈述、申辩而加重处罚。

（3）当事人对人民警察认定的违反治安管理的事实和证据有异议的，人民警察应当以事实为根据，对当事人的异议给予全面的回答，当事人仍有重大异议的，则不宜适用当场处罚程序，可以适用一般程序。

（4）要坚持教育与处罚相结合的原则，对违反治安管理行为人区别情况，区别对待。对具有法定减轻或者不予处罚情形的，应当依照本法第19条的规定减轻或者不予处罚。

> **配套**
>
> 《公安机关办理行政案件程序规定》第37-38条

**第一百零二条 【不服处罚提起的复议或诉讼】**被处罚人对治安管理处罚决定不服的，可以依法申请行政复议或者提起行政诉讼。

> **注解**
>
> 本条规定的是不服治安管理处罚决定的救济途径。对违法行政行为的救济，主要是通过行政复议和行政诉讼进行。
>
> 行政复议，是指公民、法人或其他组织认为具体行政行为侵犯其合法权益，向行政机关提出申请，要求行政机关重新考虑其决定。它是运用行政机关系统内部的层级监督关系，由上级行政机关纠正下级行政机关的违法或不当行为，以保护相对人合法权益的程序，是行政系统内部对行政权的监督形式，是一种行政救济。
>
> 行政诉讼，是公民、法人或其他组织认为行政机关及其工作人员的行政行为侵犯其合法权益，请求法院审查行政机关的行政行为是否合法，以维护自己的合法权益的一种诉讼行为。行政诉讼中，由独立于行政机关之外的司法机关来审查行政行为的合法与否。如果说行政复议是行政机关内部的一种监督制度，那么，行政诉讼则是对行政行为的一种外部监督制度。

> **应用**
>
> **166. 被处罚人对治安管理处罚决定不服的，必须先申请行政复议，然后才可以提起诉讼吗**
>
> 本法修改了原《治安管理处罚条例》中规定的行政复议是行政诉讼的前置程序的规定，明确规定了被处罚人对治安管理处罚决定提起行政复议和行政诉讼的选择权。具体适用何种程序，可以依据《行政复议法》《行政诉讼法》《公安机关办理行政案件程序规定》以及其他法律的规定。

### 167. 对治安管理处罚决定不服，被处罚人应当在什么期限内申请行政复议、提起行政诉讼

《行政复议法》第9条规定："公民、法人或者其他组织认为具体行政行为侵犯其合法权益的，可以自知道该具体行政行为之日起六十日内提出行政复议申请；但是法律规定的申请期限超过六十日的除外。因不可抗力或者其他正当理由耽误法定申请期限的，申请期限自障碍消除之日起继续计算。"由于本法对被处罚人申请行政复议的期限没有作出特别规定，所以，对治安管理处罚决定不服的，被处罚人应当在知道治安管理处罚决定之日起的60日内提出行政复议申请。如果因不可抗力或者其他正当理由耽误法定申请期限的，申请行政复议的期限自障碍消除之日起继续计算。根据《行政诉讼法》第46条第1款的规定，当事人因不服治安管理处罚决定直接向人民法院提起行政诉讼的，应当自知道作出该处罚决定之日起6个月内提出。但是，如果当事人因不服治安管理处罚决定而申请行政复议，并对行政复议决定不服的，则应当在收到复议决定书之日起15日内向人民法院提起行政诉讼。

### 168. 治安行政诉讼案件中，由谁出庭参加应诉

被处罚人对治安管理处罚决定不服的，既可以申请行政复议，也可以直接提起行政诉讼。对未经行政复议和经行政复议决定维持原处罚决定的行政诉讼案件，由作出处罚决定的公安机关负责人和原办案部门的承办民警出庭应诉；对经行政复议决定撤销、变更原处罚决定或者责令被申请人重新作出具体行政行为的行政诉讼案件，由行政复议机关负责人和行政复议机构的承办民警出庭应诉。

### 169. 被侵害人是否可以依法申请行政复议和提起行政诉讼

原《治安管理处罚条例》第39条规定，被处罚人或者被侵害人不服治安管理处罚决定的，可以依法申请行政复议。本法未保留上述规定，因而也就未赋予被侵害人申请行政复议和提起行政诉讼的权利。但是，这一规定并未剥夺被侵害人获得法律救助的权利，被侵害人可以通过下列途径依法获得法律救助：（1）《行政复议法》第10条、《行政诉讼法》第29条规定，同申请行政复议、提起行政诉讼的具体行政行为有利害关系的其他公民、法人或者其他组织，可以作为第三人参加行政复议、行政诉讼。根据上述规定，如果被处罚人不服治安管理处罚而申请行政复议或者提起行政诉讼的，被侵

害人可以作为第三人参加行政复议、行政诉讼。(2)被侵害人对违反治安管理行为人给其造成的人身伤害、财产损失等,可以按照《民事诉讼法》的有关规定,向人民法院提起民事诉讼。(3)被侵害人如果认为公安机关在查处治安案件时,有玩忽职守、滥用职权、徇私舞弊等行为的,可以向上一级公安机关反映,也可以向人民检察院控告,并可依照《信访条例》的规定向有关部门反映情况。

**170. 行政复议、行政诉讼期间,治安管理处罚决定是否可以停止或者暂缓执行**

根据《行政复议法》第21条、《行政诉讼法》第56条的规定,行政复议、行政诉讼期间治安管理处罚决定不停止执行。但是,具有下列情形的,治安管理处罚决定在行政复议期间可以停止执行:(1)作出治安管理处罚决定的公安机关认为需要停止执行的;(2)行政复议机关认为需要停止执行的;(3)申请行政复议的人申请停止执行,行政复议机关认为其要求合理,决定停止执行的。在行政诉讼期间,治安管理处罚决定在下列情况下可以停止执行:(1)被告认为需要停止执行的;(2)原告或者利害关系人申请停止执行,人民法院认为该行政行为的执行会造成难以弥补的损失,并且停止执行不损害国家利益、社会公共利益的;(3)人民法院认为该行政行为的执行会给国家利益、社会公共利益造成重大损害的;(4)法律、法规规定停止执行的。

另外,按照本法第107条的规定,在行政复议、行政诉讼期间,被行政拘留人依法提供了担保人或者交纳了保证金,经公安机关审查,符合担保条件的,行政拘留决定可以暂缓执行。

**配 套**

《行政复议法》第15、21条

## 第三节 执 行

**第一百零三条 【行政拘留处罚的执行】**对被决定给予行政拘留处罚的人,由作出决定的公安机关送达拘留所执行。

### 注解

本条包含三层含义：一是送达拘留所执行的对象只能是被决定给予行政拘留的人，因为行政处罚中只有行政拘留需要限制被处罚人的人身自由，因而要通过单独的羁押场所来完成；二是执行拘留只能由作出决定的公安机关送达拘留所，在执行送达被处罚人时，执行送达任务的人民警察要注意带好相应的法律文书材料，如《治安管理处罚执行拘留通知书》《治安管理处罚决定书》等；三是执行行政拘留只能由拘留所执行，包括治安拘留所和看守所。

### 应用

**171. 对县级以上人大代表治安拘留应履行何种手续**

《地方各级人民代表大会和地方各级人民政府组织法》第40条规定，县级以上的地方各级人民代表大会代表，非经本级人民代表大会主席团许可，在大会闭会期间，非经本级人民代表大会常务委员会许可，不受逮捕或者刑事审判。如果因为是现行犯被拘留，执行拘留的公安机关应当立即向该级人民代表大会主席团或者常务委员报告。

**172. 被拘留人在被拘留期间是否享有选举权和被选举权**

《宪法》第34条规定："中华人民共和国年满十八周岁的公民，不分民族、种族、性别、职业、家庭出身、宗教信仰、教育程度、财产状况、居住期限，都有选举权和被选举权；但是依照法律被剥夺政治权利的人除外。"治安管理处罚并不涉及剥夺公民的政治权利和民主权利问题。因此，在拘留执行期间，被拘留人除人身自由受到暂时限制外，其他公民权利并没有受到限制或者剥夺。也就是说，原来享有选举权、被选举权的被拘留人，在行政拘留执行期间仍享有这些权利，拘留所应当提供条件，保障被拘留人依法行使选举权和被选举权。

### 配套

《公安机关执行〈中华人民共和国治安管理处罚法〉有关问题的解释》第13条；《公安机关办理行政案件程序规定》第164条

**第一百零四条【当场收缴罚款范围】** 受到罚款处罚的人应当自收到处罚决定书之日起十五日内，到指定的银行缴纳罚款。

但是，有下列情形之一的，人民警察可以当场收缴罚款：

（一）被处五十元以下罚款，被处罚人对罚款无异议的；

（二）在边远、水上、交通不便地区，公安机关及其人民警察依照本法的规定作出罚款决定后，被处罚人向指定的银行缴纳罚款确有困难，经被处罚人提出的；

（三）被处罚人在当地没有固定住所，不当场收缴事后难以执行的。

**注解**

本条规定了罚款决定和执行相分离制度。具体来讲，公安机关及其人民警察查处违法行为，作出处罚决定后，应当将处罚决定书及时送达当事人。而且处罚决定书上要写明被处罚人应当向哪个银行缴纳罚款。而当事人，即被处罚人，应当自收到处罚决定书之日起15日内，到指定的银行缴纳罚款。对于指定的银行而言，在收取罚款后，应当向被处罚人开具财政部门制发的罚款收据。

本条还规定了人民警察在特定的情形下可以当场收缴罚款的三种情形。

**应用**

**173. 在实践中，人民警察当场收缴罚款应注意哪些问题**

在实践中需要注意以下几点：一是人民警察作出罚款的决定可以是当场作出处罚的决定，也可以是依照一般程序作出处罚的决定。二是除了本条第1项有数额限制以外，其他两项都没有数额限制。三是第1项要求"被处罚人对罚款无异议"，第2项要求"被处罚人提出"，第3项中只要求人民警察注明即可。

**174. 对依法可以当场收缴罚款而被处罚人拒不当场缴纳罚款的是否可以强制执行**

按照本条规定，对符合本条第1项"被处五十元以下罚款，被处罚人对罚款无异议的"和第3项"被处罚人在当地没有固定住所，不当场收缴事后难以执行的"情形之一的，无论被处罚人是否提出自行到银行缴纳有困难，人民警察都可以依法当场收缴罚款。需要注意的是，本条规定的是人民警察"可以"当场收缴罚款，而不是"应当"当场收缴罚款。如果被处罚人拒绝当场缴纳罚款，人民警察则不得采取任何措施强制执行，只能要求被处罚人在规定的时间内到指定的银行缴纳罚款。而且，被处罚人拒绝当场缴纳罚款的，也不属于"逾期不履行行政处罚决定"，作出治安管理处罚决定的公安机关不能按照《行政处罚法》第72条的规定执行，即既不能"每日按罚款数额的百分之三加处罚款"，也不能"将扣押的财物拍卖抵缴罚款"或者"申请人民法院强制执行"。

**175. 被处罚人是否可以暂缓或者分期缴纳罚款**

按照本法第3条和《行政处罚法》第66条的规定，被处罚人如果确有经济困难，需要延期或者分期缴纳罚款的，经被处罚人申请和作出治安管理处罚决定的公安机关批准，可以暂缓或者分期缴纳。被处罚人申请延期或者分期缴纳罚款的，应当书面提出。在书面申请中，不仅要说明不能按期缴纳罚款的原因，而且要写明申请延长的具体期限或者分期缴纳罚款的具体计划。公安机关对被处罚人的经济状况进行调查后，认为其申请理由不能成立的，可以驳回其申请，责令其依法按期缴纳；认为理由成立的，应当作出延期或者分期缴纳罚款的决定。

## 配套

《公安机关办理行政案件程序规定》第214条

**第一百零五条【罚款交纳期限】人民警察当场收缴的罚款，应当自收缴罚款之日起二日内，交至所属的公安机关；在水上、旅客列车上当场收缴的罚款，应当自抵岸或者到站之日起二日内，交至所属的公安机关；公安机关应当自收到罚款之日起二日内将罚款缴付指定的银行。**

## 注解

本条规定有三层涵义。一是人民警察当场收缴的罚款，应当自收缴罚款之日起2日内，交至所属的公安机关。主要指：（1）被处50元以下罚款，当事人对罚款无异议的；（2）在边远、水上、交通不便地区，公安机关及其人民警察依照本法的规定作出罚款决定后，被处罚人向指定的银行缴纳罚款确有困难，经被处罚人提出的；（3）被处罚人在当地没有固定住所，不当场收缴事后难以执行的。二是在水上、旅客火车上当场收缴的罚款，应当自抵岸或者到站之日起2日内，交至所属的公安机关。三是公安机关应当自收到罚款之日起2日内将罚款缴付指定的银行。

> 配套

《公安机关办理行政案件程序规定》第216条

**第一百零六条　【罚款收据】**人民警察当场收缴罚款的，应当向被处罚人出具省、自治区、直辖市人民政府财政部门统一制发的罚款收据；不出具统一制发的罚款收据的，被处罚人有权拒绝缴纳罚款。

> 注解

本条规定了人民警察当场收缴罚款时应当出具符合法律规定的罚款收据的义务，同时赋予被处罚人在人民警察不出具统一收据时，可以拒绝交纳罚款的权利。这项制度的目的在于规范人民警察依法行政，防止乱罚款、罚款不开收据、侵吞或私分罚款收入等违法现象的发生。同时，被处罚人对处罚决定不服的，可以凭罚款收据证明具体行政行为的存在，从而申请行政复议、提起行政诉讼。

人民警察出具的收据必须是统一制发的罚款收据，不得使用擅自印制的非法罚款收据。这里所说的"统一制发"，是指罚款收据由省、自治区、直辖市人民政府财政部门统一制作和发放。不出具统一制发的罚款收据的，被处罚人有权拒绝缴纳罚款。该款规定赋予被处罚人两项抗辩理由：不出具罚款收据的和不出具由省、自治区、直辖市人民政府财政部门统一制发的罚款收据的。

> 配套

《公安机关办理行政案件程序规定》第215条

**第一百零七条　【暂缓执行行政拘留】**被处罚人不服行政拘留处罚决定，申请行政复议、提起行政诉讼的，可以向公安机关提出暂缓执行行政拘留的申请。公安机关认为暂缓执行行政拘留不致发生社会危险的，由被处罚人或者其近亲属提出符合本法第一百零八条规定条件的担保人，或者按每日行政拘留二百元的标准交纳保证金，行政拘留的处罚决定暂缓执行。

**注解**

本条是关于被处罚人申请暂缓执行行政拘留的情形的规定。对此，需要满足下列条件：（1）被处罚人申请暂缓执行的只能是行政拘留的处罚决定，因为这一处罚具有最严厉性和不可挽回性。（2）被处罚人是在不服行政拘留的行政处罚决定而申请行政复议、提起行政诉讼的情形下提出此申请的。（3）公安机关认为暂缓执行行政拘留不致发生社会危险。这里的"危险"是指被处罚人可能阻碍、逃避公安机关、行政复议机关或人民法院的传唤、复议、审理、执行的，比如逃跑、干扰证人、串供、伪造证据、实施其他违法行为等。（4）被处罚人或者其近亲属提出符合规定的保人或者保证金。

**应用**

176. 被处罚人是否可以口头提出暂缓执行行政拘留的申请

《公安机关办理行政案件程序规定》第222条第1款规定："被处罚人不服行政拘留处罚决定，申请行政复议或者提起行政诉讼的，可以向作出行政拘留决定的公安机关提出暂缓执行行政拘留的申请；口头提出申请的，公安机关人民警察应当予以记录，并由申请人签名或者捺指印。"可见，被处罚人可以口头提出暂缓执行行政拘留的申请，公安机关人民警察应当当场记录被处罚人的基本情况、暂缓执行行政拘留的申请、申请暂缓执行行政拘留的理由和时间，并将记录交被处罚人核对或者向被处罚人宣读，经确认无误后，由人民警察和被处罚人签名、盖章或者按手印。

177. 哪些情形不适用暂缓执行行政拘留

根据《公安机关办理行政案件程序规定》第224条规定：有下列情形之一的，应当作出不暂缓执行行政拘留的决定，并告知申请人：（1）被处罚人暂缓执行行政拘留后可能逃跑的；（2）被处罚人还有其他违法犯罪嫌疑，正在被调查或者侦查的；（3）公安机关认为不宜暂缓执行行政拘留的其他情形。

178. 被拘留人申请行政拘留暂缓执行的，公安机关是否可以释放被拘留人

行政拘留决定一经作出，即发生法律效力。因此，为维护国家法律的严

肃性和权威性，在公安机关依法作出行政拘留暂缓执行决定前，作出行政拘留的公安机关应当依照本法第103条的规定将被拘留人送达拘留所依法执行，不得关押在办公室或者其他监管场所，更不得因其提出暂缓执行行政拘留申请、提出了担保人或者交纳了保证金而释放被拘留人。

**179. 行政拘留暂缓执行决定应当由哪一级公安机关作出**

根据本法第91条规定，治安管理处罚由县级以上人民政府公安机关决定；其中警告、500元以下的罚款可以由公安派出所决定。由此可见，行政拘留处罚只能由县级以上人民政府公安机关决定，公安派出所无权决定。鉴于行政拘留暂缓执行是对行政拘留执行时间的变更决定，行政拘留暂缓执行的决定就应当由原作出行政拘留决定的县级以上（包括县级）人民政府公安机关作出。公安派出所、县级以上人民政府公安机关的内设机构，均不能作出行政拘留暂缓执行的决定。由于县级以上铁路、交通、民航、森林公安机关和海关侦查走私犯罪公安机构可以依法作出治安管理处罚决定，铁路、交通、民航、森林公安派出所可以依法作出警告或者500元以下罚款。所以，县级以上（含县级）铁路、交通、民航、森林公安机关和海关侦查走私犯罪公安机构可以依法作出行政拘留暂缓执行的决定，其内设机构和公安派出所则无权作出上述决定。

**180. 被拘留人申请了行政复议、提起了行政诉讼，但未提供担保人或者交纳保证金的，行政拘留决定是否可以停止执行**

按照本条规定，被拘留人不服行政拘留决定而申请了行政复议、提起了行政诉讼，并向公安机关提出暂缓执行行政拘留申请，公安机关经过审查认为暂缓执行行政拘留不致发生社会危险，但被拘留人和其近亲属未依法提供担保人或者交纳保证金的，公安机关不应作出行政拘留暂缓执行的决定。但是，按照《行政复议法》第21条、《行政诉讼法》第56条的规定，如果行政复议或者行政诉讼期间有下列情形之一的，行政拘留决定可以停止执行：（1）作出行政拘留决定的公安机关认为需要停止执行的；（2）行政复议机关认为需要停止执行的；（3）被拘留人申请停止执行，行政复议机关决定停止执行或者人民法院裁定停止执行的。

181. 被决定行政拘留的人同时被并处罚款,且已被决定暂缓行政拘留执行的,罚款决定可否一并暂缓执行

根据《行政复议法》第21条、《行政诉讼法》第56条的规定,行政复议、行政诉讼期间,原则上不停止具体行政行为的执行。考虑到罚款不同于行政拘留,不存在不可恢复性的因素,即使罚款决定被行政复议机关、人民法院撤销,被处罚人交纳的罚款可以依法返还,故本法只对行政拘留的暂缓执行作出了规定。因此,被决定行政拘留的人同时被并处罚款的,其罚款不能因其行政拘留决定被暂缓执行而暂缓执行。当然,按照《行政处罚法》第66条的规定,如果被处罚人确有经济困难,需要延期缴纳罚款,经被处罚人申请和公安机关批准的,罚款决定才可以暂缓执行。同时,根据《行政复议法》《行政诉讼法》的有关规定,如果行政复议机关、作出罚款决定的公安机关认为需要停止执行罚款决定,或者因被处罚人申请停止执行罚款决定,行政复议机关依法决定停止执行或者人民法院依法裁定停止执行的,罚款决定也可以依法停止执行。

### 配套

《行政复议法》第21条;《行政诉讼法》第56条;《行政处罚法》第66条;《公安机关办理行政案件程序规定》第222-226条

## 第一百零八条 【担保人的条件】担保人应当符合下列条件:
(一) 与本案无牵连;
(二) 享有政治权利,人身自由未受到限制;
(三) 在当地有常住户口和固定住所;
(四) 有能力履行担保义务。

### 注解

担保人应当符合下列条件:

(1) 与本案无牵连。担保人与被处罚人所涉及的治安案件没有任何利害关系,即担保人不是共同违反治安管理行为人,也不是本案的证人、被害人等。这是担保人的前提条件。

(2) 享有政治权利,人身自由未受到限制。这是保证人履行保证责任的基础条件。"享有政治权利"是指担保人依据宪法和法律享有下列权利:选

举权和被选举权，言论、出版、集会、结社、游行、示威自由的权利，担任国家机关职务的权利，担任国有公司、企业、事业单位和人民团体领导职务的权利。"人身自由未受到限制"，是指担保人未受到任何剥夺或者限制人身自由的刑事处罚，未被采取任何剥夺、限制人身自由的刑事、行政强制措施或者未受到限制人身自由的行政处罚，即未被刑事拘留、行政拘留、取保候审、监视居住、劳动教养等。

（3）在当地有常住户口和固定住所。这是指担保人在被处罚地有常住户口和固定的住所。暂住人口或者其他流动人口不能作为保证人。

（4）有能力履行担保义务。"有能力履行担保义务"，是指担保人的年龄、体力与智力等条件能够保证其履行担保义务，如担保人必须达到一定年龄且具有完全民事行为能力、担保人的智力正常、担保人的身体状况能够使其完成监督被处罚人行为的义务等。

> 配套

《公安机关办理行政案件程序规定》第227条

**第一百零九条 【担保人的义务】**担保人应当保证被担保人不逃避行政拘留处罚的执行。

担保人不履行担保义务，致使被担保人逃避行政拘留处罚的执行的，由公安机关对其处三千元以下罚款。

> 注解

根据本条的规定，担保人的担保义务如下：应当保证被保证人不逃避行政拘留处罚的执行。也就是说，在被处罚人申请暂缓行政拘留期间，担保人要保证被担保人（被处罚人）认真配合公安机关和人民法院的工作，不能阻碍公安机关的调查取证工作、行政复议工作以及人民法院的审理工作。

担保人如果没有尽到法定的义务，必须承担一定的法律后果。根据本条的规定，如果担保人不履行担保义务，致使被担保人逃避行政拘留处罚的执行的，由公安机关对其处3000元以下罚款。这里的罚款处罚也属于行政处罚。如果担保人对罚款处罚不服的，可根据《行政处罚法》的规定，申请行政复议或者提起行政诉讼。

**应用**

182. 担保人履行了担保义务，但被担保人仍逃避行政拘留处罚执行的，是否追究担保人的责任

根据《公安机关办理行政案件程序规定》第229条规定，担保人履行了担保义务，但被担保人仍逃避行政拘留处罚执行的，或者被处罚人逃跑后，担保人积极帮助公安机关抓获被处罚人的，可以从轻或者不予处罚。

183. 担保人中途是否可以退出担保

《公安机关办理行政案件程序规定》第230条规定，担保人在暂缓执行行政拘留期间，不愿继续担保或者丧失担保条件的，应当责令被处罚人重新提出担保人或者交纳保证金。不提出担保人又不交纳保证金的，恢复执行行政拘留。可见，担保人可以中途退出担保，此时被处罚人应当重新提出担保人或者交纳保证金，否则将被恢复执行行政拘留。

**配套**

《公安机关办理行政案件程序规定》第229-230条

**第一百一十条 【没收保证金】被决定给予行政拘留处罚的人交纳保证金，暂缓行政拘留后，逃避行政拘留处罚的执行的，保证金予以没收并上缴国库，已经作出的行政拘留决定仍应执行。**

**注解**

保证金是指被拘留人或其近亲属为申请暂缓执行行政拘留决定而缴纳的保证被拘留人在行政复议或者行政诉讼期间不逃避行政拘留处罚执行的现金。没收保证金需要符合以下条件：即被决定给予行政拘留处罚的人交纳保证金，暂缓行政拘留后逃避行政拘留处罚的执行。暂缓行政拘留后，被决定给予行政拘留处罚的人逃避行政拘留处罚的执行的，公安机关有权没收保证金并上缴国库。任何单位不得私自扣留。

此外，保证金予以没收，并不当然免除其行政拘留处罚，已经作出的行政拘留决定仍应执行。即被决定给予行政拘留处罚的人自逃避执行行政拘留之日起，在任何时间，只要被公安机关抓获，仍要执行行政拘留，而没有时

限的要求。

> 应用

**184. 行政拘留暂缓执行后，没收保证金、执行行政拘留是否以逃避行政拘留执行行为既遂为前提**

根据本法规定，逃避行政拘留处罚执行，是一种行为犯，即只要被拘留人在暂缓执行期间实际实施了逃避行政拘留执行的行为，无论是否实际造成公安机关行政拘留决定无法执行的后果，也不论被拘留人是出于何种原因而逃避行政拘留执行，公安机关都可以依照本条规定没收其保证金，并依法执行已作出的行政拘留决定。也就是说，对被拘留人逃避行政拘留执行未遂的，以及被拘留人基于自己的清白、害怕受到错误追究而逃跑的，公安机关也可以依法没收保证金，并依法执行已作出的行政拘留决定。例如，公安机关在得知被拘留人逃跑后而将其抓获的，公安机关就可以认定为"逃避行政拘留处罚的执行"而没收其交纳的保证金，并执行已作出的行政拘留决定。

**185. 行政拘留暂缓执行后，执行行政拘留是否以行政复议决定或者人民法院判决为依据**

根据本法规定，行政拘留暂缓执行是对行政拘留决定执行时间的变更，实际上是行政拘留决定在行政复议或者行政诉讼期间的一种附条件的不执行。所以，在行政复议或者行政诉讼案件审结之前，只要被拘留人不逃避行政拘留执行，行政拘留决定就可以不执行，最终是否执行，则以行政复议决定或者行政诉讼判决为准。如果行政拘留决定被行政复议机关、人民法院撤销的，其行政拘留决定就不再执行；如果行政复议机关、人民法院维持了公安机关作出的行政拘留决定的，行政拘留决定就应当依法执行。但是，如果在行政拘留暂缓执行期间，被拘留人实施了逃避行政拘留处罚的行为，行政拘留不执行的条件即已丧失，已作出的行政拘留决定就进入了执行程序，而不论行政复议、行政诉讼案件是否审结，行政复议机关、人民法院是否作出行政复议决定或者判决。如果行政拘留被执行或已执行完毕后，拘留决定被依法撤销的，被拘留人可以依照《国家赔偿法》的有关规定，申请国家赔偿。

> 配套

《公安机关办理行政案件程序规定》第233条

**第一百一十一条 【退还保证金】**行政拘留的处罚决定被撤销，或者行政拘留处罚开始执行的，公安机关收取的保证金应当及时退还交纳人。

> 注解

根据本条的规定，保证金的退还必须符合以下两个条件之一：一是行政拘留的处罚决定被撤销。行政拘留的处罚决定被撤销主要是基于行政复议或者行政诉讼，由上级公安机关裁定撤销或由人民法院判决公安机关败诉而撤销，即当事人通过行政复议或行政诉讼维护了自己的合法权益。二是行政拘留的处罚开始执行。当事人提起行政复议或者行政诉讼，由上级公安机关或者由人民法院裁定公安机关胜诉而维持治安处罚决定，从而需要执行行政拘留，则保证金的意义已经不存在，因而也需要公安机关退还保证金给交纳人。

> 配套

《公安机关办理行政案件程序规定》第232条

# 第五章 执法监督

**第一百一十二条 【执法原则】**公安机关及其人民警察应当依法、公正、严格、高效办理治安案件，文明执法，不得徇私舞弊。

> 注解

所谓"依法"，是指依照法律、法规、规章规定的条件、标准、程序办案。所谓"公正"，是指公安机关及其人民警察在办理治安案件时，应该做到大公无私，对各方当事人不偏不倚，办事公道。所谓"严格"，是指公安机关及其人民警察在办理治安案件时，必须严格依法办事，既要严格按照法律规定的处罚条件、处罚种类、处罚幅度等办理治安案件，又要严格按照法律规定的程序办理治安案件。所谓"高效"，是指公安机关及其人民警察在办理治安案件时，必须做到工作效率高、处理问题迅速。

所谓"文明"，是指人民警察在办理治安案件时，着装要规范，语言要规范，举止要端庄，精神面貌要良好，要体现执法机关和人民警察的面貌和风范。文明执法的内涵十分丰富，包括热情对人、礼貌待人、尊重人民群众的风俗习惯、秉公执法等，是严格执法、依法办案的要求和体现。

所谓"徇私舞弊"，是指由于徇私情，故意颠倒黑白，作出错误的治安管理处罚决定，或者故意作出偏轻、偏重的治安管理处罚决定。公安机关及其人民警察负有维护社会公共秩序、保障公共安全、保护人民群众合法权益的治安管理职责，必须严格秉公执法，绝对不能徇私枉法。

**第一百一十三条 【禁止行为】**公安机关及其人民警察办理治安案件，禁止对违反治安管理行为人打骂、虐待或者侮辱。

### 注解

本条规定的是人民警察应当遵守的行为准则。《刑法》《刑事诉讼法》《人民警察法》对此也有相关规定。所谓"对违反治安管理行为人打骂、虐待或者侮辱"是指用殴打、冻饿、捆绑、强迫超体力劳动、限制自由、罚跪、嘲笑、辱骂等，也包括长时间强光照射，采取车轮战术，不间断地讯问等以及各种变相体罚、虐待的方法。实践中，在办案时采用打骂、虐待或者侮辱等手段的，不仅严重侵犯人身权利，而且极易造成错案。

### 应用

**186. 打骂、虐待或者侮辱违反治安管理行为人的将受到何种处罚**

《人民警察法》第22条明确规定，人民警察不得刑讯逼供或者体罚、虐待人犯，不得滥用职权侵害公民、法人或者其他组织的合法权益，不得殴打他人或者唆使他人打人，违者应当给予行政处分；构成犯罪，依法追究刑事责任。

行政处分包括：警告、记过、记大过、降级、撤职、开除。对受行政处分的人民警察，按照国家有关规定，可以降低警衔、取消警衔。此外，对违反纪律的人民警察，必要时可以对其采取停止执行职务、禁闭的措施。

对打骂、虐待、侮辱违反治安管理行为人的刑事责任问题，《刑法》第246条和第248条明确规定，以暴力或者其他方法公然侮辱他人或者捏造事实诽谤他人，情节严重的，处3年以下有期徒刑、拘役、管制或者剥夺政治权利。拘留所等监管机构的监管人员对被监管人进行殴打或者体罚虐待，情节严重的，处3年以下有期徒刑或者拘役；情节特别严重的，处3年以上10

年以下有期徒刑。致人伤残、死亡的，依照《刑法》第234条故意伤害罪（即处3年以下有期徒刑、拘役或者管制；致人重伤的，处3年以上10年以下有期徒刑；致人死亡或者以特别残忍手段致人重伤造成严重残疾的，处10年以上有期徒刑、无期徒刑或者死刑）、第232条故意杀人罪（即处死刑、无期徒刑或者10年以上有期徒刑；情节较轻的，处3年以上10年以下有期徒刑）的规定定罪从重处罚。监管人员指使被监管人殴打或者体罚虐待其他被监管人的，依照上述规定处罚。

### 配套

《刑法》第232、234、246、248条

**第一百一十四条 【社会监督】**公安机关及其人民警察办理治安案件，应当自觉接受社会和公民的监督。

公安机关及其人民警察办理治安案件，不严格执法或者有违法违纪行为的，任何单位和个人都有权向公安机关或者人民检察院、行政监察机关检举、控告；收到检举、控告的机关，应当依据职责及时处理。

### 注解

公安机关及其人民警察办理治安案件，应当自觉接受社会和公民的监督，即要自觉接受人民群众的监督。群众监督是我国广大劳动人民直接参加国家管理，行使当家作主权利，实现社会主义民主的具体体现。在我国，人民群众监督的基本方式是对有关国家机关及其工作人员提出建议、批评、检举、申诉和控告，这是我国《宪法》赋予公民的权利。

公安机关及其人民警察办理治安案件，不严格执法或者有违法违纪行为的，任何单位和个人都有权向公安机关或者人民检察院、行政监察机关检举、控告。进行检举或者控告，既可以采用书面的形式提出，如书写并递交检举信、控告信等，也可以采用口头的形式提出，如公民直接到执法机关的上一级机关当面提出检举、控告等，这样有利于群众及时纠正不严格执法的行为或者及时查处违法违纪的行为。对于单位和公民进行的检举、控告，任何人不得压制和打击报复。根据本条的规定，接受检举、控告的机关主要是

指公安机关或者人民检察院、监察机关。

**第一百一十五条 【罚缴分离原则】**公安机关依法实施罚款处罚,应当依照有关法律、行政法规的规定,实行罚款决定与罚款收缴分离;收缴的罚款应当全部上缴国库。

### 注解

本条是有关罚缴分离原则的规定,即罚款决定与罚款收缴分离。在没有实行罚缴分离制度以前,一些行政机关存在把罚没收入与行政执法机关办案经费挂钩的情况,有些行政机关甚至把增加罚没收入作为创收的手段,将罚没收入与行政经费挂钩,严重影响了行政执法的公平、正义,损害了行政执法的形象和权威。1996年,《行政处罚法》确立了罚缴分离的原则,即行政机关依法作出罚款的行政处罚决定后,被处罚人持行政处罚决定书到指定的金融机构缴纳罚款。1997年,国务院公布了《罚款决定与罚款收缴分离实施办法》,对有关罚缴分离的法律规定进行了制度性细化,罚缴分离制度正式确立。

### 应用

**187.《罚款决定与罚款收缴分离实施办法》是如何具体规定罚款收缴的**

罚款是行政处罚中应用最广泛的一种处罚,是各行政机关实施行政管理使用最多的手段,也是人民群众反映最多、意见最大的一种处罚。1996年制定《行政处罚法》,专门设立了罚款决定与罚款收缴相分离的制度。为了贯彻实施这一制度,国务院于1997年颁布了《罚款决定与罚款收缴分离实施办法》,对罚款的收缴作了具体的规定:第一,经中国人民银行批准有代理收付款项业务的商业银行、信用合作社,可以开办代收罚款的业务。第二,行政机关应当按照办法和国家有关规定,同代收机构签订代收罚款协议。第三,行政机关作出罚款决定的行政处罚决定书应当载明代收机构的名称、地址和当事人应当缴纳罚款的数额、期限等,并明确对当事人逾期缴纳罚款是否加处罚款。第四,代收机构代收罚款,应当向当事人出具罚款收据。第五,当事人逾期缴纳罚款,行政处罚决定书明确需要加处罚款的,代收机构应当按照行政处罚决定书加收罚款。公安机关应当严格按照法律、行政法规的规定,坚决执行罚款决定与罚款收缴分离。

188. 如何保证收缴的罚款全部上缴国库

为了杜绝贪污、截留、挪用、坐支罚款等现象，收缴的罚款必须全部上缴国库。《罚款决定与罚款收缴分离实施办法》对如何保证收缴的罚款全部上缴国库，作了具体、明确的规定：第一，罚款必须全部上缴国库，任何行政机关、组织或者个人不得以任何形式截留、私分或者变相私分。第二，罚款代收机构应当按照《行政处罚法》和国家有关规定，直接上缴国库。第三，国库应当按照《中华人民共和国国家金库条例》的规定，定期同财政部门和行政机关对账，以保证收缴的罚款和上缴国库的罚款数额一致。公安机关必须严格执行这些规定，确保收缴的罚款应当全部上缴国库。

**第一百一十六条 【公安机关及其民警的行政责任和刑事责任】**人民警察办理治安案件，有下列行为之一的，依法给予行政处分；构成犯罪的，依法追究刑事责任：

（一）刑讯逼供、体罚、虐待、侮辱他人的；

（二）超过询问查证的时间限制人身自由的；

（三）不执行罚款决定与罚款收缴分离制度或者不按规定将罚没的财物上缴国库或者依法处理的；

（四）私分、侵占、挪用、故意损毁收缴、扣押的财物的；

（五）违反规定使用或者不及时返还被侵害人财物的；

（六）违反规定不及时退还保证金的；

（七）利用职务上的便利收受他人财物或者谋取其他利益的；

（八）当场收缴罚款不出具罚款收据或者不如实填写罚款数额的；

（九）接到要求制止违反治安管理行为的报警后，不及时出警的；

（十）在查处违反治安管理活动时，为违法犯罪行为人通风报信的；

（十一）有徇私舞弊、滥用职权，不依法履行法定职责的其他情形的。

办理治安案件的公安机关有前款所列行为的,对直接负责的主管人员和其他直接责任人员给予相应的行政处分。

### 注解

本条第1款对人民警察在办理治安案件中实施的、应当追究法律责任的11项违法行为作了规定。人民警察在办理治安案件的过程中,实施上述违法行为的,应当追究的法律责任有两种:行政责任,由所在的公安机关或者上级机关给予行政处分,分为警告、记过、记大过、降级、撤职、开除六种;刑事责任,人民警察违反法律规定,实施违法行为,情节严重,构成犯罪的,应当追究刑事责任。

根据本条第2款的规定,公安机关有本条第1款所列行为的,要追究相关的法律责任。因为公安机关不是自然人,所以对其追究法律责任,是对直接负责的主管人员和其他直接责任人员追究责任,即对实施该违法行为直接负责的主管人员和其他直接责任人员追究责任,给予相应的行政处分,即给予警告、记过、记大过、降级、撤职、开除的处分。

**第一百一十七条** 【赔偿责任】公安机关及其人民警察违法行使职权,侵犯公民、法人和其他组织合法权益的,应当赔礼道歉;造成损害的,应当依法承担赔偿责任。

### 注解

本条规定的是公安机关及其人民警察行使职权,侵犯公民、法人和其他组织合法权益,造成损害的,应当依法承担赔偿责任,属于行政赔偿的范畴。

需要特别注意的是,《国家赔偿法》在2010年修订时删除了原有的申请国家赔偿的"确认违法"程序,而本条中"违法行使职权"的限定,实际上已不符合最新《国家赔偿法》的规定。同时,对于行政赔偿的范围,新法第3条规定:"行政机关及其工作人员在行使行政职权时有下列侵犯人身权情形之一的,受害人有取得赔偿的权利:(一)违法拘留或者违法采取限制公民人身自由的行政强制措施的;(二)非法拘禁或者以其他方法非法剥夺公民人身自由的;(三)以殴打、虐待等行为或者唆使、放纵他人以殴打、虐待等行为造成公民身体伤害或者死亡的；（四）违法使用武器、警械造成公民身体伤害或者死亡的；（五）造成公民身体伤害或者死亡的其他违法行为。"

### 配套

《国家赔偿法》；《国家赔偿费用管理条例》；《最高人民检察院关于适用修改后〈中华人民共和国国家赔偿法〉若干问题的意见》

# 第六章 附 则

**第一百一十八条** 【"以上、以下、以内"的含义】本法所称以上、以下、以内，包括本数。

**第一百一十九条** 【生效日期】本法自2006年3月1日起施行。1986年9月5日公布、1994年5月12日修订公布的《中华人民共和国治安管理处罚条例》同时废止。

### 注解

《治安管理处罚法》的时间效力是指《治安管理处罚法》在时间上的适用范围，即自2006年3月1日起施行。根据法不溯及既往原则，发生在2006年2月28日以前的违反治安管理行为，依照以前的有关规定处理，发生于2006年3月1日以后的，适用本法。

### 配套

《公安机关执行〈中华人民共和国治安管理处罚法〉有关问题的解释》第15条

# 配 套 法 规

## 公安机关执行《中华人民共和国治安管理处罚法》有关问题的解释

(2006年1月23日 公通字〔2006〕12号)

根据全国人大常委会《关于加强法律解释工作的决议》的规定，现对公安机关执行《中华人民共和国治安管理处罚法》（以下简称《治安管理处罚法》）的有关问题解释如下：

一、关于治安案件的调解问题。根据《治安管理处罚法》第9条的规定，对因民间纠纷引起的打架斗殴或者损毁他人财物以及其他违反治安管理行为，情节较轻的，公安机关应当本着化解矛盾纠纷、维护社会稳定、构建和谐社会的要求，依法尽量予以调解处理。特别是对因家庭、邻里、同事之间纠纷引起的违反治安管理行为，情节较轻，双方当事人愿意和解的，如制造噪声、发送信息、饲养动物干扰他人正常生活，放任动物恐吓他人、侮辱、诽谤、诬告陷害、侵犯隐私、偷开机动车等治安案件，公安机关都可以调解处理。同时，为确保调解取得良好效果，调解前应当及时依法做深入细致的调查取证工作，以查明事实、收集证据、分清责任。调解达成协议的，应当制作调解书，交双方当事人签字。

二、关于涉外治安案件的办理问题。《治安管理处罚法》第10条第2款规定："对违反治安管理的外国人可以附加适用限期出境、驱逐出境"。对外国人需要依法适用限期出境、驱逐出境处罚的，由承办案件的公安机关逐级上报公安部或者公安部授权的省级人民政府公安机关决定，由承办案件的公安机关执行。对外国人依法决定行政拘留的，由承办案件的县级以上（含县级，下同）公安机关决定，不再报上一级公安机关批准。对外国人依法决定警告、罚款、行政拘留，并附加适用限期出境、驱逐出境处罚的，应当在警告、罚款、行政拘留执行完毕后，再执行限期出境、驱逐出境。

三、**关于不予处罚问题**。《治安管理处罚法》第12条、第13条、第14条、第19条对不予处罚的情形作了明确规定，公安机关对依法不予处罚的违反治安管理行为人，有违法所得的，应当依法予以追缴；有非法财物的，应当依法予以收缴。

《治安管理处罚法》第22条对违反治安管理行为的追究时效作了明确规定，公安机关对超过追究时效的违反治安管理行为不再处罚，但有违禁品的，应当依法予以收缴。

四、**关于对单位违反治安管理的处罚问题**。《治安管理处罚法》第18条规定，"单位违反治安管理的，对其直接负责的主管人员和其他直接责任人员依照本法的规定处罚。其他法律、行政法规对同一行为规定给予单位处罚的，依照其规定处罚"，并在第54条规定可以吊销公安机关发放的许可证。对单位实施《治安管理处罚法》第三章所规定的违反治安管理行为的，应当依法对其直接负责的主管人员和其他直接责任人员予以治安管理处罚；其他法律、行政法规对同一行为明确规定由公安机关给予单位警告、罚款、没收违法所得、没收非法财物等处罚，或者采取责令其限期停业整顿、停业整顿、取缔等强制措施的，应当依照其规定办理。对被依法吊销许可证的单位，应当同时依法收缴非法财物、追缴违法所得。参照刑法的规定，单位是指公司、企业、事业单位、机关、团体。

五、**关于不执行行政拘留处罚问题**。根据《治安管理处罚法》第21条的规定，对"已满十四周岁不满十六周岁的"，"已满十六周岁不满十八周岁，初次违反治安管理的"，"七十周岁以上的"，"怀孕或者哺乳自己不满一周岁婴儿的"违反治安管理行为人，可以依法作出行政拘留处罚决定，但不投送拘留所执行。被处罚人居住地公安派出所应当会同被处罚人所在单位、学校、家庭、居（村）民委员会、未成年人保护组织和有关社会团体进行帮教。上述未成年人、老年人的年龄、怀孕或者哺乳自己不满1周岁婴儿的妇女的情况，以其实施违反治安管理行为或者正要执行行政拘留时的实际情况确定，即违反治安管理行为人在实施违反治安管理行为时具有上述情形之一的，或者执行行政拘留时符合上述情形之一的，均不再投送拘留所执行行政拘留。

**六、关于取缔问题**。根据《治安管理处罚法》第54条的规定，对未经许可，擅自经营按照国家规定需要由公安机关许可的行业的，予以取缔。这里的"按照国家规定需要由公安机关许可的行业"，是指按照有关法律、行政法规和国务院决定的有关规定，需要由公安机关许可的旅馆业、典当业、公章刻制业、保安培训业等行业。取缔应当由违反治安管理行为发生地的县级以上公安机关作出决定，按照《治安管理处罚法》的有关规定采取相应的措施，如责令停止相关经营活动、进入无证经营场所进行检查、扣押与案件有关的需要作为证据的物品等。在取缔的同时，应当依法收缴非法财物、追缴违法所得。

**七、关于强制性教育措施问题**。《治安管理处罚法》第76条规定，对有"引诱、容留、介绍他人卖淫"，"制作、运输、复制、出售、出租淫秽的书刊、图片、影片、音像制品等淫秽物品或者利用计算机信息网络、电话以及其他通讯工具传播淫秽信息"，"以营利为目的，为赌博提供条件的，或者参与赌博赌资较大的"行为，"屡教不改的，可以按照国家规定采取强制性教育措施"。这里的"强制性教育措施"目前是指劳动教养[①]；"按照国家规定"是指按照《治安管理处罚法》和其他有关劳动教养的法律、行政法规的规定；"屡教不改"是指有上述行为被依法判处刑罚执行期满后五年内又实施前述行为之一，或者被依法予以罚款、行政拘留、收容教育[②]、劳动教养执行期满后三年

---

[①] 2013年12月28日通过的《全国人民代表大会常务委员会关于废止有关劳动教养法律规定的决定》废止了劳动教养制度。——编者注。

[②] 2020年7月21日发布的《公安部关于保留废止修改有关收容教育规范性文件的通知》废止了有关收容教育的内容。

内实施前述行为之一，情节较重，但尚不够刑事处罚的情形。

**八、关于询问查证时间问题。**《治安管理处罚法》第83条第1款规定，"对违反治安管理行为人，公安机关传唤后应当及时询问查证，询问查证的时间不得超过八小时；情况复杂，依照本法规定可能适用行政拘留处罚的，询问查证的时间不得超过二十四小时"。这里的"依照本法规定可能适用行政拘留处罚"，是指本法第三章对行为人实施的违反治安管理行为设定了行政拘留处罚，且根据其行为的性质和情节轻重，可能依法对违反治安管理行为人决定予以行政拘留的案件。

根据《治安管理处罚法》第82条和第83条的规定，公安机关或者办案部门负责人在审批书面传唤时，可以一并审批询问查证时间。对经过询问查证，属于"情况复杂"，且"依照本法规定可能适用行政拘留处罚"的案件，需要对违反治安管理行为人适用超过8小时询问查证时间的，需口头或者书面报经公安机关或者其办案部门负责人批准。对口头报批的，办案民警应当记录在案。

**九、关于询问不满16周岁的未成年人问题。**《治安管理处罚法》第84条、第85条规定，询问不满16周岁的违反治安管理行为人、被侵害人或者其他证人，应当通知其父母或者其他监护人到场。上述人员父母双亡，又没有其他监护人的，因种种原因无法找到其父母或者其他监护人的，以及其父母或者其他监护人收到通知后拒不到场或者不能及时到场的，办案民警应当将有关情况在笔录中注明。为保证询问的合法性和证据的有效性，在被询问人的父母或者其他监护人不能到场时，可以邀请办案地居（村）民委员会的人员，或者被询问人在办案地有完全行为能力的亲友，或者所在学校的教师，或者其他见证人到场。询问笔录应当由办案民警、被询问人、见证人签名或者盖章。有条件的地方，还可以对询问过程进行录音、录像。

**十、关于铁路、交通、民航、森林公安机关和海关侦查走私犯罪公安机构以及新疆生产建设兵团公安局的治安管理处罚权问题。**《治安管理处罚法》第91条规定："治安管理处罚由县级以上人民政府公安机关决定；其中警告、五百元以下罚款可以由公安派出所决定。"根据有关法律，铁路、交通、民航、森林公安机关依法负责其管辖范围内的治安管理工作，《中华人民共和国海关行政处罚实施条例》第6条赋予了海关侦查走私犯罪公安机构对阻碍海关缉私警察依法执行职务的治安案件的查处权。为有效维护社会治安，县级以上铁路、交通、民航、森林公安机关对其管辖的治安案件，可以依法作出治安管理处罚决定，铁路、交通、民航、森林公安派出所可以作出警告、500元以下罚款的治安管理处罚决定；海关系统相当于县级以上公安机关的侦查走私犯罪公安机构可以依法查处阻碍缉私警察依法执行职务的治安案件，并依法作出治安管理处罚决定。新疆生产建设兵团系统的县级以上公安局应当视为"县级以上人民政府公安机关"，可以依法作出治安管理处罚决定；其所属的公安派出所可以依法作出警告、500元以下罚款的治安管理处罚决定。

**十一、关于限制人身自由的强制措施折抵行政拘留问题。**《治安管理处罚法》第92条规定："对决定给予行政拘留处罚的人，在处罚前已经采取强制措施限制人身自由的时间，应当折抵。限制人身自由一日，折抵行政拘留一日。"这里的"强制措施限制人身自由的时间"，包括被行政拘留人在被行政拘留前因同一行为被依法刑事拘留、逮捕时间。如果被行政拘留人被刑事拘留、逮捕的时间已超过被行政拘留的时间的，则行政拘留不再执行，但办案部门必须将《治安管理处罚决定书》送达被处罚人。

**十二、关于办理治安案件期限问题。**《治安管理处罚法》第99条规定："公安机关办理治安案件的期限，自受理之日起不得超过三十日；案情重大、复杂的，经上一级公安机关批准，可以延长三十日。为了查明案情进行鉴定的期间，不计入办理治安案件的期限。"这里的"鉴定期间"，是指公安机关提交鉴定之日起至鉴定机构作出鉴定结论并送达公安机关的期间。公安机关应当切实提高办案效率，保证在法定期限内办结治安案件。对因违反治安管理行为人逃跑等客观原因造成案件不能在法定期限内办结的，公安机关应当继续进行调查取证，及时依法作出处理决定，不能因已超过法定办案期限就不再调查取证。

因违反治安管理行为人在逃,导致无法查清案件事实,无法收集足够证据而结不了案的,公安机关应当向被侵害人说明原因。对调解未达成协议或者达成协议后不履行的治安案件的办案期限,应当从调解未达成协议或者达成协议后不履行之日起开始计算。公安派出所承办的案情重大、复杂的案件,需要延长办案期限的,应当报所属县级以上公安机关负责人批准。

**十三、关于将被拘留人送达拘留所执行问题。**《治安管理处罚法》第103条规定:"对被决定给予行政拘留处罚的人,由作出决定的公安机关送达拘留所执行。"这里的"送达拘留所执行",是指作出行政拘留决定的公安机关将被决定行政拘留的人送到拘留所并交付执行,拘留所依法办理入所手续后即为送达。

**十四、关于治安行政诉讼案件的出庭应诉问题。**《治安管理处罚法》取消了行政复议前置程序。被处罚人对治安管理处罚决定不服的,既可以申请行政复议,也可以直接提起行政诉讼。对未经行政复议和经行政复议决定维持原处罚决定的行政诉讼案件,由作出处罚决定的公安机关负责人和原办案部门的承办民警出庭应诉;对经行政复议决定撤销、变更原处罚决定或者责令被申请人重新作出具体行政行为的行政诉讼案件,由行政复议机关负责人和行政复议机构的承办民警出庭应诉。

**十五、关于《治安管理处罚法》的溯及力问题。**按照《中华人民共和国立法法》第84条的规定,《治安管理处罚法》不溯及既往。《治安管理处罚法》施行后,对其施行前发生且尚未作出处罚决定的违反治安管理行为,适用《中华人民共和国治安管理处罚条例》;但是,如果《治安管理处罚法》不认为是违反治安管理行为或者处罚较轻的,适用《治安管理处罚法》。

# 公安机关执行《中华人民共和国治安管理处罚法》有关问题的解释（二）

（2007年1月8日　公通字〔2007〕1号）

为正确、有效地执行《中华人民共和国治安管理处罚法》（以下简称《治安管理处罚法》），根据全国人民代表大会常务委员会《关于加强法律解释工作的决议》的规定，现对公安机关执行《治安管理处罚法》的有关问题解释如下：

一、关于制止违反治安管理行为的法律责任问题

为了免受正在进行的违反治安管理行为的侵害而采取的制止违法侵害行为，不属于违反治安管理行为。但对事先挑拨、故意挑逗他人对自己进行侵害，然后以制止违法侵害为名对他人加以侵害的行为，以及互相斗殴的行为，应当予以治安管理处罚。

二、关于未达目的违反治安管理行为的法律责任问题

行为人为实施违反治安管理行为准备工具、制造条件的，不予处罚。

行为人自动放弃实施违反治安管理行为或者自动有效地防止违反治安管理行为结果发生，没有造成损害的，不予处罚；造成损害的，应当减轻处罚。

行为人已经着手实施违反治安管理行为，但由于本人意志以外的原因而未得逞的，应当从轻处罚、减轻处罚或者不予处罚。

三、关于未达到刑事责任年龄不予刑事处罚的，能否予以治安管理处罚问题

对已满十四周岁不满十六周岁不予刑事处罚的，应当责令其家长或者监护人加以管教；必要时，可以依照《治安管理处罚法》的相关规定予以治安管理处罚，或者依照《中华人民共和国刑法》第十七条的规定予以收容教养。

#### 四、关于减轻处罚的适用问题

违反治安管理行为人具有《治安管理处罚法》第十二条、第十四条、第十九条减轻处罚情节的,按下列规定适用:

(一)法定处罚种类只有一种,在该法定处罚种类的幅度以下减轻处罚;

(二)法定处罚种类只有一种,在该法定处罚种类的幅度以下无法再减轻处罚的,不予处罚;

(三)规定拘留并处罚款的,在法定处罚幅度以下单独或者同时减轻拘留和罚款,或者在法定处罚幅度内单处拘留;

(四)规定拘留可以并处罚款的,在拘留的法定处罚幅度以下减轻处罚;在拘留的法定处罚幅度以下无法再减轻处罚的,不予处罚。

#### 五、关于"初次违反治安管理"的认定问题

《治安管理处罚法》第二十一条第二项规定的"初次违反治安管理",是指行为人的违反治安管理行为第一次被公安机关发现或者查处。但具有下列情形之一的,不属于"初次违反治安管理":

(一)曾违反治安管理,虽未被公安机关发现或者查处,但仍在法定追究时效内的;

(二)曾因不满十六周岁违反治安管理,不执行行政拘留的;

(三)曾违反治安管理,经公安机关调解结案的;

(四)曾被收容教养、劳动教养的;

(五)曾因实施扰乱公共秩序,妨害公共安全,侵犯人身权利、财产权利,妨害社会管理的行为被人民法院判处刑罚或者免除刑事处罚的。

#### 六、关于扰乱居(村)民委员会秩序和破坏居(村)民委员会选举秩序行为的法律适用问题

对扰乱居(村)民委员会秩序的行为,应当根据其具体表现形式,如侮辱、诽谤、殴打他人、故意伤害、故意损毁财物等,依照《治安管理处罚法》的相关规定予以处罚。

对破坏居(村)民委员会选举秩序的行为,应当依照《治安管理处罚法》第二十三条第一款第五项的规定予以处罚。

**七、关于殴打、伤害特定对象的处罚问题**

对违反《治安管理处罚法》第四十三条第二款第二项规定行为的处罚，不要求行为人主观上必须明知殴打、伤害的对象为残疾人、孕妇、不满十四周岁的人或者六十周岁以上的人。

**八、关于"结伙"、"多次"、"多人"的认定问题**

《治安管理处罚法》中规定的"结伙"是指两人（含两人）以上；"多次"是指三次（含三次）以上；"多人"是指三人（含三人）以上。

**九、关于运送他人偷越国（边）境、偷越国（边）境和吸食、注射毒品行为的法律适用问题**

对运送他人偷越国（边）境、偷越国（边）境和吸食、注射毒品行为的行政处罚，适用《治安管理处罚法》第六十一条、第六十二条第二款和第七十二条第三项的规定，不再适用全国人民代表大会常务委员会《关于严惩组织、运送他人偷越国（边）境犯罪的补充规定》和《关于禁毒的决定》的规定。

**十、关于居住场所与经营场所合一的检查问题**

违反治安管理行为人的居住场所与其在工商行政管理部门注册登记的经营场所合一的，在经营时间内对其检查时，应当按照检查经营场所办理相关手续；在非经营时间内对其检查时，应当按照检查公民住所办理相关手续。

**十一、关于被侵害人是否有权申请行政复议问题**

根据《中华人民共和国行政复议法》第二条的规定，治安案件的被侵害人认为公安机关依据《治安管理处罚法》作出的具体行政行为侵犯其合法权益的，可以依法申请行政复议。

# 违反公安行政管理行为的名称及其适用意见（节录）

(2020年8月6日　公通字〔2020〕8号)

……

**二、治安管理**

(二)《中华人民共和国人民警察法》(法律)

21、非法制造、贩卖、持有、使用警用标志、制式服装、警械、证件(《中华人民共和国人民警察法》第36条,《人民警察制式服装及其标志管理规定》第14条、第15条、第16条,《公安机关警戒带使用管理办法》第10条)

对单位或者个人非法生产、销售人民警察制式服装及其标志的,违法行为名称表述为"非法制造、贩卖警用标志、制式服装",法律依据适用《中华人民共和国人民警察法》第36条和《人民警察制式服装及其标志管理规定》第14条。对指定生产企业违反规定,超计划生产或者擅自转让生产任务的,违法行为名称表述为"非法制造警用标志、制式服装",法律依据适用《中华人民共和国人民警察法》第36条和《人民警察制式服装及其标志管理规定》第14条、第15条。对单位或者个人非法持有、使用人民警察制式服装及其标志的,违法行为名称表述为"非法持有、使用警用标志、制式服装",法律依据适用《中华人民共和国人民警察法》第36条和《人民警察制式服装及其标志管理规定》第16条。

(三)《人民警察制式服装及其标志管理规定》(部门规章)

22. 生产、销售仿制警用制式服装、标志(第17条)

23. 穿着、佩带仿制警用制式服装、标志(第18条)

(四)《中华人民共和国治安管理处罚法》(法律)

24. 扰乱单位秩序(第 23 条第 1 款第 1 项)

《中华人民共和国军事设施保护法》第 43 条规定援引《中华人民共和国治安管理处罚法》第 23 条处罚。对《中华人民共和国军事设施保护法》第 43 条规定的非法进入军事禁区、军事管理区,不听制止的;在军事禁区外围安全控制范围内,或者在没有划入军事禁区、军事管理区的军事设施一定距离内,进行危害军事设施安全和使用效能的活动,不听制止的;在军用机场净空保护区域内,进行影响飞行安全和机场助航设施使用效能的活动,不听制止的;对军事禁区、军事管理区非法进行摄影、摄像、录音、勘察、测量、描绘和记述,不听制止的;其他扰乱军事禁区、军事管理区管理秩序和危害军事设施安全的行为,情节轻微,尚不够刑事处罚的,违法行为名称表述为"扰乱单位秩序",法律依据适用《中华人民共和国治安管理处罚法》第 23 条第 1 款第 1 项。聚众实施上述行为的,违法行为名称表述为"聚众扰乱单位秩序",法律依据适用《中华人民共和国治安管理处罚法》第 23 条第 1 款第 1 项和第 2 款。

25. 扰乱公共场所秩序(第 23 条第 1 款第 2 项)

26. 扰乱公共交通工具上的秩序(第 23 条第 1 款第 3 项)

27. 妨碍交通工具正常行驶(第 23 条第 1 款第 4 项)

28. 破坏选举秩序(第 23 条第 1 款第 5 项)

29. 聚众扰乱单位秩序(第 23 条第 2 款)

30. 聚众扰乱公共场所秩序(第 23 条第 2 款)

31. 聚众扰乱公共交通工具上的秩序(第 23 条第 2 款)

32. 聚众妨碍交通工具正常行驶(第 23 条第 2 款)

33. 聚众破坏选举秩序(第 23 条第 2 款)

34. 强行进入大型活动场内(第 24 条第 1 款第 1 项)

35. 违规在大型活动场内燃放物品(第 24 条第 1 款第 2 项)

36. 在大型活动场内展示侮辱性物品(第 24 条第 1 款第 3 项)

37. 围攻大型活动工作人员(第 24 条第 1 款第 4 项)

38. 向大型活动场内投掷杂物（第 24 条第 1 款第 5 项）
39. 其他扰乱大型活动秩序的行为（第 24 条第 1 款第 6 项）
40. 虚构事实扰乱公共秩序（第 25 条第 1 项）

对《中华人民共和国消防法》第 62 条第 3 项规定的谎报火警，违法行为名称表述为"虚构事实扰乱公共秩序（谎报火警）"，法律依据适用《中华人民共和国消防法》第 62 条第 3 项和《中华人民共和国治安管理处罚法》第 25 条第 1 项。

41. 投放虚假危险物质（第 25 条第 2 项）
42. 扬言实施放火、爆炸、投放危险物质（第 25 条第 3 项）
43. 寻衅滋事（第 26 条）
44. 组织、教唆、胁迫、诱骗、煽动从事邪教、会道门活动（第 27 条第 1 项）
45. 利用邪教、会道门、迷信活动危害社会（第 27 条第 1 项）
46. 冒用宗教、气功名义危害社会（第 27 条第 2 项）
47. 故意干扰无线电业务正常进行（第 28 条）

《中华人民共和国军事设施保护法》第 44 条规定援引《中华人民共和国治安管理处罚法》第 28 条处罚。对《中华人民共和国军事设施保护法》第 44 条规定的违反国家规定，故意干扰军用无线电设施正常工作的，违法行为名称表述为"故意干扰无线电业务正常进行"，法律依据适用《中华人民共和国治安管理处罚法》第 28 条。

48. 拒不消除对无线电台（站）的有害干扰（第 28 条）

《中华人民共和国军事设施保护法》第 44 条规定援引《中华人民共和国治安管理处罚法》第 28 条处罚。对《中华人民共和国军事设施保护法》第 44 条规定的对军用无线电设施产生有害干扰，拒不按照有关主管部门的要求改正的，违法行为名称表述为"拒不消除对无线电台（站）的有害干扰"，法律依据适用《中华人民共和国治安管理处罚法》第 28 条。

49. 非法侵入计算机信息系统（第 29 条第 1 项）

《计算机信息网络国际联网安全保护管理办法》第 20 条与《中华

人民共和国治安管理处罚法》第 29 条第 1 项竞合。对单位未经允许，进入计算机信息网络或者使用计算机信息网络资源，构成违反治安管理行为的，违法行为名称表述为"非法侵入计算机信息系统"。对单位处罚的法律依据适用《计算机信息网络国际联网安全保护管理办法》第 6 条第 1 项和第 20 条，对其直接负责的主管人员和其他直接责任人员处罚的法律依据适用《中华人民共和国治安管理处罚法》第 18 条和第 29 条第 1 项。

50. 非法改变计算机信息系统功能（第 29 条第 2 项）

《计算机信息网络国际联网安全保护管理办法》第 20 条与《中华人民共和国治安管理处罚法》第 29 条第 2 项竞合。对单位未经允许，对计算机信息网络功能进行删除、修改或者增加，构成违反治安管理行为的，违法行为名称表述为"非法改变计算机信息系统功能"。对单位处罚的法律依据适用《计算机信息网络国际联网安全保护管理办法》第 6 条第 2 项和第 20 条，对其直接负责的主管人员和其他直接责任人员处罚的法律依据适用《中华人民共和国治安管理处罚法》第 18 条和第 29 条第 2 项。

51. 非法改变计算机信息系统数据和应用程序（第 29 条第 3 项）

《计算机信息网络国际联网安全保护管理办法》第 20 条与《中华人民共和国治安管理处罚法》第 29 条第 3 项竞合。对单位未经允许，对计算机信息网络中存储、处理或者传输的数据和应用程序进行删除、修改或者增加，构成违反治安管理行为的，违法行为名称表述为"非法改变计算机信息系统数据和应用程序"。对单位处罚的法律依据适用《计算机信息网络国际联网安全保护管理办法》第 6 条第 3 项和第 20 条，对其直接负责的主管人员和其他直接责任人员处罚的法律依据适用《中华人民共和国治安管理处罚法》第 18 条和第 29 条第 3 项。

52. 故意制作、传播计算机破坏性程序影响运行（第 29 条第 4 项）

《计算机信息网络国际联网安全保护管理办法》第 20 条与《中华人民共和国治安管理处罚法》第 29 条第 4 项竞合。对单位故意制作、传播计算机病毒等破坏性程序，构成违反治安管理行为的，违法行为名称表述为"故意制作、传播计算机破坏性程序影响运行"。对单位处罚的法律依据适用《计算机信息网络国际联网安全保护管理办法》第6条第4项和第20条，对其直接负责的主管人员和其他直接责任人员处罚的法律依据适用《中华人民共和国治安管理处罚法》第18条和第29条第4项。

53. 非法制造、买卖、储存、运输、邮寄、携带、使用、提供、处置危险物质（第30条）

《民用爆炸物品安全管理条例》第44条第4款与《中华人民共和国治安管理处罚法》第30条竞合。对未经许可购买、运输民用爆炸物品的，违法行为名称表述为"非法购买、运输危险物质（民用爆炸物品）"。对单位处罚的法律依据适用《民用爆炸物品安全管理条例》第44条第4款，对其直接负责的主管人员和其他直接责任人员处罚的法律依据适用《中华人民共和国治安管理处罚法》第18条和第30条。对个人未经许可购买、运输民用爆炸物品的，法律依据适用《中华人民共和国治安管理处罚法》第30条。

《民用爆炸物品安全管理条例》第49条第3项、第4项与《中华人民共和国治安管理处罚法》第30条竞合。对违规储存民用爆炸物品的，违法行为名称表述为"非法储存危险物质（民用爆炸物品）"。对单位处罚的法律依据适用《民用爆炸物品安全管理条例》第49条第3项或者第4项，对其直接负责的主管人员和其他直接责任人员处罚的法律依据适用《中华人民共和国治安管理处罚法》第18条和第30条。对个人非法储存民用爆炸物品的，法律依据适用《中华人民共和国治安管理处罚法》第30条。

《民用爆炸物品安全管理条例》第51条与《中华人民共和国治安管理处罚法》第30条竞合。对携带民用爆炸物品搭乘公共交通工具或者进入公共场所，邮寄或者在托运的货物、行李、包裹、邮件中夹带民用爆炸物品，违法行为名称表述为"非法携带、邮寄危险物质（民用爆炸物品）"，法律依据适用《中华人民共和国治安管理处罚法》

第30条和《民用爆炸物品安全管理条例》第51条。

对《中华人民共和国消防法》第62条第1项规定的违反有关消防技术标准和管理规定生产、储存、运输、销售、使用、销毁易燃易爆危险品，违法行为名称表述为"非法制造、买卖、储存、运输、使用、处置危险物质（易燃易爆危险品）"，法律依据适用《中华人民共和国消防法》第62条第1项和《中华人民共和国治安管理处罚法》第30条。

对《中华人民共和国消防法》第62条第2项规定的非法携带易燃易爆危险品进入公共场所或者乘坐公共交通工具的，违法行为名称表述为"非法携带危险物质（易燃易爆危险品）"，法律依据适用《中华人民共和国消防法》第62条第2项和《中华人民共和国治安管理处罚法》第30条。

《烟花爆竹安全管理条例》第36条第2款与《中华人民共和国治安管理处罚法》第30条竞合。对未经许可经由道路运输烟花爆竹的，违法行为名称表述为"非法运输危险物质（烟花爆竹）"。对单位处罚的法律依据适用《烟花爆竹安全管理条例》第36条第2款，对其直接负责的主管人员和其他直接责任人员处罚的法律依据适用《中华人民共和国治安管理处罚法》第18条和第30条。对个人未经许可经由道路运输烟花爆竹的，法律依据适用《中华人民共和国治安管理处罚法》第30条。

《烟花爆竹安全管理条例》第41条和《中华人民共和国治安管理处罚法》第30条竞合。对携带烟花爆竹搭乘公共交通工具的，或者邮寄烟花爆竹以及在托运的行李、包裹、邮件中夹带烟花爆竹的，违法行为名称表述为"非法邮寄、携带危险物质（烟花爆竹）"。情节较轻的，法律依据适用《烟花爆竹安全管理条例》第41条；情节较重，构成违反治安管理的，法律依据适用《中华人民共和国治安管理处罚法》第30条。

《危险化学品安全管理条例》第88条第4项和《剧毒化学品购买和公路运输许可证件管理办法》第20条、第21条第3款与《中华人民共和国治安管理处罚法》第30条竞合。对未取得或者利用骗取的剧毒化学品道路运输通行证，通过道路运输剧毒化学品的，违法行为名称表述为"非法运输危险物质（剧毒化学品）"。对单位处罚的法律依据相应适用《危险化学品安全管理条例》第88条第4项和《剧毒化学品购买和公路运输许可证件管理办法》第20条，或者《危险化学品安全管理条例》第88条第4项和《剧毒化学品购买和公路运输许可证件管理办法》第21条第3款，对其直接负责的主管人员和其他直接责任人员处罚的法律依据适用《中华人民共和国治安管理处罚法》第18条和第30条。对个人未取得剧毒化学品道路运输通行证经由道路运输剧毒化学品的，法律依据适用《中华人民共和国治安管理处罚法》第30条。

《剧毒化学品购买和公路运输许可证件管理办法》第20条与《中华人民共和国治安管理处罚法》第30条竞合。对未申领剧毒化学品购买凭证〔《国务院关于第五批取消和下放管理层级行政审批项目的决定》（国发〔2010〕21号）已取消剧毒化学品准购证核发审批〕，擅自购买剧毒化学品的，违法行为名称表述为"非法购买危险物质（剧毒化学品）"。对单位处罚的法律依据适用《剧毒化学品购买和公路运输许可证件管理办法》第20条，对其直接负责的主管人员和其他直接责任人员处罚的法律依据适用《中华人民共和国治安管理处罚法》第18条和第30条。对个人非法购买剧毒化学品的，法律依据适用《中华人民共和国治安管理处罚法》第30条。

《放射性物品运输安全管理条例》第62条第1项与《中华人民共和国治安管理处罚法》第30条竞合。未经公安机关批准通过道路运输放射性物品的，违法行为名称表述为"非法运输危险物质（放射性物品）"。对单位处罚的法律依据适用《放射性物品运输安全管理条例》第62条第1项，对其直接负责的主管人员和其他直接责任人员处罚的法律依据适用《中华人民共和国治安管理处罚法》第18条和第30条。对个人未经公安机关批准通过道路运输放射性物品的，法律依据适用《中华人民共和国治安管理处罚法》第30条。

54. 危险物质被盗、被抢、丢失不报（第 31 条）

《民用爆炸物品安全管理条例》第 50 条第 2 项与《中华人民共和国治安管理处罚法》第 31 条竞合。对民用爆炸物品丢失、被盗、被抢不报的，违法行为名称表述为"危险物质（民用爆炸物品）被盗、被抢、丢失不报"。对单位处罚的法律依据适用《民用爆炸物品安全管理条例》第 50 条第 2 项，对其直接负责的主管人员和其他直接责任人员处罚的法律依据适用《中华人民共和国治安管理处罚法》第 18 条和第 31 条。

《烟花爆竹安全管理条例》第 39 条与《中华人民共和国治安管理处罚法》第 31 条竞合。对生产、经营、使用黑火药、烟火药、引火线的企业，丢失黑火药、烟火药、引火线未及时向当地安全生产监督管理部门和公安部门报告的，违法行为名称表述为"危险物质（烟花爆竹）丢失不报"。对企业主要负责人处罚的法律依据适用《烟花爆竹安全管理条例》第 39 条，对其直接负责的主管人员和其他直接责任人员处罚的法律依据适用《中华人民共和国治安管理处罚法》第 18 条和第 31 条。

《危险化学品安全管理条例》第 81 条第 1 款第 2 项与《中华人民共和国治安管理处罚法》第 31 条竞合。生产、储存、使用剧毒化学品、易制爆危险化学品的单位发现剧毒化学品、易制爆危险化学品丢失或者被盗，不立即向公安机关报告的，违法行为名称表述为"危险物质被盗、丢失不报"。对单位处罚的法律依据适用《危险化学品安全管理条例》第 81 条第 1 款第 2 项，对其直接负责的主管人员和其他直接责任人员处罚的法律依据适用《中华人民共和国治安管理处罚法》第 18 条和第 31 条。

55. 非法携带枪支、弹药、管制器具（第 32 条）

《中华人民共和国枪支管理法》第 44 条第 1 款第 2 项与《中华人民共和国治安管理处罚法》第 32 条竞合。对《中华人民共和国枪支管理法》第 44 条第 1 款第 2 项规定的在禁止携带枪支的区域、场所携带枪支的，违法行为名称表述为"非法携带枪支"，法律依据适用《中华人民共和国治安管理处罚法》第32条。

56. 盗窃、损毁公共设施（第33条第1项）

《中华人民共和国军事设施保护法》第45条规定援引《中华人民共和国治安管理处罚法》第33条处罚。对《中华人民共和国军事设施保护法》第45条规定的毁坏边防、海防管控设施以及军事禁区、军事管理区的围墙、铁丝网、界线标志或者其他军事设施的，违法行为名称表述为"损毁公共设施"，法律依据适用《中华人民共和国治安管理处罚法》第33条第1项。

57. 移动、损毁边境、领土、领海标志设施（第33条第2项）

58. 非法进行影响国（边）界线走向的活动（第33条第3项）

59. 非法修建有碍国（边）境管理的设施（第33条第3项）

60. 盗窃、损坏、擅自移动航空设施（第34条第1款）

61. 强行进入航空器驾驶舱（第34条第1款）

62. 在航空器上使用禁用物品（第34条第2款）

63. 盗窃、损毁、擅自移动铁路设施、设备、机车车辆配件、安全标志（第35条第1项）

64. 在铁路线路上放置障碍物（第35条第2项）

65. 故意向列车投掷物品（第35条第2项）

66. 在铁路沿线非法挖掘坑穴、采石取沙（第35条第3项）

67. 在铁路线路上私设道口、平交过道（《中华人民共和国治安管理处罚法》第35条第4项和《中华人民共和国铁路法》第68条）

68. 擅自进入铁路防护网（第36条）

69. 违法在铁路线路上行走坐卧、抢越铁路（第36条）

70. 擅自安装、使用电网（第37条第1项）

71. 安装、使用电网不符合安全规定（第37条第1项）

72. 道路施工不设置安全防护设施（第37条第2项）

73. 故意损毁、移动道路施工安全防护设施（第37条第2项）

74. 盗窃、损毁路面公共设施（第37条第3项）

75. 违规举办大型活动（第38条）

76. 公共场所经营管理人员违反安全规定（第39条）

77. 组织、胁迫、诱骗进行恐怖、残忍表演（第40条第1项）

78. 强迫劳动（第40条第2项）

《中华人民共和国劳动法》第96条第1项与《中华人民共和国治安管理处罚法》第40条第2项竞合。对用人单位以暴力、威胁或者非法限制人身自由的手段强迫劳动的，违法行为名称表述为"强迫劳动"，法律依据适用《中华人民共和国治安管理处罚法》第40条第2项。

79. 非法限制人身自由（第40条第3项）

《保安服务管理条例》第45条第1款第1项与《中华人民共和国治安管理处罚法》第40条第3项竞合。对保安员限制他人人身自由的，违法行为名称表述为"非法限制人身自由"。如果其行为依法应当予以治安管理处罚的，法律依据适用《中华人民共和国治安管理处罚法》第40条第3项。如果其行为情节严重，依法应当吊销保安员证，并应当依法予以治安管理处罚的，法律依据适用《中华人民共和国治安管理处罚法》第40条第3项和《保安服务管理条例》第45条第1款第1项。如果其行为情节轻微，不构成违反治安管理行为，仅应当予以训诫的，法律依据适用《保安服务管理条例》第45条第1款第1项。

《中华人民共和国劳动法》第96条第2项与《中华人民共和国治安管理处罚法》第40条第3项竞合。对用人单位拘禁劳动者的，违法行为名称表述为"非法限制人身自由"，法律依据适用《中华人民共和国治安管理处罚法》第40条第3项。

80. 非法侵入住宅（第40条第3项）

81. 非法搜查身体（第40条第3项）

《保安服务管理条例》第45条第1款第1项与《中华人民共和国治安管理处罚法》第40条第3项竞合。对保安员搜查他人身体的，违法行为名称表述为"非法搜查身体"。如果其行为依法应当予以治安管理处罚的，法律依据适用《中华人民共和国治安管理处罚法》第40条第 3 项。如果其行为情节严重，依法应当吊销保安员证，并应当依法予以治安管理处罚的，法律依据适用《中华人民共和国治安管理处罚法》第 40 条第 3 项和《保安服务管理条例》第 45 条第 1 款第 1 项。如果其行为情节轻微，不构成违反治安管理行为，仅应当予以训诫的，法律依据适用《保安服务管理条例》第 45 条第 1 款第 1 项。

《中华人民共和国劳动法》第 96 条第 2 项与《中华人民共和国治安管理处罚法》第 40 条第 3 项竞合。对用人单位非法搜查劳动者的，违法行为名称表述为"非法搜查身体"，法律依据适用《中华人民共和国治安管理处罚法》第 40 条第 3 项。

82. 胁迫、诱骗、利用他人乞讨（第 41 条第 1 款）

83. 以滋扰他人的方式乞讨（第 41 条第 2 款）

84. 威胁人身安全（第 42 条第 1 项）

85. 侮辱（第 42 条第 2 项）

《保安服务管理条例》第 45 条第 1 款第 1 项与《中华人民共和国治安管理处罚法》第 42 条第 2 项竞合。对保安员侮辱他人的，违法行为名称表述为"侮辱"。如果其行为依法应当予以治安管理处罚的，法律依据适用《中华人民共和国治安管理处罚法》第 42 条第 2 项。如果其行为情节严重，依法应当吊销保安员证，并应当依法予以治安管理处罚的，法律依据适用《中华人民共和国治安管理处罚法》第 42 条第 2 项和《保安服务管理条例》第 45 条第 1 款第 1 项。如果其行为情节轻微，不构成违反治安管理行为，仅应当予以训诫的，法律依据适用《保安服务管理条例》第 45 条第 1 款第 1 项。

《中华人民共和国劳动法》第 96 条第 2 项与《中华人民共和国治安管理处罚法》第 42 条第 2 项竞合。对用人单位侮辱劳动者的，违法行为名称表述为"侮辱"，法律依据适用《中华人民共和国治安管理处罚法》第 42 条第 2 项。

86. 诽谤（第 42 条第 2 项）

87. 诬告陷害（第 42 条第 3 项）

88. 威胁、侮辱、殴打、打击报复证人及其近亲属（第 42 条第 4 项）

89. 发送信息干扰正常生活（第42条第5项）

90. 侵犯隐私（第42条第6项）

《保安服务管理条例》第45条第1款第6项与《中华人民共和国治安管理处罚法》第42条第6项竞合。对保安员侵犯个人隐私的，违法行为名称表述为"侵犯隐私"。如果其行为依法应当予以治安管理处罚的，法律依据适用《中华人民共和国治安管理处罚法》第42条第6项。如果其行为情节严重，依法应当吊销保安员证，并应当依法予以治安管理处罚的，法律依据适用《中华人民共和国治安管理处罚法》第42条第6项和《保安服务管理条例》第45条第1款第6项。如果其行为情节轻微，不构成违反治安管理行为，仅应当予以训诫的，法律依据适用《保安服务管理条例》第45条第1款第6项。

91. 殴打他人（第43条第1款）

《保安服务管理条例》第45条第1款第1项与《中华人民共和国治安管理处罚法》第43条第1款竞合。对保安员殴打他人的，违法行为名称表述为"殴打他人"。如果其行为依法应当予以治安管理处罚，法律依据适用《中华人民共和国治安管理处罚法》第43条第1款。如果其行为情节严重，依法应当吊销保安员证，并应当依法予以治安管理处罚的，法律依据适用《中华人民共和国治安管理处罚法》第43条第1款和《保安服务管理条例》第45条第1款第1项；有法定加重情节的，法律依据适用《中华人民共和国治安管理处罚法》第43条第2款和《保安服务管理条例》第45条第1款第1项。如果其行为情节轻微，不构成违反治安管理行为，仅应当予以训诫的，法律依据适用《保安服务管理条例》第45条第1款第1项。

《中华人民共和国劳动法》第96条第2项与《中华人民共和国治安管理处罚法》第43条第1款竞合。对用人单位体罚、殴打劳动者的，违法行为名称表述为"殴打他人"，法律依据适用《中华人民共和国治安管理处罚法》第43条第1款。

92. 故意伤害（第43条第1款）

93. 猥亵（第44条）

94. 在公共场所故意裸露身体（第 44 条）

95. 虐待（第 45 条第 1 项）

96. 遗弃（第 45 条第 2 项）

97. 强迫交易（第 46 条）

98. 煽动民族仇恨、民族歧视（第 47 条）

99. 刊载民族歧视、侮辱内容（第 47 条）

100. 冒领、隐匿、毁弃、私自开拆、非法检查他人邮件（第 48 条）

对冒领、隐匿、毁弃、私自开拆、非法检查他人快件，尚不构成犯罪的，违法行为名称表述为"冒领、隐匿、毁弃、私自开拆、非法检查他人邮件"，法律依据适用《快递暂行条例》第 42 条第 1 款和《中华人民共和国治安管理处罚法》第 48 条。

101. 盗窃（第 49 条）

102. 诈骗（第 49 条）

103. 哄抢（第 49 条）

104. 抢夺（第 49 条）

105. 敲诈勒索（第 49 条）

106. 故意损毁财物（第 49 条）

107. 拒不执行紧急状态下的决定、命令（第 50 条第 1 款第 1 项）

108. 阻碍执行职务（第 50 条第 1 款第 2 项）

《保安服务管理条例》第 45 条第 1 款第 3 项与《中华人民共和国治安管理处罚法》第 50 条第 1 款第 2 项竞合。对保安员阻碍依法执行公务，违法行为名称表述为"阻碍执行职务"。如果其行为依法应当予以治安管理处罚的，法律依据适用《中华人民共和国治安管理处罚法》第 50 条第 1 款第 2 项。如果其行为情节严重，依法应当吊销保安员证，并应当依法予以治安管理处罚的，法律依据适用《中华人民共和国治安管理处罚法》第 50 条第 1 款第 2 项和《保安服务管理条例》第 45 条第 1 款第 3 项。如果其行为情节轻微，不构成违反治安管理行为，仅应当予以训诫的，法律依据适用《保安服务管理条例》第 45 条第 1

款第 3 项。

对阻碍消防救援机构的工作人员依法执行职务，尚不够刑事处罚的，违法行为名称表述为"阻碍执行职务"，法律依据适用《中华人民共和国消防法》第 62 条第 5 项和《中华人民共和国治安管理处罚法》第 50 条第 1 款第 2 项。

对阻碍国家情报工作机构及其工作人员依法开展情报工作，尚不够刑事处罚的，违法行为名称及法律适用规范按照本意见第 777 条的规定执行。

109. 阻碍特种车辆通行（第 50 条第 1 款第 3 项）

对阻碍消防车、消防艇执行任务的，违法行为名称表述为"阻碍特种车辆通行（消防车、消防艇）"，法律依据适用《中华人民共和国消防法》第 62 条第 4 项和《中华人民共和国治安管理处罚法》第 50 条第 1 款第 3 项。

110. 冲闯警戒带、警戒区（第 50 条第 1 款第 4 项）

111. 招摇撞骗（第 51 条第 1 款）

112. 伪造、变造、买卖公文、证件、证明文件、印章（第 52 条第 1 项）

《报废机动车回收管理办法》第 20 条第 1 款第 1 项与《中华人民共和国治安管理处罚法》第 52 条第 1 项竞合。对买卖、伪造、变造报废机动车回收证明的，违法行为名称表述为"伪造、变造、买卖证明文件（报废机动车回收证明）"，处罚的法律依据适用《中华人民共和国治安管理处罚法》第 52 条第 1 项和《报废机动车回收管理办法》第 20 条第 1 款第 1 项。

113. 买卖、使用伪造、变造的公文、证件、证明文件（第 52 条第 2 项）

114. 伪造、变造、倒卖有价票证、凭证（第 52 条第 3 项）

115. 伪造、变造船舶户牌（第 52 条第 4 项）

116. 买卖、使用伪造、变造的船舶户牌（第 52 条第 4 项）

117. 涂改船舶发动机号码（第 52 条第 4 项）

118. 驾船擅自进入、停靠国家管制的水域、岛屿（第53条）

《沿海船舶边防治安管理规定》第28条第1项与《中华人民共和国治安管理处罚法》第53条竞合。对沿海船舶非法进入国家禁止或者限制进入的海域或者岛屿的，违法行为名称表述为"驾船擅自进入国家管制的水域、岛屿"，法律依据适用《中华人民共和国治安管理处罚法》第53条。

119. 非法以社团名义活动（第54条第1款第1项）

120. 以被撤销登记的社团名义活动（第54条第1款第2项）

121. 未获公安许可擅自经营（第54条第1款第3项）

《旅馆业治安管理办法》第15条与《中华人民共和国治安管理处罚法》第54条第1款第3项、第2款竞合。对未经公安机关许可开办旅馆的，违法行为名称表述为"未获公安许可擅自经营（旅馆）"，法律依据适用《中华人民共和国治安管理处罚法》第54条第1款第3项、第2款和《旅馆业治安管理办法》第4条。

《保安服务管理条例》第41条与《中华人民共和国治安管理处罚法》第54条第1款第3项、第2款竞合。对未经许可从事保安服务的，违法行为名称表述为"未获公安许可擅自经营（保安服务）"，法律依据适用《中华人民共和国治安管理处罚法》第54条第1款第3项、第2款以及《保安服务管理条例》第9条和第41条。对未经许可从事保安培训的，违法行为名称表述为"未获公安许可擅自经营（保安培训）"，法律依据适用《中华人民共和国治安管理处罚法》第54条第1款第3项、第2款以及《保安服务管理条例》第33条和第41条。

122. 煽动、策划非法集会、游行、示威（第55条）

123. 不按规定登记住宿旅客信息（第56条第1款）

124. 不制止住宿旅客带入危险物质（第56条第1款）

125. 明知住宿旅客是犯罪嫌疑人不报（第56条第2款）

126. 将房屋出租给无身份证件人居住（第57条第1款）

127. 不按规定登记承租人信息（第57条第1款）

128. 明知承租人利用出租屋犯罪不报（第57条第2款）

129. 制造噪声干扰正常生活（第58条）

130. 违法承接典当物品（第59条第1项）

131. 典当发现违法犯罪嫌疑人、赃物不报（第59条第1项）

《典当管理办法》第66条第1款与《中华人民共和国治安管理处罚法》第59条第1项竞合。对典当行发现公安机关通报协查的人员或者赃物不向公安机关报告的，违法行为名称表述为"典当发现违法犯罪嫌疑人、赃物不报"。对典当行处罚的法律依据适用《典当管理办法》第27条和第52条及第66条第1款，对其直接负责的主管人员和其他直接责任人员处罚的法律依据适用《中华人民共和国治安管理处罚法》第18条和第59条第1项。对典当行工作人员发现违法犯罪嫌疑人、赃物不向公安机关报告的，法律依据适用《中华人民共和国治安管理处罚法》第59条第1项。

132. 违法收购废旧专用器材（第59条第2项）

133. 收购赃物、有赃物嫌疑的物品（第59条第3项）

134. 收购国家禁止收购的其他物品（第59条第4项）

135. 隐藏、转移、变卖、损毁依法扣押、查封、冻结的财物（第60条第1项）

136. 伪造、隐匿、毁灭证据（第60条第2项）

137. 提供虚假证言（第60条第2项）

138. 谎报案情（第60条第2项）

139. 窝藏、转移、代销赃物（第60条第3项）

对机动车修理企业和个体工商户明知是盗窃、抢劫所得机动车而予以拆解、改装、拼装、倒卖的，对其直接负责的主管人员和其他直接责任人员处罚的法律依据适用《中华人民共和国治安管理处罚法》第18条和第60条第3项以及《机动车修理业、报废机动车回收业治安管理办法》第15条。

对报废机动车回收企业明知或者应当知道回收的机动车为赃物或者用于盗窃、抢劫等犯罪活动的犯罪工具，未向公安机关报告，擅自拆解、改装、拼装、倒卖该机动车的，对其直接负责的主管人员和其他直接责任人员处罚的法律依据适用《中华人民共和国治安管理处罚法》第18条和第60条第3项以及《报废机动车回收管理办法》第20条第1款第2项。

140. 违反监督管理规定（第60条第4项）

141. 协助组织、运送他人偷越国（边）境（第61条）

142. 为偷越国（边）境人员提供条件（第62条第1款）

143. 偷越国（边）境（第62条第2款）

144. 故意损坏文物、名胜古迹（第63条第1项）

145. 违法实施危及文物安全的活动（第63条第2项）

146. 偷开机动车（第64条第1项）

147. 无证驾驶、偷开航空器、机动船舶（第64条第2项）

《沿海船舶边防治安管理规定》第29条第2项规定的"偷开他人船舶"，与《中华人民共和国治安管理处罚法》第64条第2项规定的"偷开机动船舶"竞合。对偷开他人船舶的，法律依据适用《中华人民共和国治安管理处罚法》第64条第2项。

148. 破坏、污损坟墓（第65条第1项）

149. 毁坏、丢弃尸骨、骨灰（第65条第1项）

150. 违法停放尸体（第65条第2项）

151. 卖淫（第66条第1款）

152. 嫖娼（第66条第1款）

153. 拉客招嫖（第66条第2款）

154. 引诱、容留、介绍卖淫（第67条）

155. 制作、运输、复制、出售、出租淫秽物品（第68条）

156. 传播淫秽信息（第68条）

157. 组织播放淫秽音像（第69条第1款第1项）

158. 组织淫秽表演（第69条第1款第2项）

159. 进行淫秽表演（第69条第1款第2项）

160. 参与聚众淫乱（第69条第1款第3项）

161. 为淫秽活动提供条件（第 69 条第 2 款）

162. 为赌博提供条件（第 70 条）

163. 赌博（第 70 条）

164. 非法种植毒品原植物（第 71 条第 1 款第 1 项）

165. 非法买卖、运输、携带、持有毒品原植物种苗（第 71 条第 1 款第 2 项）

166. 非法运输、买卖、储存、使用罂粟壳（第 71 条第 1 款第 3 项）

167. 非法持有毒品（第 72 条第 1 项）

168. 提供毒品（第 72 条第 2 项）

169. 吸毒（第 72 条第 3 项）

170. 胁迫、欺骗开具麻醉药品、精神药品（第 72 条第 4 项）

171. 教唆、引诱、欺骗吸毒（第 73 条）

172. 为吸毒、赌博、卖淫、嫖娼人员通风报信（第 74 条）

173. 饲养动物干扰正常生活（第 75 条第 1 款）

174. 放任动物恐吓他人（第 75 条第 1 款）

175. 担保人不履行担保义务（第 109 条第 2 款）

(五)《中华人民共和国国旗法》(法律)

176. 侮辱国旗（第 19 条）

(六)《中华人民共和国国徽法》(法律)

177. 侮辱国徽（第 13 条）

(七)《中华人民共和国国歌法》(法律)

178. 侮辱国歌（第 15 条）

(八)《全国人民代表大会常务委员会关于惩治破坏金融秩序犯罪的决定》(法律)

179. 出售、购买、运输假币（第 2 条第 1 款和第 21 条）

对"出售、运输伪造、变造的人民币"的，法律依据适用《中华人民共和国中国人民银行法》第 42 条。

180. 金融工作人员购买假币、以假币换取货币（第 2 条第 2 款和

第 21 条）

181. 持有、使用假币（第 4 条和第 21 条）

对"购买、持有、使用伪造、变造的人民币"的，法律依据适用《中华人民共和国中国人民银行法》第 43 条。

182. 变造货币（第 5 条和第 21 条）

对"变造人民币"的，法律依据适用《中华人民共和国中国人民银行法》第 42 条。

183. 伪造、变造金融票证（第 11 条和第 21 条）

184. 金融票据诈骗（第 12 条和第 21 条）

185. 信用卡诈骗（第 14 条和第 21 条）

186. 保险诈骗（第 16 条和第 21 条）

（九）《中华人民共和国中国人民银行法》（法律）

187. 伪造人民币（第 42 条）

188. 变造人民币（第 42 条）

189. 出售、运输伪造、变造的人民币（第 42 条）

190. 购买、持有、使用伪造、变造的人民币（第 43 条）

（十）《中华人民共和国人民币管理条例》（行政法规）

191. 故意毁损人民币（第 42 条）

（十一）《全国人民代表大会常务委员会关于惩治虚开、伪造和非法出售增值税专用发票犯罪的决定》（法律）

192. 伪造、出售伪造的增值税专用发票（第 2 条第 1 款和第 11 条）

193. 非法出售增值税专用发票（第 3 条和第 11 条）

194. 非法购买增值税专用发票（第 4 条第 1 款和第 11 条）

195. 购买伪造的增值税专用发票（第 4 条第 1 款和第 11 条）

196. 非法制造、出售非法制造的可以用于骗取出口退税、抵扣税款的其他发票（第 6 条第 1 款和第 11 条）

197. 非法制造、出售非法制造的发票（第 6 条第 2 款和第 11 条）

198. 非法出售可以用于骗取出口退税、抵扣税款的其他发票（第

6条第3款和第11条）

199. 非法出售发票（第6条第4款和第11条）

"非法制造、出售非法制造的发票""非法出售发票"中的"发票"，是指用于骗取出口退税、抵扣税款的发票以外的发票。

（十二）《全国人民代表大会常务委员会关于严禁卖淫嫖娼的决定》（法律）

200. 放任卖淫、嫖娼活动（第7条）

（十三）《中华人民共和国集会游行示威法》（法律）

201. 非法集会、游行、示威（第28条第2款第1项、第2项）

202. 破坏集会、游行、示威（第30条）

（十四）《中华人民共和国居民身份证法》（法律）

203. 骗领居民身份证（第16条第1项）

204. 出租、出借、转让居民身份证（第16条第2项）

205. 非法扣押居民身份证（第16条第3项）

对保安员扣押他人居民身份证的，违法行为名称表述为"非法扣押居民身份证"，法律依据适用《保安服务管理条例》第45条第1款第2项。

206. 冒用居民身份证（第17条第1款第1项）

207. 使用骗领的居民身份证（第17条第1款第1项）

208. 购买、出售、使用伪造、变造的居民身份证（第17条第1款第2项）

209. 泄露公民个人信息（第19条第1.2款）

对国家机关或者金融、电信、交通、教育、医疗等单位的工作人员泄露公民个人信息的，法律依据适用《中华人民共和国居民身份证法》第19条第1款；对单位泄露公民个人信息的，对其直接负责的主管人员和其他直接责任人员的处罚，法律依据适用《中华人民共和国居民身份证法》第19条第2款。

（十五）《居住证暂行条例》（行政法规）

210. 使用虚假证明材料骗领居住证（第18条第1项）

211. 出租、出借、转让居住证（第 18 条第 2 项）

212. 非法扣押他人居住证（第 18 条第 3 项）

213. 冒用他人居住证（第 19 条第 1 款第 1 项）

214. 使用骗领的居住证（第 19 条第 1 款第 1 项）

215. 购买、出售、使用伪造、变造的居住证（第 19 条第 1 款第 2 项）

（十六）《中华人民共和国枪支管理法》（法律）

216. 违规制造、销（配）售枪支（第 40 条）

对"超过限额或者不按照规定的品种制造枪支"的，违法行为名称表述为"违规制造枪支"，法律依据适用《中华人民共和国枪支管理法》第 40 条第 1 项；对"制造无号、重号、假号的枪支"的，违法行为名称表述为"违规制造枪支"，法律依据适用《中华人民共和国枪支管理法》第 40 条第 2 项。

对"超过限额或者不按照规定的品种配售枪支"的，违法行为名称表述为"违规配售枪支"，法律依据适用《中华人民共和国枪支管理法》第 40 条第 1 项；对"私自销售枪支""在境内销售为出口制造的枪支"的，违法行为名称表述为"违规销售枪支"，法律依据适用《中华人民共和国枪支管理法》第 40 条第 3 项。

217. 违规运输枪支（第 42 条）

218. 非法出租、出借枪支（第 43 条第 5 款）

219. 未按规定标准制造民用枪支（第 44 条第 1 款第 1 项和第 2 款）

《中华人民共和国枪支管理法》第 44 条第 1 款第 2 项规定的在禁止携带枪支的区域、场所携带枪支的，违法行为名称及法律适用规范按照本意见第 55 条的规定执行。

220. 不上缴报废枪支（第 44 条第 1 款第 3 项和第 2 款）

221. 丢失枪支不报（第 44 条第 1 款第 4 项）

222. 制造、销售仿真枪（第 44 条第 1 款第 5 项和第 2 款）

（十七）《中华人民共和国教育法》（法律）

223. 组织作弊（第 80 条第 1 项）

224. 为作弊提供帮助、便利（第 80 条第 2 项）

225. 代替他人参加考试（第 80 条第 3 项）

226. 泄露、传播考试试题、答案（第 80 条第 4 项）

227. 其他扰乱考试秩序的行为（第 80 条第 5 项）

（十八）《民用爆炸物品安全管理条例》（行政法规）

228. 未经许可从事爆破作业（第 44 条第 4 款）

对《民用爆炸物品安全管理条例》第 44 条第 4 款规定的未经许可购买、运输民用爆炸物品的，违法行为名称及法律适用规范按照本意见第 53 条的规定执行。

229. 未按规定对民用爆炸物品做出警示、登记标识（第 46 条第 1 项）

230. 未按规定对雷管编码打号（第 46 条第 1 项）

231. 超出许可购买民用爆炸物品（第 46 条第 2 项）

232. 使用现金、实物交易民用爆炸物品（第 46 条第 3 项）

233. 销售民用爆炸物品未按规定保存交易证明材料（第 46 条第 4 项）

234. 销售、购买、进出口民用爆炸物品未按规定备案（第 46 条第 5 项）

235. 未按规定建立民用爆炸物品登记制度（第 46 条第 6 项、第 48 条第 1 款第 3 项、第 49 条第 2 项）

对未如实将本单位生产、销售、购买、运输、储存、使用民用爆炸物品的品种、数量和流向信息输入计算机系统的，违法行为名称表述为"未按规定建立民用爆炸物品登记制度"，法律依据适用《民用爆炸物品安全管理条例》第 46 条第 6 项；对爆破作业单位未按规定建立民用爆炸物品领取登记制度、保存领取登记记录的，违法行为名称表述为"未按规定建立民用爆炸物品登记制度"，法律依据适用《民用爆炸物品安全管理条例》第 48 条第 1 款第 3 项；对未按规定建立出入库检查、登记制度或者收存和发放民用爆炸物品，致使账物不符的，违法行为名称表述为"未按规定建立民用爆炸物品登记制度"，法律依据适用《民用爆炸物品安全管理条例》第49条第2项。

236. 未按规定核销民用爆炸物品运输许可证（第46条第7项）

237. 违反许可事项运输民用爆炸物品（第47条第1项）

238. 未携带许可证运输民用爆炸物品（第47条第2项）

239. 违规混装民用爆炸物品（第47条第3项）

240. 民用爆炸物品运输车辆未按规定悬挂、安装警示标志（第47条第4项）

241. 违反行驶、停靠规定运输民用爆炸物品（第47条第5项）

242. 装载民用爆炸物品的车厢载人（第47条第6项）

243. 运输民用爆炸物品发生危险未处置、不报告（第47条第7项）

244. 未按资质等级从事爆破作业（第48条第1款第1项）

245. 营业性爆破作业单位跨区域作业未报告（第48条第1款第2项）

246. 违反标准实施爆破作业（第48条第1款第4项）

对爆破作业人员违反国家有关标准和规范的规定实施爆破作业，情节严重，依法应当吊销爆破作业人员许可证的，违法行为名称表述为"违反标准实施爆破作业"，法律依据适用《民用爆炸物品安全管理条例》第48条第1款第4项和第2款。

247. 未按规定设置民用爆炸物品专用仓库技术防范设施（第49条第1项）

对《民用爆炸物品安全管理条例》第49条第3项、第4项规定的超量储存、在非专用仓库储存或者违反储存标准和规范储存民用爆炸物品以及其他违反规定储存民用爆炸物品的，违法行为名称及法律适用规范按照本意见第53条的规定执行。

248. 违反制度致使民用爆炸物品丢失、被盗、被抢（第50条第1项）

对《民用爆炸物品安全管理条例》第50条第2项规定的民用爆炸物品丢失、被盗、被抢不报的，违法行为名称及法律适用规范按照本意见第 54 条的规定执行。

249. 非法转让、出借、转借、抵押、赠送民用爆炸物品（第 50 条第 3 项）

对《民用爆炸物品安全管理条例》第 51 条规定的携带民用爆炸物品搭乘公共交通工具或者进入公共场所，邮寄或者在托运的货物、行李、包裹、邮件中夹带民用爆炸物品，尚不构成犯罪的，违法行为名称及法律适用规范按照本意见第 53 条的规定执行。

250. 未履行民用爆炸物品安全管理责任（第 52 条）

(十九)《烟花爆竹安全管理条例》（行政法规）

对《烟花爆竹安全管理条例》第 36 条第 2 款规定的未经许可经由道路运输烟花爆竹的，违法行为名称及法律适用规范按照本意见第 53 条的规定执行。

对《烟花爆竹安全管理条例》第 39 条规定的生产、经营、使用黑火药、烟火药、引火线的企业，丢失黑火药、烟火药、引火线未及时报告的，违法行为名称及法律适用规范按照本意见第 54 条的规定执行。

251. 违反许可事项经道路运输烟花爆竹（第 40 条第 1 项）

252. 未携带许可证经道路运输烟花爆竹（第 40 条第 2 项）

253. 烟花爆竹道路运输车辆未按规定悬挂、安装警示标志（第 40 条第 3 项）

254. 未按规定装载烟花爆竹（第 40 条第 4 项）

255. 装载烟花爆竹的车厢载人（第 40 条第 5 项）

256. 烟花爆竹运输车辆超速行驶（第 40 条第 6 项）

257. 烟花爆竹运输车辆经停无人看守（第 40 条第 7 项）

258. 未按规定核销烟花爆竹道路运输许可证（第 40 条第 8 项）

对《烟花爆竹安全管理条例》第 41 条规定的携带烟花爆竹搭乘公共交通工具，或者邮寄烟花爆竹以及在托运的行李、包裹、邮件中夹带烟花爆竹的，违法行为名称及法律适用规范按照本意见第 53 条的规定执行。

259. 非法举办大型焰火燃放活动（第42条第1款）

260. 违规从事燃放作业（第42条第1款）

261. 违规燃放烟花爆竹（第42条第2款）

（二十）《危险化学品安全管理条例》（行政法规）

262. 剧毒化学品、易制爆危险化学品专用仓库未按规定设置技术防范设施（第78条第2款）

263. 未如实记录剧毒化学品、易制爆危险化学品数量、流向（第81条第1款第1项）

对《危险化学品安全管理条例》第81条第1款第2项规定的发现剧毒化学品、易制爆危险化学品丢失或者被盗，不立即向公安机关报告的，违法行为名称及法律适用规范按照本意见第54条的规定执行。

264. 储存剧毒化学品未备案（第81条第1款第3项）

265. 未如实记录剧毒化学品、易制爆危险化学品购买信息（《危险化学品安全管理条例》第81条第1款第4项和《剧毒化学品购买和公路运输许可证件管理办法》第23条第2款）

266. 未按规定期限保存剧毒化学品、易制爆危险化学品销售记录、材料（第81条第1款第4项）

267. 未按规定期限备案剧毒化学品、易制爆危险化学品销售、购买信息（第81条第1款第5项）

268. 转让剧毒化学品、易制爆危险化学品不报（第81条第1款第6项）

269. 转产、停产、停业、解散未备案处置方案（第82条第2款）

270. 单位未经许可购买剧毒化学品、易制爆危险化学品（第84条第2款）

271. 个人非法购买剧毒化学品、易制爆危险化学品（第84条第2款）

272. 单位非法出借、转让剧毒化学品、易制爆危险化学品（第84条第3款）

273. 违反核定载质量运输危险化学品（第88条第1项）

274. 使用不符合安全标准车辆运输危险化学品（第88条第2项）

275. 道路运输危险化学品擅自进入限制通行区域（第88条第3项）

《危险化学品安全管理条例》第88条第4项规定的非法运输剧毒化学品的违法行为名称及法律适用规范按照本意见第53条的规定执行。

276. 未按规定悬挂、喷涂危险化学品警示标志（第89条第1项）

277. 不配备危险化学品押运人员（第89条第2项）

278. 道路运输剧毒化学品、易制爆危险化学品长时间停车不报（第89条第3项）

279. 剧毒化学品、易制爆危险化学品运输途中丢失、被盗、被抢、流散、泄露未采取有效警示和安全措施（第89条第4项）

280. 剧毒化学品、易制爆危险化学品运输途中流散、泄露不报（第89条第4项）

281. 伪造、变造、出租、出借、转让剧毒化学品许可证件（第93条第2款）

282. 使用伪造、变造的剧毒化学品许可证件（第93条第2款）

《危险化学品安全管理条例》第93条第2款与《中华人民共和国治安管理处罚法》第52条第1项、第2项竞合。对单位伪造、变造剧毒化学品许可证件或者使用伪造、变造的剧毒化学品许可证件的，法律依据适用《危险化学品安全管理条例》第93条第2款，对其直接负责的主管人员和其他直接责任人员处罚的，法律依据适用《中华人民共和国治安管理处罚法》第18条和第52条第1项、第2项。对个人伪造、变造剧毒化学品许可证件或者使用伪造、变造的剧毒化学品许可证件的，法律依据适用《中华人民共和国治安管理处罚法》第52条第1项、第2项。

(二十一)《剧毒化学品购买和公路运输许可证件管理办法》（部门规章）

《剧毒化学品购买和公路运输许可证件管理办法》第20条规定的

未经许可购买、通过公路运输剧毒化学品的，违法行为名称及法律适用规范按照本意见第53条的规定执行。

283. 非法获取剧毒化学品购买、公路运输许可证件（第21条第1款）

284. 未按规定更正剧毒化学品购买许可证件回执填写错误（第23条第1款）

285. 未携带许可证经公路运输剧毒化学品（第24条第1款）

286. 违反许可事项经公路运输剧毒化学品（第24条第2款）

对违反许可事项通过公路运输剧毒化学品，尚未造成严重后果的，对单位处罚的法律依据适用《剧毒化学品购买和公路运输许可证件管理办法》第24条第2款，对其直接负责的主管人员和其他直接责任人员处罚的法律依据适用《中华人民共和国治安管理处罚法》第18条和第30条。

287. 未按规定缴交剧毒化学品购买证件回执（第25条第1项）

288. 未按规定缴交剧毒化学品公路运输通行证件（第25条第2项）

289. 未按规定缴交剧毒化学品购买凭证、凭证存根（第25条第3项）

290. 未按规定作废、缴交填写错误的剧毒化学品购买凭证（第25条第4项）

（二十二）《易制爆危险化学品治安管理办法》（部门规章）

291. 未按规定建立易制爆危险化学品信息系统（第6条第1款和第36条）

292. 违规在互联网发布易制爆危险化学品信息（第23条、第24条和第42条）

（二十三）《危险货物道路运输安全管理办法》（部门规章）

293. 未携带许可证明经道路运输放射性物品（第71条第4项）

（二十四）《放射性物品运输安全管理条例》（行政法规）

《放射性物品运输安全管理条例》第62条第1项规定的未经许可

通过道路运输放射性物品的违法行为名称及法律适用规范按照本意见第53条的规定执行。

294. 放射性物品运输车辆违反行驶规定（第62条第2项）

295. 放射性物品运输车辆未悬挂警示标志（第62条第2项）

296. 道路运输放射性物品未配备押运人员（第62条第3项）

297. 道路运输放射性物品脱离押运人员监管（第62条第3项）

（二十五）《中华人民共和国民用航空安全保卫条例》（行政法规）

298. 装载未采取安全措施的物品（第24条第4项和第35条第1项）

299. 违法交运、捎带他人货物（第24条第3项和第35条第2项）

300. 托运人伪报品名托运（第30条第2款和第35条第3项）

301. 托运人在托运货物中夹带危险物品（第30条第2款和第35条第3项）

302. 携带、交运禁运物品（第32条和第35条第3项）

303. 违反警卫制度致使航空器失控（第15条和第36条第1项）

304. 违规出售客票（第17条和第36条第2项）

305. 承运时未核对乘机人和行李（第18条和第36条第3项）

306. 承运人未核对登机旅客人数（第19条第1款和第36条第4项）

307. 将未登机人员的行李装入、滞留航空器内（第19条第2款、第3款和第36条第4项）

308. 承运人未全程监管承运物品（第20条和第36条第5项）

309. 配制、装载单位未对供应品采取安全措施（第21条和第36条第5项）

310. 未对承运货物采取安全措施（第30条第1款和第36条第5项）

311. 未对航空邮件安检（第31条和第36条第5项）

（二十六）《铁路安全管理条例》（行政法规）

312. 毁坏铁路设施设备、防护设施（第51条和第95条）

313. 危及铁路通信、信号设施安全（第52条和第95条）

314. 危害电气化铁路设施（第53条和第95条）

法律适用规范同本意见第315条。

315. 危害铁路安全（第77条和第95条）

对具有《铁路安全管理条例》第77条规定的危害铁路安全行为之一，但未构成违反治安管理行为的，违法行为名称表述为"危害铁路安全"，法律依据适用《铁路安全管理条例》第77条和第95条。如果行为人实施了《铁路安全管理条例》第77条规定的危害铁路安全行为之一，该行为同时又构成违反治安管理行为的，违法行为名称表述为《中华人民共和国治安管理处罚法》中的相应违法行为名称，对单位处罚的法律依据适用《铁路安全管理条例》第77条和第95条，对其直接负责的主管人员和其他直接责任人员处罚的法律依据适用《中华人民共和国治安管理处罚法》的相关规定；违法行为人为自然人的，法律依据适用《中华人民共和国治安管理处罚法》的相关规定。

316. 运输危险货物不按规定配备押运人员（第98条）

317. 发生危险货物泄漏不报（第98条）

《铁路安全管理条例》第98条与《中华人民共和国治安管理处罚法》第31条竞合。铁路运输托运人运输危险货物发生危险货物被盗、丢失不按照规定及时报告的，违法行为名称表述为"危险物质被盗、丢失不报"，对单位处罚的法律依据适用《铁路安全管理条例》第98条，对其直接负责的主管人员和其他直接责任人员处罚的法律依据适用《中华人民共和国治安管理处罚法》第18条和第31条。

（二十七）《娱乐场所管理条例》（行政法规）

318. 娱乐场所从事毒品违法犯罪活动（第14条和第43条）

对娱乐场所从业人员实施《娱乐场所管理条例》第14条规定的禁止行为的，按照相关法律、法规确定违法行为名称，并适用相关法律、法规。

319. 娱乐场所为毒品违法犯罪活动提供条件（第14条和第43条）

320. 娱乐场所组织、强迫、引诱、容留、介绍他人卖淫、嫖娼

(第14条和第43条)

《娱乐场所管理条例》第43条与《中华人民共和国治安管理处罚法》第67条竞合。对娱乐场所引诱、容留、介绍他人卖淫的,法律依据适用《娱乐场所管理条例》第43条。

321. 娱乐场所为组织、强迫、引诱、容留、介绍他人卖淫、嫖娼提供条件(第14条和第43条)

322. 娱乐场所制作、贩卖、传播淫秽物品(第14条和第43条)

《娱乐场所管理条例》第43条与《中华人民共和国治安管理处罚法》第68条竞合。对娱乐场所制作、贩卖、传播淫秽物品的,法律依据适用《娱乐场所管理条例》第43条。

323. 娱乐场所为制作、贩卖、传播淫秽物品提供条件(第14条和第43条)

324. 娱乐场所提供营利性陪侍(第14条和第43条)

325. 娱乐场所从业人员从事营利性陪侍(第14条和第43条)

326. 娱乐场所为提供、从事营利性陪侍提供条件(第14条和第43条)

327. 娱乐场所赌博(第14条和第43条)

《娱乐场所管理条例》第43条与《中华人民共和国治安管理处罚法》第70条竞合。对娱乐场所赌博的,法律依据适用《娱乐场所管理条例》第43条。

328. 娱乐场所为赌博提供条件(第14条和第43条)

《娱乐场所管理条例》第43条与《中华人民共和国治安管理处罚法》第70条竞合。对娱乐场所为赌博提供条件的,法律依据适用《娱乐场所管理条例》第43条。

329. 娱乐场所从事邪教、迷信活动(第14条和第43条)

330. 娱乐场所为从事邪教、迷信活动提供条件(第14条和第43条)

331. 娱乐场所设施不符合规定(第44条第1项)

332. 未按规定安装、使用娱乐场所闭路电视监控设备(第44条

第 2 项)

333. 删改、未按规定留存娱乐场所监控录像资料（第 44 条第 3 项）

《娱乐场所管理条例》第 44 条第 3 项"删改娱乐场所监控录像资料"的规定和《中华人民共和国治安管理处罚法》第 29 条第 3 项"非法改变计算机信息系统数据"的规定竞合。对删改娱乐场所监控录像资料的，违法行为名称表述为"删改娱乐场所监控录像资料"，对娱乐场所处罚的法律依据适用《娱乐场所管理条例》第 44 条第 3 项的规定，对其直接负责的主管人员和其他直接责任人员处罚的法律依据适用《中华人民共和国治安管理处罚法》第 18 条和第 29 条第 3 项。

334. 未按规定配备娱乐场所安全检查设备（第 44 条第 4 项）

335. 未对进入娱乐场所人员进行安全检查（第 44 条第 4 项）

对因未配备娱乐场所安全检查设备而未对进入营业场所人员进行安全检查的，违法行为名称表述为"未按规定配备娱乐场所安全检查设备"。

336. 未按规定配备娱乐场所保安人员（第 44 条第 5 项）

337. 设置具有赌博功能的游戏设施设备（第 45 条第 1 项）

338. 以现金、有价证券作为娱乐奖品（第 45 条第 2 项）

339. 非法回购娱乐奖品（第 45 条第 2 项）

对以现金、有价证券作为娱乐奖品，并回购娱乐奖品的，违法行为名称表述为"非法回购娱乐奖品"。

340. 指使、纵容娱乐场所从业人员侵害消费者人身权利（第 46 条）

341. 未按规定备案娱乐场所营业执照（第 47 条）

342. 未按规定建立娱乐场所从业人员名簿、营业日志（第 50 条）

343. 娱乐场所内发现违法犯罪行为不报（第 50 条）

344. 未按规定悬挂娱乐场所警示标志（第 51 条）

（二十八）《娱乐场所治安管理办法》（部门规章）

345. 拒不补齐娱乐场所备案项目（第 41 条第 1 款）

346. 未按规定进行娱乐场所备案变更（第7条和第41条第2款）

347. 要求娱乐场所保安人员从事非职务活动（第29条和第43条第1款）

348. 未按规定通报娱乐场所保安人员工作情况（第29条和第43条第1款）

349. 未按规定建立、使用娱乐场所治安管理信息系统（第26条和第44条）

（二十九）《营业性演出管理条例》（行政法规）

350. 未制止有非法内容的营业性演出（第25条和第46条第2款）

351. 发现有非法内容的营业性演出不报（第26条和第46条第2款）

352. 超过核准数量印制、出售营业性演出门票（第51条第2款）

353. 印制、出售观众区域以外的营业性演出门票（第51条第2款）

（三十）《印刷业管理条例》（行政法规）

354. 印刷非法印刷品（第3条和第38条）

355. 印刷经营中发现违法犯罪行为未报告（第39条第1款第2项）

（三十一）《旅馆业治安管理办法》（行政法规）

356. 旅馆变更登记未备案（第4条第2款和第15条）

《旅馆业治安管理办法》第15条规定的未经许可开办旅馆的违法行为名称及法律适用规范按照本意见第121条的规定执行。

（三十二）《租赁房屋治安管理规定》（部门规章）

357. 不履行出租房屋治安责任（第9条第3项）

对房屋出租人明知承租人利用出租房屋进行犯罪活动，不向公安机关报告的，违法行为名称表述为"明知承租人利用出租屋犯罪不报"，法律依据适用《中华人民共和国治安管理处罚法》第57条第2款。对房屋出租人不履行治安责任，出租房屋发生案件、治安灾害事故的,违法行为名称表述为"不履行出租房屋治安责任",法律依据适用《租赁房屋治安管理规定》第 9 条第 3 项。但是,如果并处罚款的,其罚款数额不得超过《国务院关于贯彻实施〈中华人民共和国行政处罚法〉的通知》(国发〔1996〕13 号)第 2 条中"国务院各部门制定的规章对非经营活动中的违法行为设定罚款不得超过 1000 元;对经营活动中的违法行为,有违法所得的,设定罚款不得超过违法所得的 3 倍,但是最高不得超过 30000 元,没有违法所得的,设定罚款不得超过 10000 元;超过上述限额的,应当报国务院批准"的规定。

358. 转租、转借承租房屋未按规定报告(第 9 条第 4 项)

359. 利用出租房屋非法生产、储存、经营危险物品(第 9 条第 5 项)

依照《租赁房屋治安管理规定》第 9 条第 5 项的规定"处月租金十倍以下罚款"的,其罚款数额不得超过《国务院关于贯彻实施〈中华人民共和国行政处罚法〉的通知》(国发〔1996〕13 号)第 2 条中"国务院各部门制定的规章对非经营活动中的违法行为设定罚款不得超过 1000 元;对经营活动中的违法行为,有违法所得的,设定罚款不得超过违法所得的 3 倍,但是最高不得超过 30000 元,没有违法所得的,设定罚款不得超过 10000 元;超过上述限额的,应当报国务院批准"的规定。

(三十三)《废旧金属收购业治安管理办法》(行政法规)

360. 非法设点收购废旧金属(第 7 条和第 13 条第 1 款第 4 项)

361. 收购生产性废旧金属未如实登记(第 8 条和第 13 条第 1 款第 5 项)

对再生资源回收企业收购生产性废旧金属未如实登记的,违法行为名称表述为"收购生产性废旧金属未如实登记",法律依据适用《再生资源回收管理办法》第 23 条和《废旧金属收购业治安管理办法》第 13 条第 1 款第 5 项。

362. 收购国家禁止收购的金属物品(第 9 条和第 13 条第 1 款第 6 项)

对单位违反《废旧金属收购业治安管理办法》第9条的规定，收购国家禁止收购的金属物品的，法律依据适用《废旧金属收购业治安管理办法》第9条和第13条第1款第6项，对其直接负责的主管人员和其他直接责任人员处罚的法律依据适用《中华人民共和国治安管理处罚法》第18条和第59条第2项、第3项或者第4项。对个人收购国家禁止收购的金属物品的，法律依据适用《中华人民共和国治安管理处罚法》第59条第2项、第3项或者第4项。

（三十四）《机动车修理业、报废机动车回收业治安管理办法》（部门规章）

363. 承修机动车不如实登记（第14条）

364. 回收报废机动车不如实登记（《机动车修理业、报废机动车回收业治安管理办法》第14条和《废旧金属收购业治安管理办法》第13条第1款第5项）

365. 承修非法改装机动车（第16条）

366. 承修交通肇事逃逸车辆不报（第16条）

367. 回收无报废证明的机动车（第16条）

368. 更改机动车发动机号码、车架号码（第17条）

369. 非法拼（组）装汽车、摩托车（《机动车修理业、报废机动车回收业治安管理办法》第19条和《关于禁止非法拼（组）装汽车、摩托车的通告》（行政法规1996年8月21日起施行）第5条）

对机动车修理企业和个体工商户、报废机动车回收企业实施本意见第363条至第369条规定的违法行为，情节严重或者屡次不改，依法应当吊销有关证照的，法律依据除适用上述各条的法律依据外，还应当适用《机动车修理业、报废机动车回收业治安管理办法》第20条。

（三十五）《沿海船舶边防治安管理规定》（部门规章）

370. 擅自容留非出海人员作业、住宿（第26条第4项）

371. 拒不编刷船名、船号（第27条第3项）

372. 擅自拆换、遮盖、涂改船名、船号（第27条第3项）

373. 悬挂活动船牌号（第 27 条第 3 项）

374. 私自载运非出海人员出海（第 27 条第 4 项）

375. 擅自引航境外船舶进入未开放港口、锚地（第 28 条第 2 项）

《沿海船舶边防治安管理规定》第 28 条第 1 项规定的非法进入国家禁止或者限制进入的海域、岛屿的违法行为名称及法律适用规范按照本意见第 118 条的规定执行。

376. 擅自搭靠境外船舶（第 28 条第 3 项）

377. 被迫搭靠境外船舶不及时报告（第 28 条第 3 项）

378. 擅自在非指定港口停泊、上下人员、装卸货物（第 28 条第 4 项）

379. 携带、隐匿、留用、擅自处理违禁物品（第 29 条第 1 项）

380. 非法拦截、强行靠登、冲撞他人船舶（第 29 条第 2 项）

《沿海船舶边防治安管理规定》第 29 条第 2 项规定的偷开他人船舶的违法行为名称及法律适用规范按照本意见第 147 条的规定执行。

381. 非法扣押他人船舶、船上物品（第 29 条第 3 项）

382. "三无"船舶擅自出海作业（第 30 条）

(三十六)《典当管理办法》(部门规章)

383. 收当禁当财物（第 27 条和第 63 条）

384. 未按规定查验证明文件（第 35 条第 3 款和第 65 条）

对典当业工作人员承接典当物品，不查验有关证明、不履行登记手续的，违法行为名称表述为"违法承接典当物品"，法律依据适用《中华人民共和国治安管理处罚法》第 59 条第 1 项。

385. 未按规定记录、统计、报送典当信息（第 51 条和第 65 条）

386. 发现禁当财物不报（第 27 条和第 52 条及第 66 条第 1 款）

《典当管理办法》第 52 条和第 66 条第 1 款规定的典当行发现公安机关通报协查的人员或者赃物不向公安机关报告的违法行为名称及法律适用规范按照本意见第 131 条的规定执行。

(三十七)《再生资源回收管理办法》(部门规章)

387. 未按规定进行再生资源回收从业备案（第 8 条和第 22 条）

388. 未按规定保存回收生产性废旧金属登记资料（第10条第3款和第24条）

389. 再生资源回收经营中发现赃物、有赃物嫌疑物品不报（第11条和第25条）

(三十八)《大型群众性活动安全管理条例》（行政法规）

390. 擅自变更大型活动时间、地点、内容、举办规模（第20条第1款）

对承办者擅自变更大型群众性活动的时间、地点、内容或者擅自扩大大型群众性活动的举办规模，对大型群众性活动承办单位的处罚，法律依据适用《大型群众性活动安全管理条例》第20条第1款，对有发生安全事故危险的，对其直接负责的主管人员和其他直接责任人员的处罚，法律依据适用《中华人民共和国治安管理处罚法》第18条和第38条。

391. 未经许可举办大型活动（第20条第2款）

392. 举办大型活动发生安全事故（第21条）

对举办大型群众性活动发生安全事故的，对大型群众性活动承办单位或者大型群众性活动场所管理单位的处罚，法律依据适用《大型群众性活动安全管理条例》第21条，对安全责任人和其他直接责任人员的处罚，法律依据适用《中华人民共和国治安管理处罚法》第18条和第38条以及《大型群众性活动安全管理条例》第21条。

393. 大型活动发生安全事故不处置（第22条）

394. 大型活动发生安全事故不报（第22条）

(三十九)《长江三峡水利枢纽安全保卫条例》（行政法规）

395. 非法运输危险物品进入陆域安全保卫区（第13条和第35条第1项）

396. 扰乱陆域安全保卫区管理秩序（第14条第1至4项和第35条第2项）

397. 危害陆域安全保卫区设施安全（第14条第3、4项和第35条第2项）

398. 非法进入陆域安全保卫区（第 15 条和第 35 条第 3 项）

399. 人员非法进入禁航区（第 19 条和第 35 条第 4 项）

400. 非法进行升放活动（第 23 条和第 35 条第 5 项）

（四十）《企业事业单位内部治安保卫条例》（行政法规）

401. 不落实单位内部治安保卫措施（《企业事业单位内部治安保卫条例》第 19 条，《公安机关监督检查企业事业单位内部治安保卫工作规定》第 8 条、第 11 条或者第 12 条，《金融机构营业场所和金库安全防范设施建设许可实施办法》第 15 条，《易制爆危险化学品治安管理办法》第 25 条、第 27 条、第 43 条）

对金融机构安全防范设施建设、使用存在治安隐患的，违法行为名称表述为"不落实单位内部治安保卫措施"，法律依据适用《企业事业单位内部治安保卫条例》第 19 条和《金融机构营业场所和金库安全防范设施建设许可实施办法》第 15 条。

对企业事业单位具有《公安机关监督检查企业事业单位内部治安保卫工作规定》第 11 条或者第 12 条规定情形的，违法行为名称表述为"不落实单位内部治安保卫措施"，法律依据适用《企业事业单位内部治安保卫条例》第 19 条和《公安机关监督检查企业事业单位内部治安保卫工作规定》第 8 条、第 11 条或者第 12 条。

（四十一）《保安服务管理条例》（行政法规）

《保安服务管理条例》第 41 条规定的未经许可从事保安服务、保安培训的违法行为名称及法律适用规范按照本意见第 121 条的规定执行。

402. 未经审核变更保安服务公司法定代表人（第 42 条第 1 款第 1 项）

403. 未按规定进行自招保安员备案（第 42 条第 1 款第 2 项）

404. 未按规定撤销自招保安员备案（第 42 条第 1 款第 2 项）

405. 超范围开展保安服务（第 42 条第 1 款第 3 项）

406. 违反规定条件招用保安员（第 42 条第 1 款第 4 项）

407. 未按规定核查保安服务合法性（第 42 条第 1 款第 5 项）

408. 未报告违法保安服务要求（第 42 条第 1 款第 5 项）

409. 未按规定签订、留存保安服务合同（第 42 条第 1 款第 6 项）

410. 未按规定留存保安服务监控影像资料、报警记录（第 42 条第 1 款第 7 项及第 2 款）

411. 泄露保密信息（第 43 条第 1 款第 1 项）

412. 使用监控设备侵犯他人合法权益、个人隐私（第 43 条第 1 款第 2 项）

413. 删改、扩散保安服务监控影像资料、报警记录（第 43 条第 1 款第 3 项及第 2 款）

414. 指使、纵容保安员实施违法犯罪行为（第 43 条第 1 款第 4 项）

415. 疏于管理导致发生保安员违法犯罪案件（第 43 条第 1 款第 5 项）

416. 保安员扣押、没收他人证件、财物（第 45 条第 1 款第 2 项）

417. 保安员参与追索债务（第 45 条第 1 款第 4 项）

418. 保安员采用暴力、以暴力相威胁处置纠纷（第 45 条第 1 款第 4 项）

419. 保安员删改、扩散保安服务监控影像资料、报警记录（第 45 条第 1 款第 5 项）

420. 保安员侵犯个人隐私、泄露保密信息（第 45 条第 1 款第 6 项）

421. 未按规定进行保安员培训（第 47 条）

(四十二)《保安培训机构管理办法》（部门规章）

422. 非法获取保安培训许可证（第 32 条第 2 款）

423. 未按规定办理保安培训机构变更手续（第 9 条和第 33 条第 1 款）

424. 未按规定时间安排保安学员实习（第 14 条第 1 款和第 33 条第 1 款）

425. 非法提供保安服务（第 14 条第 2 款和第 33 条第 1 款）

426. 未按规定签订保安培训合同（第 19 条和第 33 条第 1 款）

427. 未按规定备案保安培训合同式样（第 19 条和第 33 条第 1 款）

428. 发布虚假招生广告（第 21 条和第 33 条第 2 款）

429. 非法传授侦察技术手段（第 15 条第 2 款和第 34 条第 2 款）

430. 未按规定内容、计划进行保安培训（第 13 条和第 35 条）

431. 未按规定颁发保安培训结业证书（第 16 条和第 35 条）

432. 未按规定建立保安学员档案管理制度（第 17 条第 1 款和第 35 条）

433. 未按规定保存保安学员文书档案（第 17 条第 1 款和第 35 条）

对保安培训机构因未按规定建立保安学员档案管理制度而未按规定保存保安学员文书档案的，违法行为名称表述为"未按规定建立保安学员档案管理制度"。

434. 未按规定备案保安学员、师资人员档案（第 17 条第 2 款和第 35 条）

435. 违规收取保安培训费用（第 18 条和第 35 条）

436. 转包、违规委托保安培训业务（第 20 条和第 35 条）

（四十三）《金融机构营业场所和金库安全防范设施建设许可实施办法》（部门规章）

437. 安全防范设施建设方案未经许可施工（第 16 条）

438. 安全防范设施建设工程未经验收投入使用（第 17 条）

（四十四）《中华人民共和国安全生产法》（法律）

439. 发生生产安全事故逃匿（第 106 条第 1 款）

（四十五）《中华人民共和国收养法》（法律）

440. 出卖亲生子女（第 31 条第 3 款）

（四十六）《拘留所条例实施办法》（部门规章）

441. 担保人不履行担保义务（第 57 条第 3 款）

……

# 公安机关办理行政案件程序规定

(2012年12月19日公安部令第125号修订发布 根据2014年6月29日公安部令第132号《公安部关于修改部分部门规章的决定》第一次修正 根据2018年11月25日公安部令第149号《公安部关于修改〈公安机关办理行政案件程序规定〉的决定》第二次修正 根据2020年8月6日《公安部关于废止和修改部分规章的决定》修订)

## 第一章 总 则

**第一条** 为了规范公安机关办理行政案件程序，保障公安机关在办理行政案件中正确履行职责，保护公民、法人和其他组织的合法权益，根据《中华人民共和国行政处罚法》《中华人民共和国行政强制法》《中华人民共和国治安管理处罚法》等有关法律、行政法规，制定本规定。

**第二条** 本规定所称行政案件，是指公安机关依照法律、法规和规章的规定对违法行为人决定行政处罚以及强制隔离戒毒等处理措施的案件。

本规定所称公安机关，是指县级以上公安机关、公安派出所、依法具有独立执法主体资格的公安机关业务部门以及出入境边防检查站。

**第三条** 办理行政案件应当以事实为根据，以法律为准绳。

**第四条** 办理行政案件应当遵循合法、公正、公开、及时的原则，尊重和保障人权，保护公民的人格尊严。

**第五条** 办理行政案件应当坚持教育与处罚相结合的原则，教育公民、法人和其他组织自觉守法。

**第六条** 办理未成年人的行政案件，应当根据未成年人的身心特点，保障其合法权益。

**第七条** 办理行政案件,在少数民族聚居或者多民族共同居住的地区,应当使用当地通用的语言进行询问。对不通晓当地通用语言文字的当事人,应当为他们提供翻译。

**第八条** 公安机关及其人民警察在办理行政案件时,对涉及的国家秘密、商业秘密或者个人隐私,应当保密。

**第九条** 公安机关人民警察在办案中玩忽职守、徇私舞弊、滥用职权、索取或者收受他人财物的,依法给予处分;构成犯罪的,依法追究刑事责任。

## 第二章 管 辖

**第十条** 行政案件由违法行为地的公安机关管辖。由违法行为人居住地公安机关管辖更为适宜的,可以由违法行为人居住地公安机关管辖,但是涉及卖淫、嫖娼、赌博、毒品的案件除外。

违法行为地包括违法行为发生地和违法结果发生地。违法行为发生地,包括违法行为的实施地以及开始地、途经地、结束地等与违法行为有关的地点;违法行为有连续、持续或者继续状态的,违法行为连续、持续或者继续实施的地方都属于违法行为发生地。违法结果发生地,包括违法对象被侵害地、违法所得的实际取得地、藏匿地、转移地、使用地、销售地。

居住地包括户籍所在地、经常居住地。经常居住地是指公民离开户籍所在地最后连续居住一年以上的地方,但在医院住院就医的除外。

移交违法行为人居住地公安机关管辖的行政案件,违法行为地公安机关在移交前应当及时收集证据,并配合违法行为人居住地公安机关开展调查取证工作。

**第十一条** 针对或者利用网络实施的违法行为,用于实施违法行为的网站服务器所在地、网络接入地以及网站建立者或者管理者所在地,被侵害的网络及其运营者所在地,违法过程中违法行为人、被侵害人使用的网络及其运营者所在地,被侵害人被侵害时所在地,以及被侵害人财产遭受损失地公安机关可以管辖。

**第十二条** 行驶中的客车上发生的行政案件，由案发后客车最初停靠地公安机关管辖；必要时，始发地、途经地、到达地公安机关也可以管辖。

**第十三条** 行政案件由县级公安机关及其公安派出所、依法具有独立执法主体资格的公安机关业务部门以及出入境边防检查站按照法律、行政法规、规章授权和管辖分工办理，但法律、行政法规、规章规定由设区的市级以上公安机关办理的除外。

**第十四条** 几个公安机关都有权管辖的行政案件，由最初受理的公安机关管辖。必要时，可以由主要违法行为地公安机关管辖。

**第十五条** 对管辖权发生争议的，报请共同的上级公安机关指定管辖。

对于重大、复杂的案件，上级公安机关可以直接办理或者指定管辖。

上级公安机关直接办理或者指定管辖的，应当书面通知被指定管辖的公安机关和其他有关的公安机关。

原受理案件的公安机关自收到上级公安机关书面通知之日起不再行使管辖权，并立即将案卷材料移送被指定管辖的公安机关或者办理的上级公安机关，及时书面通知当事人。

**第十六条** 铁路公安机关管辖列车上，火车站工作区域内，铁路系统的机关、厂、段、所、队等单位内发生的行政案件，以及在铁路线上放置障碍物或者损毁、移动铁路设施等可能影响铁路运输安全、盗窃铁路设施的行政案件。对倒卖、伪造、变造火车票案件，由最初受理的铁路或者地方公安机关管辖。必要时，可以移送主要违法行为发生地的铁路或者地方公安机关管辖。

交通公安机关管辖港航管理机构管理的轮船上、港口、码头工作区域内和港航系统的机关、厂、所、队等单位内发生的行政案件。

民航公安机关管辖民航管理机构管理的机场工作区域以及民航系统的机关、厂、所、队等单位内和民航飞机上发生的行政案件。

国有林区的森林公安机关管辖林区内发生的行政案件。

海关缉私机构管辖阻碍海关缉私警察依法执行职务的治安案件。

## 第三章 回 避

**第十七条** 公安机关负责人、办案人民警察有下列情形之一的,应当自行提出回避申请,案件当事人及其法定代理人有权要求他们回避:

(一)是本案的当事人或者当事人近亲属的;

(二)本人或者其近亲属与本案有利害关系的;

(三)与本案当事人有其他关系,可能影响案件公正处理的。

**第十八条** 公安机关负责人、办案人民警察提出回避申请的,应当说明理由。

**第十九条** 办案人民警察的回避,由其所属的公安机关决定;公安机关负责人的回避,由上一级公安机关决定。

**第二十条** 当事人及其法定代理人要求公安机关负责人、办案人民警察回避的,应当提出申请,并说明理由。口头提出申请的,公安机关应当记录在案。

**第二十一条** 对当事人及其法定代理人提出的回避申请,公安机关应当在收到申请之日起二日内作出决定并通知申请人。

**第二十二条** 公安机关负责人、办案人民警察具有应当回避的情形之一,本人没有申请回避,当事人及其法定代理人也没有申请其回避的,有权决定其回避的公安机关可以指令其回避。

**第二十三条** 在行政案件调查过程中,鉴定人和翻译人员需要回避的,适用本章的规定。

鉴定人、翻译人员的回避,由指派或者聘请的公安机关决定。

**第二十四条** 在公安机关作出回避决定前,办案人民警察不得停止对行政案件的调查。

作出回避决定后,公安机关负责人、办案人民警察不得再参与该行政案件的调查和审核、审批工作。

**第二十五条** 被决定回避的公安机关负责人、办案人民警察、鉴定人和翻译人员，在回避决定作出前所进行的与案件有关的活动是否有效，由作出回避决定的公安机关根据是否影响案件依法公正处理等情况决定。

## 第四章 证 据

**第二十六条** 可以用于证明案件事实的材料，都是证据。公安机关办理行政案件的证据包括：

（一）物证；

（二）书证；

（三）被侵害人陈述和其他证人证言；

（四）违法嫌疑人的陈述和申辩；

（五）鉴定意见；

（六）勘验、检查、辨认笔录，现场笔录；

（七）视听资料、电子数据。

证据必须经过查证属实，才能作为定案的根据。

**第二十七条** 公安机关必须依照法定程序，收集能够证实违法嫌疑人是否违法、违法情节轻重的证据。

严禁刑讯逼供和以威胁、欺骗等非法方法收集证据。采用刑讯逼供等非法方法收集的违法嫌疑人的陈述和申辩以及采用暴力、威胁等非法方法收集的被侵害人陈述、其他证人证言，不能作为定案的根据。收集物证、书证不符合法定程序，可能严重影响执法公正的，应当予以补正或者作出合理解释；不能补正或者作出合理解释的，不能作为定案的根据。

**第二十八条** 公安机关向有关单位和个人收集、调取证据时，应当告知其必须如实提供证据，并告知其伪造、隐匿、毁灭证据，提供虚假证词应当承担的法律责任。

需要向有关单位和个人调取证据的，经公安机关办案部门负责人批准，开具调取证据通知书，明确调取的证据和提供时限。被调取人应当在通知书上盖章或者签名，被调取人拒绝的，公安机关应当注明。必要时，公安机关应当采用录音、录像等方式固定证据内容及取证过程。

需要向有关单位紧急调取证据的，公安机关可以在电话告知人民警察身份的同时，将调取证据通知书连同办案人民警察的人民警察证复印件通过传真、互联网通讯工具等方式送达有关单位。

**第二十九条** 收集调取的物证应当是原物。在原物不便搬运、不易保存或者依法应当由有关部门保管、处理或者依法应当返还时，可以拍摄或者制作足以反映原物外形或者内容的照片、录像。

物证的照片、录像，经与原物核实无误或者经鉴定证明为真实的，可以作为证据使用。

**第三十条** 收集、调取的书证应当是原件。在取得原件确有困难时，可以使用副本或者复制件。

书证的副本、复制件，经与原件核实无误或者经鉴定证明为真实的，可以作为证据使用。书证有更改或者更改迹象不能作出合理解释的，或者书证的副本、复制件不能反映书证原件及其内容的，不能作为证据使用。

**第三十一条** 物证的照片、录像，书证的副本、复制件，视听资料的复制件，应当附有关制作过程及原件、原物存放处的文字说明，并由制作人和物品持有人或者持有单位有关人员签名。

**第三十二条** 收集电子数据，能够扣押电子数据原始存储介质的，应当扣押。

无法扣押原始存储介质的，可以提取电子数据。提取电子数据，应当制作笔录，并附电子数据清单，由办案人民警察、电子数据持有人签名。持有人无法或者拒绝签名的，应当在笔录中注明。

由于客观原因无法或者不宜依照前两款规定收集电子数据的，可以采取打印、拍照或者录像等方式固定相关证据，并附有关原因、过程等情况的文字说明，由办案人民警察、电子数据持有人签名。持有人无法或者拒绝签名的，应当注明情况。

**第三十三条** 刑事案件转为行政案件办理的，刑事案件办理过程中收集的证据材料，可以作为行政案件的证据使用。

**第三十四条** 凡知道案件情况的人，都有作证的义务。

生理上、精神上有缺陷或者年幼，不能辨别是非、不能正确表达的人，不能作为证人。

## 第五章　期间与送达

**第三十五条** 期间以时、日、月、年计算，期间开始之时或者日不计算在内。法律文书送达的期间不包括路途上的时间。期间的最后一日是节假日的，以节假日后的第一日为期满日期，但违法行为人被限制人身自由的期间，应当至期满之日为止，不得因节假日而延长。

**第三十六条** 送达法律文书，应当遵守下列规定：

（一）依照简易程序作出当场处罚决定的，应当将决定书当场交付被处罚人，并由被处罚人在备案的决定书上签名或者捺指印；被处罚人拒绝的，由办案人民警察在备案的决定书上注明；

（二）除本款第一项规定外，作出行政处罚决定和其他行政处理决定，应当在宣告后将决定书当场交付被处理人，并由被处理人在附卷的决定书上签名或者捺指印，即为送达；被处理人拒绝的，由办案人民警察在附卷的决定书上注明；被处理人不在场的，公安机关应当在作出决定的七日内将决定书送达被处理人，治安管理处罚决定应当在二日内送达。

送达法律文书应当首先采取直接送达方式，交给受送达人本人；受送达人不在的，可以交付其成年家属、所在单位的负责人员或者其居住地居（村）民委员会代收。受送达人本人或者代收人拒绝接收或者拒绝签名和捺指印的，送达人可以邀请其邻居或者其他见证人到场，说明情况，也可以对拒收情况进行录音录像，把文书留在受送达人处，在附卷的法律文书上注明拒绝的事由、送达日期，由送达人、见证人签名或者捺指印，即视为送达。

无法直接送达的，委托其他公安机关代为送达，或者邮寄送达。经受送达人同意，可以采用传真、互联网通讯工具等能够确认其收悉的方式送达。

经采取上述送达方式仍无法送达的，可以公告送达。公告的范围和方式应当便于公民知晓，公告期限不得少于六十日。

# 第六章　简易程序和快速办理

## 第一节　简易程序

**第三十七条**　违法事实确凿，且具有下列情形之一的，人民警察可以当场作出处罚决定，有违禁品的，可以当场收缴：

（一）对违反治安管理行为人或者道路交通违法行为人处二百元以下罚款或者警告的；

（二）出入境边防检查机关对违反出境入境管理行为人处五百元以下罚款或者警告的；

（三）对有其他违法行为的个人处五十元以下罚款或者警告、对单位处一千元以下罚款或者警告的；

（四）法律规定可以当场处罚的其他情形。

涉及卖淫、嫖娼、赌博、毒品的案件，不适用当场处罚。

**第三十八条**　当场处罚，应当按照下列程序实施：

（一）向违法行为人表明执法身份；

（二）收集证据；

（三）口头告知违法行为人拟作出行政处罚决定的事实、理由和依据，并告知违法行为人依法享有的陈述权和申辩权；

（四）充分听取违法行为人的陈述和申辩。违法行为人提出的事实、理由或者证据成立的，应当采纳；

（五）填写当场处罚决定书并当场交付被处罚人；

（六）当场收缴罚款的，同时填写罚款收据，交付被处罚人；未当场收缴罚款的，应当告知被处罚人在规定期限内到指定的银行缴纳罚款。

**第三十九条** 适用简易程序处罚的，可以由人民警察一人作出行政处罚决定。

人民警察当场作出行政处罚决定的，应当于作出决定后的二十四小时内将当场处罚决定书报所属公安机关备案，交通警察应当于作出决定后的二日内报所属公安机关交通管理部门备案。在旅客列车、民航飞机、水上作出行政处罚决定的，应当在返回后的二十四小时内报所属公安机关备案。

### 第二节 快速办理

**第四十条** 对不适用简易程序，但事实清楚，违法嫌疑人自愿认错认罚，且对违法事实和法律适用没有异议的行政案件，公安机关可以通过简化取证方式和审核审批手续等措施快速办理。

**第四十一条** 行政案件具有下列情形之一的，不适用快速办理：

（一）违法嫌疑人系盲、聋、哑人，未成年人或者疑似精神病人的；

（二）依法应当适用听证程序的；

（三）可能作出十日以上行政拘留处罚的；

（四）其他不宜快速办理的。

**第四十二条** 快速办理行政案件前，公安机关应当书面告知违法嫌疑人快速办理的相关规定，征得其同意，并由其签名确认。

**第四十三条** 对符合快速办理条件的行政案件，违法嫌疑人在自行书写材料或者询问笔录中承认违法事实、认错认罚，并有视音频记录、电子数据、检查笔录等关键证据能够相互印证的，公安机关可以不再开展其他调查取证工作。

**第四十四条** 对适用快速办理的行政案件，可以由专兼职法制员或者办案部门负责人审核后，报公安机关负责人审批。

**第四十五条** 对快速办理的行政案件，公安机关可以根据不同案件类型，使用简明扼要的格式询问笔录，尽量减少需要文字记录的内容。

被询问人自行书写材料的，办案单位可以提供样式供其参考。

使用执法记录仪等设备对询问过程录音录像的，可以替代书面询问笔录，必要时，对视听资料的关键内容和相应时间段等作文字说明。

**第四十六条** 对快速办理的行政案件，公安机关可以根据违法行为人认错悔改、纠正违法行为、赔偿损失以及被侵害人谅解情况等情节，依法对违法行为人从轻、减轻处罚或者不予行政处罚。

对快速办理的行政案件，公安机关可以采用口头方式履行处罚前告知程序，由办案人民警察在案卷材料中注明告知情况，并由被告知人签名确认。

**第四十七条** 对快速办理的行政案件，公安机关应当在违法嫌疑人到案后四十八小时内作出处理决定。

**第四十八条** 公安机关快速办理行政案件时，发现不适宜快速办理的，转为一般案件办理。快速办理阶段依法收集的证据，可以作为定案的根据。


## 第七章 调查取证

### 第一节 一般规定

**第四十九条** 对行政案件进行调查时，应当合法、及时、客观、全面地收集、调取证据材料，并予以审查、核实。

**第五十条** 需要调查的案件事实包括：

（一）违法嫌疑人的基本情况；

（二）违法行为是否存在；

（三）违法行为是否为违法嫌疑人实施；

（四）实施违法行为的时间、地点、手段、后果以及其他情节；

（五）违法嫌疑人有无法定从重、从轻、减轻以及不予行政处罚的情形；

（六）与案件有关的其他事实。

**第五十一条** 公安机关调查取证时，应当防止泄露工作秘密。

**第五十二条** 公安机关进行询问、辨认、检查、勘验，实施行政强制措施等调查取证工作时，人民警察不得少于二人，并表明执法身份。

接报案、受案登记、接受证据、信息采集、调解、送达文书等工作，可以由一名人民警察带领警务辅助人员进行，但应当全程录音录像。

**第五十三条** 对查获或者到案的违法嫌疑人应当进行安全检查，发现违禁品或者管制器具、武器、易燃易爆等危险品以及与案件有关的需要作为证据的物品的，应当立即扣押；对违法嫌疑人随身携带的与案件无关的物品，应当按照有关规定予以登记、保管、退还。安全检查不需要开具检查证。

前款规定的扣押适用本规定第五十五条和第五十六条以及本章第七节的规定。

**第五十四条** 办理行政案件时，可以依法采取下列行政强制措施：

（一）对物品、设施、场所采取扣押、扣留、查封、先行登记保存、抽样取证、封存文件资料等强制措施，对恐怖活动嫌疑人的存款、汇款、债券、股票、基金份额等财产还可以采取冻结措施；

（二）对违法嫌疑人采取保护性约束措施、继续盘问、强制传唤、强制检测、拘留审查、限制活动范围，对恐怖活动嫌疑人采取约束措施等强制措施。

**第五十五条** 实施行政强制措施应当遵守下列规定：

（一）实施前须依法向公安机关负责人报告并经批准；

（二）通知当事人到场，当场告知当事人采取行政强制措施的理由、依据以及当事人依法享有的权利、救济途径。当事人不到场的，邀请见证人到场，并在现场笔录中注明；

（三）听取当事人的陈述和申辩；

（四）制作现场笔录，由当事人和办案人民警察签名或者盖章，当事人拒绝的，在笔录中注明。当事人不在场的，由见证人和办案人民警察在笔录上签名或者盖章；

（五）实施限制公民人身自由的行政强制措施的，应当当场告知当事人家属实施强制措施的公安机关、理由、地点和期限；无法当场告知的，应当在实施强制措施后立即通过电话、短信、传真等方式通知；身份不明、拒不提供家属联系方式或者因自然灾害等不可抗力导致无法通知的，可以不予通知。告知、通知家属情况或者无法通知家属的原因应当在询问笔录中注明。

（六）法律、法规规定的其他程序。

勘验、检查时实施行政强制措施，制作勘验、检查笔录的，不再制作现场笔录。

实施行政强制措施的全程录音录像，已经具备本条第一款第二项、第三项规定的实质要素的，可以替代书面现场笔录，但应当对视听资料的关键内容和相应时间段等作文字说明。

第五十六条 情况紧急，当场实施行政强制措施的，办案人民警察应当在二十四小时内依法向其所属的公安机关负责人报告，并补办批准手续。当场实施限制公民人身自由的行政强制措施的，办案人民警察应当在返回单位后立即报告，并补办批准手续。公安机关负责人认为不应当采取行政强制措施的，应当立即解除。

第五十七条 为维护社会秩序，人民警察对有违法嫌疑的人员，经表明执法身份后，可以当场盘问、检查。对当场盘问、检查后，不能排除其违法嫌疑，依法可以适用继续盘问的，可以将其带至公安机关，经公安派出所负责人批准，对其继续盘问。对违反出境入境管理的嫌疑人依法适用继续盘问的，应当经县级以上公安机关或者出入境边防检查机关负责人批准。

继续盘问的时限一般为十二小时；对在十二小时以内确实难以证实或者排除其违法犯罪嫌疑的，可以延长至二十四小时；对不讲真实姓名、住址、身份，且在二十四小时以内仍不能证实或者排除其违法犯罪嫌疑的，可以延长至四十八小时。

第五十八条 违法嫌疑人在醉酒状态中，对本人有危险或者对他人的人身、财产或者公共安全有威胁的，可以对其采取保护性措施约束至酒醒，也可以通知其家属、亲友或者所属单位将其领回看管，必要时，应当送医院醒酒。对行为举止失控的醉酒人，可以使用约束带或者警绳等进行约束，但是不得使用手铐、脚镣等警械。

约束过程中，应当指定专人严加看护。确认醉酒人酒醒后，应当立即解除约束，并进行询问。约束时间不计算在询问查证时间内。

**第五十九条** 对恐怖活动嫌疑人实施约束措施，应当遵守下列规定：

（一）实施前须经县级以上公安机关负责人批准；

（二）告知嫌疑人采取约束措施的理由、依据以及其依法享有的权利、救济途径；

（三）听取嫌疑人的陈述和申辩；

（四）出具决定书。

公安机关可以采取电子监控、不定期检查等方式对被约束人遵守约束措施的情况进行监督。

约束措施的期限不得超过三个月。对不需要继续采取约束措施的，应当及时解除并通知被约束人。

## 第二节　受　案

**第六十条** 县级公安机关及其公安派出所、依法具有独立执法主体资格的公安机关业务部门以及出入境边防检查站对报案、控告、举报、群众扭送或者违法嫌疑人投案，以及其他国家机关移送的案件，应当及时受理并按照规定进行网上接报案登记。对重复报案、案件正在办理或者已经办结的，应当向报案人、控告人、举报人、扭送人、投案人作出解释，不再登记。

**第六十一条** 公安机关应当对报案、控告、举报、群众扭送或者违法嫌疑人投案分别作出下列处理，并将处理情况在接报案登记中注明：

（一）对属于本单位管辖范围内的案件，应当立即调查处理，制作受案登记表和受案回执，并将受案回执交报案人、控告人、举报人、扭送人；

（二）对属于公安机关职责范围，但不属于本单位管辖的，应当在二十四小时内移送有管辖权的单位处理，并告知报案人、控告人、举报人、扭送人、投案人；

（三）对不属于公安机关职责范围的事项，在接报案时能够当场判断的，应当立即口头告知报案人、控告人、举报人、扭送人、投案人向其他主管机关报案或者投案，报案人、控告人、举报人、扭送人、投案人对口头告知内容有异议或者不能当场判断的，应当书面告知，但因没有联系方式、身份不明等客观原因无法书面告知的除外。

在日常执法执勤中发现的违法行为，适用前款规定。

**第六十二条** 属于公安机关职责范围但不属于本单位管辖的案件，具有下列情形之一的，受理案件或者发现案件的公安机关及其人民警察应当依法先行采取必要的强制措施或者其他处置措施，再移送有管辖权的单位处理：

（一）违法嫌疑人正在实施危害行为的；

（二）正在实施违法行为或者违法后即时被发现的现行犯被扭送至公安机关的；

（三）在逃的违法嫌疑人已被抓获或者被发现的；

（四）有人员伤亡，需要立即采取救治措施的；

（五）其他应当采取紧急措施的情形。

行政案件移送管辖的，询问查证时间和扣押等措施的期限重新计算。

**第六十三条** 报案人不愿意公开自己的姓名和报案行为的，公安机关应当在受案登记时注明，并为其保密。

**第六十四条** 对报案人、控告人、举报人、扭送人、投案人提供的有关证据材料、物品等应当登记，出具接受证据清单，并妥善保管。必要时，应当拍照、录音、录像。移送案件时，应当将有关证据材料和物品一并移交。

**第六十五条** 对发现或者受理的案件暂时无法确定为刑事案件或者行政案件的，可以按照行政案件的程序办理。在办理过程中，认为涉嫌构成犯罪的,应当按照《公安机关办理刑事案件程序规定》办理。

## 第三节 询 问

**第六十六条** 询问违法嫌疑人,可以到违法嫌疑人住处或者单位进行,也可以将违法嫌疑人传唤到其所在市、县内的指定地点进行。

**第六十七条** 需要传唤违法嫌疑人接受调查的,经公安派出所、县级以上公安机关办案部门或者出入境边防检查机关负责人批准,使用传唤证传唤。对现场发现的违法嫌疑人,人民警察经出示人民警察证,可以口头传唤,并在询问笔录中注明违法嫌疑人到案经过、到案时间和离开时间。

单位违反公安行政管理规定,需要传唤其直接负责的主管人员和其他直接责任人员的,适用前款规定。

对无正当理由不接受传唤或者逃避传唤的违反治安管理、出境入境管理的嫌疑人以及法律规定可以强制传唤的其他违法嫌疑人,经公安派出所、县级以上公安机关办案部门或者出入境边防检查机关负责人批准,可以强制传唤。强制传唤时,可以依法使用手铐、警绳等约束性警械。

公安机关应当将传唤的原因和依据告知被传唤人,并通知其家属。公安机关通知被传唤人家属适用本规定第五十五条第一款第五项的规定。

**第六十八条** 使用传唤证传唤的,违法嫌疑人被传唤到案后和询问查证结束后,应当由其在传唤证上填写到案和离开时间并签名。拒绝填写或者签名的,办案人民警察应当在传唤证上注明。

**第六十九条** 对被传唤的违法嫌疑人,应当及时询问查证,询问查证的时间不得超过八小时;案情复杂,违法行为依法可能适用行政拘留处罚的,询问查证的时间不得超过二十四小时。

不得以连续传唤的形式变相拘禁违法嫌疑人。

**第七十条** 对于投案自首或者群众扭送的违法嫌疑人,公安机关应当立即进行询问查证,并在询问笔录中记明违法嫌疑人到案经过、到案和离开时间。询问查证时间适用本规定第六十九条第一款的规定。

对于投案自首或者群众扭送的违法嫌疑人，公安机关应当适用本规定第五十五条第一款第五项的规定通知其家属。

第七十一条　在公安机关询问违法嫌疑人，应当在办案场所进行。

询问查证期间应当保证违法嫌疑人的饮食和必要的休息时间，并在询问笔录中注明。

在询问查证的间隙期间，可以将违法嫌疑人送入候问室，并按照候问室的管理规定执行。

第七十二条　询问违法嫌疑人、被侵害人或者其他证人，应当个别进行。

第七十三条　首次询问违法嫌疑人时，应当问明违法嫌疑人的姓名、出生日期、户籍所在地、现住址、身份证件种类及号码，是否为各级人民代表大会代表，是否受过刑事处罚或者行政拘留、强制隔离戒毒、社区戒毒、收容教养等情况。必要时，还应当问明其家庭主要成员、工作单位、文化程度、民族、身体状况等情况。

违法嫌疑人为外国人的，首次询问时还应当问明其国籍、出入境证件种类及号码、签证种类、入境时间、入境事由等情况。必要时，还应当问明其在华关系人等情况。

第七十四条　询问时，应当告知被询问人必须如实提供证据、证言和故意作伪证或者隐匿证据应负的法律责任，对与本案无关的问题有拒绝回答的权利。

第七十五条　询问未成年人时，应当通知其父母或者其他监护人到场，其父母或者其他监护人不能到场的，也可以通知未成年人的其他成年亲属，所在学校、单位、居住地基层组织或者未成年人保护组织的代表到场，并将有关情况记录在案。确实无法通知或者通知后未到场的，应当在询问笔录中注明。

第七十六条　询问聋哑人，应当有通晓手语的人提供帮助，并在询问笔录中注明被询问人的聋哑情况以及翻译人员的姓名、住址、工作单位和联系方式。

对不通晓当地通用的语言文字的被询问人，应当为其配备翻译人员，并在询问笔录中注明翻译人员的姓名、住址、工作单位和联系方式。

**第七十七条** 询问笔录应当交被询问人核对，对没有阅读能力的，应当向其宣读。记录有误或者遗漏的，应当允许被询问人更正或者补充，并要求其在修改处捺指印。被询问人确认笔录无误后，应当在询问笔录上逐页签名或者捺指印。拒绝签名和捺指印的，办案人民警察应当在询问笔录中注明。

办案人民警察应当在询问笔录上签名，翻译人员应当在询问笔录的结尾处签名。

询问时，可以全程录音、录像，并保持录音、录像资料的完整性。

**第七十八条** 询问违法嫌疑人时，应当听取违法嫌疑人的陈述和申辩。对违法嫌疑人的陈述和申辩，应当核查。

**第七十九条** 询问被侵害人或者其他证人，可以在现场进行，也可以到其单位、学校、住所、其居住地居（村）民委员会或者其提出的地点进行。必要时，也可以书面、电话或者当场通知其到公安机关提供证言。

在现场询问的，办案人民警察应当出示人民警察证。

询问前，应当了解被询问人的身份以及其与被侵害人、其他证人、违法嫌疑人之间的关系。

**第八十条** 违法嫌疑人、被侵害人或者其他证人请求自行提供书面材料的，应当准许。必要时，办案人民警察也可以要求违法嫌疑人、被侵害人或者其他证人自行书写。违法嫌疑人、被侵害人或者其他证人应当在其提供的书面材料的结尾处签名或者捺指印。对打印的书面材料，违法嫌疑人、被侵害人或者其他证人应当逐页签名或者捺指印。办案人民警察收到书面材料后，应当在首页注明收到日期，并签名。

### 第四节 勘验、检查

**第八十一条** 对于违法行为案发现场，必要时应当进行勘验，提取与案件有关的证据材料，判断案件性质，确定调查方向和范围。

现场勘验参照刑事案件现场勘验的有关规定执行。

**第八十二条**　对与违法行为有关的场所、物品、人身可以进行检查。检查时，人民警察不得少于二人，并应当出示人民警察证和县级以上公安机关开具的检查证。对确有必要立即进行检查的，人民警察经出示人民警察证，可以当场检查；但检查公民住所的，必须有证据表明或者有群众报警公民住所内正在发生危害公共安全或者公民人身安全的案（事）件，或者违法存放危险物质，不立即检查可能会对公共安全或者公民人身、财产安全造成重大危害。

　　对机关、团体、企业、事业单位或者公共场所进行日常执法监督检查，依照有关法律、法规和规章执行，不适用前款规定。

　　**第八十三条**　对违法嫌疑人，可以依法提取或者采集肖像、指纹等人体生物识别信息；涉嫌酒后驾驶机动车、吸毒、从事恐怖活动等违法行为的，可以依照《中华人民共和国道路交通安全法》《中华人民共和国禁毒法》《中华人民共和国反恐怖主义法》等规定提取或者采集血液、尿液、毛发、脱落细胞等生物样本。人身安全检查和当场检查时已经提取、采集的信息，不再提取、采集。

　　**第八十四条**　对违法嫌疑人进行检查时，应当尊重被检查人的人格尊严，不得以有损人格尊严的方式进行检查。

　　检查妇女的身体，应当由女性工作人员进行。

　　依法对卖淫、嫖娼人员进行性病检查，应当由医生进行。

　　**第八十五条**　检查场所或者物品时，应当注意避免对物品造成不必要的损坏。

　　检查场所时，应当有被检查人或者见证人在场。

　　**第八十六条**　检查情况应当制作检查笔录。检查笔录由检查人员、被检查人或者见证人签名；被检查人不在场或者拒绝签名的，办案人民警察应当在检查笔录中注明。

　　检查时的全程录音录像可以替代书面检查笔录，但应当对视听资料的关键内容和相应时间段等作文字说明。

第五节　鉴　　定

　　**第八十七条**　为了查明案情，需要对专门性技术问题进行鉴定的，应当指派或者聘请具有专门知识的人员进行。

需要聘请本公安机关以外的人进行鉴定的，应当经公安机关办案部门负责人批准后，制作鉴定聘请书。

**第八十八条** 公安机关应当为鉴定提供必要的条件，及时送交有关检材和比对样本等原始材料，介绍与鉴定有关的情况，并且明确提出要求鉴定解决的问题。

办案人民警察应当做好检材的保管和送检工作，并注明检材送检环节的责任人，确保检材在流转环节中的同一性和不被污染。

禁止强迫或者暗示鉴定人作出某种鉴定意见。

**第八十九条** 对人身伤害的鉴定由法医进行。

卫生行政主管部门许可的医疗机构具有执业资格的医生出具的诊断证明，可以作为公安机关认定人身伤害程度的依据，但具有本规定第九十条规定情形的除外。

对精神病的鉴定，由有精神病鉴定资格的鉴定机构进行。

**第九十条** 人身伤害案件具有下列情形之一的，公安机关应当进行伤情鉴定：

（一）受伤程度较重，可能构成轻伤以上伤害程度的；

（二）被侵害人要求作伤情鉴定的；

（三）违法嫌疑人、被侵害人对伤害程度有争议的。

**第九十一条** 对需要进行伤情鉴定的案件，被侵害人拒绝提供诊断证明或者拒绝进行伤情鉴定的，公安机关应当将有关情况记录在案，并可以根据已认定的事实作出处理决定。

经公安机关通知，被侵害人无正当理由未在公安机关确定的时间内作伤情鉴定的，视为拒绝鉴定。

**第九十二条** 对电子数据涉及的专门性问题难以确定的，由司法鉴定机构出具鉴定意见，或者由公安部指定的机构出具报告。

**第九十三条** 涉案物品价值不明或者难以确定的，公安机关应当委托价格鉴证机构估价。

根据当事人提供的购买发票等票据能够认定价值的涉案物品，或者价值明显不够刑事立案标准的涉案物品,公安机关可以不进行价格鉴证。

**第九十四条** 对涉嫌吸毒的人员,应当进行吸毒检测,被检测人员应当配合;对拒绝接受检测的,经县级以上公安机关或者其派出机构负责人批准,可以强制检测。采集女性被检测人检测样本,应当由女性工作人员进行。

对涉嫌服用国家管制的精神药品、麻醉药品驾驶机动车的人员,可以对其进行体内国家管制的精神药品、麻醉药品含量检验。

**第九十五条** 对有酒后驾驶机动车嫌疑的人,应当对其进行呼气酒精测试,对具有下列情形之一的,应当立即提取血样,检验血液酒精含量:

(一)当事人对呼气酒精测试结果有异议的;
(二)当事人拒绝配合呼气酒精测试的;
(三)涉嫌醉酒驾驶机动车的;
(四)涉嫌饮酒后驾驶机动车发生交通事故的。

当事人对呼气酒精测试结果无异议的,应当签字确认。事后提出异议的,不予采纳。

**第九十六条** 鉴定人鉴定后,应当出具鉴定意见。鉴定意见应当载明委托人、委托鉴定的事项、提交鉴定的相关材料、鉴定的时间、依据和结论性意见等内容,并由鉴定人签名或者盖章。通过分析得出鉴定意见的,应当有分析过程的说明。鉴定意见应当附有鉴定机构和鉴定人的资质证明或者其他证明文件。

鉴定人对鉴定意见负责,不受任何机关、团体、企业、事业单位和个人的干涉。多人参加鉴定,对鉴定意见有不同意见的,应当注明。

鉴定人故意作虚假鉴定的,应当承担法律责任。

**第九十七条** 办案人民警察应当对鉴定意见进行审查。

对经审查作为证据使用的鉴定意见,公安机关应当在收到鉴定意见之日起五日内将鉴定意见复印件送达违法嫌疑人和被侵害人。

医疗机构出具的诊断证明作为公安机关认定人身伤害程度的依据

的，应当将诊断证明结论书面告知违法嫌疑人和被侵害人。

违法嫌疑人或者被侵害人对鉴定意见有异议的，可以在收到鉴定意见复印件之日起三日内提出重新鉴定的申请，经县级以上公安机关批准后，进行重新鉴定。同一行政案件的同一事项重新鉴定以一次为限。

当事人是否申请重新鉴定，不影响案件的正常办理。

公安机关认为必要时，也可以直接决定重新鉴定。

**第九十八条** 具有下列情形之一的，应当进行重新鉴定：

（一）鉴定程序违法或者违反相关专业技术要求，可能影响鉴定意见正确性的；

（二）鉴定机构、鉴定人不具备鉴定资质和条件的；

（三）鉴定意见明显依据不足的；

（四）鉴定人故意作虚假鉴定的；

（五）鉴定人应当回避而没有回避的；

（六）检材虚假或者被损坏的；

（七）其他应当重新鉴定的。

不符合前款规定情形的，经县级以上公安机关负责人批准，作出不准予重新鉴定的决定，并在作出决定之日起的三日以内书面通知申请人。

**第九十九条** 重新鉴定，公安机关应当另行指派或者聘请鉴定人。

**第一百条** 鉴定费用由公安机关承担，但当事人自行鉴定的除外。

## 第六节 辨 认

**第一百零一条** 为了查明案情，办案人民警察可以让违法嫌疑人、被侵害人或者其他证人对与违法行为有关的物品、场所或者违法嫌疑人进行辨认。

**第一百零二条** 辨认由二名以上办案人民警察主持。

组织辨认前，应当向辨认人详细询问辨认对象的具体特征，并避免辨认人见到辨认对象。

**第一百零三条** 多名辨认人对同一辨认对象或者一名辨认人对多名辨认对象进行辨认时，应当个别进行。

**第一百零四条** 辨认时，应当将辨认对象混杂在特征相类似的其他对象中，不得给辨认人任何暗示。

辨认违法嫌疑人时，被辨认的人数不得少于七人；对违法嫌疑人照片进行辨认的，不得少于十人的照片。

辨认每一件物品时，混杂的同类物品不得少于五件。

同一辨认人对与同一案件有关的辨认对象进行多组辨认的，不得重复使用陪衬照片或者陪衬人。

**第一百零五条** 辨认人不愿意暴露身份的，对违法嫌疑人的辨认可以在不暴露辨认人的情况下进行，公安机关及其人民警察应当为其保守秘密。

**第一百零六条** 辨认经过和结果，应当制作辨认笔录，由办案人民警察和辨认人签名或者捺指印。必要时，应当对辨认过程进行录音、录像。

## 第七节 证据保全

**第一百零七条** 对下列物品，经公安机关负责人批准，可以依法扣押或者扣留：

（一）与治安案件、违反出境入境管理的案件有关的需要作为证据的物品；

（二）道路交通安全法律、法规规定适用扣留的车辆、机动车驾驶证；

（三）《中华人民共和国反恐怖主义法》等法律、法规规定适用扣押或者扣留的物品。

对下列物品，不得扣押或者扣留：

（一）与案件无关的物品；

（二）公民个人及其所扶养家属的生活必需品；

（三）被侵害人或者善意第三人合法占有的财产。

对具有本条第二款第二项、第三项情形的,应当予以登记,写明登记财物的名称、规格、数量、特征,并由占有人签名或者捺指印。必要时,可以进行拍照。但是,与案件有关必须鉴定的,可以依法扣押,结束后应当立即解除。

**第一百零八条** 办理下列行政案件时,对专门用于从事无证经营活动的场所、设施、物品,经公安机关负责人批准,可以依法查封。但对与违法行为无关的场所、设施,公民个人及其扶养家属的生活必需品不得查封:

(一)擅自经营按照国家规定需要由公安机关许可的行业的;

(二)依照《娱乐场所管理条例》可以由公安机关采取取缔措施的;

(三)《中华人民共和国反恐怖主义法》等法律、法规规定适用查封的其他公安行政案件。

场所、设施、物品已被其他国家机关依法查封的,不得重复查封。

**第一百零九条** 收集证据时,经公安机关办案部门负责人批准,可以采取抽样取证的方法。

抽样取证应当采取随机的方式,抽取样品的数量以能够认定本品的品质特征为限。

抽样取证时,应当对抽样取证的现场、被抽样物品及被抽取的样品进行拍照或者对抽样过程进行录像。

对抽取的样品应当及时进行检验。经检验,能够作为证据使用的,应当依法扣押、先行登记保存或者登记;不属于证据的,应当及时返还样品。样品有减损的,应当予以补偿。

**第一百一十条** 在证据可能灭失或者以后难以取得的情况下,经公安机关办案部门负责人批准,可以先行登记保存。

先行登记保存期间,证据持有人及其他人员不得损毁或者转移证据。

对先行登记保存的证据,应当在七日内作出处理决定。逾期不作出处理决定的,视为自动解除。

**第一百一十一条** 实施扣押、扣留、查封、抽样取证、先行登记保存等证据保全措施时，应当会同当事人查点清楚，制作并当场交付证据保全决定书。必要时，应当对采取证据保全措施的证据进行拍照或者对采取证据保全的过程进行录像。证据保全决定书应当载明下列事项：

（一）当事人的姓名或者名称、地址；

（二）抽样取证、先行登记保存、扣押、扣留、查封的理由、依据和期限；

（三）申请行政复议或者提起行政诉讼的途径和期限；

（四）作出决定的公安机关的名称、印章和日期。

证据保全决定书应当附清单，载明被采取证据保全措施的场所、设施、物品的名称、规格、数量、特征等，由办案人民警察和当事人签名后，一份交当事人，一份附卷。有见证人的，还应当由见证人签名。当事人或者见证人拒绝签名的，办案人民警察应当在证据保全清单上注明。

对可以作为证据使用的录音带、录像带，在扣押时应当予以检查，记明案由、内容以及录取和复制的时间、地点等，并妥为保管。

对扣押的电子数据原始存储介质，应当封存，保证在不解除封存状态的情况下，无法增加、删除、修改电子数据，并在证据保全清单中记录封存状态。

**第一百一十二条** 扣押、扣留、查封期限为三十日，情况复杂的，经县级以上公安机关负责人批准，可以延长三十日；法律、行政法规另有规定的除外。延长扣押、扣留、查封期限的，应当及时书面告知当事人，并说明理由。

对物品需要进行鉴定的，鉴定期间不计入扣押、扣留、查封期间，但应当将鉴定的期间书面告知当事人。

**第一百一十三条** 公安机关对恐怖活动嫌疑人的存款、汇款、债券、股票、基金份额等财产采取冻结措施的，应当经县级以上公安机关负责人批准，向金融机构交付冻结通知书。

作出冻结决定的公安机关应当在三日内向恐怖活动嫌疑人交付冻结决定书。冻结决定书应当载明下列事项：

（一）恐怖活动嫌疑人的姓名或者名称、地址；

（二）冻结的理由、依据和期限；

（三）冻结的账号和数额；

（四）申请行政复议或者提起行政诉讼的途径和期限；

（五）公安机关的名称、印章和日期。

**第一百一十四条** 自被冻结之日起二个月内，公安机关应当作出处理决定或者解除冻结；情况复杂的，经上一级公安机关负责人批准，可以延长一个月。

延长冻结的决定应当及时书面告知恐怖活动嫌疑人，并说明理由。

**第一百一十五条** 有下列情形之一的，公安机关应当立即退还财物，并由当事人签名确认；不涉及财物退还的，应当书面通知当事人解除证据保全：

（一）当事人没有违法行为的；

（二）被采取证据保全的场所、设施、物品、财产与违法行为无关的；

（三）已经作出处理决定，不再需要采取证据保全措施的；

（四）采取证据保全措施的期限已经届满的；

（五）其他不再需要采取证据保全措施的。

作出解除冻结决定的，应当及时通知金融机构。

**第一百一十六条** 行政案件变更管辖时，与案件有关的财物及其孳息应当随案移交，并书面告知当事人。移交时，由接收人、移交人当面查点清楚，并在交接单据上共同签名。

### 第八节 办案协作

**第一百一十七条** 办理行政案件需要异地公安机关协作的，应当制作办案协作函件。负责协作的公安机关接到请求协作的函件后，应当办理。

**第一百一十八条** 需要到异地执行传唤的，办案人民警察应当持传唤证、办案协作函件和人民警察证，与协作地公安机关联系，在协作地公安机关的协作下进行传唤。协作地公安机关应当协助将违法嫌疑人传唤到其所在市、县内的指定地点或者到其住处、单位进行询问。

**第一百一十九条** 需要异地办理检查、查询、查封、扣押或者冻结与案件有关的财物、文件的，应当持相关的法律文书、办案协作函件和人民警察证，与协作地公安机关联系，协作地公安机关应当协助执行。

在紧急情况下，可以将办案协作函件和相关的法律文书传真或者通过执法办案信息系统发送至协作地公安机关，协作地公安机关应当及时采取措施。办案地公安机关应当立即派员前往协作地办理。

**第一百二十条** 需要进行远程视频询问、处罚前告知的，应当由协作地公安机关事先核实被询问、告知人的身份。办案地公安机关应当制作询问、告知笔录并传输至协作地公安机关。询问、告知笔录经被询问、告知人确认并逐页签名或者捺指印后，由协作地公安机关协作人员签名或者盖章，并将原件或者电子签名笔录提供给办案地公安机关。办案地公安机关负责询问、告知的人民警察应当在首页注明收到日期，并签名或者盖章。询问、告知过程应当全程录音录像。

**第一百二十一条** 办案地公安机关可以委托异地公安机关代为询问、向有关单位和个人调取电子数据、接收自行书写材料、进行辨认、履行处罚前告知程序、送达法律文书等工作。

委托代为询问、辨认、处罚前告知的，办案地公安机关应当列出明确具体的询问、辨认、告知提纲，提供被辨认对象的照片和陪衬照片。

委托代为向有关单位和个人调取电子数据的，办案地公安机关应当将办案协作函件和相关法律文书传真或者通过执法办案信息系统发送至协作地公安机关，由协作地公安机关办案部门审核确认后办理。

**第一百二十二条** 协作地公安机关依照办案地公安机关的要求，依法履行办案协作职责所产生的法律责任，由办案地公安机关承担。

# 第八章 听证程序

## 第一节 一般规定

**第一百二十三条** 在作出下列行政处罚决定之前,应当告知违法嫌疑人有要求举行听证的权利:

(一)责令停产停业;

(二)吊销许可证或者执照;

(三)较大数额罚款;

(四)法律、法规和规章规定违法嫌疑人可以要求举行听证的其他情形。

前款第三项所称"较大数额罚款",是指对个人处以二千元以上罚款,对单位处以一万元以上罚款,对违反边防出境入境管理法律、法规和规章的个人处以六千元以上罚款。对依据地方性法规或者地方政府规章作出的罚款处罚,适用听证的罚款数额按照地方规定执行。

**第一百二十四条** 听证由公安机关法制部门组织实施。

依法具有独立执法主体资格的公安机关业务部门以及出入境边防检查站依法作出行政处罚决定的,由其非本案调查人员组织听证。

**第一百二十五条** 公安机关不得因违法嫌疑人提出听证要求而加重处罚。

**第一百二十六条** 听证人员应当就行政案件的事实、证据、程序、适用法律等方面全面听取当事人陈述和申辩。

## 第二节 听证人员和听证参加人

**第一百二十七条** 听证设听证主持人一名,负责组织听证;记录员一名,负责制作听证笔录。必要时,可以设听证员一至二名,协助听证主持人进行听证。

本案调查人员不得担任听证主持人、听证员或者记录员。

**第一百二十八条** 听证主持人决定或者开展下列事项：

（一）举行听证的时间、地点；

（二）听证是否公开举行；

（三）要求听证参加人到场参加听证，提供或者补充证据；

（四）听证的延期、中止或者终止；

（五）主持听证，就案件的事实、理由、证据、程序、适用法律等组织质证和辩论；

（六）维持听证秩序，对违反听证纪律的行为予以制止；

（七）听证员、记录员的回避；

（八）其他有关事项。

**第一百二十九条** 听证参加人包括：

（一）当事人及其代理人；

（二）本案办案人民警察；

（三）证人、鉴定人、翻译人员；

（四）其他有关人员。

**第一百三十条** 当事人在听证活动中享有下列权利：

（一）申请回避；

（二）委托一至二人代理参加听证；

（三）进行陈述、申辩和质证；

（四）核对、补正听证笔录；

（五）依法享有的其他权利。

**第一百三十一条** 与听证案件处理结果有直接利害关系的其他公民、法人或者其他组织，作为第三人申请参加听证的，应当允许。为查明案情，必要时，听证主持人也可以通知其参加听证。

## 第三节 听证的告知、申请和受理

**第一百三十二条** 对适用听证程序的行政案件，办案部门在提出处罚意见后，应当告知违法嫌疑人拟作出的行政处罚和有要求举行听证的权利。

第一百三十三条 违法嫌疑人要求听证的,应当在公安机关告知后三日内提出申请。

第一百三十四条 违法嫌疑人放弃听证或者撤回听证要求后,处罚决定作出前,又提出听证要求的,只要在听证申请有效期限内,应当允许。

第一百三十五条 公安机关收到听证申请后,应当在二日内决定是否受理。认为听证申请人的要求不符合听证条件,决定不予受理的,应当制作不予受理听证通知书,告知听证申请人。逾期不通知听证申请人的,视为受理。

第一百三十六条 公安机关受理听证后,应当在举行听证的七日前将举行听证通知书送达听证申请人,并将举行听证的时间、地点通知其他听证参加人。

### 第四节 听证的举行

第一百三十七条 听证应当在公安机关收到听证申请之日起十日内举行。

除涉及国家秘密、商业秘密、个人隐私的行政案件外,听证应当公开举行。

第一百三十八条 听证申请人不能按期参加听证的,可以申请延期,是否准许,由听证主持人决定。

第一百三十九条 二个以上违法嫌疑人分别对同一行政案件提出听证要求的,可以合并举行。

第一百四十条 同一行政案件中有二个以上违法嫌疑人,其中部分违法嫌疑人提出听证申请的,应当在听证举行后一并作出处理决定。

第一百四十一条 听证开始时,听证主持人核对听证参加人;宣布案由;宣布听证员、记录员和翻译人员名单;告知当事人在听证中的权利和义务;询问当事人是否提出回避申请;对不公开听证的行政案件,宣布不公开听证的理由。

第一百四十二条 听证开始后,首先由办案人民警察提出听证申请人违法的事实、证据和法律依据及行政处罚意见。

**第一百四十三条** 办案人民警察提出证据时，应当向听证会出示。对证人证言、鉴定意见、勘验笔录和其他作为证据的文书，应当当场宣读。

**第一百四十四条** 听证申请人可以就办案人民警察提出的违法事实、证据和法律依据以及行政处罚意见进行陈述、申辩和质证，并可以提出新的证据。

第三人可以陈述事实，提出新的证据。

**第一百四十五条** 听证过程中，当事人及其代理人有权申请通知新的证人到会作证，调取新的证据。对上述申请，听证主持人应当当场作出是否同意的决定；申请重新鉴定的，按照本规定第七章第五节有关规定办理。

**第一百四十六条** 听证申请人、第三人和办案人民警察可以围绕案件的事实、证据、程序、适用法律、处罚种类和幅度等问题进行辩论。

**第一百四十七条** 辩论结束后，听证主持人应当听取听证申请人、第三人、办案人民警察各方最后陈述意见。

**第一百四十八条** 听证过程中，遇有下列情形之一，听证主持人可以中止听证：

（一）需要通知新的证人到会、调取新的证据或者需要重新鉴定或者勘验的；

（二）因回避致使听证不能继续进行的；

（三）其他需要中止听证的。

中止听证的情形消除后，听证主持人应当及时恢复听证。

**第一百四十九条** 听证过程中，遇有下列情形之一，应当终止听证：

（一）听证申请人撤回听证申请的；

（二）听证申请人及其代理人无正当理由拒不出席或者未经听证主持人许可中途退出听证的；

（三）听证申请人死亡或者作为听证申请人的法人或者其他组织被撤销、解散的；

（四）听证过程中，听证申请人或者其代理人扰乱听证秩序，不听劝阻，致使听证无法正常进行的；

（五）其他需要终止听证的。

**第一百五十条** 听证参加人和旁听人员应当遵守听证会场纪律。对违反听证会场纪律的，听证主持人应当警告制止；对不听制止，干扰听证正常进行的旁听人员，责令其退场。

**第一百五十一条** 记录员应当将举行听证的情况记入听证笔录。听证笔录应当载明下列内容：

（一）案由；

（二）听证的时间、地点和方式；

（三）听证人员和听证参加人的身份情况；

（四）办案人民警察陈述的事实、证据和法律依据以及行政处罚意见；

（五）听证申请人或者其代理人的陈述和申辩；

（六）第三人陈述的事实和理由；

（七）办案人民警察、听证申请人或者其代理人、第三人质证、辩论的内容；

（八）证人陈述的事实；

（九）听证申请人、第三人、办案人民警察的最后陈述意见；

（十）其他事项。

**第一百五十二条** 听证笔录应当交听证申请人阅读或者向其宣读。听证笔录中的证人陈述部分，应当交证人阅读或者向其宣读。听证申请人或者证人认为听证笔录有误的，可以请求补充或者改正。听证申请人或者证人审核无误后签名或者捺指印。听证申请人或者证人拒绝的，由记录员在听证笔录中记明情况。

听证笔录经听证主持人审阅后，由听证主持人、听证员和记录员签名。

**第一百五十三条** 听证结束后,听证主持人应当写出听证报告书,连同听证笔录一并报送公安机关负责人。

听证报告书应当包括下列内容:

(一)案由;

(二)听证人员和听证参加人的基本情况;

(三)听证的时间、地点和方式;

(四)听证会的基本情况;

(五)案件事实;

(六)处理意见和建议。

## 第九章 行政处理决定

### 第一节 行政处罚的适用

**第一百五十四条** 违反治安管理行为在六个月内没有被公安机关发现,其他违法行为在二年内没有被公安机关发现的,不再给予行政处罚。

前款规定的期限,从违法行为发生之日起计算,违法行为有连续、继续或者持续状态的,从行为终了之日起计算。

被侵害人在违法行为追究时效内向公安机关控告,公安机关应当受理而不受理的,不受本条第一款追究时效的限制。

**第一百五十五条** 实施行政处罚时,应当责令违法行为人当场或者限期改正违法行为。

**第一百五十六条** 对违法行为人的同一个违法行为,不得给予两次以上罚款的行政处罚。

**第一百五十七条** 不满十四周岁的人有违法行为的,不予行政处罚,但是应当责令其监护人严加管教,并在不予行政处罚决定书中载明。已满十四周岁不满十八周岁的人有违法行为的,从轻或者减轻行政处罚。

**第一百五十八条** 精神病人在不能辨认或者不能控制自己行为时

有违法行为的，不予行政处罚，但应当责令其监护人严加看管和治疗，并在不予行政处罚决定书中载明。间歇性精神病人在精神正常时有违法行为的，应当给予行政处罚。尚未完全丧失辨认或者控制自己行为能力的精神病人有违法行为的，应当予以行政处罚，但可以从轻或者减轻行政处罚。

**第一百五十九条** 违法行为人有下列情形之一的，应当从轻、减轻处罚或者不予行政处罚：

（一）主动消除或者减轻违法行为危害后果，并取得被侵害人谅解的；

（二）受他人胁迫或者诱骗的；

（三）有立功表现的；

（四）主动投案，向公安机关如实陈述自己的违法行为的；

（五）其他依法应当从轻、减轻或者不予行政处罚的。

违法行为轻微并及时纠正，没有造成危害后果的，不予行政处罚。

盲人或者又聋又哑的人违反治安管理的，可以从轻、减轻或者不予行政处罚；醉酒的人违反治安管理的，应当给予处罚。

**第一百六十条** 违法行为人有下列情形之一的，应当从重处罚：

（一）有较严重后果的；

（二）教唆、胁迫、诱骗他人实施违法行为的；

（三）对报案人、控告人、举报人、证人等打击报复的；

（四）六个月内曾受过治安管理处罚或者一年内因同类违法行为受到两次以上公安行政处罚的；

（五）刑罚执行完毕三年内，或者在缓刑期间，违反治安管理的。

**第一百六十一条** 一人有两种以上违法行为的，分别决定，合并执行，可以制作一份决定书，分别写明对每种违法行为的处理内容和合并执行的内容。

一个案件有多个违法行为人的，分别决定，可以制作一式多份决定书，写明给予每个人的处理决定，分别送达每一个违法行为人。

**第一百六十二条** 行政拘留处罚合并执行的，最长不超过二十日。

行政拘留处罚执行完毕前，发现违法行为人有其他违法行为，公安机关依法作出行政拘留决定的，与正在执行的行政拘留合并执行。

**第一百六十三条** 对决定给予行政拘留处罚的人，在处罚前因同一行为已经被采取强制措施限制人身自由的时间应当折抵。限制人身自由一日，折抵执行行政拘留一日。询问查证、继续盘问和采取约束措施的时间不予折抵。

被采取强制措施限制人身自由的时间超过决定的行政拘留期限的，行政拘留决定不再执行。

**第一百六十四条** 违法行为人具有下列情形之一，依法应当给予行政拘留处罚的，应当作出处罚决定，但不送拘留所执行：

（一）已满十四周岁不满十六周岁的；

（二）已满十六周岁不满十八周岁，初次违反治安管理或者其他公安行政管理的。但是，曾被收容教养、被行政拘留依法不执行行政拘留或者曾因实施扰乱公共秩序，妨害公共安全，侵犯人身权利、财产权利，妨害社会管理的行为被人民法院判决有罪的除外；

（三）七十周岁以上的；

（四）孕妇或者正在哺乳自己婴儿的妇女。

## 第二节 行政处理的决定

**第一百六十五条** 公安机关办理治安案件的期限，自受理之日起不得超过三十日；案情重大、复杂的，经上一级公安机关批准，可以延长三十日。办理其他行政案件，有法定办案期限的，按照相关法律规定办理。

为了查明案情进行鉴定的期间，不计入办案期限。

对因违反治安管理行为人不明或者逃跑等客观原因造成案件在法定期限内无法作出行政处理决定的，公安机关应当继续进行调查取证，并向被侵害人说明情况，及时依法作出处理决定。

**第一百六十六条** 违法嫌疑人不讲真实姓名、住址，身份不明，但只要违法事实清楚、证据确实充分的，可以按其自报的姓名并贴附照片作出处理决定，并在相关法律文书中注明。

**第一百六十七条** 在作出行政处罚决定前，应当告知违法嫌疑人拟作出行政处罚决定的事实、理由及依据，并告知违法嫌疑人依法享有陈述权和申辩权。单位违法的，应当告知其法定代表人、主要负责人或者其授权的人员。

适用一般程序作出行政处罚决定的，采用书面形式或者笔录形式告知。

依照本规定第一百七十二条第一款第三项作出不予行政处罚决定的，可以不履行本条第一款规定的告知程序。

**第一百六十八条** 对违法行为事实清楚，证据确实充分，依法应当予以行政处罚，因违法行为人逃跑等原因无法履行告知义务的，公安机关可以采取公告方式予以告知。自公告之日起七日内，违法嫌疑人未提出申辩的，可以依法作出行政处罚决定。

**第一百六十九条** 违法嫌疑人有权进行陈述和申辩。对违法嫌疑人提出的新的事实、理由和证据，公安机关应当进行复核。

公安机关不得因违法嫌疑人申辩而加重处罚。

**第一百七十条** 对行政案件进行审核、审批时，应当审查下列内容：

（一）违法嫌疑人的基本情况；

（二）案件事实是否清楚，证据是否确实充分；

（三）案件定性是否准确；

（四）适用法律、法规和规章是否正确；

（五）办案程序是否合法；

（六）拟作出的处理决定是否适当。

**第一百七十一条** 法制员或者办案部门指定的人员、办案部门负责人、法制部门的人员可以作为行政案件审核人员。

初次从事行政处罚决定审核的人员，应当通过国家统一法律职业资格考试取得法律职业资格。

**第一百七十二条** 公安机关根据行政案件的不同情况分别作出下列处理决定：

（一）确有违法行为，应当给予行政处罚的，根据其情节和危害后果的轻重，作出行政处罚决定；

（二）确有违法行为，但有依法不予行政处罚情形的，作出不予行政处罚决定；有违法所得和非法财物、违禁品、管制器具的，应当予以追缴或者收缴；

（三）违法事实不能成立的，作出不予行政处罚决定；

（四）对需要给予社区戒毒、强制隔离戒毒、收容教养等处理的，依法作出决定；

（五）违法行为涉嫌构成犯罪的，转为刑事案件办理或者移送有权处理的主管机关、部门办理，无需撤销行政案件。公安机关已经作出行政处理决定的，应当附卷；

（六）发现违法行为人有其他违法行为的，在依法作出行政处理决定的同时，通知有关行政主管部门处理。

对已经依照前款第三项作出不予行政处罚决定的案件，又发现新的证据的，应当依法及时调查；违法行为能够认定的，依法重新作出处理决定，并撤销原不予行政处罚决定。

治安案件有被侵害人的，公安机关应当在作出不予行政处罚或者处罚决定之日起二日内将决定书复印件送达被侵害人。无法送达的，应当注明。

**第一百七十三条** 行政拘留处罚由县级以上公安机关或者出入境边防检查机关决定。依法应当对违法行为人予以行政拘留的，公安派出所、依法具有独立执法主体资格的公安机关业务部门应当报其所属的县级以上公安机关决定。

**第一百七十四条** 对县级以上的各级人民代表大会代表予以行政拘留的，作出处罚决定前应当经该级人民代表大会主席团或者人民代表大会常务委员会许可。

对乡、民族乡、镇的人民代表大会代表予以行政拘留的，作出决定的公安机关应当立即报告乡、民族乡、镇的人民代表大会。

**第一百七十五条** 作出行政处罚决定的，应当制作行政处罚决定书。决定书应当载明下列内容：

（一）被处罚人的姓名、性别、出生日期、身份证件种类及号码、户籍所在地、现住址、工作单位、违法经历以及被处罚单位的名称、地址和法定代表人；

（二）违法事实和证据以及从重、从轻、减轻等情节；

（三）处罚的种类、幅度和法律依据；

（四）处罚的执行方式和期限；

（五）对涉案财物的处理结果及对被处罚人的其他处理情况；

（六）对处罚决定不服，申请行政复议、提起行政诉讼的途径和期限；

（七）作出决定的公安机关的名称、印章和日期。

作出罚款处罚的，行政处罚决定书应当载明逾期不缴纳罚款依法加处罚款的标准和最高限额；对涉案财物作出处理的，行政处罚决定书应当附没收、收缴、追缴物品清单。

**第一百七十六条** 作出行政拘留处罚决定的，应当及时将处罚情况和执行场所或者依法不执行的情况通知被处罚人家属。

作出社区戒毒决定的，应当通知被决定人户籍所在地或者现居住地的城市街道办事处、乡镇人民政府。作出强制隔离戒毒、收容教养决定的，应当在法定期限内通知被决定人的家属、所在单位、户籍所在地公安派出所。

被处理人拒不提供家属联系方式或者不讲真实姓名、住址，身份不明的，可以不予通知，但应当在附卷的决定书中注明。

**第一百七十七条** 公安机关办理的刑事案件，尚不够刑事处罚，依法应当给予公安行政处理的，经县级以上公安机关负责人批准，依照本章规定作出处理决定。

# 第十章 治安调解

**第一百七十八条** 对于因民间纠纷引起的殴打他人、故意伤害、侮辱、诽谤、诬告陷害、故意损毁财物、干扰他人正常生活、侵犯隐私、非法侵入住宅等违反治安管理行为，情节较轻，且具有下列情形之一的，可以调解处理：

（一）亲友、邻里、同事、在校学生之间因琐事发生纠纷引起的；

（二）行为人的侵害行为系由被侵害人事前的过错行为引起的；

（三）其他适用调解处理更易化解矛盾的。

对不构成违反治安管理行为的民间纠纷，应当告知当事人向人民法院或者人民调解组织申请处理。

对情节轻微、事实清楚、因果关系明确，不涉及医疗费用、物品损失或者双方当事人对医疗费用和物品损失的赔付无争议，符合治安调解条件，双方当事人同意当场调解并当场履行的治安案件，可以当场调解，并制作调解协议书。当事人基本情况、主要违法事实和协议内容在现场录音录像中明确记录的，不再制作调解协议书。

**第一百七十九条** 具有下列情形之一的，不适用调解处理：

（一）雇凶伤害他人的；

（二）结伙斗殴或者其他寻衅滋事的；

（三）多次实施违反治安管理行为的；

（四）当事人明确表示不愿意调解处理的；

（五）当事人在治安调解过程中又针对对方实施违反治安管理行为的；

（六）调解过程中，违法嫌疑人逃跑的；

（七）其他不宜调解处理的。

**第一百八十条** 调解处理案件，应当查明事实，收集证据，并遵循合法、公正、自愿、及时的原则，注重教育和疏导，化解矛盾。

**第一百八十一条** 当事人中有未成年人的，调解时应当通知其父母或其他监护人到场。但是，当事人为年满十六周岁以上的未成年人，以自己的劳动收入为主要生活来源，本人同意不通知的，可以不通知。

被侵害人委托其他人参加调解的，应当向公安机关提交委托书，并写明委托权限。违法嫌疑人不得委托他人参加调解。

**第一百八十二条** 对因邻里纠纷引起的治安案件进行调解时，可以邀请当事人居住地的居（村）民委员会的人员或者双方当事人熟悉的人员参加帮助调解。

**第一百八十三条** 调解一般为一次。对一次调解不成，公安机关认为有必要或者当事人申请的，可以再次调解，并应当在第一次调解后的七个工作日内完成。

**第一百八十四条** 调解达成协议的，在公安机关主持下制作调解协议书，双方当事人应当在调解协议书上签名，并履行调解协议。

调解协议书应当包括调解机关名称、主持人、双方当事人和其他在场人员的基本情况，案件发生时间、地点、人员、起因、经过、情节、结果等情况、协议内容、履行期限和方式等内容。

对调解达成协议的，应当保存案件证据材料，与其他文书材料和调解协议书一并归入案卷。

**第一百八十五条** 调解达成协议并履行的，公安机关不再处罚。对调解未达成协议或者达成协议后不履行的，应当对违反治安管理行为人依法予以处罚；对违法行为造成的损害赔偿纠纷，公安机关可以进行调解，调解不成的，应当告知当事人向人民法院提起民事诉讼。

调解案件的办案期限从调解未达成协议或者调解达成协议不履行之日起开始计算。

**第一百八十六条** 对符合本规定第一百七十八条规定的治安案件，当事人申请人民调解或者自行和解，达成协议并履行后，双方当事人书面申请并经公安机关认可的，公安机关不予治安管理处罚，但公安机关已依法作出处理决定的除外。

## 第十一章　涉案财物的管理和处理

**第一百八十七条** 对于依法扣押、扣留、查封、抽样取证、追缴、收缴的财物以及由公安机关负责保管的先行登记保存的财物，公安机关应当妥善保管，不得使用、挪用、调换或者损毁。造成损失的，应当承担赔偿责任。

涉案财物的保管费用由作出决定的公安机关承担。

第一百八十八条 县级以上公安机关应当指定一个内设部门作为涉案财物管理部门，负责对涉案财物实行统一管理，并设立或者指定专门保管场所，对涉案财物进行集中保管。涉案财物集中保管的范围，由地方公安机关根据本地区实际情况确定。

对价值较低、易于保管，或者需要作为证据继续使用，以及需要先行返还被侵害人的涉案财物，可以由办案部门设置专门的场所进行保管。办案部门应当指定不承担办案工作的民警负责本部门涉案财物的接收、保管、移交等管理工作；严禁由办案人员自行保管涉案财物。

对查封的场所、设施、财物，可以委托第三人保管，第三人不得损毁或者擅自转移、处置。因第三人的原因造成的损失，公安机关先行赔付后，有权向第三人追偿。

第一百八十九条 公安机关涉案财物管理部门和办案部门应当建立电子台账，对涉案财物逐一编号登记，载明案由、来源、保管状态、场所和去向。

第一百九十条 办案人民警察应当在依法提取涉案财物后的二十四小时内将财物移交涉案财物管理人员，并办理移交手续。对查封、冻结、先行登记保存的涉案财物，应当在采取措施后的二十四小时内，将法律文书复印件及涉案财物的情况送交涉案财物管理人员予以登记。

在异地或者在偏远、交通不便地区提取涉案财物的，办案人民警察应当在返回单位后的二十四小时内移交。

对情况紧急，需要在提取涉案财物后的二十四小时内进行鉴定、辨认、检验、检查等工作的，经办案部门负责人批准，可以在完成上述工作后的二十四小时内移交。

在提取涉案财物后的二十四小时内已将涉案财物处理完毕的，不再移交，但应当将处理涉案财物的相关手续附卷保存。

因询问、鉴定、辨认、检验、检查等办案需要，经办案部门负责人批准，办案人民警察可以调用涉案财物，并及时归还。

第一百九十一条 对容易腐烂变质及其他不易保管的物品、危险物品，经公安机关负责人批准，在拍照或者录像后依法变卖或者拍卖，变卖或者拍卖的价款暂予保存，待结案后按有关规定处理。

对易燃、易爆、毒害性、放射性等危险物品应当存放在符合危险物品存放条件的专门场所。

对属于被侵害人或者善意第三人合法占有的财物，应当在登记、拍照或者录像、估价后及时返还，并在案卷中注明返还的理由，将原物照片、清单和领取手续存卷备查。

对不宜入卷的物证，应当拍照入卷，原物在结案后按照有关规定处理。

**第一百九十二条** 有关违法行为查证属实后，对有证据证明权属明确且无争议的被侵害人合法财物及其孳息，凡返还不损害其他被侵害人或者利害关系人的利益，不影响案件正常办理的，应当在登记、拍照或者录像和估价后，及时发还被侵害人。办案人民警察应当在案卷材料中注明返还的理由，并将原物照片、清单和被侵害人的领取手续附卷。

**第一百九十三条** 在作出行政处理决定时，应当对涉案财物一并作出处理。

**第一百九十四条** 对在办理行政案件中查获的下列物品应当依法收缴：

（一）毒品、淫秽物品等违禁品；

（二）赌具和赌资；

（三）吸食、注射毒品的用具；

（四）伪造、变造的公文、证件、证明文件、票证、印章等；

（五）倒卖的车船票、文艺演出票、体育比赛入场券等有价票证；

（六）主要用于实施违法行为的本人所有的工具以及直接用于实施毒品违法行为的资金；

（七）法律、法规规定可以收缴的其他非法财物。

前款第六项所列的工具，除非有证据表明属于他人合法所有，可以直接认定为违法行为人本人所有。对明显无价值的，可以不作出收缴决定，但应当在证据保全文书中注明处理情况。

违法所得应当依法予以追缴或者没收。

多名违法行为人共同实施违法行为，违法所得或者非法财物无法分清所有人的，作为共同违法所得或者非法财物予以处理。

**第一百九十五条** 收缴由县级以上公安机关决定。但是，违禁品、管制器具、吸食、注射毒品的用具以及非法财物价值在五百元以下且当事人对财物价值无异议的，公安派出所可以收缴。

追缴由县级以上公安机关决定。但是，追缴的财物应当退还被侵害人的，公安派出所可以追缴。

**第一百九十六条** 对收缴和追缴的财物，经原决定机关负责人批准，按照下列规定分别处理：

（一）属于被侵害人或者善意第三人的合法财物，应当及时返还；

（二）没有被侵害人的，登记造册，按照规定上缴国库或者依法变卖、拍卖后，将所得款项上缴国库；

（三）违禁品、没有价值的物品，或者价值轻微，无法变卖、拍卖的物品，统一登记造册后销毁；

（四）对无法变卖或者拍卖的危险物品，由县级以上公安机关主管部门组织销毁或者交有关厂家回收。

**第一百九十七条** 对应当退还原主或者当事人的财物，通知原主或者当事人在六个月内来领取；原主不明确的，应当采取公告方式告知原主认领。在通知原主、当事人或者公告后六个月内，无人认领的，按无主财物处理，登记后上缴国库，或者依法变卖或者拍卖后，将所得款项上缴国库。遇有特殊情况的，可酌情延期处理，延长期限最长不超过三个月。

## 第十二章 执　　行

### 第一节　一般规定

**第一百九十八条** 公安机关依法作出行政处理决定后，被处理人应当在行政处理决定的期限内予以履行。逾期不履行的，作出行政处理决定的公安机关可以依法强制执行或者申请人民法院强制执行。

**第一百九十九条** 被处理人对行政处理决定不服申请行政复议或者提起行政诉讼的，行政处理决定不停止执行，但法律另有规定的除外。

**第二百条** 公安机关在依法作出强制执行决定或者申请人民法院强制执行前，应当事先催告被处理人履行行政处理决定。催告以书面形式作出，并直接送达被处理人。被处理人拒绝接受或者无法直接送达被处理人的，依照本规定第五章的有关规定送达。

催告书应当载明下列事项：

（一）履行行政处理决定的期限和方式；

（二）涉及金钱给付的，应当有明确的金额和给付方式；

（三）被处理人依法享有的陈述权和申辩权。

**第二百零一条** 被处理人收到催告书后有权进行陈述和申辩。公安机关应当充分听取并记录、复核。被处理人提出的事实、理由或者证据成立的，公安机关应当采纳。

**第二百零二条** 经催告，被处理人无正当理由逾期仍不履行行政处理决定，法律规定由公安机关强制执行的，公安机关可以依法作出强制执行决定。

在催告期间，对有证据证明有转移或者隐匿财物迹象的，公安机关可以作出立即强制执行决定。

强制执行决定应当以书面形式作出，并载明下列事项：

（一）被处理人的姓名或者名称、地址；

（二）强制执行的理由和依据；

（三）强制执行的方式和时间；

（四）申请行政复议或者提起行政诉讼的途径和期限；

（五）作出决定的公安机关名称、印章和日期。

**第二百零三条** 依法作出要求被处理人履行排除妨碍、恢复原状等义务的行政处理决定，被处理人逾期不履行，经催告仍不履行，其后果已经或者将危害交通安全的,公安机关可以代履行,或者委托没有利害关系的第三人代履行。

代履行应当遵守下列规定:

(一)代履行前送达决定书,代履行决定书应当载明当事人的姓名或者名称、地址,代履行的理由和依据、方式和时间、标的、费用预算及代履行人;

(二)代履行三日前,催告当事人履行,当事人履行的,停止代履行;

(三)代履行时,作出决定的公安机关应当派员到场监督;

(四)代履行完毕,公安机关到场监督人员、代履行人和当事人或者见证人应当在执行文书上签名或者盖章。

代履行的费用由当事人承担。但是,法律另有规定的除外。

第二百零四条 需要立即清理道路的障碍物,当事人不能清除的,或者有其他紧急情况需要立即履行的,公安机关可以决定立即实施代履行。当事人不在场的,公安机关应当在事后立即通知当事人,并依法作出处理。

第二百零五条 实施行政强制执行,公安机关可以在不损害公共利益和他人合法权益的情况下,与当事人达成执行协议。执行协议可以约定分阶段履行;当事人采取补救措施的,可以减免加处的罚款。

执行协议应当履行。被处罚人不履行执行协议的,公安机关应当恢复强制执行。

第二百零六条 当事人在法定期限内不申请行政复议或者提起行政诉讼,又不履行行政处理决定的,法律没有规定公安机关强制执行的,作出行政处理决定的公安机关可以自期限届满之日起三个月内,向所在地有管辖权的人民法院申请强制执行。因情况紧急,为保障公共安全,公安机关可以申请人民法院立即执行。

强制执行的费用由被执行人承担。

第二百零七条 申请人民法院强制执行前,公安机关应当催告被处理人履行义务,催告书送达十日后被处理人仍未履行义务的,公安机关可以向人民法院申请强制执行。

**第二百零八条** 公安机关向人民法院申请强制执行，应当提供下列材料：

（一）强制执行申请书；

（二）行政处理决定书及作出决定的事实、理由和依据；

（三）当事人的意见及公安机关催告情况；

（四）申请强制执行标的情况；

（五）法律、法规规定的其他材料。

强制执行申请书应当由作出处理决定的公安机关负责人签名，加盖公安机关印章，并注明日期。

**第二百零九条** 公安机关对人民法院不予受理强制执行申请、不予强制执行的裁定有异议的，可以在十五日内向上一级人民法院申请复议。

**第二百一十条** 具有下列情形之一的，中止强制执行：

（一）当事人暂无履行能力的；

（二）第三人对执行标的主张权利，确有理由的；

（三）执行可能对他人或者公共利益造成难以弥补的重大损失的；

（四）其他需要中止执行的。

中止执行的情形消失后，公安机关应当恢复执行。对没有明显社会危害，当事人确无能力履行，中止执行满三年未恢复执行的，不再执行。

**第二百一十一条** 具有下列情形之一的，终结强制执行：

（一）公民死亡，无遗产可供执行，又无义务承受人的；

（二）法人或者其他组织终止，无财产可供执行，又无义务承受人的；

（三）执行标的灭失的；

（四）据以执行的行政处理决定被撤销的；

（五）其他需要终结执行的。

**第二百一十二条** 在执行中或者执行完毕后，据以执行的行政处理决定被撤销、变更，或者执行错误，应当恢复原状或者退还财物；不能恢复原状或者退还财物的，依法给予赔偿。

**第二百一十三条** 除依法应当销毁的物品外，公安机关依法没收或者收缴、追缴的违法所得和非法财物，必须按照国家有关规定处理或者上缴国库。

罚款、没收或者收缴的违法所得和非法财物拍卖或者变卖的款项和没收的保证金，必须全部上缴国库，不得以任何形式截留、私分或者变相私分。

### 第二节　罚款的执行

**第二百一十四条** 公安机关作出罚款决定，被处罚人应当自收到行政处罚决定书之日起十五日内，到指定的银行缴纳罚款。具有下列情形之一的，公安机关及其办案人民警察可以当场收缴罚款，法律另有规定的，从其规定：

（一）对违反治安管理行为人处五十元以下罚款和对违反交通管理的行人、乘车人和非机动车驾驶人处罚款，被处罚人没有异议的；

（二）对违反治安管理、交通管理以外的违法行为人当场处二十元以下罚款的；

（三）在边远、水上、交通不便地区、旅客列车上或者口岸，被处罚人向指定银行缴纳罚款确有困难，经被处罚人提出的；

（四）被处罚人在当地没有固定住所，不当场收缴事后难以执行的。

对具有前款第一项和第三项情形之一的，办案人民警察应当要求被处罚人签名确认。

**第二百一十五条** 公安机关及其人民警察当场收缴罚款的，应当出具省级或者国家财政部门统一制发的罚款收据。对不出具省级或者国家财政部门统一制发的罚款收据的，被处罚人有权拒绝缴纳罚款。

**第二百一十六条** 人民警察应当自收缴罚款之日起二日内，将当场收缴的罚款交至其所属公安机关；在水上当场收缴的罚款，应当自抵岸之日起二日内将当场收缴的罚款交至其所属公安机关；在旅客列车上当场收缴的罚款，应当自返回之日起二日内将当场收缴的罚款交至其所属公安机关。

公安机关应当自收到罚款之日起二日内将罚款缴付指定的银行。

**第二百一十七条** 被处罚人确有经济困难，经被处罚人申请和作出处罚决定的公安机关批准，可以暂缓或者分期缴纳罚款。

**第二百一十八条** 被处罚人未在本规定第二百一十四条规定的期限内缴纳罚款的，作出行政处罚决定的公安机关可以采取下列措施：

（一）将依法查封、扣押的被处罚人的财物拍卖或者变卖抵缴罚款。拍卖或者变卖的价款超过罚款数额的，余额部分应当及时退还被处罚人；

（二）不能采取第一项措施的，每日按罚款数额的百分之三加处罚款，加处罚款总额不得超出罚款数额。

拍卖财物，由公安机关委托拍卖机构依法办理。

**第二百一十九条** 依法加处罚款超过三十日，经催告被处罚人仍不履行的，作出行政处罚决定的公安机关可以按照本规定第二百零六条的规定向所在地有管辖权的人民法院申请强制执行。

## 第三节 行政拘留的执行

**第二百二十条** 对被决定行政拘留的人，由作出决定的公安机关送达拘留所执行。对抗拒执行的，可以使用约束性警械。

对被决定行政拘留的人，在异地被抓获或者具有其他有必要在异地拘留所执行情形的，经异地拘留所主管公安机关批准，可以在异地执行。

**第二百二十一条** 对同时被决定行政拘留和社区戒毒或者强制隔离戒毒的人员，应当先执行行政拘留，由拘留所给予必要的戒毒治疗，强制隔离戒毒期限连续计算。

拘留所不具备戒毒治疗条件的，行政拘留决定机关可以直接将被行政拘留人送公安机关管理的强制隔离戒毒所代为执行行政拘留，强制隔离戒毒期限连续计算。

第二百二十二条　被处罚人不服行政拘留处罚决定，申请行政复议或者提起行政诉讼的，可以向作出行政拘留决定的公安机关提出暂缓执行行政拘留的申请；口头提出申请的，公安机关人民警察应当予以记录，并由申请人签名或者捺指印。

被处罚人在行政拘留执行期间，提出暂缓执行行政拘留申请的，拘留所应当立即将申请转交作出行政拘留决定的公安机关。

第二百二十三条　公安机关应当在收到被处罚人提出暂缓执行行政拘留申请之时起二十四小时内作出决定。

公安机关认为暂缓执行行政拘留不致发生社会危险，且被处罚人或者其近亲属提出符合条件的担保人，或者按每日行政拘留二百元的标准交纳保证金的，应当作出暂缓执行行政拘留的决定。

对同一被处罚人，不得同时责令其提出保证人和交纳保证金。

被处罚人已送达拘留所执行的，公安机关应当立即将暂缓执行行政拘留决定送达拘留所，拘留所应当立即释放被处罚人。

第二百二十四条　被处罚人具有下列情形之一的，应当作出不暂缓执行行政拘留的决定，并告知申请人：

（一）暂缓执行行政拘留后可能逃跑的；

（二）有其他违法犯罪嫌疑，正在被调查或者侦查的；

（三）不宜暂缓执行行政拘留的其他情形。

第二百二十五条　行政拘留并处罚款的，罚款不因暂缓执行行政拘留而暂缓执行。

第二百二十六条　在暂缓执行行政拘留期间，被处罚人应当遵守下列规定：

（一）未经决定机关批准不得离开所居住的市、县；

（二）住址、工作单位和联系方式发生变动的，在二十四小时以内向决定机关报告；

（三）在行政复议和行政诉讼中不得干扰证人作证、伪造证据或者串供；

（四）不得逃避、拒绝或者阻碍处罚的执行。

在暂缓执行行政拘留期间，公安机关不得妨碍被处罚人依法行使行政复议和行政诉讼权利。

**第二百二十七条** 暂缓执行行政拘留的担保人应当符合下列条件：

（一）与本案无牵连；

（二）享有政治权利，人身自由未受到限制或者剥夺；

（三）在当地有常住户口和固定住所；

（四）有能力履行担保义务。

**第二百二十八条** 公安机关经过审查认为暂缓执行行政拘留的担保人符合条件的，由担保人出具保证书，并到公安机关将被担保人领回。

**第二百二十九条** 暂缓执行行政拘留的担保人应当履行下列义务：

（一）保证被担保人遵守本规定第二百二十六条的规定；

（二）发现被担保人伪造证据、串供或者逃跑的，及时向公安机关报告。

暂缓执行行政拘留的担保人不履行担保义务，致使被担保人逃避行政拘留处罚执行的，公安机关可以对担保人处以三千元以下罚款，并对被担保人恢复执行行政拘留。

暂缓执行行政拘留的担保人履行了担保义务，但被担保人仍逃避行政拘留处罚执行的，或者被处罚人逃跑后，担保人积极帮助公安机关抓获被处罚人的，可以从轻或者不予行政处罚。

**第二百三十条** 暂缓执行行政拘留的担保人在暂缓执行行政拘留期间，不愿继续担保或者丧失担保条件的，行政拘留的决定机关应当责令被处罚人重新提出担保人或者交纳保证金。不提出担保人又不交纳保证金的，行政拘留的决定机关应当将被处罚人送拘留所执行。

**第二百三十一条** 保证金应当由银行代收。在银行非营业时间，公安机关可以先行收取，并在收到保证金后的三日内存入指定的银行账户。

公安机关应当指定办案部门以外的法制、装备财务等部门负责管理保证金。严禁截留、坐支、挪用或者以其他任何形式侵吞保证金。

**第二百三十二条** 行政拘留处罚被撤销或者开始执行时，公安机关应当将保证金退还交纳人。

被决定行政拘留的人逃避行政拘留处罚执行的，由决定行政拘留的公安机关作出没收或者部分没收保证金的决定，行政拘留的决定机关应当将被处罚人送拘留所执行。

**第二百三十三条** 被处罚人对公安机关没收保证金的决定不服的，可以依法申请行政复议或者提起行政诉讼。

### 第四节 其他处理决定的执行

**第二百三十四条** 作出吊销公安机关发放的许可证或者执照处罚的，应当在被吊销的许可证或者执照上加盖吊销印章后收缴。被处罚人拒不缴销证件的，公安机关可以公告宣布作废。吊销许可证或者执照的机关不是发证机关的，作出决定的机关应当在处罚决定生效后及时通知发证机关。

**第二百三十五条** 作出取缔决定的，可以采取在经营场所张贴公告等方式予以公告，责令被取缔者立即停止经营活动；有违法所得的，依法予以没收或者追缴。拒不停止经营活动的，公安机关可以依法没收或者收缴其专门用于从事非法经营活动的工具、设备。已经取得营业执照的，公安机关应当通知工商行政管理部门依法撤销其营业执照。

**第二百三十六条** 对拒不执行公安机关依法作出的责令停产停业决定的，公安机关可以依法强制执行或者申请人民法院强制执行。

**第二百三十七条** 对被决定强制隔离戒毒、收容教养的人员，由作出决定的公安机关送强制隔离戒毒场所、收容教养场所执行。

对被决定社区戒毒的人员，公安机关应当责令其到户籍所在地接受社区戒毒，在户籍所在地以外的现居住地有固定住所的，可以责令其在现居住地接受社区戒毒。

## 第十三章 涉外行政案件的办理

**第二百三十八条** 办理涉外行政案件，应当维护国家主权和利益，坚持平等互利原则。

**第二百三十九条** 对外国人国籍的确认，以其入境时有效证件上所表明的国籍为准；国籍有疑问或者国籍不明的，由公安机关出入境管理部门协助查明。

对无法查明国籍、身份不明的外国人，按照其自报的国籍或者无国籍人对待。

**第二百四十条** 违法行为人为享有外交特权和豁免权的外国人的，办案公安机关应当将其身份、证件及违法行为等基本情况记录在案，保存有关证据，并尽快将有关情况层报省级公安机关，由省级公安机关商请同级人民政府外事部门通过外交途径处理。

对享有外交特权和豁免权的外国人，不得采取限制人身自由和查封、扣押的强制措施。

**第二百四十一条** 办理涉外行政案件，应当使用中华人民共和国通用的语言文字。对不通晓我国语言文字的，公安机关应当为其提供翻译；当事人通晓我国语言文字，不需要他人翻译的，应当出具书面声明。

经县级以上公安机关负责人批准，外国籍当事人可以自己聘请翻译，翻译费由其个人承担。

**第二百四十二条** 外国人具有下列情形之一，经当场盘问或者继续盘问后不能排除嫌疑，需要作进一步调查的，经县级以上公安机关或者出入境边防检查机关负责人批准，可以拘留审查：

（一）有非法出境入境嫌疑的；

（二）有协助他人非法出境入境嫌疑的；

（三）有非法居留、非法就业嫌疑的；

（四）有危害国家安全和利益，破坏社会公共秩序或者从事其他违法犯罪活动嫌疑的。

实施拘留审查，应当出示拘留审查决定书，并在二十四小时内进行询问。

拘留审查的期限不得超过三十日，案情复杂的，经上一级公安机关或者出入境边防检查机关批准可以延长至六十日。对国籍、身份不明的，拘留审查期限自查清其国籍、身份之日起计算。

**第二百四十三条** 具有下列情形之一的，应当解除拘留审查：

（一）被决定遣送出境、限期出境或者驱逐出境的；

（二）不应当拘留审查的；

（三）被采取限制活动范围措施的；

（四）案件移交其他部门处理的；

（五）其他应当解除拘留审查的。

**第二百四十四条** 外国人具有下列情形之一的，不适用拘留审查，经县级以上公安机关或者出入境边防检查机关负责人批准，可以限制其活动范围：

（一）患有严重疾病的；

（二）怀孕或者哺乳自己婴儿的；

（三）未满十六周岁或者已满七十周岁的；

（四）不宜适用拘留审查的其他情形。

被限制活动范围的外国人，应当按照要求接受审查，未经公安机关批准，不得离开限定的区域。限制活动范围的期限不得超过六十日。对国籍、身份不明的，限制活动范围期限自查清其国籍、身份之日起计算。

**第二百四十五条** 被限制活动范围的外国人应当遵守下列规定：

（一）未经决定机关批准，不得变更生活居所，超出指定的活动区域；

（二）在传唤的时候及时到案；

（三）不得以任何形式干扰证人作证；

（四）不得毁灭、伪造证据或者串供。

**第二百四十六条** 外国人具有下列情形之一的，经县级以上公安机关或者出入境边防检查机关负责人批准，可以遣送出境：

（一）被处限期出境，未在规定期限内离境的；

（二）有不准入境情形的；

（三）非法居留、非法就业的；

（四）违反法律、行政法规需要遣送出境的。

其他境外人员具有前款所列情形之一的，可以依法遣送出境。

被遣送出境的人员，自被遣送出境之日起一至五年内不准入境。

**第二百四十七条** 被遣送出境的外国人可以被遣送至下列国家或者地区：

（一）国籍国；

（二）入境前的居住国或者地区；

（三）出生地国或者地区；

（四）入境前的出境口岸的所属国或者地区；

（五）其他允许被遣送出境的外国人入境的国家或者地区。

**第二百四十八条** 具有下列情形之一的外国人，应当羁押在拘留所或者遣返场所：

（一）被拘留审查的；

（二）被决定遣送出境或者驱逐出境但因天气、交通运输工具班期、当事人健康状况等客观原因或者国籍、身份不明，不能立即执行的。

**第二百四十九条** 外国人对继续盘问、拘留审查、限制活动范围、遣送出境措施不服的，可以依法申请行政复议，该行政复议决定为最终决定。

其他境外人员对遣送出境措施不服，申请行政复议的，适用前款规定。

**第二百五十条** 外国人具有下列情形之一的，经县级以上公安机关或者出入境边防检查机关决定，可以限期出境：

（一）违反治安管理的；

（二）从事与停留居留事由不相符的活动的；

（三）违反中国法律、法规规定，不适宜在中国境内继续停留居留的。

对外国人决定限期出境的，应当规定外国人离境的期限，注销其有效签证或者停留居留证件。限期出境的期限不得超过三十日。

**第二百五十一条** 外国人违反治安管理或者出境入境管理，情节严重，尚不构成犯罪的，承办的公安机关可以层报公安部处以驱逐出境。公安部作出的驱逐出境决定为最终决定，由承办机关宣布并执行。

被驱逐出境的外国人，自被驱逐出境之日起十年内不准入境。

**第二百五十二条** 对外国人处以罚款或者行政拘留并处限期出境或者驱逐出境的，应当于罚款或者行政拘留执行完毕后执行限期出境或者驱逐出境。

**第二百五十三条** 办理涉外行政案件，应当按照国家有关办理涉外案件的规定，严格执行请示报告、内部通报、对外通知等各项制度。

**第二百五十四条** 对外国人作出行政拘留、拘留审查或者其他限制人身自由以及限制活动范围的决定后，决定机关应当在四十八小时内将外国人的姓名、性别、入境时间、护照或者其他身份证件号码、案件发生的时间、地点及有关情况，违法的主要事实，已采取的措施及其法律依据等情况报告省级公安机关；省级公安机关应当在规定期限内，将有关情况通知该外国人所属国家的驻华使馆、领馆，并通报同级人民政府外事部门。当事人要求不通知使馆、领馆，且我国与当事人国籍国未签署双边协议规定必须通知的，可以不通知，但应当由其本人提出书面请求。

**第二百五十五条** 外国人在被行政拘留、拘留审查或者其他限制人身自由以及限制活动范围期间死亡的，有关省级公安机关应当通知该外国人所属国家驻华使馆、领馆，同时报告公安部并通报同级人民政府外事部门。

**第二百五十六条** 外国人在被行政拘留、拘留审查或者其他限制人身自由以及限制活动范围期间，其所属国家驻华外交、领事官员要求探视的，决定机关应当及时安排。该外国人拒绝其所属国家驻华外交、领事官员探视的，公安机关可以不予安排，但应当由其本人出具书面声明。

**第二百五十七条** 办理涉外行政案件，本章未作规定的，适用其他各章的有关规定。

## 第十四章　案件终结

**第二百五十八条** 行政案件具有下列情形之一的，应当予以结案：

（一）作出不予行政处罚决定的；

（二）按照本规定第十章的规定达成调解、和解协议并已履行的；

（三）作出行政处罚等处理决定，且已执行的；

（四）违法行为涉嫌构成犯罪，转为刑事案件办理的；

（五）作出处理决定后，因执行对象灭失、死亡等客观原因导致无法执行或者无需执行的。

**第二百五十九条** 经过调查，发现行政案件具有下列情形之一的，经公安派出所、县级公安机关办案部门或者出入境边防检查机关以上负责人批准，终止调查：

（一）没有违法事实的；

（二）违法行为已过追究时效的；

（三）违法嫌疑人死亡的；

（四）其他需要终止调查的情形。

终止调查时，违法嫌疑人已被采取行政强制措施的，应当立即解除。

**第二百六十条** 对在办理行政案件过程中形成的文书材料，应当按照一案一卷原则建立案卷，并按照有关规定在结案或者终止案件调查后将案卷移交档案部门保管或者自行保管。

**第二百六十一条** 行政案件的案卷应当包括下列内容：

（一）受案登记表或者其他发现案件的记录；

（二）证据材料；

（三）决定文书；

（四）在办理案件中形成的其他法律文书。

**第二百六十二条** 行政案件的法律文书及定性依据材料应当齐全完整，不得损毁、伪造。

## 第十五章 附 则

**第二百六十三条** 省级公安机关应当建立并不断完善统一的执法办案信息系统。

办案部门应当按照有关规定将行政案件的受理、调查取证、采取强制措施、处理等情况以及相关文书材料录入执法办案信息系统，并进行网上审核审批。

公安机关可以使用电子签名、电子指纹捺印技术制作电子笔录等材料，可以使用电子印章制作法律文书。对案件当事人进行电子签名、电子指纹捺印的过程，公安机关应当同步录音录像。

**第二百六十四条** 执行本规定所需要的法律文书式样，由公安部制定。公安部没有制定式样，执法工作中需要的其他法律文书，省级公安机关可以制定式样。

**第二百六十五条** 本规定所称"以上"、"以下"、"内"皆包括本数或者本级。

**第二百六十六条** 本规定自2013年1月1日起施行，依照《中华人民共和国出境入境管理法》新设定的制度自2013年7月1日起施行。2006年8月24日发布的《公安机关办理行政案件程序规定》同时废止。

公安部其他规章对办理行政案件程序有特别规定的，按照特别规定办理；没有特别规定的，按照本规定办理。

# 公安机关治安调解工作规范

(2007年12月8日 公通字〔2007〕81号)

**第一条** 为进一步规范公安机关治安调解工作，最大限度地增加和谐因素，最大限度地减少不和谐因素，化解社会矛盾，促进社会稳定，根据《中华人民共和国治安管理处罚法》和《公安机关办理行政案件程序规定》等规定，制定本规范。

**第二条** 本规范所称治安调解，是指对于因民间纠纷引起的打架斗殴或者损毁他人财物等违反治安管理、情节较轻的治安案件，在公安机关的主持下，以国家法律、法规和规章为依据，在查清事实、分清责任的基础上，劝说、教育并促使双方交换意见，达成协议，对治安案件做出处理的活动。

**第三条** 对于因民间纠纷引起的殴打他人、故意伤害、侮辱、诽谤、诬告陷害、故意损毁财物、干扰他人正常生活、侵犯隐私等违反治安管理行为，情节较轻的，经双方当事人同意，公安机关可以治安调解。

民间纠纷是指公民之间、公民和单位之间，在生活、工作、生产经营等活动中产生的纠纷。对不构成违反治安管理行为的民间纠纷，应当告知当事人向人民法院或者人民调解组织申请处理。

**第四条** 违反治安管理行为有下列情形之一的，不适用治安调解：

（一）雇凶伤害他人的；

（二）结伙斗殴的；

（三）寻衅滋事的；

（四）多次实施违反治安管理行为的；

（五）当事人在治安调解过程中又挑起事端的；

（六）其他不宜治安调解的。

**第五条** 治安调解应当依法进行调查询问,收集证据,在查明事实的基础上实施。

**第六条** 治安调解应当遵循以下原则:

(一)合法原则。治安调解应当按照法律规定的程序进行,双方当事人达成的协议必须符合法律规定。

(二)公正原则。治安调解应当分清责任,实事求是地提出调解意见,不得偏袒一方。

(三)公开原则。治安调解应当公开进行,涉及国家机密、商业秘密或者个人隐私,以及双方当事人都要求不公开的除外。

(四)自愿原则。治安调解应当在当事人双方自愿的基础上进行。达成协议的内容,必须是双方当事人真实意思表示。

(五)及时原则。治安调解应当及时进行,使当事人尽快达成协议,解决纠纷。治安调解不成应当在法定的办案期限内及时依法处罚,不得久拖不决。

(六)教育原则。治安调解应当通过查清事实,讲明道理,指出当事人的错误和违法之处,教育当事人自觉守法并通过合法途径解决纠纷。

**第七条** 被侵害人可以亲自参加治安调解,也可以委托其他人参加治安调解。委托他人参加治安调解的,应当向公安机关提交委托书,并注明委托权限。

**第八条** 公安机关进行治安调解时,可以邀请当地居(村)民委员会的人员或者双方当事人熟悉的人员参加。

当事人中有不满十六周岁未成年人的,调解时应当通知其父母或者其他监护人到场。

**第九条** 治安调解一般为一次,必要时可以增加一次。

对明显不构成轻伤、不需要伤情鉴定以及损毁财物价值不大,不需要进行价值认定的治安案件,应当在受理案件后的 3 个工作日内完成调解;对需要伤情鉴定或者价值认定的治安案件,应当在伤情鉴定文书和价值认定结论出具后的 3 个工作日内完成调解。

对一次调解不成，有必要再次调解的，应当在第一次调解后的7个工作日内完成。

**第十条** 治安调解达成协议的，在公安机关主持下制作《治安调解协议书》（式样附后），双方当事人应当在协议书上签名，并履行协议。

**第十一条** 《治安调解协议书》应当包括以下内容：

（一）治安调解机关名称，主持人、双方当事人和其他在场人员的基本情况；

（二）案件发生时间、地点、人员、起因、经过、情节、结果等情况；

（三）协议内容、履行期限和方式；

（四）治安调解机关印章、主持人、双方当事人及其他参加人签名、印章（捺指印）。

《治安调解协议书》一式三份，双方当事人各执一份，治安调解机关留存一份备查。

**第十二条** 调解协议履行期满三日内，办案民警应当了解协议履行情况。对已经履行调解协议的，应当及时结案，对没有履行协议的，应当及时了解情况，查清原因。对无正当理由不履行协议的，依法对违反治安管理行为人予以处罚，并告知当事人可以就民事争议依法向人民法院提起民事诉讼。

**第十三条** 治安调解案件的办案期限从未达成协议或者达成协议不履行之日起开始计算。

**第十四条** 公安机关对情节轻微，事实清楚，因果关系明确、不涉及医疗费用、物品损失或者双方当事人对医疗费用和物品损失的赔付无争议，符合治安调解条件，双方当事人同意现场调解并当场履行的治安案件，可以进行现场调解。

现场调解达成协议的，应当制作《现场治安调解协议书》一式三联（式样附后），由双方当事人签名。

**第十五条** 经治安调解结案的治安案件应当纳入统计范围，并根据案卷装订要求建立卷宗。

现场治安调解结案的治安案件，可以不制作卷宗，但办案部门应当将《现场治安调解协议书》按编号装订存档。

**第十六条** 公安机关人民警察在治安调解过程中，有徇私舞弊、滥用职权、不依法履行法定职责等情形的，依法给予行政处分；构成犯罪的，依法追究刑事责任。

**第十七条** 本规范自下发之日起施行。

# 公安机关适用继续盘问规定

（2004年7月12日公安部令第75号公布　根据2020年8月6日《公安部关于废止和修改部分规章的决定》修订）

## 第一章　总　则

**第一条**　为了规范继续盘问工作，保证公安机关依法履行职责和行使权限，维护社会治安秩序，保护公民的合法权益，根据《中华人民共和国人民警察法》，制定本规定。

**第二条**　本规定所称继续盘问，是指公安机关的人民警察为了维护社会治安秩序，对有违法犯罪嫌疑的人员当场盘问、检查后，发现具有法定情形而将其带至公安机关继续进行盘问的措施。

**第三条**　公安机关适用继续盘问，应当遵循依法、公正、及时、文明和确保安全的原则，做到适用对象准确、程序合法、处理适当。

**第四条**　继续盘问工作由公安机关主管公安派出所工作的部门负责业务指导和归口管理。

**第五条**　继续盘问工作由人民警察执行。严禁不具有人民警察身份的人员从事有关继续盘问的执法工作。

**第六条**　公安机关适用继续盘问，依法接受人民检察院、行政监察机关以及社会和公民的监督。

## 第二章 适用对象和时限

**第七条** 为维护社会治安秩序，公安机关的人民警察对有违法犯罪嫌疑的人员，经表明执法身份后，可以当场盘问、检查。

未穿着制式服装的人民警察在当场盘问、检查前，必须出示执法证件表明人民警察身份。

**第八条** 对有违法犯罪嫌疑的人员当场盘问、检查后，不能排除其违法犯罪嫌疑，且具有下列情形之一的，人民警察可以将其带至公安机关继续盘问：

（一）被害人、证人控告或者指认其有犯罪行为的；

（二）有正在实施违反治安管理或者犯罪行为嫌疑的；

（三）有违反治安管理或者犯罪嫌疑且身份不明的；

（四）携带的物品可能是违反治安管理或者犯罪的赃物的。

**第九条** 对具有下列情形之一的人员，不得适用继续盘问：

（一）有违反治安管理或者犯罪嫌疑，但未经当场盘问、检查的；

（二）经过当场盘问、检查，已经排除违反治安管理和犯罪嫌疑的；

（三）涉嫌违反治安管理行为的法定最高处罚为警告、罚款或者其他非限制人身自由的行政处罚的；

（四）从其住处、工作地点抓获以及其他应当依法直接适用传唤或者拘传的；

（五）已经到公安机关投案自首的；

（六）明知其所涉案件已经作为治安案件受理或者已经立为刑事案件的；

（七）不属于公安机关管辖的案件或者事件当事人的；

（八）患有精神病、急性传染病或者其他严重疾病的；

（九）其他不符合本规定第八条所列条件的。

**第十条** 对符合本规定第八条所列条件,同时具有下列情形之一的人员,可以适用继续盘问,但必须在带至公安机关之时起的四小时以内盘问完毕,且不得送入候问室:

(一)怀孕或者正在哺乳自己不满一周岁婴儿的妇女;

(二)不满十六周岁的未成年人;

(三)已满七十周岁的老年人。

对前款规定的人员在晚上九点至次日早上七点之间释放的,应当通知其家属或者监护人领回;对身份不明或者没有家属和监护人而无法通知的,应当护送至其住地。

**第十一条** 继续盘问的时限一般为十二小时;对在十二小时以内确实难以证实或者排除其违法犯罪嫌疑的,可以延长至二十四小时;对不讲真实姓名、住址、身份,且在二十四小时以内仍不能证实或者排除其违法犯罪嫌疑的,可以延长至四十八小时。

前款规定的时限自有违法犯罪嫌疑的人员被带至公安机关之时起,至被盘问人可以自由离开公安机关之时或者被决定刑事拘留、逮捕、行政拘留、强制戒毒而移交有关监管场所执行之时止,包括呈报和审批继续盘问、延长继续盘问时限、处理决定的时间。

**第十二条** 公安机关应当严格依照本规定的适用范围和时限适用继续盘问,禁止实施下列行为:

(一)超适用范围继续盘问;

(二)超时限继续盘问;

(三)适用继续盘问不履行审批、登记手续;

(四)以继续盘问代替处罚;

(五)将继续盘问作为催要罚款、收费的手段;

(六)批准继续盘问后不立即对有违法犯罪嫌疑的人员继续进行盘问;

(七)以连续继续盘问的方式变相拘禁他人。

## 第三章 审批和执行

**第十三条** 公安派出所的人民警察对符合本规定第八条所列条件，确有必要继续盘问的有违法犯罪嫌疑的人员，可以立即带回，并制作《当场盘问、检查笔录》、填写《继续盘问审批表》报公安派出所负责人审批决定继续盘问十二小时。对批准继续盘问的，应当将《继续盘问审批表》复印、传真或者通过计算机网络报所属县、市、旗公安局或者城市公安分局主管公安派出所工作的部门备案。

县、市、旗公安局或者城市公安分局其他办案部门和设区的市级以上公安机关及其内设机构的人民警察对有违法犯罪嫌疑的人员，应当依法直接适用传唤、拘传、刑事拘留、逮捕、取保候审或者监视居住，不得适用继续盘问；对符合本规定第八条所列条件，确有必要继续盘问的有违法犯罪嫌疑的人员，可以带至就近的公安派出所，按照本规定适用继续盘问。

**第十四条** 对有违法犯罪嫌疑的人员批准继续盘问的，公安派出所应当填写《继续盘问通知书》，送达被盘问人，并立即通知其家属或者单位；未批准继续盘问的，应当立即释放。

对被盘问人身份不明或者没有家属和单位而无法通知的，应当在《继续盘问通知书》上注明，并由被盘问人签名或者捺指印。但是，对因身份不明而无法通知的，在继续盘问期间查明身份后，应当依照前款的规定通知其家属或者单位。

**第十五条** 被盘问人的家属为老年人、残疾人、精神病人、不满十六周岁的未成年人或者其他没有独立生活能力的人，因公安机关实施继续盘问而使被盘问人的家属无人照顾的，公安机关应当通知其亲友予以照顾或者采取其他适当办法妥善安排，并将安排情况及时告知被盘问人。

**第十六条** 对有违法犯罪嫌疑的人员批准继续盘问后，应当立即结合当场盘问、检查的情况继续对其进行盘问，以证实或者排除其违法犯罪嫌疑。

对继续盘问的情况，应当制作《继续盘问笔录》，并载明被盘问人被带至公安机关的具体时间，由被盘问人核对无误后签名或者捺指印。对被盘问人拒绝签名和捺指印的，应当在笔录上注明。

**第十七条** 对符合本规定第十一条所列条件，确有必要将继续盘问时限延长至二十四小时的，公安派出所应当填写《延长继续盘问时限审批表》，报县、市、旗公安局或者城市公安分局的值班负责人审批；确有必要将继续盘问时限从二十四小时延长至四十八小时的，公安派出所应当填写《延长继续盘问时限审批表》，报县、市、旗公安局或者城市公安分局的主管负责人审批。

县、市、旗公安局或者城市公安分局的值班或者主管负责人应当在继续盘问时限届满前作出是否延长继续盘问时限的决定，但不得决定将继续盘问时限直接从十二小时延长至四十八小时。

**第十八条** 除具有《中华人民共和国人民警察使用警械和武器条例》规定的情形外，对被盘问人不得使用警械或者武器。

**第十九条** 对具有下列情形之一的，应当立即终止继续盘问，并立即释放被盘问人或者依法作出处理决定：

（一）继续盘问中发现具有本规定第九条所列情形之一的；

（二）已经证实有违法犯罪行为的；

（三）有证据证明有犯罪嫌疑的。

对经过继续盘问已经排除违法犯罪嫌疑，或者经过批准的继续盘问、延长继续盘问时限届满，尚不能证实其违法犯罪嫌疑的，应当立即释放被盘问人。

**第二十条** 对终止继续盘问或者释放被盘问人的，应当在《继续盘问登记表》上载明终止继续盘问或者释放的具体时间、原因和处理结果，由被盘问人核对无误后签名或者捺指印。被盘问人拒绝签名和捺指印的，应当在《继续盘问登记表》上注明。

**第二十一条** 在继续盘问期间对被盘问人依法作出刑事拘留、逮捕或者行政拘留、强制戒毒决定的，应当立即移交有关监管场所执行；

依法作出取保候审、监视居住或者警告、罚款等行政处罚决定的,应当立即释放。

第二十二条 在继续盘问期间,公安机关及其人民警察应当依法保障被盘问人的合法权益,严禁实施下列行为:

(一) 对被盘问人进行刑讯逼供;

(二) 殴打、体罚、虐待、侮辱被盘问人;

(三) 敲诈勒索或者索取、收受贿赂;

(四) 侵吞、挪用、损毁被盘问人的财物;

(五) 违反规定收费或者实施处罚;

(六) 其他侵犯被盘问人合法权益的行为。

第二十三条 对在继续盘问期间突患疾病或者受伤的被盘问人,公安派出所应当立即采取措施予以救治,通知其家属或者单位,并向县、市、旗公安局或者城市公安分局负责人报告,做好详细记录。对被盘问人身份不明或者没有家属和单位而无法通知的,应当在《继续盘问登记表》上注明。

救治费由被盘问人或者其家属承担。但是,由于公安机关或者他人的过错导致被盘问人患病、受伤的,救治费由有过错的一方承担。

第二十四条 被盘问人在继续盘问期间死亡的,公安派出所应当做好以下工作:

(一) 保护好现场,保管好尸体;

(二) 立即报告所属县、市、旗公安局或者城市公安分局的主管负责人或者值班负责人、警务督察部门和主管公安派出所工作的部门;

(三) 立即通知被盘问人的家属或者单位。

第二十五条 县、市、旗公安局或者城市公安分局接到被盘问人死亡的报告后,应当做好以下工作:

(一) 立即通报同级人民检察院;

(二) 在二十四小时以内委托具有鉴定资格的人员进行死因鉴定;

(三) 在作出鉴定结论后三日以内将鉴定结论送达被盘问人的家属或者单位。对被盘问人身份不明或者没有家属和单位而无法通知的,应当在鉴定结论上注明。

被盘问人的家属或者单位对鉴定结论不服的，可以在收到鉴定结论后的七日以内向上一级公安机关申请重新鉴定。上一级公安机关接到申请后，应当在三日以内另行委托具有鉴定资格的人员进行重新鉴定。

## 第四章 候问室的设置和管理

**第二十六条** 县、市、旗公安局或者城市公安分局经报请设区的市级以上公安机关批准，可以在符合下列条件的公安派出所设置候问室：

（一）确有维护社会治安秩序的工作需要；

（二）警力配置上能够保证在使用候问室时由人民警察值班、看管和巡查。

县、市、旗公安局或者城市公安分局以上公安机关及其内设机构，不得设置候问室。

**第二十七条** 候问室的建设必须达到以下标准：

（一）房屋牢固、安全、通风、透光，单间使用面积不得少于六平方米，层高不低于二点五五米；

（二）室内应当配备固定的坐具，并保持清洁、卫生；

（三）室内不得有可能被直接用以行凶、自杀、自伤的物品；

（四）看管被盘问人的值班室与候问室相通，并采用栏杆分隔，以便于观察室内情况。

对有违法犯罪嫌疑的人员继续盘问十二小时以上的，应当为其提供必要的卧具。

候问室应当标明名称，并在明显位置公布有关继续盘问的规定、被盘问人依法享有的权利和候问室管理规定。

**第二十八条** 候问室必须经过设区的市级以上公安机关验收合格后，才能投入使用。

**第二十九条** 候问室应当建立以下日常管理制度，依法严格、文明管理：

（一）设立《继续盘问登记表》，载明被盘问人的姓名、性别、年龄、住址、单位，以及办案部门、承办人、批准人、继续盘问的原因、起止时间、处理结果等情况；

（二）建立值班、看管和巡查制度，明确值班岗位责任，候问室有被盘问人时，应当由人民警察值班、看管和巡查，如实记录有关情况，并做好交接工作；

（三）建立档案管理制度，对《继续盘问登记表》等有关资料按照档案管理的要求归案保存，以备查验。

**第三十条** 除本规定第十条所列情形外，在继续盘问间隙期间，应当将被盘问人送入候问室；未设置候问室的，应当由人民警察在讯问室、办公室看管，或者送入就近公安派出所的候问室。

禁止将被盘问人送入看守所、拘役所、拘留所、强制戒毒所或者其他监管场所关押，以及将不同性别的被盘问人送入同一个候问室。

**第三十一条** 被盘问人被送入候问室时，看管的人民警察应当问清其身体状况，并做好记录；发现被盘问人有外伤、有严重疾病发作的明显症状的，或者具有本规定第十条所列情形之一的，应当立即报告县、市、旗公安局或者城市公安分局警务督察部门和主管公安派出所工作的部门，并做好详细记录。

**第三十二条** 将被盘问人送入候问室时，对其随身携带的物品，公安机关应当制作《暂存物品清单》，经被盘问人签名或者捺指印确认后妥为保管，不得侵吞、挪用或者损毁。

继续盘问结束后，被盘问人的物品中属于违法犯罪证据或者违禁品的，应当依法随案移交或者作出处理，并在《暂存物品清单》上注明；与案件无关的，应当立即返还被盘问人，并在《暂存物品清单》上注明，由被盘问人签名或者捺指印。

**第三十三条** 候问室没有厕所和卫生用具的，人民警察带领被盘问人离开候问室如厕时，必须严加看管，防止发生事故。

第三十四条  在继续盘问期间，公安机关应当为被盘问人提供基本的饮食。

## 第五章  执法监督

第三十五条  公安机关应当将适用继续盘问的情况纳入执法质量考核评议范围，建立和完善办案责任制度、执法过错责任追究制度及其他内部执法监督制度。

第三十六条  除本规定第二十四条、第三十一条所列情形外，发生被盘问人重伤、逃跑、自杀、自伤等事故以及继续盘问超过批准时限的，公安派出所必须立即将有关情况报告县、市、旗公安局或者城市公安分局警务督察部门和主管公安派出所工作的部门，并做好详细记录。

县、市、旗公安局或者城市公安分局警务督察部门应当在接到报告后立即进行现场督察。

第三十七条  警务督察部门负责对继续盘问的下列情况进行现场督察：

（一）程序是否合法，法律手续是否齐全；
（二）继续盘问是否符合法定的适用范围和时限；
（三）候问室的设置和管理是否违反本规定；
（四）有无刑讯逼供或者殴打、体罚、虐待、侮辱被盘问人的行为；
（五）有无违法使用警械、武器的行为；
（六）有无违反规定收费或者实施处罚的行为；
（七）有无其他违法违纪行为。

第三十八条  警务督察部门在现场督察时，发现办案部门或者人民警察在继续盘问中有违法违纪行为的，应当按照有关规定，采取当场制止、纠正、发督察法律文书、责令停止执行职务或者禁闭等督察措施进行处理；对需要给予处分或者追究刑事责任的，应当依法移送有关部门处理。

**第三十九条** 对在适用继续盘问中有下列情形之一的，公安机关应当依照《公安机关督察条例》、《公安机关人民警察执法过错责任追究规定》追究有关责任人员的执法过错责任，并依照《中华人民共和国人民警察法》、《国家公务员暂行条例》和其他有关规定给予处分；构成犯罪的，依法追究直接负责的主管人员和其他直接责任人员的刑事责任：

（一）违法使用警械、武器，或者实施本规定第十二条、第二十二条、第三十条第二款所列行为之一的；

（二）未经批准设置候问室，或者将被盘问人送入未经验收合格的候问室的；

（三）不按照本规定第十四条、第十五条的规定通知被盘问人家属或者单位、安排被盘问人无人照顾的家属的；

（四）不按照本规定第十九条、第二十一条的规定终止继续盘问、释放被盘问人的；

（五）不按照本规定第二十三条、第二十四条、第三十一条和第三十六条的规定报告情况的；

（六）因疏于管理导致发生被盘问人伤亡、逃跑、自杀、自伤等事故的；

（七）指派不具有人民警察身份的人员从事有关继续盘问的执法工作的；

（八）警务督察部门不按照规定进行现场督察、处理或者在现场督察中对违法违纪行为应当发现而没有发现的；

（九）有其他违反本规定或者违法违纪行为的。

因违法使用警械、武器或者疏于管理导致被盘问人在继续盘问期间自杀身亡、被殴打致死或者其他非正常死亡的，除依法追究有关责任人员的法律责任外，应当对负有直接责任的人民警察予以开除，对公安派出所的主要负责人予以撤职，对所属公安机关的分管负责人和主要负责人予以处分，并取消该公安派出所及其所属公安机关参加本年度评选先进的资格。

**第四十条** 被盘问人认为公安机关及其人民警察违法实施继续盘问侵犯其合法权益造成损害,依法向公安机关申请国家赔偿的,公安机关应当依照国家赔偿法的规定办理。

公安机关依法赔偿损失后,应当责令有故意或者重大过失的人民警察承担部分或者全部赔偿费用,并对有故意或者重大过失的责任人员,按照本规定第三十九条追究其相应的责任。

## 第六章 附 则

**第四十一条** 本规定所称"以上"、"以内",均包含本数或者本级。

**第四十二条** 本规定涉及的有关法律文书格式,由公安部统一制定。

**第四十三条** 各省、自治区、直辖市公安厅、局和新疆生产建设兵团公安局可以根据本规定,制定具体操作规程、候问室建设标准和管理规定,报公安部备案审查后施行。

**第四十四条** 本规定自二〇〇四年十月一日起施行。公安部以前制定的关于继续盘问或者留置的规定,凡与本规定不一致的同时废止。

# 公安机关执法公开规定

(2018 年 8 月 23 日 公通字〔2018〕26 号)

## 第一章 总 则

**第一条** 为了规范公安机关执法公开行为,促进公安机关严格规范公正文明执法,保障公民、法人和其他组织依法获取执法信息,实现便民利民，制定本规定。

**第二条** 本规定适用于公安机关主动公开执法信息，以及开展网上公开办事。

公民、法人或者其他组织申请获取执法信息的，公安机关应当依照《中华人民共和国政府信息公开条例》的规定办理。

**第三条** 执法公开应当遵循合法有序、及时准确、便民利民的原则。

**第四条** 公安机关应当采取措施使社会广为知晓执法公开的范围、期限和途径，方便公民、法人和其他组织依法获取执法信息。

**第五条** 对涉及公共利益、公众普遍关注、需要社会知晓的执法信息，应当主动向社会公开；对不宜向社会公开，但涉及特定对象权利义务、需要特定对象知悉的执法信息，应当主动向特定对象告知或者提供查询服务。

**第六条** 公安机关不得公开涉及国家秘密或者警务工作秘密，以及可能影响国家安全、公共安全、经济安全和社会稳定或者妨害执法活动的执法信息。

公安机关不得向权利人以外的公民、法人或者其他组织公开涉及商业秘密、个人隐私的执法信息。但是，权利人同意公开，或者公安机关认为不公开可能对公共利益造成重大影响的，可以公开。

**第七条** 公安机关公开执法信息涉及其他部门的，应当在公开前与有关部门确认；公开执法信息依照国家有关规定需要批准的，应当在批准后公开。

**第八条** 公安机关应当对执法公开情况进行检查评估。执法信息不应当公开而公开的，应当立即撤回；公开的执法信息错误或者发生变更的，应当立即纠正或者更新；执法信息公开后可能或者已经造成严重后果的，应当依法紧急处置。

## 第二章 向社会公开

**第九条** 公安机关应当主动向社会公开下列信息：

（一）公安机关的职责权限，人民警察的权利义务、纪律要求和职业道德规范；

（二）涉及公民、法人和其他组织权利义务的规范性文件；

（三）刑事、行政、行政复议、国家赔偿等案件的受理范围、受理部门及其联系方式、申请条件及要求、办理程序及期限和对外法律文书式样，以及当事人的权利义务和监督救济渠道；

（四）行政管理相对人的权利义务和监督救济渠道；

（五）与执法相关的便民服务措施；

（六）举报投诉的方式和途径；

（七）承担对外执法任务的内设机构和派出机构的名称及其职责权限；

（八）窗口单位的办公地址、工作时间、联系方式以及民警姓名、警号；

（九）固定式交通技术监控设备的设置信息；

（十）采取限制交通措施、交通管制和现场管制的方式、区域、起止时间等信息；

（十一）法律、法规、规章和其他规范性文件规定应当向社会公开的其他执法信息。

前款第一项至第五项所列执法信息，上级机关公开后，下级公安机关可以通过适当途径使社会广为知晓。

**第十条** 公安机关应当向社会公开涉及公共利益、社会高度关注的重大案事件调查进展和处理结果，以及打击违法犯罪活动的重大决策和行动。但公开后可能影响国家安全、公共安全、经济安全和社会稳定或者妨害正常执法活动的除外。

**第十一条** 公安机关可以向社会公开辖区治安状况、道路交通安全形势、安全防范预警等信息。

**第十二条** 公安机关应当逐步向社会公开行政处罚决定、行政复议结果的生效法律文书。适用简易程序作出的行政处罚决定生效法律文书可以不向社会公开。

**第十三条** 法律文书有下列情形之一的,不得向社会公开:

(一)案件事实涉及国家秘密或者警务工作秘密的;

(二)被行政处罚人、行政复议申请人是未成年人的;

(三)经本机关负责人批准不予公开的其他情形。

**第十四条** 向社会公开法律文书,应当对文书中载明的自然人姓名作隐名处理,保留姓氏,名字以"某"替代。

**第十五条** 向社会公开法律文书,应当删除文书中载明的下列信息:

(一)自然人的住所地详址、工作单位、家庭成员、联系方式、公民身份号码、健康状况、机动车号牌号码,以及其他能够判明其身份和具体财产的信息;

(二)法人或者其他组织的涉及具体财产的信息;

(三)涉及公民个人隐私和商业秘密的信息;

(四)案件事实中涉及有伤风化的内容,以及可能诱发违法犯罪的细节描述;

(五)公安机关印章或者工作专用章;

(六)公安机关认为不宜公开的其他信息。

删除前款所列信息影响对文书正确理解的,可以用符号"×"作部分替代。

**第十六条** 向社会公开法律文书,除按照本规定第十四条、第十五条隐匿、删除相关信息外,应当保持与原文书内容一致。

**第十七条** 向社会公开执法信息,应当自该信息形成或者变更之日起20个工作日内进行。公众需要即时知晓的限制交通措施、交通管制和现场管制的信息,应当即时公开;辖区治安状况、道路交通安全形势和安全防范预警等信息,可以定期公开。法律、法规、规章和其他规范性文件对公开期限另有规定的,从其规定。

**第十八条** 向社会公开执法信息,应当通过互联网政府公开平台进行,同时可以通过公报、发布会、官方微博、移动客户端、自助终端,以及报刊、广播、电视等便于公众知晓的方式公布。

**第十九条** 向社会公开执法信息，由制作或者获取该信息的内设机构或者派出机构负责。必要时，征求政务公开、法制、保密部门的意见，并经本机关负责人批准。

**第二十条** 公安机关发现可能影响社会稳定、扰乱社会管理秩序的虚假或者不完整信息，应当在职责范围内及时发布准确信息予以澄清。

## 第三章　向特定对象公开

**第二十一条** 公安机关办理刑事、行政、行政复议、国家赔偿等案件，或者开展行政管理活动，法律、法规、规章和其他规范性文件规定向特定对象告知执法信息的，应当依照有关规定执行。

**第二十二条** 除按照本规定第二十一条向特定对象告知执法信息外，公安机关应当通过提供查询的方式，向报案或者控告的被害人、被侵害人或者其监护人、家属公开下列执法信息：

（一）办案单位名称、地址和联系方式；

（二）刑事立案、移送审查起诉、终止侦查、撤销案件等情况，对犯罪嫌疑人采取刑事强制措施的种类；

（三）行政案件受案、办理结果。

公安机关在接受报案时，应当告知报案或者控告的被害人、被侵害人或者其监护人、家属前款所列执法信息的查询方式和途径。

**第二十三条** 向特定对象提供执法信息查询服务，应当自该信息形成或者变更之日起5个工作日内进行。法律、法规和规范性文件对期限另有规定的，从其规定。

**第二十四条** 向特定对象提供执法信息查询服务，应当通过互联网政府公开平台进行，同时可以通过移动客户端、自助终端等方式进行。

**第二十五条** 向特定对象公开执法信息，由制作或者获取该信息的内设机构或者派出机构负责。

## 第四章  网上公开办事

**第二十六条**  公安机关应当开展行政许可、登记、备案等行政管理事项的网上办理。

除法律、法规、规章规定申请人应当到现场办理的事项或者环节外，公安机关不得要求申请人到现场办理。

**第二十七条**  网上公开办事应当提供下列服务：

（一）公开网上办事事项的名称、依据、申请条件、申请途径或者方式、申请需要提交材料清单、办理程序及期限，提供申请文书式样及示范文本；

（二）公开行政事业性收费事项的名称、依据、收费标准、办事程序和期限；

（三）网上咨询，解答相关法律政策、注意事项等常见问题；

（四）网上预约办理；

（五）申请文书的在线下载、网上制作，实现网上申请；

（六）受理情况、办理进展、办理结果等执法信息的网上查询。法律、法规、规章和其他规范性文件规定向申请人告知执法信息的，还应当依照有关规定告知。

公安机关在网上或者窗口单位接受办事事项申请时，应当告知申请人执法信息的查询方式和途径。

**第二十八条**  向申请人提供办事事项执法信息查询服务，应当自该信息形成或者变更之日起 5 个工作日内进行。法律、法规、规章和其他规范性文件另有规定的，从其规定。

**第二十九条**  开展网上公开办事，应当通过互联网政府网站进行，同时可以通过移动客户端、自助终端等方式进行。

向申请人告知办事事项执法信息，除依照法律、法规、规章和其他规范性文件规定的方式执行外，同时可以通过移动客户端、电话、电子邮件等方式告知。

## 第五章  监督和保障

**第三十条**  公安机关应当指定专门机构,负责组织、协调、推动执法公开工作,并为开展执法公开提供必要的人员、物质保障。

**第三十一条**  公安机关应当建立执法公开审核审批、保密审查、信息发布协调的程序和机制,实现执法公开规范化。

**第三十二条**  公安机关应当建设互联网政府公开平台,统一公开本机关执法信息。上级公安机关或者本级人民政府提供统一互联网公开平台的,可以通过该平台公开。

公安机关应当完善互联网政府网站办事服务功能,统一提供本机关网上办事服务。上级公安机关或者本级人民政府提供统一互联网办事服务载体的,可以通过该载体提供。

**第三十三条**  公安机关应当推动发展信息安全交互技术,为高效便捷开展执法公开提供技术支持。

**第三十四条**  公安机关应当开展执法公开满意度测评,可以通过互联网公开平台或者政府网站、移动客户端、自助终端、电话等方式进行,也可以在窗口单位现场进行。

**第三十五条**  公安机关可以委托第三方机构对执法公开情况进行评估,并参考评估结果改进工作。

**第三十六条**  公安机关应当将执法公开情况纳入执法质量考评和绩效考核范围,建立完善奖惩机制。

**第三十七条**  公民、法人或者其他组织认为公安机关未按照本规定履行执法公开义务的,可以向该公安机关或者其上一级公安机关投诉。

**第三十八条**  有下列情形之一的,应当立即改正;情节严重的,依照有关规定对主管人员和其他责任人员予以处理:

(一)未按照本规定履行执法公开义务的;

(二)公开的信息错误、不准确且不及时更正,或者弄虚作假的;

（三）公开不应当公开的信息且不及时撤回的；

（四）违反本规定的其他行为。

## 第六章 附 则

**第三十九条** 各省、自治区、直辖市公安厅、局，新疆生产建设兵团公安局可以根据本规定，结合本地实际，制定实施细则。

**第四十条** 本规定未涉及的公开事项，依照有关法律、法规、规章和其他规范性文件的规定执行。

**第四十一条** 本规定自2018年12月1日起施行，2012年8月18日印发的《公安机关执法公开规定》同时废止。

# 公安机关涉案财物管理若干规定

（2015年7月22日 公通字〔2015〕21号）

## 第一章 总 则

**第一条** 为进一步规范公安机关涉案财物管理工作，保护公民、法人和其他组织的合法财产权益，保障办案工作依法有序进行，根据有关法律、法规和规章，制定本规定。

**第二条** 本规定所称涉案财物，是指公安机关在办理刑事案件和行政案件过程中，依法采取查封、扣押、冻结、扣留、调取、先行登记保存、抽样取证、追缴、收缴等措施提取或者固定，以及从其他单位和个人接收的与案件有关的物品、文件和款项，包括：

（一）违法犯罪所得及其孳息；

（二）用于实施违法犯罪行为的工具；

（三）非法持有的淫秽物品、毒品等违禁品；

（四）其他可以证明违法犯罪行为发生、违法犯罪行为情节轻重的物品和文件。

**第三条** 涉案财物管理实行办案与管理相分离、来源去向明晰、依法及时处理、全面接受监督的原则。

**第四条** 公安机关管理涉案财物，必须严格依法进行。任何单位和个人不得贪污、挪用、私分、调换、截留、坐支、损毁、擅自处理涉案财物。

对于涉及国家秘密、商业秘密、个人隐私的涉案财物，应当保密。

**第五条** 对涉案财物采取措施，应当严格依照法定条件和程序进行，履行相关法律手续，开具相应法律文书。严禁在刑事案件立案之前或者行政案件受案之前对财物采取查封、扣押、冻结、扣留措施，但有关法律、行政法规另有规定的除外。

**第六条** 公安机关对涉案财物采取措施后，应当及时进行审查。经查明确实与案件无关的，应当在三日以内予以解除、退还，并通知有关当事人。对与本案无关，但有证据证明涉及其他部门管辖的违纪、违法、犯罪行为的财物，应当依照相关法律规定，连同有关线索移送有管辖权的部门处理。

对涉案财物采取措施，应当为违法犯罪嫌疑人及其所扶养的亲属保留必需的生活费用和物品；根据案件具体情况，在保证侦查活动正常进行的同时，可以允许有关当事人继续合理使用有关涉案财物，并采取必要的保值保管措施，以减少侦查办案对正常办公和合法生产经营的影响。

**第七条** 公安机关对涉案财物进行保管、鉴定、估价、公告等，不得向当事人收取费用。

## 第二章 涉案财物的保管

**第八条** 公安机关应当完善涉案财物管理制度，建立办案部门与保管部门、办案人员与保管人员相互制约制度。

公安机关应当指定一个部门作为涉案财物管理部门，负责对涉案财物实行统一管理，并设立或者指定专门保管场所，对各办案部门经手的全部涉案财物或者价值较大、管理难度较高的涉案财物进行集中保管。涉案财物集中保管的范围，由地方公安机关根据本地区实际情况确定。

对于价值较低、易于保管，或者需要作为证据继续使用，以及需要先行返还被害人、被侵害人的涉案财物，可以由办案部门设置专门的场所进行保管。

办案部门应当指定不承担办案工作的民警负责本部门涉案财物的接收、保管、移交等管理工作；严禁由办案人员自行保管涉案财物。

**第九条** 公安机关应当设立或者指定账户，作为本机关涉案款项管理的唯一合规账户。

办案部门扣押涉案款项后，应当立即将其移交涉案财物管理部门。涉案财物管理部门应当对涉案款项逐案设立明细账，存入唯一合规账户，并将存款回执交办案部门附卷保存。但是，对于具有特定特征、能够证明某些案件事实而需要作为证据使用的现金，应当交由涉案财物管理部门或者办案部门涉案财物管理人员，作为涉案物品进行管理，不再存入唯一合规账户。

**第十条** 公安机关应当建立涉案财物集中管理信息系统，对涉案财物信息进行实时、全程录入和管理，并与执法办案信息系统关联。涉案财物管理人员应当对所有涉案财物逐一编号，并将案由、来源、财物基本情况、保管状态、场所和去向等信息录入信息系统。

**第十一条** 对于不同案件、不同种类的涉案财物，应当分案、分类保管。

涉案财物保管场所和保管措施应当适合被保管财物的特性，符合防火、防盗、防潮、防蛀、防磁、防腐蚀等安全要求。涉案财物保管场所应当安装视频监控设备，并配备必要的储物容器、一次性储物袋、计量工具等物品。有条件的地方，可以会同人民法院、人民检察院等部门，建立多部门共用的涉案财物管理中心，对涉案财物进行统一管理。

对于易燃、易爆、毒害性、放射性等危险物品，鲜活动植物，大宗物品，车辆、船舶、航空器等大型交通工具，以及其他对保管条件、保管场所有特殊要求的涉案财物，应当存放在符合条件的专门场所。公安机关没有具备保管条件的场所的，可以委托具有相应条件、资质或者管理能力的单位代为保管。

依法对文物、金银、珠宝、名贵字画等贵重财物采取查封、扣押、扣留等措施的，应当拍照或者录像，并及时鉴定、估价；必要时，可以实行双人保管。

未经涉案财物管理部门或者管理涉案财物的办案部门负责人批准，除保管人员以外的其他人员不得进入涉案财物保管场所。

**第十二条** 办案人员依法提取涉案财物后，应当在二十四小时以内按照规定将其移交涉案财物管理部门或者本部门的涉案财物管理人员，并办理移交手续。

对于采取查封、冻结、先行登记保存等措施后不在公安机关保管的涉案财物，办案人员应当在采取有关措施后的二十四小时以内，将相关法律文书和清单的复印件移交涉案财物管理人员予以登记。

**第十三条** 因情况紧急，需要在提取后的二十四小时以内开展鉴定、辨认、检验、检查等工作的，经办案部门负责人批准，可以在上述工作完成后的二十四小时以内将涉案财物移交涉案财物管理人员，并办理移交手续。

异地办案或者在偏远、交通不便地区办案的，应当在返回办案单位后的二十四小时以内办理移交手续；行政案件在提取后的二十四小时以内已将涉案财物处理完毕的，可以不办理移交手续，但应当将处理涉案财物的相关手续附卷保存。

**第十四条** 涉案财物管理人员对办案人员移交的涉案财物，应当对照有关法律文书当场查验核对、登记入册，并与办案人员共同签名。

对于缺少法律文书、法律文书对必要事项记载不全或者实物与法律文书记载严重不符的，涉案财物管理人员可以拒绝接收涉案财物，并应当要求办案人员补齐相关法律文书、信息或者财物。

第十五条　因讯问、询问、鉴定、辨认、检验、检查等办案工作需要，经办案部门负责人批准，办案人员可以向涉案财物管理人员调用涉案财物。调用结束后，应当在二十四小时以内将涉案财物归还涉案财物管理人员。

因宣传教育等工作需要调用涉案财物的，应当经公安机关负责人批准。

涉案财物管理人员应当详细登记调用人、审批人、时间、事由、期限、调用的涉案财物状况等事项。

第十六条　调用人应当妥善保管和使用涉案财物。调用人归还涉案财物时，涉案财物管理人员应当进行检查、核对。对于有损毁、短少、调换、灭失等情况的，涉案财物管理人员应当如实记录，并报告调用人所属部门负责人和涉案财物管理部门负责人。因鉴定取样等事由导致涉案财物出现合理损耗的，不需要报告，但调用人应当向涉案财物管理人员提供相应证明材料和书面说明。

调用人未按照登记的调用时间归还涉案财物的，涉案财物管理人员应当报告调用人所属部门负责人；有关负责人应当责令调用人立即归还涉案财物。确需继续调用涉案财物的，调用人应当按照原批准程序办理延期手续，并交由涉案财物管理人员留存。

第十七条　办案部门扣押、扣留涉案车辆时，应当认真查验车辆特征，并在清单或者行政强制措施凭证中详细载明当事人的基本情况、案由、厂牌型号、识别代码、牌照号码、行驶里程、重要装备、车身颜色、车辆状况等情况。

对车辆内的物品，办案部门应当仔细清点。对与案件有关，需要作为证据使用的，应当依法扣押；与案件无关的，通知当事人或者其家属、委托的人领取。

公安机关应当对管理的所有涉案车辆进行专门编号登记，严格管理，妥善保管，非因法定事由并经公安机关负责人批准，不得调用。

对船舶、航空器等交通工具采取措施和进行管理，参照前三款规定办理。

## 第三章 涉案财物的处理

**第十八条** 公安机关应当依据有关法律规定，及时办理涉案财物的移送、返还、变卖、拍卖、销毁、上缴国库等工作。

对刑事案件中作为证据使用的涉案财物，应当随案移送；对于危险品、大宗大型物品以及容易腐烂变质等不宜随案移送的物品，应当移送相关清单、照片或者其他证明文件。

**第十九条** 有关违法犯罪事实查证属实后，对于有证据证明权属明确且无争议的被害人、被侵害人合法财产及其孳息，凡返还不损害其他被害人、被侵害人或者利害关系人的利益，不影响案件正常办理的，应当在登记、拍照或者录像和估价后，报经县级以上公安机关负责人批准，开具发还清单并返还被害人、被侵害人。办案人员应当在案卷材料中注明返还的理由，并将原物照片、发还清单和被害人、被侵害人的领取手续存卷备查。

领取人应当是涉案财物的合法权利人或者其委托的人，办案人员或者公安机关其他工作人员不得代为领取。

**第二十条** 对于刑事案件依法撤销、行政案件因违法事实不能成立而作出不予行政处罚决定的，除依照法律、行政法规有关规定另行处理的以外，公安机关应当解除对涉案财物采取的相关措施并返还当事人。

人民检察院决定不起诉、人民法院作出无罪判决，涉案财物由公安机关管理的，公安机关应当根据人民检察院的书面通知或者人民法院的生效判决，解除对涉案财物采取的相关措施并返还当事人。

人民法院作出有罪判决，涉案财物由公安机关管理的，公安机关应当根据人民法院的生效判决，对涉案财物作出处理。人民法院的判决没有明确涉案财物如何处理的，公安机关应当征求人民法院意见。

**第二十一条** 对于因自身材质原因易损毁、灭失、腐烂、变质而不宜长期保存的食品、药品及其原材料等物品，长期不使用容易导致机械性能下降、价值贬损的车辆、船舶等物品，市场价格波动大的债券、股票、基金份额等财产和有效期即将届满的汇票、本票、支票等，权利人明确的，经其本人书面同意或者申请，并经县级以上公安机关主要负责人批准，可以依法变卖、拍卖，所得款项存入本单位唯一合规账户；其中，对于冻结的债券、股票、基金份额等财产，有对应的银行账户的，应当将变现后的款项继续冻结在对应账户中。

对涉案财物的变卖、拍卖应当坚持公开、公平原则，由县级以上公安机关商本级人民政府财政部门统一组织实施，严禁暗箱操作。

善意第三人等案外人与涉案财物处理存在利害关系的，公安机关应当告知其相关诉讼权利。

**第二十二条** 公安机关在对违法行为人、犯罪嫌疑人依法作出限制人身自由的处罚或者采取限制人身自由的强制措施时，对其随身携带的与案件无关的财物，应当按照《公安机关代为保管涉案人员随身财物若干规定》有关要求办理。

**第二十三条** 对于违法行为人、犯罪嫌疑人或者其家属、亲友给予被害人、被侵害人退、赔款物的，公安机关应当通知其向被害人、被侵害人或者其家属、委托的人直接交付，并将退、赔情况及时书面告知公安机关。公安机关不得将退、赔款物作为涉案财物扣押或者暂存，但需要作为证据使用的除外。

被害人、被侵害人或者其家属、委托的人不愿意当面接收的，经其书面同意或者申请，公安机关可以记录其银行账号，通知违法行为人、犯罪嫌疑人或者其家属、亲友将退、赔款项汇入该账户。

公安机关应当将双方的退赔协议或者交付手续复印附卷保存，并将退赔履行情况记录在案。

## 第四章　监督与救济

**第二十四条** 公安机关应当将涉案财物管理工作纳入执法监督和执法质量考评范围；定期或者不定期组织有关部门对本机关及办案部

门负责管理的涉案财物进行核查，防止涉案财物损毁、灭失或者被挪用、不按规定及时移交、移送、返还、处理等；发现违法采取措施或者管理不当的，应当责令有关部门及时纠正。

第二十五条　公安机关纪检、监察、警务督察、审计、装备财务、警务保障、法制等部门在各自职权范围内对涉案财物管理工作进行监督。

公安机关负责人在审批案件时，应当对涉案财物情况一并进行严格审查，发现对涉案财物采取措施或者处理不合法、不适当的，应当责令有关部门立即予以纠正。

法制部门在审核案件时，发现对涉案财物采取措施或者处理不合法、不适当的，应当通知办案部门及时予以纠正。

第二十六条　办案人员有下列行为之一的，应当根据其行为的情节和后果，依照有关规定追究责任；涉嫌犯罪的，移交司法机关依法处理：

（一）对涉案财物采取措施违反法定程序的；

（二）对明知与案件无关的财物采取查封、扣押、冻结等措施的；

（三）不按照规定向当事人出具有关法律文书的；

（四）提取涉案财物后，在规定的时限内无正当理由不向涉案财物管理人员移交涉案财物的；

（五）擅自处置涉案财物的；

（六）依法应当将有关财物返还当事人而拒不返还，或者向当事人及其家属等索取费用的；

（七）因故意或者过失，致使涉案财物损毁、灭失的；

（八）其他违反法律规定的行为。

案件审批人、审核人对于前款规定情形的发生负有责任的，依照前款规定处理。

第二十七条　涉案财物管理人员不严格履行管理职责，有下列行为之一的，应当根据其行为的情节和后果，依照有关规定追究责任；涉嫌犯罪的，移交司法机关依法处理：

（一）未按照规定严格履行涉案财物登记、移交、调用等手续的；

（二）因故意或者过失，致使涉案财物损毁、灭失的；

（三）发现办案人员不按照规定移交、使用涉案财物而不及时报告的；

（四）其他不严格履行管理职责的行为。

调用人有前款第一项、第二项行为的，依照前款规定处理。

**第二十八条** 对于贪污、挪用、私分、调换、截留、坐支、损毁涉案财物，以及在涉案财物拍卖、变卖过程中弄虚作假、中饱私囊的有关领导和直接责任人员，应当依照有关规定追究责任；涉嫌犯罪的，移交司法机关依法处理。

**第二十九条** 公安机关及其工作人员违反涉案财物管理规定，给当事人造成损失的，公安机关应当依法予以赔偿，并责令有故意或者重大过失的有关领导和直接责任人员承担部分或者全部赔偿费用。

**第三十条** 在对涉案财物采取措施、管理和处置过程中，公安机关及其工作人员存在违法违规行为，损害当事人合法财产权益的，当事人和辩护人、诉讼代理人、利害关系人有权向公安机关提出投诉、控告、举报、复议或者国家赔偿。公安机关应当依法及时受理，并依照有关规定进行处理；对于情况属实的，应当予以纠正。

上级公安机关发现下级公安机关存在前款规定的违法违规行为，或者对投诉、控告、举报或者复议事项不按照规定处理的，应当责令下级公安机关限期纠正，下级公安机关应当立即执行。

## 第五章 附 则

**第三十一条** 各地公安机关可以根据本规定，结合本地和各警种实际情况，制定实施细则，并报上一级公安机关备案。

**第三十二条** 本规定自 2015 年 9 月 1 日起施行。2010 年 11 月 4 日印发的《公安机关涉案财物管理若干规定》（公通字〔2010〕57 号）同时废止。公安部此前制定的有关涉案财物管理的规范性文件与本规定不一致的，以本规定为准。

# 公安机关受理行政执法机关移送涉嫌犯罪案件规定

(2016年6月16日 公通字〔2016〕16号)

**第一条** 为规范公安机关受理行政执法机关移送涉嫌犯罪案件工作，完善行政执法与刑事司法衔接工作机制，根据有关法律、法规，制定本规定。

**第二条** 对行政执法机关移送的涉嫌犯罪案件，公安机关应当接受，及时录入执法办案信息系统，并检查是否附有下列材料：

（一）案件移送书，载明移送机关名称、行政违法行为涉嫌犯罪罪名、案件主办人及联系电话等。案件移送书应当附移送材料清单，并加盖移送机关公章；

（二）案件调查报告，载明案件来源、查获情况、嫌疑人基本情况、涉嫌犯罪的事实、证据和法律依据、处理建议等；

（三）涉案物品清单，载明涉案物品的名称、数量、特征、存放地等事项，并附采取行政强制措施、现场笔录等表明涉案物品来源的相关材料；

（四）附有鉴定机构和鉴定人资质证明或者其他证明文件的检验报告或者鉴定意见；

（五）现场照片、询问笔录、电子数据、视听资料、认定意见、责令整改通知书等其他与案件有关的证据材料。

移送材料表明移送案件的行政执法机关已经或者曾经作出有关行政处罚决定的，应当检查是否附有有关行政处罚决定书。

对材料不全的，应当在接受案件的二十四小时内书面告知移送的行政执法机关在三日内补正。但不得以材料不全为由，不接受移送案件。

**第三条** 对接受的案件，公安机关应当按照下列情形分别处理：

（一）对属于本公安机关管辖的，迅速进行立案审查；

（二）对属于公安机关管辖但不属于本公安机关管辖的，移送有管辖权的公安机关，并书面告知移送案件的行政执法机关；

（三）对不属于公安机关管辖的，退回移送案件的行政执法机关，并书面说明理由。

**第四条** 对接受的案件，公安机关应当立即审查，并在规定的时间内作出立案或者不立案的决定。

决定立案的，应当书面通知移送案件的行政执法机关。对决定不立案的，应当说明理由，制作不予立案通知书，连同案卷材料在三日内送达移送案件的行政执法机关。

**第五条** 公安机关审查发现涉嫌犯罪案件移送材料不全、证据不充分的，可以就证明有犯罪事实的相关证据要求等提出补充调查意见，商请移送案件的行政执法机关补充调查。必要时，公安机关可以自行调查。

**第六条** 对决定立案的，公安机关应当自立案之日起三日内与行政执法机关交接涉案物品以及与案件有关的其他证据材料。

对保管条件、保管场所有特殊要求的涉案物品，公安机关可以在采取必要措施固定留取证据后，商请行政执法机关代为保管。

移送案件的行政执法机关在移送案件后，需要作出责令停产停业、吊销许可证等行政处罚，或者在相关行政复议、行政诉讼中，需要使用已移送公安机关证据材料的，公安机关应当协助。

**第七条** 单位或者个人认为行政执法机关办理的行政案件涉嫌犯罪，向公安机关报案、控告、举报或者自首的，公安机关应当接受，不得要求相关单位或者人员先行向行政执法机关报案、控告、举报或者自首。

**第八条** 对行政执法机关移送的涉嫌犯罪案件，公安机关立案后决定撤销案件的，应当将撤销案件决定书连同案卷材料送达移送案件的行政执法机关。对依法应当追究行政法律责任的，可以同时向行政执法机关提出书面建议。

**第九条** 公安机关应当定期总结受理审查行政执法机关移送涉嫌犯罪案件情况,分析衔接工作中存在的问题,并提出意见建议,通报行政执法机关、同级人民检察院。必要时,同时通报本级或者上一级人民政府,或者实行垂直管理的行政执法机关的上一级机关。

**第十条** 公安机关受理行政执法机关移送涉嫌犯罪案件,依法接受人民检察院的法律监督。

**第十一条** 公安机关可以根据法律法规,联合同级人民检察院、人民法院、行政执法机关制定行政执法机关移送涉嫌犯罪案件类型、移送标准、证据要求、法律文书等文件。

**第十二条** 本规定自印发之日起实施。

# 中华人民共和国刑法(节录)

(1979年7月1日第五届全国人民代表大会第二次会议通过 1997年3月14日第八届全国人民代表大会第五次会议修订 根据1998年12月29日第九届全国人民代表大会常务委员会第六次会议通过的《全国人民代表大会常务委员会关于惩治骗购外汇、逃汇和非法买卖外汇犯罪的决定》、1999年12月25日第九届全国人民代表大会常务委员会第十三次会议通过的《中华人民共和国刑法修正案》、2001年8月31日第九届全国人民代表大会常务委员会第二十三次会议通过的《中华人民共和国刑法修正案(二)》、2001年12月29日第九届全国人民代表大会常务委员会第二十五次会议通过的《中华人民共和国刑法修正案(三)》、2002年12月28日第九届全国人民代表大会常务委员会第三十一次会议通过的《中华人民共和国刑法修正案(四)》、2005年2月28日第十届全国人民代表大会常务委员会第十四次会议通过的《中华人民共和国刑法修正案(五)》、2006年6月29日第十届全国人民代表大会常务委员会第二十二次会议通过的《中华人民共和国刑法修正案（六）》、2009年2月28日第十一届全国人民代表大会常务委员会第七次会议通过的《中华人民共和国刑法修正案（七）》、2009年8月27日第十一届全国人民代表大会常务委员会第十次会议通过的《全国人民代表大会常务委员会关于修改部分法律的决定》、2011年2月25日第十一届全国人民代表大会常务委员会第十九次会议通过的《中华人民共和国刑法修正案（八）》、2015年8月29日第十二届全国人民代表大会常务委员会第十六次会议通过的《中华人民共和国刑法修正案（九）》、2017年11月4日第十二届全国人民代表大会常务委员会第三十次会议通过的《中华人民共和国刑法修正案（十）》、2020年12月26日第十三届全国人民代表大会常务委员会第二十四次会议通过的《中华人民共和国刑法修正案（十一）》和2023年12月29日第十四届全国人民代表大会常务委员会第七次会议通过的《中华人民共和国刑法修正案（十二）》修正)①

……

**第二百三十八条　【非法拘禁罪】**非法拘禁他人或者以其他方法非法剥夺他人人身自由的，处三年以下有期徒刑、拘役、管制或者剥夺政治权利。具有殴打、侮辱情节的，从重处罚。

犯前款罪，致人重伤的，处三年以上十年以下有期徒刑；致人死亡的，处十年以上有期徒刑。使用暴力致人伤残、死亡的，依照本法第二百三十四条、第二百三十二条的规定定罪处罚。

为索取债务非法扣押、拘禁他人的，依照前两款的规定处罚。

---

① 刑法、历次刑法修正案、涉及修改刑法的决定的施行日期，分别依据各法律所规定的施行日期确定。

另，总则部分条文主旨为编者所加，分则其他条文主旨是根据司法解释确定罪名所加。

国家机关工作人员利用职权犯前三款罪的，依照前三款的规定从重处罚。

……

**第二百四十三条** 【诬告陷害罪】捏造事实诬告陷害他人，意图使他人受刑事追究，情节严重的，处三年以下有期徒刑、拘役或者管制；造成严重后果的，处三年以上十年以下有期徒刑。

国家机关工作人员犯前款罪的，从重处罚。

不是有意诬陷，而是错告，或者检举失实的，不适用前两款的规定。

**第二百四十四条** 【强迫劳动罪】以暴力、威胁或者限制人身自由的方法强迫他人劳动的，处三年以下有期徒刑或者拘役，并处罚金；情节严重的，处三年以上十年以下有期徒刑，并处罚金。

明知他人实施前款行为，为其招募、运送人员或者有其他协助强迫他人劳动行为的，依照前款的规定处罚。

单位犯前两款罪的，对单位判处罚金，并对其直接负责的主管人员和其他直接责任人员，依照第一款的规定处罚。①

**第二百四十四条之一** 【雇用童工从事危重劳动罪】违反劳动管理法规，雇用未满十六周岁的未成年人从事超强度体力劳动的，或者从事高空、井下作业的，或者在爆炸性、易燃性、放射性、毒害性等危险环境下从事劳动，情节严重的，对直接责任人员，处三年以下有期徒刑或者拘役，并处罚金；情节特别严重的，处三年以上七年以下有期徒刑，并处罚金。

有前款行为，造成事故，又构成其他犯罪的，依照数罪并罚的规定处罚。②

**第二百四十五条** 【非法搜查罪】【非法侵入住宅罪】非法搜查他人身体、住宅，或者非法侵入他人住宅的，处三年以下有期徒刑或

---

① 根据 2011 年 2 月 25 日《中华人民共和国刑法修正案（八）》修改。原条文为："用人单位违反劳动管理法规，以限制人身自由方法强迫职工劳动，情节严重的，对直接责任人员，处三年以下有期徒刑或者拘役，并处或者单处罚金。"

② 根据 2002 年 12 月 28 日《中华人民共和国刑法修正案（四）》增加。

者拘役。

司法工作人员滥用职权，犯前款罪的，从重处罚。

**第二百四十六条** 【侮辱罪】【诽谤罪】以暴力或者其他方法公然侮辱他人或者捏造事实诽谤他人，情节严重的，处三年以下有期徒刑、拘役、管制或者剥夺政治权利。

前款罪，告诉的才处理，但是严重危害社会秩序和国家利益的除外。

通过信息网络实施第一款规定的行为，被害人向人民法院告诉，但提供证据确有困难的，人民法院可以要求公安机关提供协助。①

……

**第二百五十六条** 【破坏选举罪】在选举各级人民代表大会代表和国家机关领导人员时，以暴力、威胁、欺骗、贿赂、伪造选举文件、虚报选举票数等手段破坏选举或者妨害选民和代表自由行使选举权和被选举权，情节严重的，处三年以下有期徒刑、拘役或者剥夺政治权利。

……

**第二百六十条** 【虐待罪】虐待家庭成员，情节恶劣的，处二年以下有期徒刑、拘役或者管制。

犯前款罪，致使被害人重伤、死亡的，处二年以上七年以下有期徒刑。

第一款罪，告诉的才处理，但被害人没有能力告诉，或者因受到强制、威吓无法告诉的除外。②

……

**第二百六十一条** 【遗弃罪】对于年老、年幼、患病或者其他没有独立生活能力的人，负有扶养义务而拒绝扶养，情节恶劣的，处五年以下有期徒刑、拘役或者管制。

……

---

① 根据2015年8月29日《中华人民共和国刑法修正案（九）》增加一款，作为第三款。

② 根据2015年8月29日《中华人民共和国刑法修正案（九）》修改。原第三款条文为："第一款罪，告诉的才处理。"

第二百六十二条之一　【组织残疾人、儿童乞讨罪】以暴力、胁迫手段组织残疾人或者不满十四周岁的未成年人乞讨的,处三年以下有期徒刑或者拘役,并处罚金;情节严重的,处三年以上七年以下有期徒刑,并处罚金。①

……

第二百六十三条　【抢劫罪】以暴力、胁迫或者其他方法抢劫公私财物的,处三年以上十年以下有期徒刑,并处罚金;有下列情形之一的,处十年以上有期徒刑、无期徒刑或者死刑,并处罚金或者没收财产:

（一）入户抢劫的;

（二）在公共交通工具上抢劫的;

（三）抢劫银行或者其他金融机构的;

（四）多次抢劫或者抢劫数额巨大的;

（五）抢劫致人重伤、死亡的;

（六）冒充军警人员抢劫的;

（七）持枪抢劫的;

（八）抢劫军用物资或者抢险、救灾、救济物资的。

第二百六十四条　【盗窃罪】盗窃公私财物,数额较大的,或者多次盗窃、入户盗窃、携带凶器盗窃、扒窃的,处三年以下有期徒刑、拘役或者管制,并处或者单处罚金;数额巨大或者有其他严重情节的,处三年以上十年以下有期徒刑,并处罚金;数额特别巨大或者有其他特别严重情节的,处十年以上有期徒刑或者无期徒刑,并处罚金或者没收财产。②

第二百六十五条　【盗窃罪】以牟利为目的,盗接他人通信线路、

---

① 根据 2006 年 6 月 29 日《中华人民共和国刑法修正案（六）》增加。

② 根据 2011 年 2 月 25 日《中华人民共和国刑法修正案（八）》修改。原条文为:"盗窃公私财物,数额较大或者多次盗窃的,处三年以下有期徒刑、拘役或者管制,并处或者单处罚金;数额巨大或者有其他严重情节的,处三年以上十年以下有期徒刑,并处罚金;数额特别巨大或者有其他特别严重情节的,处十年以上有期徒刑或者无期徒刑,并处罚金或者没收财产;有下列情形之一的,处无期徒刑或者死刑,并处没收财产:

"（一）盗窃金融机构,数额特别巨大的;

"（二）盗窃珍贵文物,情节严重的。"

复制他人电信码号或者明知是盗接、复制的电信设备、设施而使用的，依照本法第二百六十四条的规定定罪处罚。

**第二百六十六条**① 【诈骗罪】诈骗公私财物，数额较大的，处三年以下有期徒刑、拘役或者管制，并处或者单处罚金；数额巨大或者有其他严重情节的，处三年以上十年以下有期徒刑，并处罚金；数额特别巨大或者有其他特别严重情节的，处十年以上有期徒刑或者无期徒刑，并处罚金或者没收财产。本法另有规定的，依照规定。

**第二百六十七条** 【抢夺罪】抢夺公私财物，数额较大的，或者多次抢夺的，处三年以下有期徒刑、拘役或者管制，并处或者单处罚金；数额巨大或者有其他严重情节的，处三年以上十年以下有期徒刑，并处罚金；数额特别巨大或者有其他特别严重情节的，处十年以上有期徒刑或者无期徒刑，并处罚金或者没收财产。②

携带凶器抢夺的，依照本法第二百六十三条的规定定罪处罚。

……

**第二百七十四条** 【敲诈勒索罪】敲诈勒索公私财物，数额较大或者多次敲诈勒索的，处三年以下有期徒刑、拘役或者管制，并处或者单处罚金；数额巨大或者有其他严重情节的，处三年以上十年以下有期徒刑，并处罚金；数额特别巨大或者有其他特别严重情节的，处

---

① 根据2014年4月24日通过的《全国人民代表大会常务委员会关于〈中华人民共和国刑法〉第二百六十六条的解释》：

"全国人民代表大会常务委员会根据司法实践中遇到的情况，讨论了刑法第二百六十六条的含义及骗取养老、医疗、工伤、失业、生育等社会保险金或者其他社会保障待遇的行为如何适用刑法有关规定的问题，解释如下：

"以欺诈、伪造证明材料或者其他手段骗取养老、医疗、工伤、失业、生育等社会保险金或者其他社会保障待遇的，属于刑法第二百六十六条规定的诈骗公私财物的行为。"

② 根据2015年8月29日《中华人民共和国刑法修正案（九）》修改。原第一款条文为："抢夺公私财物，数额较大的，处三年以下有期徒刑、拘役或者管制，并处或者单处罚金；数额巨大或者有其他严重情节的，处三年以上十年以下有期徒刑，并处罚金；数额特别巨大或者有其他特别严重情节的，处十年以上有期徒刑或者无期徒刑，并处罚金或者没收财产。"

十年以上有期徒刑，并处罚金。①

**第二百七十五条**　【故意毁坏财物罪】故意毁坏公私财物，数额较大或者有其他严重情节的，处三年以下有期徒刑、拘役或者罚金；数额巨大或者有其他特别严重情节的，处三年以上七年以下有期徒刑。

……

**第二百八十五条**　【非法侵入计算机信息系统罪】违反国家规定，侵入国家事务、国防建设、尖端科学技术领域的计算机信息系统的，处三年以下有期徒刑或者拘役。

【非法获取计算机信息系统数据、非法控制计算机信息系统罪】违反国家规定，侵入前款规定以外的计算机信息系统或者采用其他技术手段，获取该计算机信息系统中存储、处理或者传输的数据，或者对该计算机信息系统实施非法控制，情节严重的，处三年以下有期徒刑或者拘役，并处或者单处罚金；情节特别严重的，处三年以上七年以下有期徒刑，并处罚金。

【提供侵入、非法控制计算机信息系统程序、工具罪】提供专门用于侵入、非法控制计算机信息系统的程序、工具，或者明知他人实施侵入、非法控制计算机信息系统的违法犯罪行为而为其提供程序、工具，情节严重的，依照前款的规定处罚。

单位犯前三款罪的，对单位判处罚金，并对其直接负责的主管人员和其他直接责任人员，依照各该款的规定处罚。②

**第二百八十六条**　【破坏计算机信息系统罪】违反国家规定，对计算机信息系统功能进行删除、修改、增加、干扰，造成计算机信息系统不能正常运行，后果严重的，处五年以下有期徒刑或者拘役；后

---

①　根据2011年2月25日《中华人民共和国刑法修正案（八）》修改。原条文为："敲诈勒索公私财物，数额较大的，处三年以下有期徒刑、拘役或者管制；数额巨大或者有其他严重情节的，处三年以上十年以下有期徒刑。"

②　根据2009年2月28日《中华人民共和国刑法修正案（七）》增加两款，作为第二款、第三款。根据2015年8月29日《中华人民共和国刑法修正案（九）》增加一款，作为第四款。

果特别严重的,处五年以上有期徒刑。

违反国家规定,对计算机信息系统中存储、处理或者传输的数据和应用程序进行删除、修改、增加的操作,后果严重的,依照前款的规定处罚。

故意制作、传播计算机病毒等破坏性程序,影响计算机系统正常运行,后果严重的,依照第一款的规定处罚。

单位犯前三款罪的,对单位判处罚金,并对其直接负责的主管人员和其他直接责任人员,依照第一款的规定处罚。①

……

**第二百九十条** **【聚众扰乱社会秩序罪】**聚众扰乱社会秩序,情节严重,致使工作、生产、营业和教学、科研、医疗无法进行,造成严重损失的,对首要分子,处三年以上七年以下有期徒刑;对其他积极参加的,处三年以下有期徒刑、拘役、管制或者剥夺政治权利。

**【聚众冲击国家机关罪】**聚众冲击国家机关,致使国家机关工作无法进行,造成严重损失的,对首要分子,处五年以上十年以下有期徒刑;对其他积极参加的,处五年以下有期徒刑、拘役、管制或者剥夺政治权利。

**【扰乱国家机关工作秩序罪】**多次扰乱国家机关工作秩序,经行政处罚后仍不改正,造成严重后果的,处三年以下有期徒刑、拘役或者管制。

**【组织、资助非法聚集罪】**多次组织、资助他人非法聚集,扰乱社会秩序,情节严重的,依照前款的规定处罚。②

**第二百九十一条** **【聚众扰乱公共场所秩序、交通秩序罪】**聚众

---

① 根据2015年8月29日《中华人民共和国刑法修正案(九)》增加一款,作为第四款。

② 根据2015年8月29日《中华人民共和国刑法修正案(九)》修改。原第一款条文为:"聚众扰乱社会秩序,情节严重,致使工作、生产、营业和教学、科研无法进行,造成严重损失的,对首要分子,处三年以上七年以下有期徒刑;对其他积极参加的,处三年以下有期徒刑、拘役、管制或者剥夺政治权利。"增加二款,作为第三款、第四款。

扰乱车站、码头、民用航空站、商场、公园、影剧院、展览会、运动场或者其他公共场所秩序，聚众堵塞交通或者破坏交通秩序，抗拒、阻碍国家治安管理工作人员依法执行职务，情节严重的，对首要分子，处五年以下有期徒刑、拘役或者管制。

**第二百九十一条之一** 　**【投放虚假危险物质罪】【编造、故意传播虚假恐怖信息罪】**投放虚假的爆炸性、毒害性、放射性、传染病病原体等物质，或者编造爆炸威胁、生化威胁、放射威胁等恐怖信息，或者明知是编造的恐怖信息而故意传播，严重扰乱社会秩序的，处五年以下有期徒刑、拘役或者管制；造成严重后果的，处五年以上有期徒刑。

**【编造、故意传播虚假信息罪】**编造虚假的险情、疫情、灾情、警情，在信息网络或者其他媒体上传播，或者明知是上述虚假信息，故意在信息网络或者其他媒体上传播，严重扰乱社会秩序的，处三年以下有期徒刑、拘役或者管制；造成严重后果的，处三年以上七年以下有期徒刑。[①]

……

**第三百条** 　**【组织、利用会道门、邪教组织、利用迷信破坏法律实施罪】**组织、利用会道门、邪教组织或者利用迷信破坏国家法律、行政法规实施的，处三年以上七年以下有期徒刑，并处罚金；情节特别严重的，处七年以上有期徒刑或者无期徒刑，并处罚金或者没收财产；情节较轻的，处三年以下有期徒刑、拘役、管制或者剥夺政治权利，并处或者单处罚金。

**【组织、利用会道门、邪教组织、利用迷信致人重伤、死亡罪】**组织、利用会道门、邪教组织或者利用迷信蒙骗他人，致人重伤、死亡的，依照前款的规定处罚。

犯第一款罪又有奸淫妇女、诈骗财物等犯罪行为的，依照数罪并

---

① 根据2001年12月29日《中华人民共和国刑法修正案（三）》增加。根据2015年8月29日《中华人民共和国刑法修正案（九）》增加一款，作为第二款。

罚的规定处罚。①

……

**第三百零三条** 【赌博罪】以营利为目的,聚众赌博或者以赌博为业的,处三年以下有期徒刑、拘役或者管制,并处罚金。

【开设赌场罪】开设赌场的,处五年以下有期徒刑、拘役或者管制,并处罚金;情节严重的,处五年以上十年以下有期徒刑,并处罚金。

【组织参与国（境）外赌博罪】组织中华人民共和国公民参与国（境）外赌博,数额巨大或者有其他严重情节的,依照前款的规定处罚。②

……

**第三百一十八条** 【组织他人偷越国（边）境罪】组织他人偷越国（边）境的,处二年以上七年以下有期徒刑,并处罚金;有下列情形之一的,处七年以上有期徒刑或者无期徒刑,并处罚金或者没收财产:

（一）组织他人偷越国（边）境集团的首要分子;

（二）多次组织他人偷越国（边）境或者组织他人偷越国（边）境人数众多的;

（三）造成被组织人重伤、死亡的;

（四）剥夺或者限制被组织人人身自由的;

---

① 根据 2015 年 8 月 29 日《中华人民共和国刑法修正案（九）》修改。原条文为:"组织和利用会道门、邪教组织或者利用迷信破坏国家法律、行政法规实施的,处三年以上七年以下有期徒刑;情节特别严重的,处七年以上有期徒刑。

"组织和利用会道门、邪教组织或者利用迷信蒙骗他人,致人死亡的,依照前款的规定处罚。

"组织和利用会道门、邪教组织或者利用迷信奸淫妇女、诈骗财物的,分别依照本法第二百三十六条、第二百六十六条的规定定罪处罚。"

② 根据 2006 年 6 月 29 日《中华人民共和国刑法修正案（六）》第一次修改。原条文为:"以营利为目的,聚众赌博、开设赌场或者以赌博为业的,处三年以下有期徒刑、拘役或者管制,并处罚金。"

根据 2020 年 12 月 26 日《中华人民共和国刑法修正案（十一）》第二次修改。原条文为:"以营利为目的,聚众赌博或者以赌博为业的,处三年以下有期徒刑、拘役或者管制,并处罚金。

"开设赌场的,处三年以下有期徒刑、拘役或者管制,并处罚金;情节严重的,处三年以上十年以下有期徒刑,并处罚金。"

（五）以暴力、威胁方法抗拒检查的；

（六）违法所得数额巨大的；

（七）有其他特别严重情节的。

犯前款罪，对被组织人有杀害、伤害、强奸、拐卖等犯罪行为，或者对检查人员有杀害、伤害等犯罪行为的，依照数罪并罚的规定处罚。

......

**第三百二十一条** 【运送他人偷越国（边）境罪】运送他人偷越国（边）境的，处五年以下有期徒刑、拘役或者管制，并处罚金；有下列情形之一的，处五年以上十年以下有期徒刑，并处罚金：

（一）多次实施运送行为或者运送人数众多的；

（二）所使用的船只、车辆等交通工具不具备必要的安全条件，足以造成严重后果的；

（三）违法所得数额巨大的；

（四）有其他特别严重情节的。

在运送他人偷越国（边）境中造成被运送人重伤、死亡，或者以暴力、威胁方法抗拒检查的，处七年以上有期徒刑，并处罚金。

犯前两款罪，对被运送人有杀害、伤害、强奸、拐卖等犯罪行为，或者对检查人员有杀害、伤害等犯罪行为的，依照数罪并罚的规定处罚。

......

**第三百五十八条** 【组织卖淫罪】【强迫卖淫罪】组织、强迫他人卖淫的，处五年以上十年以下有期徒刑，并处罚金；情节严重的，处十年以上有期徒刑或者无期徒刑，并处罚金或者没收财产。

组织、强迫未成年人卖淫的，依照前款的规定从重处罚。

犯前两款罪，并有杀害、伤害、强奸、绑架等犯罪行为的，依照数罪并罚的规定处罚。

【协助组织卖淫罪】为组织卖淫的人招募、运送人员或者有其他协助组织他人卖淫行为的，处五年以下有期徒刑，并处罚金；情节严重的，处五年以上十年以下有期徒刑，并处罚金。①

**第三百五十九条** 【引诱、容留、介绍卖淫罪】引诱、容留、介绍他人卖淫的，处五年以下有期徒刑、拘役或者管制，并处罚金；情节严重的，处五年以上有期徒刑，并处罚金。

【引诱幼女卖淫罪】引诱不满十四周岁的幼女卖淫的，处五年以上有期徒刑，并处罚金。

……

**第三百六十三条** 【制作、复制、出版、贩卖、传播淫秽物品牟利罪】以牟利为目的，制作、复制、出版、贩卖、传播淫秽物品的，处三年以下有期徒刑、拘役或者管制，并处罚金；情节严重的，处三年以上十年以下有期徒刑，并处罚金；情节特别严重的，处十年以上有期徒刑或者无期徒刑，并处罚金或者没收财产。

【为他人提供书号出版淫秽书刊罪】为他人提供书号，出版淫秽书刊的，处三年以下有期徒刑、拘役或者管制，并处或者单处罚金；明知他人用于出版淫秽书刊而提供书号的，依照前款的规定处罚。

**第三百六十四条** 【传播淫秽物品罪】传播淫秽的书刊、影片、音像、图片或者其他淫秽物品，情节严重的，处二年以下有期徒刑、拘役或者管制。

---

① 根据2011年2月25日《中华人民共和国刑法修正案（八）》第一次修改。原第三款条文为："协助组织他人卖淫的，处五年以下有期徒刑，并处罚金；情节严重的，处五年以上十年以下有期徒刑，并处罚金。"
根据2015年8月29日《中华人民共和国刑法修正案（九）》第二次修改。原条文为："组织他人卖淫或者强迫他人卖淫的，处五年以上十年以下有期徒刑，并处罚金；有下列情形之一的，处十年以上有期徒刑或者无期徒刑，并处罚金或者没收财产：
"（一）组织他人卖淫，情节严重的；
"（二）强迫不满十四周岁的幼女卖淫的；
"（三）强迫多人卖淫或者多次强迫他人卖淫的；
"（四）强奸后迫使卖淫的；
"（五）造成被强迫卖淫的人重伤、死亡或者其他严重后果的。
"有前款所列情形之一，情节特别严重的，处无期徒刑或者死刑，并处没收财产。
"为组织卖淫的人招募、运送人员或者有其他协助组织他人卖淫行为的，处五年以下有期徒刑，并处罚金；情节严重的，处五年以上十年以下有期徒刑，并处罚金。"

**【组织播放淫秽音像制品罪】** 组织播放淫秽的电影、录像等音像制品的,处三年以下有期徒刑、拘役或者管制,并处罚金;情节严重的,处三年以上十年以下有期徒刑,并处罚金。

制作、复制淫秽的电影、录像等音像制品组织播放的,依照第二款的规定从重处罚。

向不满十八周岁的未成年人传播淫秽物品的,从重处罚。

第三百六十五条 **【组织淫秽表演罪】** 组织进行淫秽表演的,处三年以下有期徒刑、拘役或者管制,并处罚金;情节严重的,处三年以上十年以下有期徒刑,并处罚金。

第三百六十六条 **【单位实施有关淫秽物品犯罪的处罚】** 单位犯本节第三百六十三条、第三百六十四条、第三百六十五条规定之罪的,对单位判处罚金,并对其直接负责的主管人员和其他直接责任人员,依照各该条的规定处罚。

第三百六十七条 **【淫秽物品的界定】** 本法所称淫秽物品,是指具体描绘性行为或者露骨宣扬色情的诲淫性的书刊、影片、录像带、录音带、图片及其他淫秽物品。

有关人体生理、医学知识的科学著作不是淫秽物品。

包含有色情内容的有艺术价值的文学、艺术作品不视为淫秽物品。

……

## 最高人民检察院、公安部关于印发《最高人民检察院、公安部关于公安机关管辖的刑事案件立案追诉标准的规定（一）》的通知

（2008年6月25日 公通字〔2008〕36号）

各省、自治区、直辖市人民检察院，公安厅、局，军事检察院，新疆生产建设兵团人民检察院、公安局：

  为及时、准确地打击犯罪，根据《中华人民共和国刑法》、《中华人民共和国刑法修正案（二）》、《中华人民共和国刑法修正案（三）》、《中华人民共和国刑法修正案（四）》、《中华人民共和国刑法修正案（六）》和《中华人民共和国刑事诉讼法》的规定，最高人民检察院、公安部制定了《最高人民检察院公安部关于公安机关管辖的刑事案件立案追诉标准的规定（一）》，对公安机关治安部门、消防部门管辖的刑事案件立案追诉标准作出了规定。现印发给你们，请遵照执行。各级公安机关应当依照此规定立案侦查，各级检察机关应当依照此规定审查批捕、审查起诉。

  各地在执行中遇到的问题，请及时分别报最高人民检察院和公安部。

## 最高人民检察院、公安部关于公安机关管辖的刑事案件立案追诉标准的规定（一）

### 一、危害公共安全案

  第一条 【失火案（刑法第一百一十五条第二款）】过失引起火

灾，涉嫌下列情形之一的，应予立案追诉：

（一）造成死亡一人以上，或者重伤三人以上的；

（二）造成公共财产或者他人财产直接经济损失五十万元以上的；

（三）造成十户以上家庭的房屋以及其他基本生活资料烧毁的；

（四）造成森林火灾，过火有林地面积二公顷以上，或者过火疏林地、灌木林地、未成林地、苗圃地面积四公顷以上的；

（五）其他造成严重后果的情形。

本条和本规定第十五条规定的"有林地"、"疏林地"、"灌木林地"、"未成林地"、"苗圃地"，按照国家林业主管部门的有关规定确定。

**第二条　【非法制造、买卖、运输、储存危险物质案（刑法第一百二十五条第二款）】** 非法制造、买卖、运输、储存毒害性、放射性、传染病病原体等物质，危害公共安全，涉嫌下列情形之一的，应予立案追诉：

（一）造成人员重伤或者死亡的；

（二）造成直接经济损失十万元以上的；

（三）非法制造、买卖、运输、储存毒鼠强、氟乙酰胺、氟乙酰钠、毒鼠硅、甘氟原粉、原液、制剂五十克以上，或者饵料二千克以上的；

（四）造成急性中毒、放射性疾病或者造成传染病流行、暴发的；

（五）造成严重环境污染的；

（六）造成毒害性、放射性、传染病病原体等危险物质丢失、被盗、被抢或者被他人利用进行违法犯罪活动的；

（七）其他危害公共安全的情形。

**第三条　【违规制造、销售枪支案（刑法第一百二十六条）】** 依法被指定、确定的枪支制造企业、销售企业，违反枪支管理规定，以非法销售为目的，超过限额或者不按照规定的品种制造、配售枪支，或者以非法销售为目的，制造无号、重号、假号的枪支，或者非法销售枪支或者在境内销售为出口制造的枪支，涉嫌下列情形之一的，应予立案追诉：

（一）违规制造枪支五支以上的；

（二）违规销售枪支二支以上的；

（三）虽未达到上述数量标准，但具有造成严重后果等其他恶劣情节的。

本条和本规定第四条、第七条规定的"枪支"，包括枪支散件。成套枪支散件，以相应数量的枪支计；非成套枪支散件，以每三十件为一成套枪支散件计。

第四条 【非法持有、私藏枪支、弹药案（刑法第一百二十八条第一款）】违反枪支管理规定，非法持有、私藏枪支、弹药，涉嫌下列情形之一的，应予立案追诉：

（一）非法持有、私藏军用枪支一支以上的；

（二）非法持有、私藏以火药为动力发射枪弹的非军用枪支一支以上，或者以压缩气体等为动力的其他非军用枪支二支以上的；

（三）非法持有、私藏军用子弹二十发以上、气枪铅弹一千发以上或者其他非军用子弹二百发以上的；

（四）非法持有、私藏手榴弹、炸弹、地雷、手雷等具有杀伤性弹药一枚以上的；

（五）非法持有、私藏的弹药造成人员伤亡、财产损失的。

本条规定的"非法持有"，是指不符合配备、配置枪支、弹药条件的人员，擅自持有枪支、弹药的行为；"私藏"，是指依法配备、配置枪支、弹药的人员，在配备、配置枪支、弹药的条件消除后，私自藏匿所配备、配置的枪支、弹药且拒不交出的行为。

第五条 【非法出租、出借枪支案（刑法第一百二十八条第二、三、四款）】依法配备公务用枪的人员或者单位，非法将枪支出租、出借给未取得公务用枪配备资格的人员或者单位，或者将公务用枪用作借债质押物的，应予立案追诉。

依法配备公务用枪的人员或者单位，非法将枪支出租、出借给具有公务用枪配备资格的人员或者单位，以及依法配置民用枪支的人员或者单位，非法出租、出借民用枪支，涉嫌下列情形之一的，应予立案追诉：

（一）造成人员轻伤以上伤亡事故的；

（二）造成枪支丢失、被盗、被抢的；

（三）枪支被他人利用进行违法犯罪活动的；

（四）其他造成严重后果的情形。

**第六条　【丢失枪支不报案（刑法第一百二十九条）】** 依法配备公务用枪的人员，丢失枪支不及时报告，涉嫌下列情形之一的，应予立案追诉：

（一）丢失的枪支被他人使用造成人员轻伤以上伤亡事故的；

（二）丢失的枪支被他人利用进行违法犯罪活动的；

（三）其他造成严重后果的情形。

**第七条　【非法携带枪支、弹药、管制刀具、危险物品危及公共安全案（刑法第一百三十条）】** 非法携带枪支、弹药、管制刀具或者爆炸性、易燃性、放射性、毒害性、腐蚀性物品，进入公共场所或者公共交通工具，危及公共安全，涉嫌下列情形之一的，应予立案追诉：

（一）携带枪支一支以上或者手榴弹、炸弹、地雷、手雷等具有杀伤性弹药一枚以上的；

（二）携带爆炸装置一套以上的；

（三）携带炸药、发射药、黑火药五百克以上或者烟火药一千克以上、雷管二十枚以上或者导火索、导爆索二十米以上，或者虽未达到上述数量标准，但拒不交出的；

（四）携带的弹药、爆炸物在公共场所或者公共交通工具上发生爆炸或者燃烧，尚未造成严重后果的；

（五）携带管制刀具二十把以上，或者虽未达到上述数量标准，但拒不交出，或者用来进行违法活动尚未构成其他犯罪的；

（六）携带的爆炸性、易燃性、放射性、毒害性、腐蚀性物品在公共场所或者公共交通工具上发生泄漏、遗洒，尚未造成严重后果的；

（七）其他情节严重的情形。

**第八条　【重大责任事故案（刑法第一百三十四条第一款）】** 在

生产、作业中违反有关安全管理的规定，涉嫌下列情形之一的，应予立案追诉：

（一）造成死亡一人以上，或者重伤三人以上；

（二）造成直接经济损失五十万元以上的；

（三）发生矿山生产安全事故，造成直接经济损失一百万元以上的；

（四）其他造成严重后果的情形。

**第九条** **【强令违章冒险作业案（刑法第一百三十四条第二款）】** 强令他人违章冒险作业，涉嫌下列情形之一的，应予立案追诉：

（一）造成死亡一人以上，或者重伤三人以上的；

（二）造成直接经济损失五十万元以上的；

（三）发生矿山生产安全事故，造成直接经济损失一百万元以上的；

（四）其他造成严重后果的情形。

**第十条** **【重大劳动安全事故案（刑法第一百三十五条）】** 安全生产设施或者安全生产条件不符合国家规定，涉嫌下列情形之一的，应予立案追诉：

（一）造成死亡一人以上，或者重伤三人以上的；

（二）造成直接经济损失五十万元以上的；

（三）发生矿山生产安全事故，造成直接经济损失一百万元以上的；

（四）其他造成严重后果的情形。

**第十一条** **【大型群众性活动重大安全事故案（刑法第一百三十五条之一）】** 举办大型群众性活动违反安全管理规定，涉嫌下列情形之一的，应予立案追诉：

（一）造成死亡一人以上，或者重伤三人以上的；

（二）造成直接经济损失五十万元以上的；

（三）其他造成严重后果的情形。

**第十二条** **【危险物品肇事案（刑法第一百三十六条）】** 违反爆炸性、易燃性、放射性、毒害性、腐蚀性物品的管理规定，在生产、储存、运输、使用中发生重大事故，涉嫌下列情形之一的，应予立案追诉：

（一）造成死亡一人以上，或者重伤三人以上的；

（二）造成直接经济损失五十万元以上的；

（三）其他造成严重后果的情形。

**第十三条　【工程重大安全事故案（刑法第一百三十七条）】** 建设单位、设计单位、施工单位、工程监理单位违反国家规定，降低工程质量标准，涉嫌下列情形之一的，应予立案追诉：

（一）造成死亡一人以上，或者重伤三人以上的；

（二）造成直接经济损失五十万元以上的；

（三）其他造成严重后果的情形。

**第十四条　【教育设施重大安全事故案（刑法第一百三十八条）】** 明知校舍或者教育教学设施有危险，而不采取措施或者不及时报告，涉嫌下列情形之一的，应予立案追诉：

（一）造成死亡一人以上、重伤三人以上或者轻伤十人以上的；

（二）其他致使发生重大伤亡事故的情形。

**第十五条　【消防责任事故案（刑法第一百三十九条）】** 违反消防管理法规，经消防监督机构通知采取改正措施而拒绝执行，涉嫌下列情形之一的，应予立案追诉：

（一）造成死亡一人以上，或者重伤三人以上的；

（二）造成直接经济损失五十万元以上的；

（三）造成森林火灾，过火有林地面积二公顷以上，或者过火疏林地、灌木林地、未成林地、苗圃地面积四公顷以上的；

（四）其他造成严重后果的情形。

## 二、破坏社会主义市场经济秩序案

**第十六条　【生产、销售伪劣产品案（刑法第一百四十条）】** 生产者、销售者在产品中掺杂、掺假，以假充真，以次充好或者以不合格产品冒充合格产品，涉嫌下列情形之一的，应予立案追诉：

（一）伪劣产品销售金额五万元以上的；

（二）伪劣产品尚未销售，货值金额十五万元以上的；

（三）伪劣产品销售金额不满五万元，但将已销售金额乘以三倍后，与尚未销售的伪劣产品货值金额合计十五万元以上的。

本条规定的"掺杂、掺假"，是指在产品中掺入杂质或者异物，致使产品质量不符合国家法律、法规或者产品明示质量标准规定的质量要求，降低、失去应有使用性能的行为；"以假充真"，是指以不具有某种使用性能的产品冒充具有该种使用性能的产品的行为；"以次充好"，是指以低等级、低档次产品冒充高等级、高档次产品，或者以残次、废旧零配件组合、拼装后冒充正品或者新产品的行为；"不合格产品"，是指不符合《中华人民共和国产品质量法》规定的质量要求的产品。

对本条规定的上述行为难以确定的，应当委托法律、行政法规规定的产品质量检验机构进行鉴定。本条规定的"销售金额"，是指生产者、销售者出售伪劣产品后所得和应得的全部违法收入；"货值金额"，以违法生产、销售的伪劣产品的标价计算；没有标价的，按照同类合格产品的市场中间价格计算。货值金额难以确定的，按照《扣押、追缴、没收物品估价管理办法》的规定，委托估价机构进行确定。

**第十七条　【生产、销售假药案（刑法第一百四十一条）】** 生产（包括配制）、销售假药，涉嫌下列情形之一的，应予立案追诉：

（一）含有超标准的有毒有害物质的；

（二）不含所标明的有效成份，可能贻误诊治的；

（三）所标明的适应症或者功能主治超出规定范围，可能造成贻误诊治的；

（四）缺乏所标明的急救必需的有效成份的；

（五）其他足以严重危害人体健康或者对人体健康造成严重危害的情形。

本条规定的"假药"，是指依照《中华人民共和国药品管理法》的规定属于假药和按假药论处的药品、非药品。

**第十八条　【生产、销售劣药案（刑法第一百四十二条）】** 生产（包括配制）、销售劣药，涉嫌下列情形之一的，应予立案追诉：

(一)造成人员轻伤、重伤或者死亡的;

(二)其他对人体健康造成严重危害的情形。

本条规定的"劣药",是指依照《中华人民共和国药品管理法》的规定,药品成份的含量不符合国家药品标准的药品和按劣药论处的药品。

**第十九条 【生产、销售不符合卫生标准的食品案(刑法第一百四十三条)】** 生产、销售不符合卫生标准的食品,涉嫌下列情形之一的,应予立案追诉:

(一)含有可能导致严重食物中毒事故或者其他严重食源性疾患的有害细菌的;

(二)含有可能导致严重食物中毒事故或者其他严重食源性疾患的其他污染物的。

本条规定的"不符合卫生标准的食品",由省级以上卫生行政部门确定的机构进行鉴定。

**第二十条 【生产、销售有毒、有害食品案(刑法第一百四十四条)】** 在生产、销售的食品中掺入有毒、有害的非食品原料的,或者销售明知掺有有毒、有害的非食品原料的食品的,应予立案追诉。

使用盐酸克仑特罗(俗称"瘦肉精")等禁止在饲料和动物饮用水中使用的药品或者含有该类药品的饲料养殖供人食用的动物,或者销售明知是使用该类药品或者含有该类药品的饲料养殖的供人食用的动物的,应予立案追诉。

明知是使用盐酸克仑特罗等禁止在饲料和动物饮用水中使用的药品或者含有该类药品的饲料养殖的供人食用的动物,而提供屠宰等加工服务,或者销售其制品的,应予立案追诉。

**第二十一条 【生产、销售不符合标准的医用器材案(刑法第一百四十五条)】** 生产不符合保障人体健康的国家标准、行业标准的医疗器械、医用卫生材料,或者销售明知是不符合保障人体健康的国家标准、行业标准的医疗器械、医用卫生材料,涉嫌下列情形之一的,应予立案追诉:

（一）进入人体的医疗器械的材料中含有超过标准的有毒有害物质的；

（二）进入人体的医疗器械的有效性指标不符合标准要求，导致治疗、替代、调节、补偿功能部分或者全部丧失，可能造成贻误诊治或者人体严重损伤的；

（三）用于诊断、监护、治疗的有源医疗器械的安全指标不符合强制性标准要求，可能对人体构成伤害或者潜在危害的；

（四）用于诊断、监护、治疗的有源医疗器械的主要性能指标不合格，可能造成贻误诊治或者人体严重损伤的；

（五）未经批准，擅自增加功能或者适用范围，可能造成贻误诊治或者人体严重损伤的；

（六）其他足以严重危害人体健康或者对人体健康造成严重危害的情形。

医疗机构或者个人知道或者应当知道是不符合保障人体健康的国家标准、行业标准的医疗器械、医用卫生材料而购买并有偿使用的，视为本条规定的"销售"。

**第二十二条 【生产、销售不符合安全标准的产品案（刑法第一百四十六条）】** 生产不符合保障人身、财产安全的国家标准、行业标准的电器、压力容器、易燃易爆产品或者其他不符合保障人身、财产安全的国家标准、行业标准的产品，或者销售明知是以上不符合保障人身、财产安全的国家标准、行业标准的产品，涉嫌下列情形之一的，应予立案追诉：

（一）造成人员重伤或者死亡的；

（二）造成直接经济损失十万元以上的；

（三）其他造成严重后果的情形。

**第二十三条 【生产、销售伪劣农药、兽药、化肥、种子案（刑法第一百四十七条）】** 生产假农药、假兽药、假化肥，销售明知是假的或者失去使用效能的农药、兽药、化肥、种子，或者生产者、销售者以不合格的农药、兽药、化肥、种子冒充合格的农药、兽药、化肥、种子，涉嫌下列情形之一的，应予立案追诉：

（一）使生产遭受损失二万元以上的；

（二）其他使生产遭受较大损失的情形。

**第二十四条** 【生产、销售不符合卫生标准的化妆品案（刑法第一百四十八条）】生产不符合卫生标准的化妆品，或者销售明知是不符合卫生标准的化妆品，涉嫌下列情形之一的，应予立案追诉：

（一）造成他人容貌毁损或者皮肤严重损伤的；

（二）造成他人器官组织损伤导致严重功能障碍的；

（三）致使他人精神失常或者自杀、自残造成重伤、死亡的；

（四）其他造成严重后果的情形。

**第二十五条** 【走私淫秽物品案（刑法第一百五十二条第一款）】以牟利或者传播为目的，走私淫秽的影片、录像带、录音带、图片、书刊或者其他通过文字、声音、形象等形式表现淫秽内容的影碟、音碟、电子出版物等物品，涉嫌下列情形之一的，应予立案追诉：

（一）走私淫秽录像带、影碟五十盘（张）以上的；

（二）走私淫秽录音带、音碟一百盘（张）以上的；

（三）走私淫秽扑克、书刊、画册一百副（册）以上的；

（四）走私淫秽照片、图片五百张以上的；

（五）走私其他淫秽物品相当于上述数量的；

（六）走私淫秽物品数量虽未达到本条第（一）项至第（四）项规定标准，但分别达到其中两项以上标准的百分之五十以上的。

**第二十六条** 【侵犯著作权案（刑法第二百一十七条）】以营利为目的，未经著作权人许可，复制发行其文字作品、音乐、电影、电视、录像作品、计算机软件及其他作品，或者出版他人享有专有出版权的图书，或者未经录音录像制作者许可，复制发行其制作的录音录像，或者制作、出售假冒他人署名的美术作品，涉嫌下列情形之一的，应予立案追诉：

（一）违法所得数额三万元以上的；

（二）非法经营数额五万元以上的；

（三）未经著作权人许可，复制发行其文字作品、音乐、电影、电视、录像作品、计算机软件及其他作品，复制品数量合计五百张（份）以上的；

（四）未经录音录像制作者许可，复制发行其制作的录音录像制品，复制品数量合计五百张（份）以上的；

（五）其他情节严重的情形。

以刊登收费广告等方式直接或者间接收取费用的情形，属于本条规定的"以营利为目的"。

本条规定的"未经著作权人许可"，是指没有得到著作权人授权或者伪造、涂改著作权人授权许可文件或者超出授权许可范围的情形。

本条规定的"复制发行"，包括复制、发行或者既复制又发行的行为。

通过信息网络向公众传播他人文字作品、音乐、电影、电视、录像作品、计算机软件及其他作品，或者通过信息网络传播他人制作的录音录像制品的行为，应当视为本条规定的"复制发行"。

侵权产品的持有人通过广告、征订等方式推销侵权产品的，属于本条规定的"发行"。

本条规定的"非法经营数额"，是指行为人在实施侵犯知识产权行为过程中，制造、储存、运输、销售侵权产品的价值。已销售的侵权产品的价值，按照实际销售的价格计算。制造、储存、运输和未销售的侵权产品的价值，按照标价或者已经查清的侵权产品的实际销售平均价格计算。侵权产品没有标价或者无法查清其实际销售价格的，按照被侵权产品的市场中间价格计算。

**第二十七条　【销售侵权复制品案（刑法第二百一十八条）】**以营利为目的，销售明知是刑法第二百一十七条规定的侵权复制品，涉嫌下列情形之一的，应予立案追诉：

（一）违法所得数额十万元以上的；

（二）违法所得数额虽未达到上述数额标准，但尚未销售的侵权复制品货值金额达到三十万元以上的。

**第二十八条 【强迫交易案（刑法第二百二十六条）】** 以暴力、威胁手段强买强卖商品、强迫他人提供服务或者强迫他人接受服务，涉嫌下列情形之一的，应予立案追诉：

（一）造成被害人轻微伤或者其他严重后果的；
（二）造成直接经济损失二千元以上的；
（三）强迫交易三次以上或者强迫三人以上交易的；
（四）强迫交易数额一万元以上，或者违法所得数额二千元以上的；
（五）强迫他人购买伪劣商品数额五千元以上，或者违法所得数额一千元以上的；
（六）其他情节严重的情形。

**第二十九条 【伪造、倒卖伪造的有价票证案（刑法第二百二十七条第一款）】** 伪造或者倒卖伪造的车票、船票、邮票或者其他有价票证，涉嫌下列情形之一的，应予立案追诉：

（一）车票、船票票面数额累计二千元以上，或者数量累计五十张以上的；
（二）邮票票面数额累计五千元以上，或者数量累计一千枚以上的；
（三）其他有价票证价额累计五千元以上，或者数量累计一百张以上的；
（四）非法获利累计一千元以上的；
（五）其他数额较大的情形。

**第三十条 【倒卖车票、船票案（刑法第二百二十七条第二款）】** 倒卖车票、船票或者倒卖车票坐席、卧铺签字号以及订购车票、船票凭证，涉嫌下列情形之一的，应予立案追诉：

（一）票面数额累计五千元以上的；
（二）非法获利累计二千元以上的；
（三）其他情节严重的情形。

## 三、侵犯公民人身权利、民主权利案

**第三十一条 【强迫职工劳动案（刑法第二百四十四条）】** 用人

单位违反劳动管理法规，以限制人身自由方法强迫职工劳动，涉嫌下列情形之一的，应予立案追诉：

（一）强迫他人劳动，造成人员伤亡或者患职业病的；

（二）采用殴打、胁迫、扣发工资、扣留身份证件等手段限制人身自由，强迫他人劳动的；

（三）强迫妇女从事井下劳动、国家规定的第四级体力劳动强度的劳动或者其他禁忌从事的劳动，或者强迫处于经期、孕期和哺乳期妇女从事国家规定的第三级体力劳动强度以上的劳动或者其他禁忌从事的劳动的；

（四）强迫已满十六周岁未满十八周岁的未成年人从事国家规定的第四级体力劳动强度的劳动，或者从事高空、井下劳动，或者在爆炸性、易燃性、放射性、毒害性等危险环境下从事劳动的；

（五）其他情节严重的情形。

**第三十二条　【雇用童工从事危重劳动案（刑法第二百四十四条之一）】** 违反劳动管理法规，雇用未满十六周岁的未成年人从事国家规定的第四级体力劳动强度的劳动，或者从事高空、井下劳动，或者在爆炸性、易燃性、放射性、毒害性等危险环境下从事劳动，涉嫌下列情形之一的，应予立案追诉：

（一）造成未满十六周岁的未成年人伤亡或者对其身体健康造成严重危害的；

（二）雇用未满十六周岁的未成年人三人以上的；

（三）以强迫、欺骗等手段雇用未满十六周岁的未成年人从事危重劳动的；

（四）其他情节严重的情形。

## 四、侵犯财产案

**第三十三条　【故意毁坏财物案（刑法第二百七十五条）】** 故意毁坏公私财物，涉嫌下列情形之一的，应予立案追诉：

（一）造成公私财物损失五千元以上的；

（二）毁坏公私财物三次以上的；

（三）纠集三人以上公然毁坏公私财物的；

（四）其他情节严重的情形。

**第三十四条** 【**破坏生产经营案（刑法第二百七十六条）**】由于泄愤报复或者其他个人目的，毁坏机器设备、残害耕畜或者以其他方法破坏生产经营，涉嫌下列情形之一的，应予立案追诉：

（一）造成公私财物损失五千元以上的；

（二）破坏生产经营三次以上的；

（三）纠集三人以上公然破坏生产经营的；

（四）其他破坏生产经营应予追究刑事责任的情形。

## 五、妨害社会管理秩序案

**第三十五条** 【**非法生产、买卖警用装备案（刑法第二百八十一条）**】非法生产、买卖人民警察制式服装、车辆号牌等专用标志、警械，涉嫌下列情形之一的，应予立案追诉：

（一）成套制式服装三十套以上，或者非成套制式服装一百件以上的；

（二）手铐、脚镣、警用抓捕网、警用催泪喷射器、警灯、警报器单种或者合计十件以上的；

（三）警棍五十根以上的；

（四）警衔、警号、胸章、臂章、帽徽等警用标志单种或者合计一百件以上的；

（五）警车号牌、省级以上公安机关专段民用车辆号牌一副以上，或者其他公安机关专段民用车辆号牌三副以上的；

（六）非法经营数额五千元以上，或者非法获利一千元以上的；

（七）被他人利用进行违法犯罪活动的；

（八）其他情节严重的情形。

**第三十六条** 【聚众斗殴案（刑法第二百九十二条第一款）】组织、策划、指挥或者积极参加聚众斗殴的，应予立案追诉。

**第三十七条** 【寻衅滋事案（刑法第二百九十三条）】寻衅滋事，破坏社会秩序，涉嫌下列情形之一的，应予立案追诉：

（一）随意殴打他人造成他人身体伤害、持械随意殴打他人或者具有其他恶劣情节的；

（二）追逐、拦截、辱骂他人，严重影响他人正常工作、生产、生活，或者造成他人精神失常、自杀或者具有其他恶劣情节的；

（三）强拿硬要或者任意损毁、占用公私财物价值二千元以上，强拿硬要或者任意损毁、占用公私财物三次以上或者具有其他严重情节的；

（四）在公共场所起哄闹事，造成公共场所秩序严重混乱的。

**第三十八条** 【非法集会、游行、示威案（刑法第二百九十六条）】举行集会、游行、示威，未依照法律规定申请或者申请未获许可，或者未按照主管机关许可的起止时间、地点、路线进行，又拒不服从解散命令，严重破坏社会秩序的，应予立案追诉。

**第三十九条** 【非法携带武器、管制刀具、爆炸物参加集会、游行、示威案（刑法第二百九十七条）】违反法律规定，携带武器、管制刀具或者爆炸物参加集会、游行、示威的，应予立案追诉。

**第四十条** 【破坏集会、游行、示威案（刑法第二百九十八条）】扰乱、冲击或者以其他方法破坏依法举行的集会、游行、示威，造成公共秩序混乱的，应予立案追诉。

**第四十一条** 【聚众淫乱案（刑法第三百零一条第一款）】组织、策划、指挥三人以上进行聚众淫乱活动或者参加聚众淫乱活动三次以上的，应予立案追诉。

**第四十二条** 【引诱未成年人聚众淫乱案（刑法第三百零一条第二款）】引诱未成年人参加聚众淫乱活动的，应予立案追诉。

**第四十三条** 【赌博案（刑法第三百零三条第一款）】以营利为目的，聚众赌博，涉嫌下列情形之一的，应予立案追诉：

（一）组织三人以上赌博，抽头渔利数额累计五千元以上的；

（二）组织三人以上赌博，赌资数额累计五万元以上的；

（三）组织三人以上赌博，参赌人数累计二十人以上的；

（四）组织中华人民共和国公民十人以上赴境外赌博，从中收取回扣、介绍费的；

（五）其他聚众赌博应予追究刑事责任的情形。

以营利为目的，以赌博为业的，应予立案追诉。

赌博犯罪中用作赌注的款物、换取筹码的款物和通过赌博赢取的款物属于赌资。通过计算机网络实施赌博犯罪的，赌资数额可以按照在计算机网络上投注或者赢取的点数乘以每一点实际代表的金额认定。

**第四十四条** 【开设赌场案（刑法第三百零三条第二款）】开设赌场的，应予立案追诉。

在计算机网络上建立赌博网站，或者为赌博网站担任代理，接受投注的，属于本条规定的"开设赌场"。

**第四十五条** 【故意延误投递邮件案（刑法第三百零四条）】邮政工作人员严重不负责任，故意延误投递邮件，涉嫌下列情形之一的，应予立案追诉：

（一）造成直接经济损失二万元以上的；

（二）延误高校录取通知书或者其他重要邮件投递，致使他人失去高校录取资格或者造成其他无法挽回的重大损失的；

（三）严重损害国家声誉或者造成恶劣社会影响的；

（四）其他致使公共财产、国家和人民利益遭受重大损失的情形。

**第四十六条** 【故意损毁文物案（刑法第三百二十四条第一款）】故意损毁国家保护的珍贵文物或者被确定为全国重点文物保护单位、省级文物保护单位的文物的，应予立案追诉。

**第四十七条** 【故意损毁名胜古迹案（刑法第三百二十四条第二款）】故意损毁国家保护的名胜古迹，涉嫌下列情形之一的，应予立案追诉：

（一）造成国家保护的名胜古迹严重损毁的；

（二）损毁国家保护的名胜古迹三次以上或者三处以上，尚未造成

严重损毁后果的;

（三）损毁手段特别恶劣的;

（四）其他情节严重的情形。

**第四十八条　【过失损毁文物案（刑法第三百二十四条第三款）】** 过失损毁国家保护的珍贵文物或者被确定为全国重点文物保护单位、省级文物保护单位的文物，涉嫌下列情形之一的，应予立案追诉：

（一）造成珍贵文物严重损毁的;

（二）造成被确定为全国重点文物保护单位、省级文物保护单位的文物严重损毁的;

（三）造成珍贵文物损毁三件以上的;

（四）其他造成严重后果的情形。

**第四十九条　【妨害传染病防治案（刑法第三百三十条）】** 违反传染病防治法的规定，引起甲类或者按甲类管理的传染病传播或者有传播严重危险，涉嫌下列情形之一的，应予立案追诉：

（一）供水单位供应的饮用水不符合国家规定的卫生标准的;

（二）拒绝按照疾病预防控制机构提出的卫生要求，对传染病病原体污染的污水、污物、粪便进行消毒处理的;

（三）准许或者纵容传染病病人、病原携带者和疑似传染病病人从事国务院卫生行政部门规定禁止从事的易使该传染病扩散的工作的;

（四）拒绝执行疾病预防控制机构依照传染病防治法提出的预防、控制措施的。

本条和本规定第五十条规定的"甲类传染病"，是指鼠疫、霍乱;"按甲类管理的传染病"，是指乙类传染病中传染性非典型肺炎、炭疽中的肺炭疽、人感染高致病性禽流感以及国务院卫生行政部门根据需要报经国务院批准公布实施的其他需要按甲类管理的乙类传染病和突发原因不明的传染病。

**第五十条　【传染病菌种、毒种扩散案（刑法第三百三十一条）】** 从事实验、保藏、携带、运输传染病菌种、毒种的人员，违反

国务院卫生行政部门的有关规定,造成传染病菌种、毒种扩散,涉嫌下列情形之一的,应予立案追诉:

(一)导致甲类和按甲类管理的传染病传播的;

(二)导致乙类、丙类传染病流行、暴发的;

(三)造成人员重伤或者死亡的;

(四)严重影响正常的生产、生活秩序的;

(五)其他造成严重后果的情形。

第五十一条 【妨害国境卫生检疫案(刑法第三百三十二条)】违反国境卫生检疫规定,引起检疫传染病传播或者有传播严重危险的,应予立案追诉。

本条规定的"检疫传染病",是指鼠疫、霍乱、黄热病以及国务院确定和公布的其他传染病。

第五十二条 【非法组织卖血案(刑法第三百三十三条第一款)】非法组织他人出卖血液,涉嫌下列情形之一的,应予立案追诉:

(一)组织卖血三人次以上的;

(二)组织卖血非法获利累计二千元以上的;

(三)组织未成年人卖血的;

(四)被组织卖血的人的血液含有艾滋病病毒、乙型肝炎病毒、丙型肝炎病毒、梅毒螺旋体等病原微生物的;

(五)其他非法组织卖血应予追究刑事责任的情形。

第五十三条 【强迫卖血案(刑法第三百三十三条第一款)】以暴力、威胁方法强迫他人出卖血液的,应予立案追诉。

第五十四条 【非法采集、供应血液、制作、供应血液制品案(刑法第三百三十四条第一款)】非法采集、供应血液或者制作、供应血液制品,涉嫌下列情形之一的,应予立案追诉:

(一)采集、供应的血液含有艾滋病病毒、乙型肝炎病毒、丙型肝炎病毒、梅毒螺旋体等病原微生物的;

(二)制作、供应的血液制品含有艾滋病病毒、乙型肝炎病毒、丙型肝炎病毒、梅毒螺旋体等病原微生物,或者将含有上述病原微生物的血液用于制作血液制品的；

（三）使用不符合国家规定的药品、诊断试剂、卫生器材，或者重复使用一次性采血器材采集血液，造成传染病传播危险的；

（四）违反规定对献血者、供血浆者超量、频繁采集血液、血浆，足以危害人体健康的；

（五）其他不符合国家有关采集、供应血液或者制作、供应血液制品的规定，足以危害人体健康或者对人体健康造成严重危害的情形。

未经国家主管部门批准或者超过批准的业务范围，采集、供应血液或者制作、供应血液制品的，属于本条规定的"非法采集、供应血液或者制作、供应血液制品"。

本条和本规定第五十二条、第五十三条、第五十五条规定的"血液"，是指全血、成分血和特殊血液成分。

本条和本规定第五十五条规定的"血液制品"，是指各种人血浆蛋白制品。

**第五十五条　【采集、供应血液、制作、供应血液制品事故案（刑法第三百三十四条第二款）】** 经国家主管部门批准采集、供应血液或者制作、供应血液制品的部门，不依照规定进行检测或者违背其他操作规定，涉嫌下列情形之一的，应予立案追诉：

（一）造成献血者、供血浆者、受血者感染艾滋病病毒、乙型肝炎病毒、丙型肝炎病毒、梅毒螺旋体或者其他经血液传播的病原微生物的；

（二）造成献血者、供血浆者、受血者重度贫血、造血功能障碍或者其他器官组织损伤导致功能障碍等身体严重危害的；

（三）其他造成危害他人身体健康后果的情形。

经国家主管部门批准的采供血机构和血液制品生产经营单位，属于本条规定的"经国家主管部门批准采集、供应血液或者制作、供应血液制品的部门"。采供血机构包括血液中心、中心血站、中心血库、脐带血造血干细胞库和国家卫生行政主管部门根据医学发展需要批准、设置的其他类型血库、单采血浆站。

具有下列情形之一的，属于本条规定的"不依照规定进行检测或

者违背其他操作规定":

（一）血站未用两个企业生产的试剂对艾滋病病毒抗体、乙型肝炎病毒表面抗原、丙型肝炎病毒抗体、梅毒抗体进行两次检测的；

（二）单采血浆站不依照规定对艾滋病病毒抗体、乙型肝炎病毒表面抗原、丙型肝炎病毒抗体、梅毒抗体进行检测的；

（三）血液制品生产企业在投料生产前未用主管部门批准和检定合格的试剂进行复检的；

（四）血站、单采血浆站和血液制品生产企业使用的诊断试剂没有生产单位名称、生产批准文号或者经检定不合格的；

（五）采供血机构在采集检验标本、采集血液和成分血分离时，使用没有生产单位名称、生产批准文号或者超过有效期的一次性注射器等采血器材的；

（六）不依照国家规定的标准和要求包装、储存、运输血液、原料血浆的；

（七）对国家规定检测项目结果呈阳性的血液未及时按照规定予以清除的；

（八）不具备相应资格的医务人员进行采血、检验操作的；

（九）对献血者、供血浆者超量、频繁采集血液、血浆的；

（十）采供血机构采集血液、血浆前，未对献血者或者供血浆者进行身份识别，采集冒名顶替者、健康检查不合格者血液、血浆的；

（十一）血站擅自采集原料血浆，单采血浆站擅自采集临床用血或者向医疗机构供应原料血浆的；

（十二）重复使用一次性采血器材的；

（十三）其他不依照规定进行检测或者违背操作规定的。

**第五十六条**　【医疗事故案（刑法第三百三十五条）】医务人员由于严重不负责任，造成就诊人死亡或者严重损害就诊人身体健康的，应予立案追诉。

具有下列情形之一的，属于本条规定的"严重不负责任"：

（一）擅离职守的；

（二）无正当理由拒绝对危急就诊人实行必要的医疗救治的；

（三）未经批准擅自开展试验性治疗的；

（四）严重违反查对、复核制度的；

（五）使用未经批准使用的药品、消毒药剂、医疗器械的；

（六）严重违反国家法律法规及有明确规定的诊疗技术规范、常规的；

（七）其他严重不负责任的情形。

本条规定的"严重损害就诊人身体健康"，是指造成就诊人严重残疾、重伤、感染艾滋病、病毒性肝炎等难以治愈的疾病或者其他严重损害就诊人身体健康的后果。

**第五十七条 【非法行医案（刑法第三百三十六条第一款）】** 未取得医生执业资格的人非法行医，涉嫌下列情形之一的，应予立案追诉：

（一）造成就诊人轻度残疾、器官组织损伤导致一般功能障碍，或者中度以上残疾、器官组织损伤导致严重功能障碍，或者死亡的；

（二）造成甲类传染病传播、流行或者有传播、流行危险的；

（三）使用假药、劣药或不符合国家规定标准的卫生材料、医疗器械，足以严重危害人体健康的；

（四）非法行医被卫生行政部门行政处罚两次以后，再次非法行医的；

（五）其他情节严重的情形。

具有下列情形之一的，属于本条规定的"未取得医生执业资格的人非法行医"：

（一）未取得或者以非法手段取得医师资格从事医疗活动的；

（二）个人未取得《医疗机构执业许可证》开办医疗机构的；

（三）被依法吊销医师执业证书期间从事医疗活动的；

（四）未取得乡村医生执业证书，从事乡村医疗活动的；

（五）家庭接生员实施家庭接生以外的医疗行为的。

本条规定的"轻度残疾、器官组织损伤导致一般功能障碍"、"中度以上残疾、器官组织损伤导致严重功能障碍"，参照卫生部《医疗事故分级标准（试行）》认定。

**第五十八条 【非法进行节育手术案（刑法第三百三十六条第二

款）】未取得医生执业资格的人擅自为他人进行节育复通手术、假节育手术、终止妊娠手术或者摘取宫内节育器，涉嫌下列情形之一的，应予立案追诉：

（一）造成就诊人轻伤、重伤、死亡或者感染艾滋病、病毒性肝炎等难以治愈的疾病的；

（二）非法进行节育复通手术、假节育手术、终止妊娠手术或者摘取宫内节育器五人次以上的；

（三）致使他人超计划生育的；

（四）非法进行选择性别的终止妊娠手术的；

（五）非法获利累计五千元以上的；

（六）其他情节严重的情形。

**第五十九条　【逃避动植物检疫案（刑法第三百三十七条）】**违反进出境动植物检疫法的规定，逃避动植物检疫，涉嫌下列情形之一的，应予立案追诉：

（一）造成国家规定的《进境动物一、二类传染病、寄生虫病名录》中所列的动物疫病传入或者对农、牧、渔业生产以及人体健康、公共安全造成严重危害的其他动物疫病在国内暴发流行的；

（一）造成国家规定的《进境植物检疫性有害生物名录》中所列的有害生物传入或者对农、林业生产、生态环境以及人体健康有严重危害的其他有害生物在国内传播扩散的。

**第六十条　【重大环境污染事故案（刑法第三百三十八条）】**违反国家规定，向土地、水体、大气排放、倾倒或者处置有放射性的废物、含传染病病原体的废物、有毒物质或者其他危险废物，造成重大环境污染事故，涉嫌下列情形之一的，应予立案追诉：

（一）致使公私财产损失三十万元以上的；

（二）致使基本农田、防护林地、特种用途林地五亩以上，其他农用地十亩以上，其他土地二十亩以上基本功能丧失或者遭受永久性破坏的；

（三）致使森林或者其他林木死亡五十立方米以上，或者幼树死亡二千五百株以上的；

（四）致使一人以上死亡、三人以上重伤、十人以上轻伤，或者一人以上重伤并且五人以上轻伤的；

（五）致使传染病发生、流行或者人员中毒达到《国家突发公共卫生事件应急预案》中突发公共卫生事件分级Ⅲ级以上情形，严重危害人体健康的；

（六）其他致使公私财产遭受重大损失或者人身伤亡的严重后果的情形。

本条和本规定第六十二条规定的"公私财产损失"，包括污染环境行为直接造成的财产损毁、减少的实际价值，为防止污染扩大以及消除污染而采取的必要的、合理的措施而发生的费用。

第六十一条 【非法处置进口的固体废物案（刑法第三百三十九条第一款）】违反国家规定，将境外的固体废物进境倾倒、堆放、处置的，应予立案追诉。

第六十二条 【擅自进口固体废物案（刑法第三百三十九条第二款）】未经国务院有关主管部门许可，擅自进口固体废物用作原料，造成重大环境污染事故，涉嫌下列情形之一的，应予立案追诉：

（一）致使公私财产损失三十万元以上的；

（二）致使基本农田、防护林地、特种用途林地五亩以上，其他农用地十亩以上，其他土地二十亩以上基本功能丧失或者遭受永久性破坏的；

（三）致使森林或者其他林木死亡五十立方米以上，或者幼树死亡二千五百株以上的；

（四）致使一人以上死亡、三人以上重伤、十人以上轻伤，或者一人以上重伤并且五人以上轻伤的；

（五）致使传染病发生、流行或者人员中毒达到《国家突发公共卫生事件应急预案》中突发公共卫生事件分级Ⅲ级以上情形，严重危害人体健康的；

（六）其他致使公私财产遭受重大损失或者严重危害人体健康的情形。

第六十三条 【非法捕捞水产品案（刑法第三百四十条）】违反保护水产资源法规，在禁渔区、禁渔期或者使用禁用的工具、方法捕捞水产品，涉嫌下列情形之一的，应予立案追诉：

（一）在内陆水域非法捕捞水产品五百公斤以上或者价值五千元以上的，或者在海洋水域非法捕捞水产品二千公斤以上或者价值二万元以上的；

（二）非法捕捞有重要经济价值的水生动物苗种、怀卵亲体或者在水产种质资源保护区内捕捞水产品，在内陆水域五十公斤以上或者价值五百元以上，或者在海洋水域二百公斤以上或者价值二千元以上的；

（三）在禁渔区内使用禁用的工具或者禁用的方法捕捞的；

（四）在禁渔期内使用禁用的工具或者禁用的方法捕捞的；

（五）在公海使用禁用渔具从事捕捞作业，造成严重影响的；

（六）其他情节严重的情形。

第六十四条 【非法猎捕、杀害珍贵、濒危野生动物案（刑法第三百四十一条第一款）】非法猎捕、杀害国家重点保护的珍贵、濒危野生动物的，应予立案追诉。

本条和本规定第六十五条规定的"珍贵、濒危野生动物"，包括列入《国家重点保护野生动物名录》的国家一、二级保护野生动物、列入《濒危野生动植物种国际贸易公约》附录一、附录二的野生动物以及驯养繁殖的上述物种。

第六十五条 【非法收购、运输、出售珍贵、濒危野生动物、珍贵、濒危野生动物制品案（刑法第三百四十一条第一款）】非法收购、运输、出售国家重点保护的珍贵、濒危野生动物及其制品的，应予立案追诉。

本条规定的"收购"，包括以营利、自用等为目的的购买行为；"运输"，包括采用携带、邮寄、利用他人、使用交通工具等方法进行运送的行为；"出售"，包括出卖和以营利为目的的加工利用行为。

第六十六条 【非法狩猎案（刑法第三百四十一条第二款）】违反狩猎法规，在禁猎区、禁猎期或者使用禁用的工具、方法进行狩猎，破坏野生动物资源，涉嫌下列情形之一的，应予立案追诉：

（一）非法狩猎野生动物二十只以上的；

（二）在禁猎区内使用禁用的工具或者禁用的方法狩猎的；

（三）在禁猎期内使用禁用的工具或者禁用的方法狩猎的；

（四）其他情节严重的情形。

**第六十七条　【非法占用农用地案（刑法第三百四十二条）】**违反土地管理法规，非法占用耕地、林地等农用地，改变被占用土地用途，造成耕地、林地等农用地大量毁坏，涉嫌下列情形之一的，应予立案追诉：

（一）非法占用基本农田五亩以上或者基本农田以外的耕地十亩以上的；

（二）非法占用防护林地或者特种用途林地数量单种或者合计五亩以上的；

（三）非法占用其他林地数量十亩以上的；

（四）非法占用本款第（二）项、第（三）项规定的林地，其中一项数量达到相应规定的数量标准的百分之五十以上，且两项数量合计达到该项规定的数量标准的；

（五）非法占用其他农用地数量较大的情形。

违反土地管理法规，非法占用耕地建窑、建坟、建房、挖沙、采石、采矿、取土、堆放固体废弃物或者进行其他非农业建设，造成耕地种植条件严重毁坏或者严重污染，被毁坏耕地数量达到以上规定的，属于本条规定的"造成耕地大量毁坏"。

违反土地管理法规，非法占用林地，改变被占用林地用途，在非法占用的林地上实施建窑、建坟、建房、挖沙、采石、采矿、取土、种植农作物、堆放或者排泄废弃物等行为或者进行其他非林业生产、建设，造成林地的原有植被或者林业种植条件严重毁坏或者严重污染，被毁坏林地数量达到以上规定的，属于本条规定的"造成林地大量毁坏"。

**第六十八条　【非法采矿案（刑法第三百四十三条第一款）】**违

反矿产资源法的规定，未取得采矿许可证擅自采矿的，或者擅自进入国家规划矿区、对国民经济具有重要价值的矿区和他人矿区范围采矿的，或者擅自开采国家规定实行保护性开采的特定矿种，经责令停止开采后拒不停止开采，造成矿产资源破坏的价值数额在五万元至十万元以上的，应予立案追诉。

具有下列情形之一的，属于本条规定的"未取得采矿许可证擅自采矿"：

（一）无采矿许可证开采矿产资源的；

（二）采矿许可证被注销、吊销后继续开采矿产资源的；

（三）超越采矿许可证规定的矿区范围开采矿产资源的；

（四）未按采矿许可证规定的矿种开采矿产资源的（共生、伴生矿种除外）；

（五）其他未取得采矿许可证开采矿产资源的情形。

在采矿许可证被依法暂扣期间擅自开采的，视为本条规定的"未取得采矿许可证擅自采矿"。

造成矿产资源破坏的价值数额，由省级以上地质矿产主管部门出具鉴定结论，经查证属实后予以认定。

**第六十九条** 【破坏性采矿案（刑法第三百四十三条第二款）】违反矿产资源法的规定，采取破坏性的开采方法开采矿产资源，造成矿产资源严重破坏，价值数额在三十万元至五十万元以上的，应予立案追诉。

本条规定的"采取破坏性的开采方法开采矿产资源"，是指行为人违反地质矿产主管部门审查批准的矿产资源开发利用方案开采矿产资源，并造成矿产资源严重破坏的行为。

破坏性的开采方法以及造成矿产资源严重破坏的价值数额，由省级以上地质矿产主管部门出具鉴定结论，经查证属实后予以认定。

**第七十条** 【非法采伐、毁坏国家重点保护植物案（刑法第三百四十四条）】违反国家规定，非法采伐、毁坏珍贵树木或者国家重点保护的其他植物的，应予立案追诉。

本条和本规定第七十一条规定的"珍贵树木或者国家重点保护的其他植物",包括由省级以上林业主管部门或者其他部门确定的具有重大历史纪念意义、科学研究价值或者年代久远的古树名木,国家禁止、限制出口的珍贵树木以及列入《国家重点保护野生植物名录》的树木或者其他植物。

第七十一条 【非法收购、运输、加工、出售国家重点保护植物、国家重点保护植物制品案（刑法第三百四十四条）】违反国家规定,非法收购、运输、加工、出售珍贵树木或者国家重点保护的其他植物及其制品的,应予立案追诉。

第七十二条 【盗伐林木案（刑法第三百四十五条第一款）】盗伐森林或者其他林木,涉嫌下列情形之一的,应予立案追诉:

（一）盗伐二至五立方米以上的;

（二）盗伐幼树一百至二百株以上的。

以非法占有为目的,具有下列情形之一的,属于本条规定的"盗伐森林或者其他林木":

（一）擅自砍伐国家、集体、他人所有或者他人承包经营管理的森林或者其他林木的;

（二）擅自砍伐本单位或者本人承包经营管理的森林或者其他林木的;

（三）在林木采伐许可证规定的地点以外采伐国家、集体、他人所有或者他人承包经营管理的森林或者其他林木的。

本条和本规定第七十三条、第七十四条规定的林木数量以立木蓄积计算,计算方法为:原木材积除以该树种的出材率;"幼树",是指胸径五厘米以下的树木。

第七十三条 【滥伐林木案（刑法第三百四十五条第二款）】违反森林法的规定,滥伐森林或者其他林木,涉嫌下列情形之一的,应予立案追诉:

（一）滥伐十至二十立方米以上的;

（二）滥伐幼树五百至一千株以上的。

违反森林法的规定，具有下列情形之一的，属于本条规定的"滥伐森林或者其他林木"：

（一）未经林业行政主管部门及法律规定的其他主管部门批准并核发林木采伐许可证，或者虽持有林木采伐许可证，但违反林木采伐许可证规定的时间、数量、树种或者方式，任意采伐本单位所有或者本人所有的森林或者其他林木的；

（二）超过林木采伐许可证规定的数量采伐他人所有的森林或者其他林木的。

违反森林法的规定，在林木采伐许可证规定的地点以外，采伐本单位或者本人所有的森林或者其他林木的，除农村居民采伐自留地和房前屋后个人所有的零星林木以外，属于本条第二款第（一）项"未经林业行政主管部门及法律规定的其他主管部门批准并核发林木采伐许可证"规定的情形。

林木权属争议一方在林木权属确权之前，擅自砍伐森林或者其他林木的，属于本条规定的"滥伐森林或者其他林木"。

滥伐林木的数量，应在伐区调查设计允许的误差额以上计算。

**第七十四条**　【**非法收购、运输盗伐、滥伐的林木案（刑法第三百四十五条第三款）**】非法收购、运输明知是盗伐、滥伐的林木，涉嫌下列情形之一的，应予立案追诉：

（一）非法收购、运输盗伐、滥伐的林木二十立方米以上或者幼树一千株以上的；

（二）其他情节严重的情形。

本条规定的"非法收购"的"明知"，是指知道或者应当知道。具有下列情形之一的，可以视为应当知道，但是有证据证明确属被蒙骗的除外：

（一）在非法的木材交易场所或者销售单位收购木材的；

（二）收购以明显低于市场价格出售的木材的；

（三）收购违反规定出售的木材的。

**第七十五条**　【**组织卖淫案（刑法第三百五十八条第一款）**】以

招募、雇佣、强迫、引诱、容留等手段，组织他人卖淫的，应予立案追诉。

第七十六条 【强迫卖淫案（刑法第三百五十八条第一款）】以暴力、胁迫等手段强迫他人卖淫的，应予立案追诉。

第七十七条 【协助组织卖淫案（刑法第三百五十八条第三款）】在组织卖淫的犯罪活动中，充当保镖、打手、管账人等，起帮助作用的，应予立案追诉。

第七十八条 【引诱、容留、介绍卖淫案（刑法第三百五十九条第一款）】引诱、容留、介绍他人卖淫，涉嫌下列情形之一的，应予立案追诉：

（一）引诱、容留、介绍二人次以上卖淫的；

（二）引诱、容留、介绍已满十四周岁未满十八周岁的未成年人卖淫的；

（三）被引诱、容留、介绍卖淫的人患有艾滋病或者患有梅毒、淋病等严重性病的；

（四）其他引诱、容留、介绍卖淫应予追究刑事责任的情形。

第七十九条 【引诱幼女卖淫案（刑法第三百五十九条第二款）】引诱不满十四周岁的幼女卖淫的，应予立案追诉。

第八十条 【传播性病案（刑法第三百六十条第一款）】明知自己患有梅毒、淋病等严重性病卖淫、嫖娼的，应予立案追诉。

具有下列情形之一的，可以认定为本条规定的"明知"：

（一）有证据证明曾到医疗机构就医，被诊断为患有严重性病的；

（二）根据本人的知识和经验，能够知道自己患有严重性病的；

（三）通过其他方法能够证明是"明知"的。

第八十一条 【嫖宿幼女案（刑法第三百六十条第二款）】行为人知道被害人是或者可能是不满十四周岁的幼女而嫖宿的，应予立案追诉。

第八十二条 【制作、复制、出版、贩卖、传播淫秽物品牟利案（刑法第三百六十三条第一款、第二款）】以牟利为目的，制作、复制、出版、贩卖、传播淫秽物品，涉嫌下列情形之一的，应予立案追诉：

（一）制作、复制、出版淫秽影碟、软件、录像带五十至一百张（盒）以上，淫秽音碟、录音带一百至二百张（盒）以上，淫秽扑克、书刊、画册一百至二百副（册）以上，淫秽照片、画片五百至一千张以上的；

（二）贩卖淫秽影碟、软件、录像带一百至二百张（盒）以上，淫秽音碟、录音带二百至四百张（盒）以上，淫秽扑克、书刊、画册二百至四百副（册）以上，淫秽照片、画片一千至二千张以上的；

（三）向他人传播淫秽物品达二百至五百人次以上，或者组织播放淫秽影、像达十至二十场次以上的；

（四）制作、复制、出版、贩卖、传播淫秽物品，获利五千至一万元以上的。

以牟利为目的，利用互联网、移动通讯终端制作、复制、出版、贩卖、传播淫秽电子信息，涉嫌下列情形之一的，应予立案追诉：

（一）制作、复制、出版、贩卖、传播淫秽电影、表演、动画等视频文件二十个以上的；

（二）制作、复制、出版、贩卖、传播淫秽音频文件一百个以上的；

（三）制作、复制、出版、贩卖、传播淫秽电子刊物、图片、文章、短信息等二百件以上的；

（四）制作、复制、出版、贩卖、传播的淫秽电子信息，实际被点击数达到一万次以上的；

（五）以会员制方式出版、贩卖、传播淫秽电子信息，注册会员达二百人以上的；

（六）利用淫秽电子信息收取广告费、会员注册费或者其他费用，违法所得一万元以上的；

（七）数量或者数额虽未达到本款第（一）项至第（六）项规定标准，但分别达到其中两项以上标准的百分之五十以上的；

（八）造成严重后果的。

利用聊天室、论坛、即时通信软件、电子邮件等方式，实施本条第二款规定行为的，应予立案追诉。

以牟利为目的，通过声讯台传播淫秽语音信息，涉嫌下列情形之一的，应予立案追诉：

（一）向一百人次以上传播的；

（二）违法所得一万元以上的；

（三）造成严重后果的。

明知他人用于出版淫秽书刊而提供书号、刊号的，应予立案追诉。

**第八十三条 【为他人提供书号出版淫秽书刊案（刑法第三百六十三条第二款）】** 为他人提供书号、刊号出版淫秽书刊，或者为他人提供版号出版淫秽音像制品的，应予立案追诉。

**第八十四条 【传播淫秽物品案（刑法第三百六十四条第一款）】** 传播淫秽的书刊、影片、音像、图片或者其他淫秽物品，涉嫌下列情形之一的，应予立案追诉：

（一）向他人传播三百至六百人次以上的；

（二）造成恶劣社会影响的。

不以牟利为目的，利用互联网、移动通讯终端传播淫秽电子信息，涉嫌下列情形之一的，应予立案追诉：

（一）数量达到本规定第八十二条第二款第（一）项至第（五）项规定标准二倍以上的；

（二）数量分别达到本规定第八十二条第二款第（一）项至第（五）项两项以上标准的；

（三）造成严重后果的。

利用聊天室、论坛、即时通信软件、电子邮件等方式，实施本条第二款规定行为的，应予立案追诉。

**第八十五条 【组织播放淫秽音像制品案（刑法第三百六十四条第二款）】** 组织播放淫秽的电影、录像等音像制品，涉嫌下列情形之一的，应予立案追诉：

（一）组织播放十五至三十场次以上的；

（二）造成恶劣社会影响的。

第八十六条 【组织淫秽表演案（刑法第三百六十五条）】以策划、招募、强迫、雇佣、引诱、提供场地、提供资金等手段，组织进行淫秽表演，涉嫌下列情形之一的，应予立案追诉：

（一）组织表演者进行裸体表演的；

（二）组织表演者利用性器官进行诲淫性表演的；

（三）组织表演者半裸体或者变相裸体表演并通过语言、动作具体描绘性行为的；

（四）其他组织进行淫秽表演应予追究刑事责任的情形。

## 六、危害国防利益案

第八十七条 【故意提供不合格武器装备、军事设施案（刑法第三百七十条第一款）】明知是不合格的武器装备、军事设施而提供给武装部队，涉嫌下列情形之一的，应予立案追诉：

（一）造成人员轻伤以上的；

（二）造成直接经济损失十万元以上的；

（三）提供不合格的枪支三支以上、子弹一百发以上、雷管五百枚以上、炸药五千克以上或者其他重要武器装备、军事设施的；

（四）影响作战、演习、抢险救灾等重大任务完成的；

（五）发生在战时的；

（六）其他故意提供不合格武器装备、军事设施应予追究刑事责任的情形。

第八十八条 【过失提供不合格武器装备、军事设施案（刑法第三百七十条第二款）】过失提供不合格武器装备、军事设施给武装部队，涉嫌下列情形之一的，应予立案追诉：

（一）造成死亡一人以上或者重伤三人以上的；

（二）造成直接经济损失三十万元以上的；

（三）严重影响作战、演习、抢险救灾等重大任务完成的；

（四）其他造成严重后果的情形。

第八十九条 【聚众冲击军事禁区案（刑法第三百七十一条第一款）】组织、策划、指挥聚众冲击军事禁区或者积极参加聚众冲击军事禁区，严重扰乱军事禁区秩序，涉嫌下列情形之一的，应予立案追诉：

（一）冲击三次以上或者一次冲击持续时间较长的；

（二）持械或者采取暴力手段冲击的；

（三）冲击重要军事禁区的；

（四）发生在战时的；

（五）其他严重扰乱军事禁区秩序应予追究刑事责任的情形。

第九十条 【聚众扰乱军事管理区秩序案（刑法第三百七十一条第二款）】组织、策划、指挥聚众扰乱军事管理区秩序或者积极参加聚众扰乱军事管理区秩序，致使军事管理区工作无法进行，造成严重损失，涉嫌下列情形之一的，应予立案追诉：

（一）造成人员轻伤以上的；

（二）扰乱三次以上或者一次扰乱时间较长的；

（三）造成直接经济损失五万元以上的；

（四）持械或者采取暴力手段的；

（五）扰乱重要军事管理区秩序的；

（六）发生在战时的；

（七）其他聚众扰乱军事管理区秩序应予追究刑事责任的情形。

第九十一条 【煽动军人逃离部队案（刑法第三百七十三条）】煽动军人逃离部队，涉嫌下列情形之一的，应予立案追诉：

（一）煽动三人以上逃离部队的；

（二）煽动指挥人员、值班执勤人员或者其他负有重要职责人员逃离部队的；

（三）影响重要军事任务完成的；

（四）发生在战时的；

（五）其他情节严重的情形。

第九十二条 【雇用逃离部队军人案（刑法第三百七十三条）】

明知是逃离部队的军人而雇用，涉嫌下列情形之一的，应予立案追诉：

（一）雇用一人六个月以上的；

（二）雇用三人以上的；

（三）明知是逃离部队的指挥人员、值班执勤人员或者其他负有重要职责人员而雇用的；

（四）阻碍部队将被雇用军人带回的；

（五）其他情节严重的情形。

**第九十三条　【接送不合格兵员案（刑法第三百七十四条）】** 在征兵工作中徇私舞弊，接送不合格兵员，涉嫌下列情形之一的，应予立案追诉：

（一）接送不合格特种条件兵员一名以上或者普通兵员三名以上的；

（二）发生在战时的；

（三）造成严重后果的；

（四）其他情节严重的情形。

**第九十四条　【非法生产、买卖军用标志案（刑法第三百七十五条第二款）】** 非法生产、买卖武装部队制式服装、车辆号牌等专用标志，涉嫌下列情形之一的，应予立案追诉：

（一）成套制式服装三十套以上，或者非成套制式服装一百件以上的；

（二）军徽、军旗、肩章、星徽、帽徽、军种符号或者其他军用标志单种或者合计一百件以上的；

（三）军以上领导机关专用车辆号牌一副以上或者其他军用车辆号牌三副以上的；

（四）非法经营数额五千元以上，或者非法获利一千元以上的；

（五）被他人利用进行违法犯罪活动的；

（六）其他情节严重的情形。

**第九十五条　【战时拒绝、逃避征召、军事训练案（刑法第三百七十六条第一款）】** 预备役人员战时拒绝、逃避征召或者军事训练，涉嫌下列情形之一的，应予立案追诉：

（一）无正当理由经教育仍拒绝、逃避征召或者军事训练的；

（二）以暴力、威胁、欺骗等手段，或者采取自伤、自残等方式拒绝、逃避征召或者军事训练的；

（三）联络、煽动他人共同拒绝、逃避征召或者军事训练的；

（四）其他情节严重的情形。

**第九十六条**　【战时拒绝、逃避服役案（刑法第三百七十六条第二款）】公民战时拒绝、逃避服役，涉嫌下列情形之一的，应予立案追诉：

（一）无正当理由经教育仍拒绝、逃避服役的；

（二）以暴力、威胁、欺骗等手段，或者采取自伤、自残等方式拒绝、逃避服役的；

（三）联络、煽动他人共同拒绝、逃避服役的；

（四）其他情节严重的情形。

**第九十七条**　【战时窝藏逃离部队军人案（刑法第三百七十九条）】战时明知是逃离部队的军人而为其提供隐蔽处所、财物，涉嫌下列情形之一的，应予立案追诉：

（一）窝藏三人次以上的；

（二）明知是指挥人员、值班执勤人员或者其他负有重要职责人员而窝藏的；

（三）有关部门查找时拒不交出的；

（四）其他情节严重的情形。

**第九十八条**　【战时拒绝、故意延误军事订货案（刑法第三百八十条）】战时拒绝或者故意延误军事订货，涉嫌下列情形之一的，应予立案追诉：

（一）拒绝或者故意延误军事订货三次以上的；

（二）联络、煽动他人共同拒绝或者故意延误军事订货的；

（三）拒绝或者故意延误重要军事订货，影响重要军事任务完成的；

（四）其他情节严重的情形。

**第九十九条**　【战时拒绝军事征用案（刑法第三百八十一条）】战时拒绝军事征用，涉嫌下列情形之一的，应予立案追诉：

（一）无正当理由拒绝军事征用三次以上的；
（二）采取暴力、威胁、欺骗等手段拒绝军事征用的；
（三）联络、煽动他人共同拒绝军事征用的；
（四）拒绝重要军事征用，影响重要军事任务完成的；
（五）其他情节严重的情形。

## 附　则

**第一百条**　本规定中的立案追诉标准，除法律、司法解释另有规定的以外，适用于相关的单位犯罪。

**第一百零一条**　本规定中的"以上"，包括本数。

**第一百零二条**　本规定自印发之日起施行。

# 最高人民检察院、公安部关于印发《最高人民检察院、公安部关于公安机关管辖的刑事案件立案追诉标准的规定（一）的补充规定》的通知

（2017年4月27日　公通字〔2017〕12号）

各省、自治区、直辖市人民检察院，公安厅、局，军事检察院，新疆生产建设兵团人民检察院、公安局：

为及时、准确打击犯罪，根据《中华人民共和国刑法》《中华人民共和国刑法修正案（七）》《中华人民共和国刑法修正案（八）》《中华人民共和国刑法修正案（九）》等法律规定，最高人民检察院、公安部制定了《最高人民检察院、公安部关于公安机关管辖的刑事案件立案追诉标准的规定（一）的补充规定》。现印发给你们，请遵照

执行。

《最高人民检察院、公安部关于公安机关管辖的刑事案件立案追诉标准的规定（一）》和《最高人民检察院、公安部关于公安机关管辖的刑事案件立案追诉标准的规定（一）的补充规定》印发后，公安机关管辖的上述刑事案件立案追诉标准有司法解释或者司法解释性质文件作出进一步明确规定的，依照司法解释或者司法解释性质文件的规定掌握相关案件的立案追诉标准。

各地在执行中遇到的问题，请及时分别报最高人民检察院和公安部。

# 最高人民检察院、公安部关于公安机关管辖的刑事案件立案追诉标准的规定（一）的补充规定

一、在《最高人民检察院公安部关于公安机关管辖的刑事案件立案追诉标准的规定（一）》（以下简称《立案追诉标准（一）》）第十五条后增加一条，作为第十五条之一：【不报、谎报安全事故案（刑法第一百三十九条之一）】在安全事故发生后，负有报告职责的人员不报或者谎报事故情况，贻误事故抢救，涉嫌下列情形之一的，应予立案追诉：

（一）导致事故后果扩大，增加死亡一人以上，或者增加重伤三人以上，或者增加直接经济损失一百万元以上的；

（二）实施下列行为之一，致使不能及时有效开展事故抢救的：

1. 决定不报、迟报、谎报事故情况或者指使、串通有关人员不报、迟报、谎报事故情况的；

2. 在事故抢救期间擅离职守或者逃匿的；

3. 伪造、破坏事故现场，或者转移、藏匿、毁灭遇难人员尸体，或者转移、藏匿受伤人员的；

4. 毁灭、伪造、隐匿与事故有关的图纸、记录、计算机数据等资料以及其他证据的；

（三）其他不报、谎报安全事故情节严重的情形。

本条规定的"负有报告职责的人员"，是指负有组织、指挥或者管理职责的负责人、管理人员、实际控制人、投资人，以及其他负有报告职责的人员。

**二、将《立案追诉标准（一）》第十七条修改为：【生产、销售假药案（刑法第一百四十一条）】**生产、销售假药的，应予立案追诉。但销售少量根据民间传统配方私自加工的药品，或者销售少量未经批准进口的国外、境外药品，没有造成他人伤害后果或者延误诊治，情节显著轻微危害不大的除外。

以生产、销售假药为目的，具有下列情形之一的，属于本条规定的"生产"：

（一）合成、精制、提取、储存、加工炮制药品原料的；

（二）将药品原料、辅料、包装材料制成成品过程中，进行配料、混合、制剂、储存、包装的；

（三）印制包装材料、标签、说明书的。

医疗机构、医疗机构工作人员明知是假药而有偿提供给他人使用，或者为出售而购买、储存的，属于本条规定的"销售"。

本条规定的"假药"，是指依照《中华人民共和国药品管理法》的规定属于假药和按假药处理的药品、非药品。是否属于假药难以确定的，可以根据地市级以上药品监督管理部门出具的认定意见等相关材料进行认定。必要时，可以委托省级以上药品监督管理部门设置或者确定的药品检验机构进行检验。

**三、将《立案追诉标准（一）》第十九条修改为：【生产、销售不符合安全标准的食品案（刑法第一百四十三条）】**生产、销售不符合食品安全标准的食品，涉嫌下列情形之一的，应予立案追诉：

（一）食品含有严重超出标准限量的致病性微生物、农药残留、兽药残留、重金属、污染物质以及其他危害人体健康的物质的；

（二）属于病死、死因不明或者检验检疫不合格的畜、禽、兽、水产动物及其肉类、肉类制品的；

（三）属于国家为防控疾病等特殊需要明令禁止生产、销售的食品的；

（四）婴幼儿食品中生长发育所需营养成分严重不符合食品安全标准的；

（五）其他足以造成严重食物中毒事故或者严重食源性疾病的情形。

在食品加工、销售、运输、贮存等过程中，违反食品安全标准，超限量或者超范围滥用食品添加剂，足以造成严重食物中毒事故或者其他严重食源性疾病的，应予立案追诉。

在食用农产品种植、养殖、销售、运输、贮存等过程中，违反食品安全标准，超限量或者超范围滥用添加剂、农药、兽药等，足以造成严重食物中毒事故或者其他严重食源性疾病的，应予立案追诉。

四、将《立案追诉标准（一）》第二十条修改为：【生产、销售有毒、有害食品案（刑法第一百四十四条）】在生产、销售的食品中掺入有毒、有害的非食品原料的，或者销售明知掺有有毒、有害的非食品原料的食品的，应予立案追诉。

在食品加工、销售、运输、贮存等过程中，掺入有毒、有害的非食品原料，或者使用有毒、有害的非食品原料加工食品的，应予立案追诉。

在食用农产品种植、养殖、销售、运输、贮存等过程中，使用禁用农药、兽药等禁用物质或者其他有毒、有害物质的，应予立案追诉。

在保健食品或者其他食品中非法添加国家禁用药物等有毒、有害物质的，应予立案追诉。

下列物质应当认定为本条规定的"有毒、有害的非食品原料"：

（一）法律、法规禁止在食品生产经营活动中添加、使用的物质；

（二）国务院有关部门公布的《食品中可能违法添加的非食用物质名单》《保健食品中可能非法添加的物质名单》中所列物质；

（三）国务院有关部门公告禁止使用的农药、兽药以及其他有毒、有害物质；

（四）其他危害人体健康的物质。

**五、将《立案追诉标准（一）》第二十八条修改为：【强迫交易案（刑法第二百二十六条）】**以暴力、威胁手段强买强卖商品，强迫他人提供服务或者接受服务，涉嫌下列情形之一的，应予立案追诉：

（一）造成被害人轻微伤的；

（二）造成直接经济损失二千元以上的；

（三）强迫交易三次以上或者强迫三人以上交易的；

（四）强迫交易数额一万元以上，或者违法所得数额二千元以上的；

（五）强迫他人购买伪劣商品数额五千元以上，或者违法所得数额一千元以上的；

（六）其他情节严重的情形。

以暴力、威胁手段强迫他人参与或者退出投标、拍卖，强迫他人转让或者收购公司、企业的股份、债券或者其他资产，强迫他人参与或者退出特定的经营活动，具有多次实施、手段恶劣、造成严重后果或者恶劣社会影响等情形之一的，应予立案追诉。

**六、将《立案追诉标准（一）》第三十一条修改为：【强迫劳动案（刑法第二百四十四条）】**以暴力、威胁或者限制人身自由的方法强迫他人劳动的，应予立案追诉。

明知他人以暴力、威胁或者限制人身自由的方法强迫他人劳动，为其招募、运送人员或者有其他协助强迫他人劳动行为的，应予立案追诉。

**七、在《立案追诉标准（一）》第三十四条后增加一条，作为第三十四条之一：【拒不支付劳动报酬案（刑法第二百七十六条之一）】**以转移财产、逃匿等方法逃避支付劳动者的劳动报酬或者有能力支付而不支付劳动者的劳动报酬，经政府有关部门责令支付仍不支付，涉嫌下列情形之一的，应予立案追诉：

（一）拒不支付一名劳动者三个月以上的劳动报酬且数额在五千元至二万元以上的；

（二）拒不支付十名以上劳动者的劳动报酬且数额累计在三万元至

十万元以上的。

不支付劳动者的劳动报酬，尚未造成严重后果，在刑事立案前支付劳动者的劳动报酬，并依法承担相应赔偿责任的，可以不予立案追诉。

八、将《立案追诉标准（一）》第三十七条修改为：【寻衅滋事案（刑法第二百九十三条）】随意殴打他人，破坏社会秩序，涉嫌下列情形之一的，应予立案追诉：

（一）致一人以上轻伤或者二人以上轻微伤的；

（二）引起他人精神失常、自杀等严重后果的；

（三）多次随意殴打他人的；

（四）持凶器随意殴打他人的；

（五）随意殴打精神病人、残疾人、流浪乞讨人员、老年人、孕妇、未成年人，造成恶劣社会影响的；

（六）在公共场所随意殴打他人，造成公共场所秩序严重混乱的；

（七）其他情节恶劣的情形。

追逐、拦截、辱骂、恐吓他人，破坏社会秩序，涉嫌下列情形之一的，应予立案追诉：

（一）多次追逐、拦截、辱骂、恐吓他人，造成恶劣社会影响的；

（二）持凶器追逐、拦截、辱骂、恐吓他人的；

（三）追逐、拦截、辱骂、恐吓精神病人、残疾人、流浪乞讨人员、老年人、孕妇、未成年人，造成恶劣社会影响的；

（四）引起他人精神失常、自杀等严重后果的；

（五）严重影响他人的工作、生活、生产、经营的；

（六）其他情节恶劣的情形。

强拿硬要或者任意损毁、占用公私财物，破坏社会秩序，涉嫌下列情形之一的，应予立案追诉：

（一）强拿硬要公私财物价值一千元以上，或者任意损毁、占用公私财物价值二千元以上的；

（二）多次强拿硬要或者任意损毁、占用公私财物，造成恶劣社会影响的；

（三）强拿硬要或者任意损毁、占用精神病人、残疾人、流浪乞讨人员、老年人、孕妇、未成年人的财物，造成恶劣社会影响的；

（四）引起他人精神失常、自杀等严重后果的；

（五）严重影响他人的工作、生活、生产、经营的；

（六）其他情节严重的情形。

在车站、码头、机场、医院、商场、公园、影剧院、展览会、运动场或者其他公共场所起哄闹事，应当根据公共场所的性质、公共活动的重要程度、公共场所的人数、起哄闹事的时间、公共场所受影响的范围与程度等因素，综合判断是否造成公共场所秩序严重混乱。

**九、将《立案追诉标准（一）》第五十九条修改为：【妨害动植物防疫、检疫案（刑法第三百三十七条）】** 违反有关动植物防疫、检疫的国家规定，引起重大动植物疫情的，应予立案追诉。

违反有关动植物防疫、检疫的国家规定，有引起重大动植物疫情危险，涉嫌下列情形之一的，应予立案追诉：

（一）非法处置疫区内易感动物或者其产品，货值金额五万元以上的；

（二）非法处置因动植物防疫、检疫需要被依法处理的动植物或者其产品，货值金额二万元以上的；

（三）非法调运、生产、经营感染重大植物检疫性有害生物的林木种子、苗木等繁殖材料或者森林植物产品的；

（四）输入《中华人民共和国进出境动植物检疫法》规定的禁止进境物逃避检疫，或者对特许进境的禁止进境物未有效控制与处置，导致其逃逸、扩散的；

（五）进境动植物及其产品检出有引起重大动植物疫情危险的动物疫病或者植物有害生物后，非法处置导致进境动植物及其产品流失的；

（六）一年内携带或者寄递《中华人民共和国禁止携带、邮寄进境的动植物及其产品名录》所列物品进境逃避检疫两次以上，或者窃取、抢夺、损毁、抛洒动植物检疫机关截留的《中华人民共和国禁止携带、邮寄进境的动植物及其产品名录》所列物品的；

（七）其他情节严重的情形。

本条规定的"重大动植物疫情"，按照国家行政主管部门的有关规定认定。

**十、将《立案追诉标准（一）》第六十条修改为：【污染环境案（刑法第三百三十八条）】**违反国家规定，排放、倾倒或者处置有放射性的废物、含传染病病原体的废物、有毒物质或者其他有害物质，涉嫌下列情形之一的，应予立案追诉：

（一）在饮用水水源一级保护区、自然保护区核心区排放、倾倒、处置有放射性的废物、含传染病病原体的废物、有毒物质的；

（二）非法排放、倾倒、处置危险废物三吨以上的；

（三）排放、倾倒、处置含铅、汞、镉、铬、砷、铊、锑的污染物，超过国家或者地方污染物排放标准三倍以上的；

（四）排放、倾倒、处置含镍、铜、锌、银、钒、锰、钴的污染物，超过国家或者地方污染物排放标准十倍以上的；

（五）通过暗管、渗井、渗坑、裂隙、溶洞、灌注等逃避监管的方式排放、倾倒、处置有放射性的废物、含传染病病原体的废物、有毒物质的；

（六）二年内曾因违反国家规定，排放、倾倒、处置有放射性的废物、含传染病病原体的废物、有毒物质受过两次以上行政处罚，又实施前列行为的；

（七）重点排污单位篡改、伪造自动监测数据或者干扰自动监测设施，排放化学需氧量、氨氮、二氧化硫、氮氧化物等污染物的；

（八）违法减少防治污染设施运行支出一百万元以上的；

（九）违法所得或者致使公私财产损失三十万元以上的；

（十）造成生态环境严重损害的；

（十一）致使乡镇以上集中式饮用水水源取水中断十二小时以上的；

（十二）致使基本农田、防护林地、特种用途林地五亩以上，其他农用地十亩以上，其他土地二十亩以上基本功能丧失或者遭受永久性破坏的；

（十三）致使森林或者其他林木死亡五十立方米以上，或者幼树死亡二千五百株以上的；

（十四）致使疏散、转移群众五千人以上的；

（十五）致使三十人以上中毒的；

（十六）致使三人以上轻伤、轻度残疾或者器官组织损伤导致一般功能障碍的；

（十七）致使一人以上重伤、中度残疾或者器官组织损伤导致严重功能障碍的；

（十八）其他严重污染环境的情形。

本条规定的"有毒物质"，包括列入国家危险废物名录或者根据国家规定的危险废物鉴别标准和鉴别方法认定的具有危险特性的废物，《关于持久性有机污染物的斯德哥尔摩公约》附件所列物质，含重金属的污染物，以及其他具有毒性可能污染环境的物质。

本条规定的"非法处置危险废物"，包括无危险废物经营许可证，以营利为目的，从危险废物中提取物质作为原材料或者燃料，并具有超标排放污染物、非法倾倒污染物或者其他违法造成环境污染情形的行为。

本条规定的"重点排污单位"，是指设区的市级以上人民政府环境保护主管部门依法确定的应当安装、使用污染物排放自动监测设备的重点监控企业及其他单位。

本条规定的"公私财产损失"，包括直接造成财产损毁、减少的实际价值，为防止污染扩大、消除污染而采取必要合理措施所产生的费用，以及处置突发环境事件的应急监测费用。

本条规定的"生态环境损害"，包括生态环境修复费用，生态环境修复期间服务功能的损失和生态环境功能永久性损害造成的损失，以及其他必要合理费用。

本条规定的"无危险废物经营许可证"，是指未取得危险废物经营许可证，或者超出危险废物经营许可证的经营范围。

十一、将《立案追诉标准（一）》第六十八条修改为：【非法采矿案（刑法第三百四十三条第一款）】违反矿产资源法的规定，未取得采矿许可证擅自采矿，或者擅自进入国家规划矿区、对国民经济具有重要价值的矿区和他人矿区范围采矿，或者擅自开采国家规定实行保护性开采的特定矿种，涉嫌下列情形之一的，应予立案追诉：

（一）开采的矿产品价值或者造成矿产资源破坏的价值在十万元至三十万元以上的；

（二）在国家规划矿区、对国民经济具有重要价值的矿区采矿，开采国家规定实行保护性开采的特定矿种，或者在禁采区、禁采期内采矿，开采的矿产品价值或者造成矿产资源破坏的价值在五万元至十五万元以上的；

（三）二年内曾因非法采矿受过两次以上行政处罚，又实施非法采矿行为的；

（四）造成生态环境严重损害的；

（五）其他情节严重的情形。

在河道管理范围内采砂，依据相关规定应当办理河道采砂许可证而未取得河道采砂许可证，或者应当办理河道采砂许可证和采矿许可证，既未取得河道采砂许可证又未取得采矿许可证，具有本条第一款规定的情形之一，或者严重影响河势稳定危害防洪安全的，应予立案追诉。

采挖海砂，未取得海砂开采海域使用权证且未取得采矿许可证，具有本条第一款规定的情形之一，或者造成海岸线严重破坏的，应予立案追诉。

具有下列情形之一的，属于本条规定的"未取得采矿许可证"：

（一）无许可证的；

（二）许可证被注销、吊销、撤销的；

（三）超越许可证规定的矿区范围或者开采范围的；

（四）超出许可证规定的矿种的（共生、伴生矿种除外）；

（五）其他未取得许可证的情形。

多次非法采矿构成犯罪，依法应当追诉的，或者二年内多次非法采矿未经处理的，价值数额累计计算。

非法开采的矿产品价值，根据销赃数额认定；无销赃数额，销赃数额难以查证，或者根据销赃数额认定明显不合理的，根据矿产品价格和数量认定。

矿产品价值难以确定的，依据价格认证机构，省级以上人民政府国土资源、水行政、海洋等主管部门，或者国务院水行政主管部门在国家确定的重要江河、湖泊设立的流域管理机构出具的报告，结合其他证据作出认定。

**十二、将《立案追诉标准（一）》第七十七条修改为：【协助组织卖淫案（刑法第三百五十八条第四款）】**在组织卖淫的犯罪活动中，帮助招募、运送、培训人员三人以上，或者充当保镖、打手、管账人等，起帮助作用的，应予立案追诉。

**十三、将《立案追诉标准（一）》第八十一条删除。**

**十四、将《立案追诉标准（一）》第九十四条修改为：【非法生产、买卖武装部队制式服装案（刑法第三百七十五条第二款）】**非法生产、买卖武装部队制式服装，涉嫌下列情形之一的，应予立案追诉：

（一）非法生产、买卖成套制式服装三十套以上，或者非成套制式服装一百件以上的；

（二）非法生产、买卖帽徽、领花、臂章等标志服饰合计一百件（副）以上的；

（三）非法经营数额二万元以上的；

（四）违法所得数额五千元以上的；

（五）其他情节严重的情形。

买卖仿制的现行装备的武装部队制式服装，情节严重的，应予立案追诉。

**十五、在《立案追诉标准（一）》第九十四条后增加一条，作为第九十四条之一：【伪造、盗窃、买卖、非法提供、非法使用武装部队**

**专用标志案（刑法第三百七十五条第三款）】**伪造、盗窃、买卖或者非法提供、使用武装部队车辆号牌等专用标志，涉嫌下列情形之一的，应予立案追诉：

（一）伪造、盗窃、买卖或者非法提供、使用武装部队军以上领导机关车辆号牌一副以上或者其他车辆号牌三副以上的；

（二）非法提供、使用军以上领导机关车辆号牌之外的其他车辆号牌累计六个月以上的；

（三）伪造、盗窃、买卖或者非法提供、使用军徽、军旗、军种符号或者其他军用标志合计一百件（副）以上的；

（四）造成严重后果或者恶劣影响的。

盗窃、买卖、提供、使用伪造、变造的武装部队车辆号牌等专用标志，情节严重的，应予立案追诉。

十六、将《立案追诉标准（一）》第九十九条修改为：**【战时拒绝军事征收、征用案（刑法第三百八十一条）】**战时拒绝军事征收、征用，涉嫌下列情形之一的，应予立案追诉：

（一）无正当理由拒绝军事征收、征用三次以上的；

（二）采取暴力、威胁、欺骗等手段拒绝军事征收、征用的；

（三）联络、煽动他人共同拒绝军事征收、征用的；

（四）拒绝重要军事征收、征用，影响重要军事任务完成的；

（五）其他情节严重的情形。

# 最高人民检察院、公安部关于印发《最高人民检察院、公安部关于公安机关管辖的刑事案件立案追诉标准的规定（二）》的通知

(2022年4月6日　公通字〔2022〕12号)

各省、自治区、直辖市人民检察院、公安厅（局），解放军军事检察院，新疆生产建设兵团人民检察院、公安局：

　　为适应新时期打击经济犯罪案件工作需要，服务保障经济社会高质量发展，根据《中华人民共和国刑法》《中华人民共和国刑事诉讼法》等法律规定，最高人民检察院、公安部研究修订了《最高人民检察院、公安部关于公安机关管辖的刑事案件立案追诉标准的规定（二）》，对公安机关管辖的部分经济犯罪案件立案追诉标准进行修改完善，现印发给你们，请遵照执行。各级公安机关应当依照此规定立案侦查，各级检察机关应当依照此规定审查批捕、审查起诉。工作中，要依法惩治各类经济犯罪活动，严格规范公正文明执法司法，同时要认真落实少捕慎诉慎押刑事司法政策、认罪认罚从宽制度，不断提高执法规范化水平和公信力。

　　通知印发后，相关司法解释对立案追诉标准作出进一步明确规定的，依照相关司法解释规定执行。各地在执行中遇到的问题，请及时分别报最高人民检察院和公安部。

# 最高人民检察院、公安部关于公安机关管辖的刑事案件立案追诉标准的规定（二）

第一条　【帮助恐怖活动案（刑法第一百二十条之一第一款）】资助恐怖活动组织、实施恐怖活动的个人的，或者资助恐怖活动培训的，应予立案追诉。

第二条　【走私假币案（刑法第一百五十一条第一款）】走私伪造的货币，涉嫌下列情形之一的，应予立案追诉：

（一）总面额在二千元以上或者币量在二百张（枚）以上的；

（二）总面额在一千元以上或者币量在一百张（枚）以上，二年内因走私假币受过行政处罚，又走私假币的；

（三）其他走私假币应予追究刑事责任的情形。

第三条　【虚报注册资本案（刑法第一百五十八条）】申请公司登记使用虚假证明文件或者采取其他欺诈手段虚报注册资本，欺骗公司登记主管部门，取得公司登记，涉嫌下列情形之一的，应予立案追诉：

（一）法定注册资本最低限额在六百万元以下，虚报数额占其应缴出资数额百分之六十以上的；

（二）法定注册资本最低限额超过六百万元，虚报数额占其应缴出资数额百分之三十以上的；

（三）造成投资者或者其他债权人直接经济损失累计数额在五十万元以上的；

（四）虽未达到上述数额标准，但具有下列情形之一的：

1. 二年内因虚报注册资本受过二次以上行政处罚，又虚报注册资本的；

2. 向公司登记主管人员行贿的；

3. 为进行违法活动而注册的。

（五）其他后果严重或者有其他严重情节的情形。

本条只适用于依法实行注册资本实缴登记制的公司。

**第四条** 【虚假出资、抽逃出资案（刑法第一百五十九条）】公司发起人、股东违反公司法的规定未交付货币、实物或者未转移财产权，虚假出资，或者在公司成立后又抽逃其出资，涉嫌下列情形之一的，应予立案追诉：

（一）法定注册资本最低限额在六百万元以下，虚假出资、抽逃出资数额占其应缴出资数额百分之六十以上的；

（二）法定注册资本最低限额超过六百万元，虚假出资、抽逃出资数额占其应缴出资数额百分之三十以上的；

（三）造成公司、股东、债权人的直接经济损失累计数额在五十万元以上的；

（四）虽未达到上述数额标准，但具有下列情形之一的：

1. 致使公司资不抵债或者无法正常经营的；

2. 公司发起人、股东合谋虚假出资、抽逃出资的；

3. 二年内因虚假出资、抽逃出资受过二次以上行政处罚，又虚假出资、抽逃出资的；

4. 利用虚假出资、抽逃出资所得资金进行违法活动的。

（五）其他后果严重或者有其他严重情节的情形。

本条只适用于依法实行注册资本实缴登记制的公司。

**第五条** 【欺诈发行证券案（刑法第一百六十条）】在招股说明书、认股书、公司、企业债券募集办法等发行文件中隐瞒重要事实或者编造重大虚假内容，发行股票或者公司、企业债券、存托凭证或者国务院依法认定的其他证券，涉嫌下列情形之一的，应予立案追诉：

（一）非法募集资金金额在一千万元以上的；

（二）虚增或者虚减资产达到当期资产总额百分之三十以上的；

（三）虚增或者虚减营业收入达到当期营业收入总额百分之三十以上的；

（四）虚增或者虚减利润达到当期利润总额百分之三十以上的；

（五）隐瞒或者编造的重大诉讼、仲裁、担保、关联交易或者其他重大事项所涉及的数额或者连续十二个月的累计数额达到最近一期披露的净资产百分之五十以上的；

（六）造成投资者直接经济损失数额累计在一百万元以上的；

（七）为欺诈发行证券而伪造、变造国家机关公文、有效证明文件或者相关凭证、单据的；

（八）为欺诈发行证券向负有金融监督管理职责的单位或者人员行贿的；

（九）募集的资金全部或者主要用于违法犯罪活动的；

（十）其他后果严重或者有其他严重情节的情形。

**第六条　【违规披露、不披露重要信息案（刑法第一百六十一条）】** 依法负有信息披露义务的公司、企业向股东和社会公众提供虚假的或者隐瞒重要事实的财务会计报告，或者对依法应当披露的其他重要信息不按照规定披露，涉嫌下列情形之一的，应予立案追诉：

（一）造成股东、债权人或者其他人直接经济损失数额累计在一百万元以上的；

（二）虚增或者虚减资产达到当期披露的资产总额百分之三十以上的；

（三）虚增或者虚减营业收入达到当期披露的营业收入总额百分之三十以上的；

（四）虚增或者虚减利润达到当期披露的利润总额百分之三十以上的；

（五）未按照规定披露的重大诉讼、仲裁、担保、关联交易或者其他重大事项所涉及的数额或者连续十二个月的累计数额达到最近一期披露的净资产百分之五十以上的；

（六）致使不符合发行条件的公司、企业骗取发行核准或者注册并且上市交易的；

（七）致使公司、企业发行的股票或者公司、企业债券、存托凭证或者国务院依法认定的其他证券被终止上市交易的；

（八）在公司财务会计报告中将亏损披露为盈利，或者将盈利披露为亏损的；

（九）多次提供虚假的或者隐瞒重要事实的财务会计报告，或者多次对依法应当披露的其他重要信息不按照规定披露的；

（十）其他严重损害股东、债权人或者其他人利益，或者有其他严重情节的情形。

第七条 **【妨害清算案（刑法第一百六十二条）】** 公司、企业进行清算时，隐匿财产，对资产负债表或者财产清单作虚伪记载或者在未清偿债务前分配公司、企业财产，涉嫌下列情形之一的，应予立案追诉：

（一）隐匿财产价值在五十万元以上的；

（二）对资产负债表或者财产清单作虚伪记载涉及金额在五十万元以上的；

（三）在未清偿债务前分配公司、企业财产价值在五十万元以上的；

（四）造成债权人或者其他人直接经济损失数额累计在十万元以上的；

（五）虽未达到上述数额标准，但应清偿的职工的工资、社会保险费用和法定补偿金得不到及时清偿，造成恶劣社会影响的；

（六）其他严重损害债权人或者其他人利益的情形。

第八条 **【隐匿、故意销毁会计凭证、会计帐簿、财务会计报告案（刑法第一百六十二条之一）】** 隐匿或者故意销毁依法应当保存的会计凭证、会计帐簿、财务会计报告，涉嫌下列情形之一的，应予立案追诉：

（一）隐匿、故意销毁的会计凭证、会计帐簿、财务会计报告涉及金额在五十万元以上的；

（二）依法应当向监察机关、司法机关、行政机关、有关主管部门等提供而隐匿、故意销毁或者拒不交出会计凭证、会计帐簿、财务会计报告的；

（三）其他情节严重的情形。

第九条 **【虚假破产案（刑法第一百六十二条之二）】** 公司、企业通过隐匿财产、承担虚构的债务或者以其他方法转移、处分财产，实施虚假破产，涉嫌下列情形之一的，应予立案追诉：

（一）隐匿财产价值在五十万元以上的；

（二）承担虚构的债务涉及金额在五十万元以上的；

（三）以其他方法转移、处分财产价值在五十万元以上的；

（四）造成债权人或者其他人直接经济损失数额累计在十万元以上的；

（五）虽未达到上述数额标准，但应清偿的职工的工资、社会保险费用和法定补偿金得不到及时清偿，造成恶劣社会影响的；

（六）其他严重损害债权人或者其他人利益的情形。

**第十条**　【非国家工作人员受贿案（刑法第一百六十三条）】公司、企业或者其他单位的工作人员利用职务上的便利，索取他人财物或者非法收受他人财物，为他人谋取利益，或者在经济往来中，利用职务上的便利，违反国家规定，收受各种名义的回扣、手续费，归个人所有，数额在三万元以上的，应予立案追诉。

**第十一条**　【对非国家工作人员行贿案（刑法第一百六十四条第一款）】为谋取不正当利益，给予公司、企业或者其他单位的工作人员以财物，个人行贿数额在三万元以上的，单位行贿数额在二十万元以上的，应予立案追诉。

**第十二条**　【对外国公职人员、国际公共组织官员行贿案（刑法第一百六十四条第二款）】为谋取不正当商业利益，给予外国公职人员或者国际公共组织官员以财物，个人行贿数额在三万元以上的，单位行贿数额在二十万元以上的，应予立案追诉。

**第十三条**　【背信损害上市公司利益案（刑法第一百六十九条之一）】上市公司的董事、监事、高级管理人员违背对公司的忠实义务，利用职务便利，操纵上市公司从事损害上市公司利益的行为，以及上市公司的控股股东或者实际控制人，指使上市公司董事、监事、高级管理人员实施损害上市公司利益的行为，涉嫌下列情形之一的，应予立案追诉：

（一）无偿向其他单位或者个人提供资金、商品、服务或者其他资

产,致使上市公司直接经济损失数额在一百五十万元以上的;

(二)以明显不公平的条件,提供或者接受资金、商品、服务或者其他资产,致使上市公司直接经济损失数额在一百五十万元以上的;

(三)向明显不具有清偿能力的单位或者个人提供资金、商品、服务或者其他资产,致使上市公司直接经济损失数额在一百五十万元以上的;

(四)为明显不具有清偿能力的单位或者个人提供担保,或者无正当理由为其他单位或者个人提供担保,致使上市公司直接经济损失数额在一百五十万元以上的;

(五)无正当理由放弃债权、承担债务,致使上市公司直接经济损失数额在一百五十万元以上的;

(六)致使公司、企业发行的股票或者公司、企业债券、存托凭证或者国务院依法认定的其他证券被终止上市交易的;

(七)其他致使上市公司利益遭受重大损失的情形。

**第十四条 【伪造货币案(刑法第一百七十条)】** 伪造货币,涉嫌下列情形之一的,应予立案追诉:

(一)总面额在二千元以上或者币量在二百张(枚)以上的;

(二)总面额在一千元以上或者币量在一百张(枚)以上,二年内因伪造货币受过行政处罚,又伪造货币的;

(三)制造货币版样或者为他人伪造货币提供版样的;

(四)其他伪造货币应予追究刑事责任的情形。

**第十五条 【出售、购买、运输假币案(刑法第一百七十一条第一款)】** 出售、购买伪造的货币或者明知是伪造的货币而运输,涉嫌下列情形之一的,应予立案追诉:

(一)总面额在四千元以上或者币量在四百张(枚)以上的;

(二)总面额在二千元以上或者币量在二百张(枚)以上,二年内因出售、购买、运输假币受过行政处罚,又出售、购买、运输假币的;

(三)其他出售、购买、运输假币应予追究刑事责任的情形。

在出售假币时被抓获的，除现场查获的假币应认定为出售假币的数额外，现场之外在行为人住所或者其他藏匿地查获的假币，也应认定为出售假币的数额。

第十六条 【金融工作人员购买假币、以假币换取货币案（刑法第一百七十一条第二款）】银行或者其他金融机构的工作人员购买伪造的货币或者利用职务上的便利，以伪造的货币换取货币，总面额在二千元以上或者币量在二百张（枚）以上的，应予立案追诉。

第十七条 【持有、使用假币案（刑法第一百七十二条）】明知是伪造的货币而持有、使用，涉嫌下列情形之一的，应予立案追诉：

（一）总面额在四千元以上或者币量在四百张（枚）以上的；

（二）总面额在二千元以上或者币量在二百张（枚）以上，二年内因持有、使用假币受过行政处罚，又持有、使用假币的；

（三）其他持有、使用假币应予追究刑事责任的情形。

第十八条 【变造货币案（刑法第一百七十三条）】变造货币，涉嫌下列情形之一的，应予立案追诉：

（一）总面额在二千元以上或者币量在二百张（枚）以上的；

（二）总面额在一千元以上或者币量在一百张（枚）以上，二年内因变造货币受过行政处罚，又变造货币的；

（三）其他变造货币应予追究刑事责任的情形。

第十九条 【擅自设立金融机构案（刑法第一百七十四条第一款）】未经国家有关主管部门批准，擅自设立金融机构，涉嫌下列情形之一的，应予立案追诉：

（一）擅自设立商业银行、证券交易所、期货交易所、证券公司、期货公司、保险公司或者其他金融机构的；

（二）擅自设立金融机构筹备组织的。

第二十条 【伪造、变造、转让金融机构经营许可证、批准文件案（刑法第一百七十四条第二款）】伪造、变造、转让商业银行、证券交易所、期货交易所、证券公司、期货公司、保险公司或者其他金融机构的经营许可证或者批准文件的，应予立案追诉。

**第二十一条** 【高利转贷案（刑法第一百七十五条）】以转贷牟利为目的，套取金融机构信贷资金高利转贷他人，违法所得数额在五十万元以上的，应予立案追诉。

**第二十二条** 【骗取贷款、票据承兑、金融票证案（刑法第一百七十五条之一）】以欺骗手段取得银行或者其他金融机构贷款、票据承兑、信用证、保函等，给银行或者其他金融机构造成直接经济损失数额在五十万元以上的，应予立案追诉。

**第二十三条** 【非法吸收公众存款案（刑法第一百七十六条）】非法吸收公众存款或者变相吸收公众存款，扰乱金融秩序，涉嫌下列情形之一的，应予立案追诉：

（一）非法吸收或者变相吸收公众存款数额在一百万元以上的；

（二）非法吸收或者变相吸收公众存款对象一百五十人以上的；

（三）非法吸收或者变相吸收公众存款，给集资参与人造成直接经济损失数额在五十万元以上的；

非法吸收或者变相吸收公众存款数额在五十万元以上或者给集资参与人造成直接经济损失数额在二十五万元以上，同时涉嫌下列情形之一的，应予立案追诉：

（一）因非法集资受过刑事追究的；

（二）二年内因非法集资受过行政处罚的；

（三）造成恶劣社会影响或者其他严重后果的。

**第二十四条** 【伪造、变造金融票证案（刑法第一百七十七条）】伪造、变造金融票证，涉嫌下列情形之一的，应予立案追诉：

（一）伪造、变造汇票、本票、支票，或者伪造、变造委托收款凭证、汇款凭证、银行存单等其他银行结算凭证，或者伪造、变造信用证或者附随的单据、文件，总面额在一万元以上或者数量在十张以上的；

（二）伪造信用卡一张以上，或者伪造空白信用卡十张以上的。

**第二十五条** 【妨害信用卡管理案（刑法第一百七十七条之一第一款）】妨害信用卡管理，涉嫌下列情形之一的，应予立案追诉：

（一）明知是伪造的信用卡而持有、运输的；

（二）明知是伪造的空白信用卡而持有、运输，数量累计在十张以上的；

（三）非法持有他人信用卡，数量累计在五张以上的；

（四）使用虚假的身份证明骗领信用卡的；

（五）出售、购买、为他人提供伪造的信用卡或者以虚假的身份证明骗领的信用卡的。

违背他人意愿，使用其居民身份证、军官证、士兵证、港澳居民往来内地通行证、台湾居民来往大陆通行证、护照等身份证明申领信用卡的，或者使用伪造、变造的身份证明申领信用卡的，应当认定为"使用虚假的身份证明骗领信用卡"。

第二十六条　【窃取、收买、非法提供信用卡信息案（刑法第一百七十七条之一第二款）】窃取、收买或者非法提供他人信用卡信息资料，足以伪造可进行交易的信用卡，或者足以使他人以信用卡持卡人名义进行交易，涉及信用卡一张以上的，应予立案追诉。

第二十七条　【伪造、变造国家有价证券案（刑法第一百七十八条第一款）】伪造、变造国库券或者国家发行的其他有价证券，总面额在二千元以上的，应予立案追诉。

第二十八条　【伪造、变造股票、公司、企业债券案（刑法第一百七十八条第二款）】伪造、变造股票或者公司、企业债券，总面额在三万元以上的，应予立案追诉。

第二十九条　【擅自发行股票、公司、企业债券案（刑法第一百七十九条）】未经国家有关主管部门批准或者注册，擅自发行股票或者公司、企业债券，涉嫌下列情形之一的，应予立案追诉：

（一）非法募集资金金额在一百万元以上的；

（二）造成投资者直接经济损失数额累计在五十万元以上的；

（三）募集的资金全部或者主要用于违法犯罪活动的；

（四）其他后果严重或者有其他严重情节的情形。

本条规定的"擅自发行股票或者公司、企业债券"，是指向社会不特定对象发行、以转让股权等方式变相发行股票或者公司、企业债券,或者向特定对象发行、变相发行股票或者公司、企业债券累计超过二百人的行为。

**第三十条** 【内幕交易、泄露内幕信息案(刑法第一百八十条第一款)】证券、期货交易内幕信息的知情人员、单位或者非法获取证券、期货交易内幕信息的人员、单位,在涉及证券的发行,证券、期货交易或者其他对证券、期货交易价格有重大影响的信息尚未公开前,买入或者卖出该证券,或者从事与该内幕信息有关的期货交易,或者泄露该信息,或者明示、暗示他人从事上述交易活动,涉嫌下列情形之一的,应予立案追诉:

(一)获利或者避免损失数额在五十万元以上的;

(二)证券交易成交额在二百万元以上的;

(三)期货交易占用保证金数额在一百万元以上的;

(四)二年内三次以上实施内幕交易、泄露内幕信息行为的;

(五)明示、暗示三人以上从事与内幕信息相关的证券、期货交易活动的;

(六)具有其他严重情节的。

内幕交易获利或者避免损失数额在二十五万元以上,或者证券交易成交额在一百万元以上,或者期货交易占用保证金数额在五十万元以上,同时涉嫌下列情形之一的,应予立案追诉:

(一)证券法规定的证券交易内幕信息的知情人实施或者与他人共同实施内幕交易行为的;

(二)以出售或者变相出售内幕信息等方式,明示、暗示他人从事与该内幕信息相关的交易活动的;

(三)因证券、期货犯罪行为受过刑事追究的;

(四)二年内因证券、期货违法行为受过行政处罚的;

(五)造成其他严重后果的。

**第三十一条** 【利用未公开信息交易案(刑法第一百八十条第四款)】证券交易所、期货交易所、证券公司、期货公司、基金管理公司、商业银行、保险公司等金融机构的从业人员以及有关监管部门或者行业协会的工作人员，利用因职务便利获取的内幕信息以外的其他未公开的信息，违反规定，从事与该信息相关的证券、期货交易活动，或者明示、暗示他人从事相关交易活动，涉嫌下列情形之一的，应予立案追诉：

（一）获利或者避免损失数额在一百万元以上的；

（二）二年内三次以上利用未公开信息交易的；

（三）明示、暗示三人以上从事相关交易活动的；

（四）具有其他严重情节的。

利用未公开信息交易，获利或者避免损失数额在五十万元以上，或者证券交易成交额在五百万元以上，或者期货交易占用保证金数额在一百万元以上，同时涉嫌下列情形之一的，应予立案追诉：

（一）以出售或者变相出售未公开信息等方式，明示、暗示他人从事相关交易活动的；

（二）因证券、期货犯罪行为受过刑事追究的；

（三）二年内因证券、期货违法行为受过行政处罚的；

（四）造成其他严重后果的。

**第三十二条** 【编造并传播证券、期货交易虚假信息案（刑法第一百八十一条第一款）】编造并且传播影响证券、期货交易的虚假信息，扰乱证券、期货交易市场，涉嫌下列情形之一的，应予立案追诉：

（一）获利或者避免损失数额在五万元以上的；

（二）造成投资者直接经济损失数额在五十万元以上的；

（三）虽未达到上述数额标准，但多次编造并且传播影响证券、期货交易的虚假信息的；

（四）致使交易价格或者交易量异常波动的；

（五）造成其他严重后果的。

**第三十三条** 【诱骗投资者买卖证券、期货合约案（刑法第一百八十一条第二款）】证券交易所、期货交易所、证券公司、期货公司的从业人员，证券业协会、期货业协会或者证券期货监督管理部门的工作人员，故意提供虚假信息或者伪造、变造、销毁交易记录，诱骗投资者买卖证券、期货合约，涉嫌下列情形之一的，应予立案追诉：

（一）获利或者避免损失数额在五万元以上的；

（二）造成投资者直接经济损失数额在五十万元以上的；

（三）虽未达到上述数额标准，但多次诱骗投资者买卖证券、期货合约的；

（四）致使交易价格或者交易量异常波动的；

（五）造成其他严重后果的。

**第三十四条　【操纵证券、期货市场案（刑法第一百八十二条）】**操纵证券、期货市场，影响证券、期货交易价格或者证券、期货交易量，涉嫌下列情形之一的，应予立案追诉：

（一）持有或者实际控制证券的流通股份数量达到该证券的实际流通股份总量百分之十以上，实施刑法第一百八十二条第一款第一项操纵证券市场行为，连续十个交易日的累计成交量达到同期该证券总成交量百分之二十以上的；

（二）实施刑法第一百八十二条第一款第二项、第三项操纵证券市场行为，连续十个交易日的累计成交量达到同期该证券总成交量百分之二十以上的；

（三）利用虚假或者不确定的重大信息，诱导投资者进行证券交易，行为人进行相关证券交易的成交额在一千万元以上的；

（四）对证券、证券发行人公开作出评价、预测或者投资建议，同时进行反向证券交易，证券交易成交额在一千万元以上的；

（五）通过策划、实施资产收购或者重组、投资新业务、股权转让、上市公司收购等虚假重大事项，误导投资者作出投资决策，并进行相关交易或者谋取相关利益，证券交易成交额在一千万元以上的；

（六）通过控制发行人、上市公司信息的生成或者控制信息披露的

373

内容、时点、节奏，误导投资者作出投资决策，并进行相关交易或者谋取相关利益，证券交易成交额在一千万元以上的；

（七）实施刑法第一百八十二条第一款第一项操纵期货市场行为，实际控制的帐户合并持仓连续十个交易日的最高值超过期货交易所限仓标准的二倍，累计成交量达到同期该期货合约总成交量百分之二十以上，且期货交易占用保证金数额在五百万元以上的；

（八）通过囤积现货，影响特定期货品种市场行情，并进行相关期货交易，实际控制的帐户合并持仓连续十个交易日的最高值超过期货交易所限仓标准的二倍，累计成交量达到同期该期货合约总成交量百分之二十以上，且期货交易占用保证金数额在五百万元以上的；

（九）实施刑法第一百八十二条第一款第二项、第三项操纵期货市场行为，实际控制的帐户连续十个交易日的累计成交量达到同期该期货合约总成交量百分之二十以上，且期货交易占用保证金数额在五百万元以上的；

（十）利用虚假或者不确定的重大信息，诱导投资者进行期货交易，行为人进行相关期货交易，实际控制的帐户连续十个交易日的累计成交量达到同期该期货合约总成交量百分之二十以上，且期货交易占用保证金数额在五百万元以上的；

（十一）对期货交易标的公开作出评价、预测或者投资建议，同时进行相关期货交易，实际控制的帐户连续十个交易日的累计成交量达到同期该期货合约总成交量的百分之二十以上，且期货交易占用保证金数额在五百万元以上的；

（十二）不以成交为目的，频繁或者大量申报买入、卖出证券、期货合约并撤销申报，当日累计撤回申报量达到同期该证券、期货合约总申报量百分之五十以上，且证券撤回申报额在一千万元以上、撤回申报的期货合约占用保证金数额在五百万元以上的；

（十三）实施操纵证券、期货市场行为，获利或者避免损失数额在一百万元以上的。

操纵证券、期货市场，影响证券、期货交易价格或者证券、期货交易量，获利或者避免损失数额在五十万元以上，同时涉嫌下列情形之一的，应予立案追诉：

（一）发行人、上市公司及其董事、监事、高级管理人员、控股股东或者实际控制人实施操纵证券、期货市场行为的；

（二）收购人、重大资产重组的交易对方及其董事、监事、高级管理人员、控股股东或者实际控制人实施操纵证券、期货市场行为的；

（三）行为人明知操纵证券、期货市场行为被有关部门调查，仍继续实施的；

（四）因操纵证券、期货市场行为受过刑事追究的；

（五）二年内因操纵证券、期货市场行为受过行政处罚的；

（六）在市场出现重大异常波动等特定时段操纵证券、期货市场的；

（七）造成其他严重后果的。

对于在全国中小企业股份转让系统中实施操纵证券市场行为，社会危害性大，严重破坏公平公正的市场秩序的，比照本条的规定执行，但本条第一款第一项和第二项除外。

第三十五条 【背信运用受托财产案（刑法第一百八十五条之一第一款）】商业银行、证券交易所、期货交易所、证券公司、期货公司、保险公司或者其他金融机构，违背受托义务，擅自运用客户资金或者其他委托、信托的财产，涉嫌下列情形之一的，应予立案追诉：

（一）擅自运用客户资金或者其他委托、信托的财产数额在三十万元以上的；

（二）虽未达到上述数额标准，但多次擅自运用客户资金或者其他委托、信托的财产，或者擅自运用多个客户资金或者其他委托、信托的财产的；

（三）其他情节严重的情形。

第三十六条 【违法运用资金案（刑法第一百八十五条之一第二款）】社会保障基金管理机构、住房公积金管理机构等公众资金管理机构，以及保险公司、保险资产管理公司、证券投资基金管理公司，违反国家规定运用资金，涉嫌下列情形之一的，应予立案追诉：

（一）违反国家规定运用资金数额在三十万元以上的；

（二）虽未达到上述数额标准，但多次违反国家规定运用资金的；

（三）其他情节严重的情形。

**第三十七条** 【**违法发放贷款案（刑法第一百八十六条）**】银行或者其他金融机构及其工作人员违反国家规定发放贷款，涉嫌下列情形之一的，应予立案追诉：

（一）违法发放贷款，数额在二百万元以上的；

（二）违法发放贷款，造成直接经济损失数额在五十万元以上的。

**第三十八条** 【**吸收客户资金不入帐案（刑法第一百八十七条）**】银行或者其他金融机构及其工作人员吸收客户资金不入帐，涉嫌下列情形之一的，应予立案追诉：

（一）吸收客户资金不入帐，数额在二百万元以上的；

（二）吸收客户资金不入帐，造成直接经济损失数额在五十万元以上的。

**第三十九条** 【**违规出具金融票证案（刑法第一百八十八条）**】银行或者其他金融机构及其工作人员违反规定，为他人出具信用证或者其他保函、票据、存单、资信证明，涉嫌下列情形之一的，应予立案追诉：

（一）违反规定为他人出具信用证或者其他保函、票据、存单、资信证明，数额在二百万元以上的；

（二）违反规定为他人出具信用证或者其他保函、票据、存单、资信证明，造成直接经济损失数额在五十万元以上的；

（三）多次违规出具信用证或者其他保函、票据、存单、资信证明的；

（四）接受贿赂违规出具信用证或者其他保函、票据、存单、资信证明的；

（五）其他情节严重的情形。

**第四十条** 【**对违法票据承兑、付款、保证案（刑法第一百八十**

九条）】银行或者其他金融机构及其工作人员在票据业务中，对违反票据法规定的票据予以承兑、付款或者保证，造成直接经济损失数额在五十万元以上的，应予立案追诉。

第四十一条 【逃汇案（刑法第一百九十条）】公司、企业或者其他单位，违反国家规定，擅自将外汇存放境外，或者将境内的外汇非法转移到境外，单笔在二百万美元以上或者累计数额在五百万美元以上的，应予立案追诉。

第四十二条 【骗购外汇案《全国人民代表大会常务委员会关于惩治骗购外汇、逃汇和非法买卖外汇犯罪的决定》第一条）】骗购外汇，数额在五十万美元以上的，应予立案追诉。

第四十三条 【洗钱案（刑法第一百九十一条）】为掩饰、隐瞒毒品犯罪、黑社会性质的组织犯罪、恐怖活动犯罪、走私犯罪、贪污贿赂犯罪、破坏金融管理秩序犯罪、金融诈骗犯罪的所得及其产生的收益的来源和性质，涉嫌下列情形之一的，应予立案追诉：

（一）提供资金帐户的；

（二）将财产转换为现金、金融票据、有价证券的；

（三）通过转帐或者其他支付结算方式转移资金的；

（四）跨境转移资产的；

（五）以其他方法掩饰、隐瞒犯罪所得及其收益的来源和性质的。

第四十四条 【集资诈骗案（刑法第一百九十二条）】以非法占有为目的，使用诈骗方法非法集资，数额在十万元以上的，应予立案追诉。

第四十五条 【贷款诈骗案（刑法第一百九十三条）】以非法占有为目的，诈骗银行或者其他金融机构的贷款，数额在五万元以上的，应予立案追诉。

第四十六条 【票据诈骗案（刑法第一百九十四条第一款）】进行金融票据诈骗活动，数额在五万元以上的，应予立案追诉。

第四十七条 【金融凭证诈骗案（刑法第一百九十四条第二款）】使用伪造、变造的委托收款凭证、汇款凭证、银行存单等其他银行结算凭证进行诈骗活动，数额在五万元以上的，应予立案追诉。

第四十八条 【信用证诈骗案（刑法第一百九十五条）】进行信用证诈骗活动，涉嫌下列情形之一的，应予立案追诉：

（一）使用伪造、变造的信用证或者附随的单据、文件的；

（二）使用作废的信用证的；

（三）骗取信用证的；

（四）以其他方法进行信用证诈骗活动的。

第四十九条 【信用卡诈骗案（刑法第一百九十六条）】进行信用卡诈骗活动，涉嫌下列情形之一的，应予立案追诉：

（一）使用伪造的信用卡、以虚假的身份证明骗领的信用卡、作废的信用卡或者冒用他人信用卡，进行诈骗活动，数额在五千元以上的；

（二）恶意透支，数额在五万元以上的。

本条规定的"恶意透支"，是指持卡人以非法占有为目的，超过规定限额或者规定期限透支，经发卡银行两次有效催收后超过三个月仍不归还的。

恶意透支的数额，是指公安机关刑事立案时尚未归还的实际透支的本金数额，不包括利息、复利、滞纳金、手续费等发卡银行收取的费用。归还或者支付的数额，应当认定为归还实际透支的本金。

恶意透支，数额在五万元以上不满五十万元的，在提起公诉前全部归还或者具有其他情节轻微情形的，可以不起诉。但是，因信用卡诈骗受过二次以上处罚的除外。

第五十条 【有价证券诈骗案（刑法第一百九十七条）】使用伪造、变造的国库券或者国家发行的其他有价证券进行诈骗活动，数额在五万元以上的，应予立案追诉。

第五十一条 【保险诈骗案（刑法第一百九十八条）】进行保险诈骗活动，数额在五万元以上的，应予立案追诉。

第五十二条 【逃税案（刑法第二百零一条）】逃避缴纳税款，涉嫌下列情形之一的，应予立案追诉：

（一）纳税人采取欺骗、隐瞒手段进行虚假纳税申报或者不申报，逃避缴纳税款，数额在十万元以上并且占各税种应纳税总额百分之十以上，经税务机关依法下达追缴通知后，不补缴应纳税款、不缴纳滞纳金或者不接受行政处罚的；

（二）纳税人五年内因逃避缴纳税款受过刑事处罚或者被税务机关给予二次以上行政处罚，又逃避缴纳税款，数额在十万元以上并且占各税种应纳税总额百分之十以上的；

（三）扣缴义务人采取欺骗、隐瞒手段，不缴或者少缴已扣、已收税款，数额在十万元以上的。

纳税人在公安机关立案后再补缴应纳税款、缴纳滞纳金或者接受行政处罚的，不影响刑事责任的追究。

第五十三条 【抗税案（刑法第二百零二条）】以暴力、威胁方法拒不缴纳税款，涉嫌下列情形之一的，应予立案追诉：

（一）造成税务工作人员轻微伤以上的；

（二）以给税务工作人员及其亲友的生命、健康、财产等造成损害为威胁，抗拒缴纳税款的；

（三）聚众抗拒缴纳税款的；

（四）以其他暴力、威胁方法拒不缴纳税款的。

第五十四条 【逃避追缴欠税案（刑法第二百零三条）】纳税人欠缴应纳税款，采取转移或者隐匿财产的手段，致使税务机关无法追缴欠缴的税款，数额在一万元以上的，应予立案追诉。

第五十五条 【骗取出口退税案（刑法第二百零四条）】以假报出口或者其他欺骗手段，骗取国家出口退税款，数额在十万元以上的，应予立案追诉。

第五十六条 【虚开增值税专用发票、用于骗取出口退税、抵扣税款发票案（刑法第二百零五条）】虚开增值税专用发票或者虚开用于骗取出口退税、抵扣税款的其他发票，虚开的税款数额在十万元以上或者造成国家税款损失数额在五万元以上的，应予立案追诉。

第五十七条 【虚开发票案（刑法第二百零五条之一）】虚开刑

法第二百零五条规定以外的其他发票，涉嫌下列情形之一的，应予立案追诉：

（一）虚开发票金额累计在五十万元以上的；

（二）虚开发票一百份以上且票面金额在三十万元以上的；

（三）五年内因虚开发票受过刑事处罚或者二次以上行政处罚，又虚开发票，数额达到第一、二项标准百分之六十以上的。

第五十八条 【伪造、出售伪造的增值税专用发票案（刑法第二百零六条）】伪造或者出售伪造的增值税专用发票，涉嫌下列情形之一的，应予立案追诉：

（一）票面税额累计在十万元以上的；

（二）伪造或者出售伪造的增值税专用发票十份以上且票面税额在六万元以上的；

（三）非法获利数额在一万元以上的。

第五十九条 【非法出售增值税专用发票案（刑法第二百零七条）】非法出售增值税专用发票，涉嫌下列情形之一的，应予立案追诉：

（一）票面税额累计在十万元以上的；

（二）非法出售增值税专用发票十份以上且票面税额在六万元以上的；

（三）非法获利数额在一万元以上的。

第六十条 【非法购买增值税专用发票、购买伪造的增值税专用发票案（刑法第二百零八条第一款）】非法购买增值税专用发票或者购买伪造的增值税专用发票，涉嫌下列情形之一的，应予立案追诉：

（一）非法购买增值税专用发票或者购买伪造的增值税专用发票二十份以上且票面税额在十万元以上的；

（二）票面税额累计在二十万元以上的。

第六十一条 【非法制造、出售非法制造的用于骗取出口退税、抵扣税款发票案（刑法第二百零九条第一款）】伪造、擅自制造或者出售伪造、擅自制造的用于骗取出口退税、抵扣税款的其他发票，涉嫌下列情形之一的，应予立案追诉：

（一）票面可以退税、抵扣税额累计在十万元以上的；

（二）伪造、擅自制造或者出售伪造、擅自制造的发票十份以上且票面可以退税、抵扣税额在六万元以上的；

（三）非法获利数额在一万元以上的。

**第六十二条** 【非法制造、出售非法制造的发票案（刑法第二百零九条第二款）】伪造、擅自制造或者出售伪造、擅自制造的不具有骗取出口退税、抵扣税款功能的其他发票，涉嫌下列情形之一的，应予立案追诉：

（一）伪造、擅自制造或者出售伪造、擅自制造的不具有骗取出口退税、抵扣税款功能的其他发票一百份以上且票面金额累计在三十万元以上的；

（二）票面金额累计在五十万元以上的；

（三）非法获利数额在一万元以上的。

**第六十三条** 【非法出售用于骗取出口退税、抵扣税款发票案（刑法第二百零九条第三款）】非法出售可以用于骗取出口退税、抵扣税款的其他发票，涉嫌下列情形之一的，应予立案追诉：

（一）票面可以退税、抵扣税额累计在十万元以上的；

（二）非法出售用于骗取出口退税、抵扣税款的其他发票十份以上且票面可以退税、抵扣税额在六万元以上的；

（三）非法获利数额在一万元以上的。

**第六十四条** 【非法出售发票案（刑法第二百零九条第四款）】非法出售增值税专用发票、用于骗取出口退税、抵扣税款的其他发票以外的发票，涉嫌下列情形之一的，应予立案追诉：

（一）非法出售增值税专用发票、用于骗取出口退说、抵扣税款的其他发票以外的发票一百份以上且票面金额累计在三十万元以上的；

（二）票面金额累计在五十万元以上的；

（三）非法获利数额在一万元以上的。

**第六十五条** 【持有伪造的发票案（刑法第二百一十条之一）】明知是伪造的发票而持有，涉嫌下列情形之一的，应予立案追诉：

（一）持有伪造的增值税专用发票或者可以用于骗取出口退税、抵扣税款的其他发票五十份以上且票面税额累计在二十五万元以上的；

（二）持有伪造的增值税专用发票或者可以用于骗取出口退税、抵扣税款的其他发票票面税额累计在五十万元以上的；

（三）持有伪造的第一项规定以外的其他发票一百份以上且票面金额在五十万元以上的；

（四）持有伪造的第一项规定以外的其他发票票面金额累计在一百万元以上的。

第六十六条 【损害商业信誉、商品声誉案（刑法第二百二十一条）】捏造并散布虚伪事实，损害他人的商业信誉、商品声誉，涉嫌下列情形之一的，应予立案追诉：

（一）给他人造成直接经济损失数额在五十万元以上的；

（二）虽未达到上述数额标准，但造成公司、企业等单位停业、停产六个月以上，或者破产的；

（三）其他给他人造成重大损失或者有其他严重情节的情形。

第六十七条 【虚假广告案（刑法第二百二十二条）】广告主、广告经营者、广告发布者违反国家规定，利用广告对商品或者服务作虚假宣传，涉嫌下列情形之一的，应予立案追诉：

（一）违法所得数额在十万元以上的；

（二）假借预防、控制突发事件、传染病防治的名义，利用广告作虚假宣传，致使多人上当受骗，违法所得数额在三万元以上的；

（三）利用广告对食品、药品作虚假宣传，违法所得数额在三万元以上的；

（四）虽未达到上述数额标准，但二年内因利用广告作虚假宣传受过二次以上行政处罚，又利用广告作虚假宣传的；

（五）造成严重危害后果或者恶劣社会影响的；

（六）其他情节严重的情形。

第六十八条 【串通投标案（刑法第二百二十三条）】投标人相互串通投标报价，或者投标人与招标人串通投标，涉嫌下列情形之一的，应予立案追诉：

（一）损害招标人、投标人或者国家、集体、公民的合法利益，造成直接经济损失数额在五十万元以上的；

（二）违法所得数额在二十万元以上的；

（三）中标项目金额在四百万元以上的；

（四）采取威胁、欺骗或者贿赂等非法手段的；

（五）虽未达到上述数额标准，但二年内因串通投标受过二次以上行政处罚，又串通投标的；

（六）其他情节严重的情形。

**第六十九条　【合同诈骗案（刑法第二百二十四条）】**以非法占有为目的，在签订、履行合同过程中，骗取对方当事人财物，数额在二万元以上的，应予立案追诉。

**第七十条　【组织、领导传销活动案（刑法第二百二十四条之一）】**组织、领导以推销商品、提供服务等经营活动为名，要求参加者以缴纳费用或者购买商品、服务等方式获得加入资格，并按照一定顺序组成层级，直接或者间接以发展人员的数量作为计酬或者返利依据，引诱、胁迫参加者继续发展他人参加，骗取财物，扰乱经济社会秩序的传销活动，涉嫌组织、领导的传销活动人员在三十人以上且层级在三级以上的，对组织者、领导者，应予立案追诉。

下列人员可以认定为传销活动的组织者、领导者：

（一）在传销活动中起发起、策划、操纵作用的人员；

（二）在传销活动中承担管理、协调等职责的人员；

（三）在传销活动中承担宣传、培训等职责的人员；

（四）因组织、领导传销活动受过刑事追究，或者一年内因组织、领导传销活动受过行政处罚，又直接或者间接发展参与传销活动人员在十五人以上且层级在三级以上的人员；

（五）其他对传销活动的实施、传销组织的建立、扩大等起关键作用的人员。

**第七十一条　【非法经营案（刑法第二百二十五条）】**违反国家

规定，进行非法经营活动，扰乱市场秩序，涉嫌下列情形之一的，应予立案追诉：

（一）违反国家烟草专卖管理法律法规，未经烟草专卖行政主管部门许可，无烟草专卖生产企业许可证、烟草专卖批发企业许可证、特种烟草专卖经营企业许可证、烟草专卖零售许可证等许可证明，非法经营烟草专卖品，具有下列情形之一的：

1. 非法经营数额在五万元以上，或者违法所得数额在二万元以上的；

2. 非法经营卷烟二十万支以上的；

3. 三年内因非法经营烟草专卖品受过二次以上行政处罚，又非法经营烟草专卖品且数额在三万元以上的。

（二）未经国家有关主管部门批准，非法经营证券、期货、保险业务，或者非法从事资金支付结算业务，具有下列情形之一的：

1. 非法经营证券、期货、保险业务，数额在一百万元以上，或者违法所得数额在十万元以上的；

2. 非法从事资金支付结算业务，数额在五百万元以上，或者违法所得数额在十万元以上的；

3. 非法从事资金支付结算业务，数额在二百五十万元以上不满五百万元，或者违法所得数额在五万元以上不满十万元，且具有下列情形之一的：

（1）因非法从事资金支付结算业务犯罪行为受过刑事追究的；

（2）二年内因非法从事资金支付结算业务违法行为受过行政处罚的；

（3）拒不交代涉案资金去向或者拒不配合追缴工作，致使赃款无法追缴的；

（4）造成其他严重后果的。

4. 使用销售点终端机具（POS机）等方法，以虚构交易、虚开价格、现金退货等方式向信用卡持卡人直接支付现金，数额在一百万元以上，或者造成金融机构资金二十万元以上逾期未还的，或者造成金融机构经济损失十万元以上的。

（三）实施倒买倒卖外汇或者变相买卖外汇等非法买卖外汇行为，扰乱金融市场秩序，具有下列情形之一的：

1. 非法经营数额在五百万元以上的，或者违法所得数额在十万元以上的；

2. 非法经营数额在二百五十万元以上，或者违法所得数额在五万元以上，且具有下列情形之一的：

（1）因非法买卖外汇犯罪行为受过刑事追究的；

（2）二年内因非法买卖外汇违法行为受过行政处罚的；

（3）拒不交代涉案资金去向或者拒不配合追缴工作，致使赃款无法追缴的；

（4）造成其他严重后果的。

3. 公司、企业或者其他单位违反有关外贸代理业务的规定，采用非法手段，或者明知是伪造、变造的凭证、商业单据，为他人向外汇指定银行骗购外汇，数额在五百万美元以上或者违法所得数额在五十万元以上的；

4. 居间介绍骗购外汇，数额在一百万美元以上或者违法所得数额在十万元以上的。

（四）出版、印刷、复制、发行严重危害社会秩序和扰乱市场秩序的非法出版物，具有下列情形之一的：

1. 个人非法经营数额在五万元以上的，单位非法经营数额在十五万元以上的；

2. 个人违法所得数额在二万元以上的，单位违法所得数额在五万元以上的；

3. 个人非法经营报纸五千份或者期刊五千本或者图书二千册或者音像制品、电子出版物五百张（盒）以上的，单位非法经营报纸一万五千份或者期刊一万五千本或者图书五千册或者音像制品、电子出版物一千五百张（盒）以上的；

4. 虽未达到上述数额标准，但具有下列情形之一的：

（1）二年内因出版、印刷、复制、发行非法出版物受过二次以上行政处罚，又出版、印刷、复制、发行非法出版物的；

（2）因出版、印刷、复制、发行非法出版物造成恶劣社会影响或

385

者其他严重后果的。

（五）非法从事出版物的出版、印刷、复制、发行业务，严重扰乱市场秩序，具有下列情形之一的：

1. 个人非法经营数额在十五万元以上的，单位非法经营数额在五十万元以上的；

2. 个人违法所得数额在五万元以上的，单位违法所得数额在十五万元以上的；

3. 个人非法经营报纸一万五千份或者期刊一万五千本或者图书五千册或者音像制品、电子出版物一千五百张（盒）以上的，单位非法经营报纸五万份或者期刊五万本或者图书一万五千册或者音像制品、电子出版物五千张（盒）以上的；

4. 虽未达到上述数额标准，二年内因非法从事出版物的出版、印刷、复制、发行业务受过二次以上行政处罚，又非法从事出版物的出版、印刷、复制、发行业务的。

（六）采取租用国际专线、私设转接设备或者其他方法，擅自经营国际电信业务或者涉港澳台电信业务进行营利活动，扰乱电信市场管理秩序，具有下列情形之一的：

1. 经营去话业务数额在一百万元以上的；

2. 经营来话业务造成电信资费损失数额在一百万元以上的；

3. 虽未达到上述数额标准，但具有下列情形之一的：

（1）二年内因非法经营国际电信业务或者涉港澳台电信业务行为受过二次以上行政处罚，又非法经营国际电信业务或者涉港澳台电信业务的；

（2）因非法经营国际电信业务或者涉港澳台电信业务行为造成其他严重后果的。

（七）以营利为目的，通过信息网络有偿提供删除信息服务，或者明知是虚假信息，通过信息网络有偿提供发布信息等服务，扰乱市场秩序，具有下列情形之一的：

1. 个人非法经营数额在五万元以上，或者违法所得数额在二万元以上的；

2. 单位非法经营数额在十五万元以上，或者违法所得数额在五万元以上的。

（八）非法生产、销售"黑广播""伪基站"、无线电干扰器等无线电设备，具有下列情形之一的：

1. 非法生产、销售无线电设备三套以上的；

2. 非法经营数额在五万元以上的；

3. 虽未达到上述数额标准，但二年内因非法生产、销售无线电设备受过二次以上行政处罚，又非法生产、销售无线电设备的。

（九）以提供给他人开设赌场为目的，违反国家规定，非法生产、销售具有退币、退分、退钢珠等赌博功能的电子游戏设施设备或者其专用软件，具有下列情形之一的：

1. 个人非法经营数额在五万元以上，或者违法所得数额在一万元以上的；

2. 单位非法经营数额在五十万元以上，或者违法所得数额在十万元以上的；

3. 虽未达到上述数额标准，但二年内因非法生产、销售赌博机行为受过二次以上行政处罚，又进行同种非法经营行为的；

4. 其他情节严重的情形。

（十）实施下列危害食品安全行为，非法经营数额在十万元以上，或者违法所得数额在五万元以上的：

1. 以提供给他人生产、销售食品为目的，违反国家规定，生产、销售国家禁止用于食品生产、销售的非食品原料的；

2. 以提供给他人生产、销售食用农产品为目的，违反国家规定，生产、销售国家禁用农药、食品动物中禁止使用的药品及其他化合物等有毒、有害的非食品原料，或者生产、销售添加上述有毒、有害的非食品原料的农药、兽药、饲料、饲料添加剂、饲料原料的；

3. 违反国家规定，私设生猪屠宰厂（场），从事生猪屠宰、销售等经营活动的。

（十一）未经监管部门批准，或者超越经营范围，以营利为目的，以超过百分之三十六的实际年利率经常性地向社会不特定对象发放贷款，具有下列情形之一的：

1. 个人非法放贷数额累计在二百万元以上的，单位非法放贷数额累计在一千万元以上的；

2. 个人违法所得数额累计在八十万元以上的，单位违法所得数额累计在四百万元以上的；

3. 个人非法放贷对象累计在五十人以上的，单位非法放贷对象累计在一百五十人以上的；

4. 造成借款人或者其近亲属自杀、死亡或者精神失常等严重后果的。

5. 虽未达到上述数额标准，但具有下列情形之一的：

（1）二年内因实施非法放贷行为受过二次以上行政处罚的；

（2）以超过百分之七十二的实际年利率实施非法放贷行为十次以上的。

黑恶势力非法放贷的，按照第1、2、3项规定的相应数额、数量标准的百分之五十确定。同时具有第5项规定情形的，按照相应数额、数量标准的百分之四十确定。

（十二）从事其他非法经营活动，具有下列情形之一的：

1. 个人非法经营数额在五万元以上，或者违法所得数额在一万元以上的；

2. 单位非法经营数额在五十万元以上，或者违法所得数额在十万元以上的；

3. 虽未达到上述数额标准，但二年内因非法经营行为受过二次以上行政处罚，又从事同种非法经营行为的；

4. 其他情节严重的情形。

法律、司法解释对非法经营罪的立案追诉标准另有规定的，依照其规定。

**第七十二条 【非法转让、倒卖土地使用权案（刑法第二百二十八条）】** 以牟利为目的，违反土地管理法规，非法转让、倒卖土地使用权，涉嫌下列情形之一的，应予立案追诉：

（一）非法转让、倒卖永久基本农田五亩以上的；

（二）非法转让、倒卖永久基本农田以外的耕地十亩以上的；

（三）非法转让、倒卖其他土地二十亩以上的；

（四）违法所得数额在五十万元以上的；

（五）虽未达到上述数额标准，但因非法转让、倒卖土地使用权受过行政处罚，又非法转让、倒卖土地的；

（六）其他情节严重的情形。

**第七十三条　【提供虚假证明文件案（刑法第二百二十九条第一款）】** 承担资产评估、验资、验证、会计、审计、法律服务、保荐、安全评价、环境影响评价、环境监测等职责的中介组织的人员故意提供虚假证明文件，涉嫌下列情形之一的，应予立案追诉：

（一）给国家、公众或者其他投资者造成直接经济损失数额在五十万元以上的；

（二）违法所得数额在十万元以上的；

（三）虚假证明文件虚构数额在一百万元以上且占实际数额百分之三十以上的；

（四）虽未达到上述数额标准，但二年内因提供虚假证明文件受过二次以上行政处罚，又提供虚假证明文件的；

（五）其他情节严重的情形。

**第七十四条　出具证明文件重大失实案（刑法第二百二十九条第三款）】** 承担资产评估、验资、验证、会计、审计、法律服务、保荐、安全评价、环境影响评价、环境监测等职责的中介组织的人员严重不负责任，出具的证明文件有重大失实，涉嫌下列情形之一的，应予立案追诉：

（一）给国家、公众或者其他投资者造成直接经济损失数额在一百万元以上的；

（二）其他造成严重后果的情形。

**第七十五条　【逃避商检案（刑法第二百三十条）】** 违反进出口

商品检验法的规定，逃避商品检验，将必须经商检机构检验的进口商品未报经检验而擅自销售、使用，或者将必须经商检机构检验的出口商品未报经检验合格而擅自出口，涉嫌下列情形之一的，应予立案追诉：

（一）给国家、单位或者个人造成直接经济损失数额在五十万元以上的；

（二）逃避商检的进出口货物货值金额在三百万元以上的；

（三）导致病疫流行、灾害事故的；

（四）多次逃避商检的；

（五）引起国际经济贸易纠纷，严重影响国家对外贸易关系，或者严重损害国家声誉的；

（六）其他情节严重的情形。

**第七十六条　【职务侵占案（刑法第二百七十一条第一款）】**公司、企业或者其他单位的人员，利用职务上的便利，将本单位财物非法占为己有，数额在三万元以上的，应予立案追诉。

**第七十七条　【挪用资金案（刑法第二百七十二条第一款）】**公司、企业或者其他单位的工作人员，利用职务上的便利，挪用本单位资金归个人使用或者借贷给他人，涉嫌下列情形之一的，应予立案追诉：

（一）挪用本单位资金数额在五万元以上，超过三个月未还的；

（二）挪用本单位资金数额在五万元以上，进行营利活动的；

（三）挪用本单位资金数额在三万元以上，进行非法活动的。

具有下列情形之一的，属于本条规定的"归个人使用"：

（一）将本单位资金供本人、亲友或者其他自然人使用的；

（二）以个人名义将本单位资金供其他单位使用的；

（三）个人决定以单位名义将本单位资金供其他单位使用，谋取个人利益的。

**第七十八条　【虚假诉讼案（刑法第三百零七条之一）】**单独或者与他人恶意串通，以捏造的事实提起民事诉讼，涉嫌下列情形之一的，应予立案追诉：

（一）致使人民法院基于捏造的事实采取财产保全或者行为保全措施的；

（二）致使人民法院开庭审理，干扰正常司法活动的；

（三）致使人民法院基于捏造的事实作出裁判文书、制作财产分配方案，或者立案执行基于捏造的事实作出的仲裁裁决、公证债权文书的；

（四）多次以捏造的事实提起民事诉讼的；

（五）因以捏造的事实提起民事诉讼被采取民事诉讼强制措施或者受过刑事追究的；

（六）其他妨害司法秩序或者严重侵害他人合法权益的情形。

## 附　　则

**第七十九条**　本规定中的"货币"是指在境内外正在流通的以下货币：

（一）人民币（含普通纪念币、贵金属纪念币）、港元、澳门元、新台币；

（二）其他国家及地区的法定货币。

贵金属纪念币的面额以中国人民银行授权中国金币总公司的初始发售价格为准。

**第八十条**　本规定中的"多次"，是指三次以上。

**第八十一条**　本规定中的"虽未达到上述数额标准"，是指接近上述数额标准且已达到该数额的百分之八十以上的。

**第八十二条**　对于预备犯、未遂犯、中止犯，需要追究刑事责任的，应予立案追诉。

**第八十三条**　本规定中的立案追诉标准，除法律、司法解释、本规定中另有规定的以外，适用于相应的单位犯罪。

**第八十四条**　本规定中的"以上"，包括本数。

**第八十五条**　本规定自 2022 年 5 月 15 日施行。《最高人民检察院、公安部关于公安机关管辖的刑事案件立案追诉标准的规定（二）》（公通字〔2010〕23号）和《最高人民检察院、公安部关于公安机关管辖的刑事案件立案追诉标准的规定（二）的补充规定》（公通字〔2011〕47号）同时废止。

# 最高人民检察院、公安部关于印发《最高人民检察院、公安部关于公安机关管辖的刑事案件立案追诉标准的规定（三）》的通知

(2012年5月16日 公通字〔2012〕26号)

各省、自治区、直辖市人民检察院，公安厅、局，军事检察院，新疆生产建设兵团人民检察院、公安局：

为及时、准确打击毒品犯罪，根据《中华人民共和国刑法》、《中华人民共和国刑事诉讼法》等有关法律规定，最高人民检察院、公安部制定了《最高人民检察院公安部关于公安机关管辖的刑事案件立案追诉标准的规定（三）》，对公安机关毒品犯罪侦查部门管辖的刑事案件立案追诉标准作出了规定，现印发给你们，请遵照执行。各级公安机关应当依照此规定立案侦查，各级检察机关应当依照此规定审查批捕、审查起诉。

各地在执行中遇到的问题，请及时分别报最高人民检察院和公安部。

# 最高人民检察院、公安部关于公安机关管辖的刑事案件立案追诉标准的规定（三）

**第一条　【走私、贩卖、运输、制造毒品案（刑法第三百四十七条）】**走私、贩卖、运输、制造毒品，无论数量多少，都应予立案追诉。

本条规定的"走私"是指明知是毒品而非法将其运输、携带、寄递进出国（边）境的行为。直接向走私人非法收购走私进口的毒品，或者在内海、领海、界河、界湖运输、收购、贩卖毒品的，以走私毒品罪立案追诉。

本条规定的"贩卖"是指明知是毒品而非法销售或者以贩卖为目的而非法收买的行为。

有证据证明行为人以牟利为目的，为他人代购仅用于吸食、注射的毒品，对代购者以贩卖毒品罪立案追诉。不以牟利为目的，为他人代购仅用于吸食、注射的毒品，毒品数量达到本规定第二条规定的数量标准的，对托购者和代购者以非法持有毒品罪立案追诉。明知他人实施毒品犯罪而为其居间介绍、代购代卖的，无论是否牟利，都应以相关毒品犯罪的共犯立案追诉。

本条规定的"运输"是指明知是毒品而采用携带、寄递、托运、利用他人或者使用交通工具等方法非法运送毒品的行为。

本条规定的"制造"是指非法利用毒品原植物直接提炼或者用化学方法加工、配制毒品，或者以改变毒品成分和效用为目的，用混合等物理方法加工、配制毒品的行为。为了便于隐蔽运输、销售、使用、欺骗购买者，或者为了增重，对毒品掺杂使假，添加或者去除其他非毒品物质，不属于制造毒品的行为。

为了制造毒品而采用生产、加工、提炼等方法非法制造易制毒化学品的，以制造毒品罪（预备）立案追诉。购进制造毒品的设备和原材料，开始着手制造毒品，尚未制造出毒品或者半成品的，以制造毒品罪

(未遂）立案追诉。明知他人制造毒品而为其生产、加工、提炼、提供醋酸酐、乙醚、三氯甲烷等制毒物品的，以制造毒品罪的共犯立案追诉。

走私、贩卖、运输毒品主观故意中的"明知"，是指行为人知道或者应当知道所实施的是走私、贩卖、运输毒品行为。具有下列情形之一，结合行为人的供述和其他证据综合审查判断，可以认定其"应当知道"，但有证据证明确属被蒙骗的除外：

（一）执法人员在口岸、机场、车站、港口、邮局和其他检查站点检查时，要求行为人申报携带、运输、寄递的物品和其他疑似毒品物，并告知其法律责任，而行为人未如实申报，在其携带、运输、寄递的物品中查获毒品的；

（二）以伪报、藏匿、伪装等蒙蔽手段逃避海关、边防等检查，在其携带、运输、寄递的物品中查获毒品的；

（三）执法人员检查时，有逃跑、丢弃携带物品或者逃避、抗拒检查等行为，在其携带、藏匿或者丢弃的物品中查获毒品的；

（四）体内或者贴身隐秘处藏匿毒品的；

（五）为获取不同寻常的高额或者不等值的报酬为他人携带、运输、寄递、收取物品，从中查获毒品的；

（六）采用高度隐蔽的方式携带、运输物品，从中查获毒品的；

（七）采用高度隐蔽的方式交接物品，明显违背合法物品惯常交接方式，从中查获毒品的；

（八）行程路线故意绕开检查站点，在其携带、运输的物品中查获毒品的；

（九）以虚假身份、地址或者其他虚假方式办理托运、寄递手续，在托运、寄递的物品中查获毒品的；

（十）有其他证据足以证明行为人应当知道的。

制造毒品主观故意中的"明知"，是指行为人知道或者应当知道所实施的是制造毒品行为。有下列情形之一，结合行为人的供述和其他证据综合审查判断，可以认定其"应当知道"，但有证据证明确属被蒙骗的除外：

（一）购置了专门用于制造毒品的设备、工具、制毒物品或者配制方案的；

（二）为获取不同寻常的高额或者不等值的报酬为他人制造物品，经检验是毒品的；

（三）在偏远、隐蔽场所制造，或者采取对制造设备进行伪装等方式制造物品，经检验是毒品的；

（四）制造人员在执法人员检查时，有逃跑、抗拒检查等行为，在现场查获制造出的物品，经检验是毒品的；

（五）有其他证据足以证明行为人应当知道的。

走私、贩卖、运输、制造毒品罪是选择性罪名，对同一宗毒品实施了两种以上犯罪行为，并有相应确凿证据的，应当按照所实施的犯罪行为的性质并列适用罪名，毒品数量不重复计算。对同一宗毒品可能实施了两种以上犯罪行为，但相应证据只能认定其中一种或者几种行为，认定其他行为的证据不够确实充分的，只按照依法能够认定的行为的性质适用罪名。对不同宗毒品分别实施了不同种犯罪行为的，应对不同行为并列适用罪名，累计计算毒品数量。

**第二条** 【非法持有毒品案（刑法第三百四十八条）】明知是毒品而非法持有，涉嫌下列情形之一的，应予立案追诉：

（一）鸦片二百克以上、海洛因、可卡因或者甲基苯丙胺十克以上；

（二）二亚甲基双氧安非他明（MDMA）等苯丙胺类毒品（甲基苯丙胺除外）、吗啡二十克以上；

（三）度冷丁（杜冷丁）五十克以上（针剂100mg/支规格的五百支以上，50mg/支规格的一千支以上；片剂25mg/片规格的二千片以上，50mg/片规格的一千片以上）；

（四）盐酸二氢埃托啡二毫克以上（针剂或者片剂20ug/支、片规格的一百支、片以上）；

（五）氯胺酮、美沙酮二百克以上；

（六）三唑仑、安眠酮十千克以上；

（七）咖啡因五十千克以上；

（八）氯氮卓、艾司唑仑、地西泮、溴西泮一百千克以上；

（九）大麻油一千克以上，大麻脂二千克以上，大麻叶及大麻烟三十千克以上；

（十）罂粟壳五十千克以上；

（十一）上述毒品以外的其他毒品数量较大的。

非法持有两种以上毒品，每种毒品均没有达到本条第一款规定的数量标准，但按前款规定的立案追诉数量比例折算成海洛因后累计相加达到十克以上的，应予立案追诉。

本条规定的"非法持有"，是指违反国家法律和国家主管部门的规定，占有、携带、藏有或者以其他方式持有毒品。

非法持有毒品主观故意中的"明知"，依照本规定第一条第八款的有关规定予以认定。

**第三条 【包庇毒品犯罪分子案（刑法第三百四十九条）】** 包庇走私、贩卖、运输、制造毒品的犯罪分子，涉嫌下列情形之一的，应予立案追诉：

（一）作虚假证明，帮助掩盖罪行的；

（二）帮助隐藏、转移或者毁灭证据的；

（三）帮助取得虚假身份或者身份证件的；

（四）以其他方式包庇犯罪分子的。

实施前款规定的行为，事先通谋的，以走私、贩卖、运输、制造毒品罪的共犯立案追诉。

**第四条 【窝藏、转移、隐瞒毒品、毒赃案（刑法第三百四十九条）】** 为走私、贩卖、运输、制造毒品的犯罪分子窝藏、转移、隐瞒毒品或者犯罪所得的财物的，应予立案追诉。

实施前款规定的行为，事先通谋的，以走私、贩卖、运输、制造毒品罪的共犯立案追诉。

**第五条 【走私制毒物品案（刑法第三百五十条）】** 违反国家规定，非法运输、携带制毒物品进出国（边）境，涉嫌下列情形之一的，应予立案追诉：

（一）1-苯基-2-丙酮五千克以上；

（二）麻黄碱、伪麻黄碱及其盐类和单方制剂五千克以上，麻黄浸膏、麻黄浸膏粉一百千克以上；

（三）3，4-亚甲基二氧苯基-2-丙酮、去甲麻黄素（去甲麻黄碱）、甲基麻黄素（甲基麻黄碱）、羟亚胺及其盐类十千克以上；

（四）胡椒醛、黄樟素、黄樟油、异黄樟素、麦角酸、麦角胺、麦角新碱、苯乙酸二十千克以上；

（五）N-乙酰邻氨基苯酸、邻氨基苯甲酸、哌啶一百五十千克以上；

（六）醋酸酐、三氯甲烷二百千克以上；

（七）乙醚、甲苯、丙酮、甲基乙基酮、高锰酸钾、硫酸、盐酸四百千克以上；

（八）其他用于制造毒品的原料或者配剂相当数量的。

非法运输、携带两种以上制毒物品进出国（边）境，每种制毒物品均没有达到本条第一款规定的数量标准，但按前款规定的立案追诉数量比例折算成一种制毒物品后累计相加达到上述数量标准的，应予立案追诉。

为了走私制毒物品而采用生产、加工、提炼等方法非法制造易制毒化学品的，以走私制毒物品罪（预备）立案追诉。

实施走私制毒物品行为，有下列情形之一，且查获了易制毒化学品，结合行为人的供述和其他证据综合审查判断，可以认定其"明知"是制毒物品而走私或者非法买卖，但有证据证明确属被蒙骗的除外：

（一）改变产品形状、包装或者使用虚假标签、商标等产品标志的；

（二）以藏匿、夹带、伪装或者其他隐蔽方式运输、携带易制毒化学品逃避检查的；

（三）抗拒检查或者在检查时丢弃货物逃跑的；

（四）以伪报、藏匿、伪装等蒙蔽手段逃避海关、边防等检查的；

（五）选择不设海关或者边防检查站的路段绕行出入境的；

（六）以虚假身份、地址或者其他虚假方式办理托运、寄递手续的；

（七）以其他方法隐瞒真相，逃避对易制毒化学品依法监管的。

明知他人实施走私制毒物品犯罪，而为其运输、储存、代理进出口或者以其他方式提供便利的，以走私制毒物品罪的共犯立案追诉。

**第六条** 【非法买卖制毒物品案（刑法第三百五十条）】违反国家规定，在境内非法买卖制毒物品，数量达到本规定第五条第一款规定情形之一的，应予立案追诉。

非法买卖两种以上制毒物品，每种制毒物品均没有达到本条第一款规定的数量标准，但按前款规定的立案追诉数量比例折算成一种制毒物品后累计相加达到上述数量标准的，应予立案追诉。

违反国家规定，实施下列行为之一的，认定为本条规定的非法买卖制毒物品行为：

（一）未经许可或者备案，擅自购买、销售易制毒化学品的；

（二）超出许可证明或者备案证明的品种、数量范围购买、销售易制毒化学品的；

（三）使用他人的或者伪造、变造、失效的许可证明或者备案证明购买、销售易制毒化学品的；

（四）经营单位违反规定，向无购买许可证明、备案证明的单位、个人销售易制毒化学品的，或者明知购买者使用他人的或者伪造、变造、失效的许可证明或者备案证明，向其销售易制毒化学品的；

（五）以其他方式非法买卖易制毒化学品的。

易制毒化学品生产、经营、使用单位或者个人未办理许可证明或者备案证明，购买、销售易制毒化学品，如果有证据证明确实用于合法生产、生活需要，依法能够办理只是未及时办理许可证明或者备案证明，且未造成严重社会危害的，可以不以非法买卖制毒物品罪立案追诉。

为了非法买卖制毒物品而采用生产、加工、提炼等方法非法制造易制毒化学品的，以非法买卖制毒物品罪（预备）立案追诉。

非法买卖制毒物品主观故意中的"明知"，依照本规定第五条第四款的有关规定予以认定。

明知他人实施非法买卖制毒物品犯罪，而为其运输、储存、代理进出口或者以其他方式提供便利的，以非法买卖制毒物品罪的共犯立案追诉。

**第七条** 【非法种植毒品原植物案（刑法第三百五十一条）】非法种植罂粟、大麻等毒品原植物，涉嫌下列情形之一的，应予立案追诉：

（一）非法种植罂粟五百株以上的；

（二）非法种植大麻五千株以上的；

（三）非法种植其他毒品原植物数量较大的；

（四）非法种植罂粟二百平方米以上、大麻二千平方米以上或者其他毒品原植物面积较大，尚未出苗的；

（五）经公安机关处理后又种植的；

（六）抗拒铲除的。

本条所规定的"种植"，是指播种、育苗、移栽、插苗、施肥、灌溉、割取津液或者收取种子等行为。非法种植毒品原植物的株数一般应以实际查获的数量为准。因种植面积较大，难以逐株清点数目的，可以抽样测算每平方米平均株数后按实际种植面积测算出种植总株数。

非法种植罂粟或者其他毒品原植物，在收获前自动铲除的，可以不予立案追诉。

**第八条** 【非法买卖、运输、携带、持有毒品原植物种子、幼苗案（刑法第三百五十二条）】非法买卖、运输、携带、持有未经灭活的罂粟等毒品原植物种子或者幼苗，涉嫌下列情形之一的，应予立案追诉：

（一）罂粟种子五十克以上、罂粟幼苗五千株以上；

（二）大麻种子五十千克以上、大麻幼苗五万株以上；

（三）其他毒品原植物种子、幼苗数量较大的。

**第九条** 【引诱、教唆、欺骗他人吸毒案（刑法第三百五十三条）】引诱、教唆、欺骗他人吸食、注射毒品的，应予立案追诉。

**第十条** 【强迫他人吸毒案（刑法第三百五十三条）】违背他人意志，以暴力、胁迫或者其他强制手段，迫使他人吸食、注射毒品的，应予立案追诉。

**第十一条** 【容留他人吸毒案（刑法第三百五十四条）】提供场所，容留他人吸食、注射毒品，涉嫌下列情形之一的，应予立案追诉：

（一）容留他人吸食、注射毒品两次以上的；

（二）一次容留三人以上吸食、注射毒品的；

（三）因容留他人吸食、注射毒品被行政处罚，又容留他人吸食、

注射毒品的;

（四）容留未成年人吸食、注射毒品的;

（五）以牟利为目的容留他人吸食、注射毒品的;

（六）容留他人吸食、注射毒品造成严重后果或者其他情节严重的。

**第十二条** **【非法提供麻醉药品、精神药品案（刑法第三百五十五条）】** 依法从事生产、运输、管理、使用国家管制的麻醉药品、精神药品的个人或者单位，违反国家规定，向吸食、注射毒品的人员提供国家规定管制的能够使人形成瘾癖的麻醉药品、精神药品，涉嫌下列情形之一的，应予立案追诉：

（一）非法提供鸦片二十克以上、吗啡二克以上、度冷丁（杜冷丁）五克以上（针剂100mg/支规格的五十支以上，50mg/支规格的一百支以上；片剂25mg/片规格的二百片以上，50mg/片规格的一百片以上）、盐酸二氢埃托啡零点二毫克以上（针剂或者片剂20ug/支、片规格的十支、片以上）、氯胺酮、美沙酮二十克以上、三唑仑、安眠酮一千克以上、咖啡因五千克以上、氯氮卓、艾司唑仑、地西泮、溴西泮十千克以上，以及其他麻醉药品和精神药品数量较大的;

（二）虽未达到上述数量标准，但非法提供麻醉药品、精神药品两次以上，数量累计达到前项规定的数量标准百分之八十以上的;

（三）因非法提供麻醉药品、精神药品被行政处罚，又非法提供麻醉药品、精神药品的;

（四）向吸食、注射毒品的未成年人提供麻醉药品、精神药品的;

（五）造成严重后果或者其他情节严重的。

依法从事生产、运输、管理、使用国家管制的麻醉药品、精神药品的人员或者单位，违反国家规定，向走私、贩卖毒品的犯罪分子提供国家规定管制的能够使人形成瘾癖的麻醉药品、精神药品的，或者以牟利为目的，向吸食、注射毒品的人提供国家规定管制的能够使人形成瘾癖的麻醉药品、精神药品的，以走私、贩卖毒品罪立案追诉。

**第十三条** 本规定中的毒品是指鸦片、海洛因、甲基苯丙胺（冰毒）、吗啡、大麻、可卡因以及国家规定管制的其他能够使人形成瘾癖的麻醉药品和精神药品。具体品种以国家食品药品监督管理局、公安部、卫生部发布的《麻醉药品品种目录》、《精神药品品种目录》为依据。

本规定中的"制毒物品"是指刑法第三百五十条第一款规定的醋酸酐、乙醚、三氯甲烷或者其他用于制造毒品的原料或者配剂,具体品种范围按照国家关于易制毒化学品管理的规定确定。

第十四条 本规定中未明确立案追诉标准的毒品,有条件折算为海洛因的,参照有关麻醉药品和精神药品折算标准进行折算。

第十五条 本规定中的立案追诉标准,除法律、司法解释另有规定的以外,适用于相关的单位犯罪。

第十六条 本规定中的"以上",包括本数。

第十七条 本规定自印发之日起施行。

## 图书在版编目（CIP）数据

中华人民共和国治安管理处罚法注解与配套／中国法制出版社编．—北京：中国法制出版社，2023.7（2024.10 重印）

（法律注解与配套丛书）

ISBN 978-7-5216-3690-1

Ⅰ.①中… Ⅱ.①中… Ⅲ.①治安管理处罚法-法律解释-中国 Ⅳ.①D922.145

中国国家版本馆 CIP 数据核字（2023）第 118602 号

| 策划编辑 袁笋冰 | 责任编辑 刘晓霞 | 封面设计 杨泽江 |

### 中华人民共和国治安管理处罚法注解与配套

ZHONGHUA RENMIN GONGHEGUO ZHIAN GUANLI CHUFAFA ZHUJIE YU PEITAO

经销／新华书店
印刷／三河市国英印务有限公司
开本／850 毫米×1168 毫米　32 开　　　　　印张／13.5　字数／332 千
版次／2023 年 7 月第 1 版　　　　　　　　　2024 年 10 月第 5 次印刷

中国法制出版社出版
书号 ISBN 978-7-5216-3690-1　　　　　　　　　　　　　定价：39.00 元

北京市西城区西便门西里甲 16 号西便门办公区
邮政编码：100053　　　　　　　　　　传真：010-63141600
网址：http://www.zgfzs.com　　　　　编辑部电话：010-63141664
市场营销部电话：010-63141612　　　　印务部电话：010-63141606

（如有印装质量问题，请与本社印务部联系。）